资助项目：

1. 2015年度广东省高校优秀青年教师培养计划项目：发达国家再工业化的新趋势对广东经济发展的影响及对策研究（YQ2015107）

2. 广东省哲学社会科学“十三五”规划项目：基于竞合关系的模糊社会网络分析方法及企业技术创新行为研究（GD16XGL20）

发达国家再工业化研究：广东视角

FADA GUOJIA ZA

GUANGDONG SH

廖丽平 ◎ 著

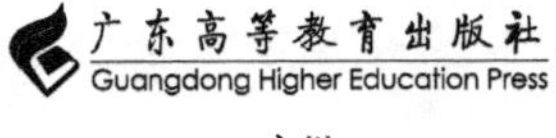

·广州·

图书在版编目（CIP）数据

发达国家再工业化研究：广东视角/廖丽平著. —广州：广东高等教育出版社，2017. 12

ISBN 978 - 7 - 5361 - 6083 - 5

Ⅰ. ①发…　Ⅱ. ①廖…　Ⅲ. ①发达国家 - 工业化 - 影响 - 区域经济发展 - 研究 - 广东　Ⅳ. ① F414 ② F127. 65

中国版本图书馆 CIP 数据核字（2017）第 320487 号

出版发行	广东高等教育出版社 地址：广州市天河区林和西横路 邮政编码：510500　电话：（020）85250745 http://www. gdgjs. com. cn
印　　刷	虎彩印艺股份有限公司
开　　本	787 毫米 ×1 092 毫米　1/16
印　　张	23
字　　数	464 千
版　　次	2017 年 12 月第 1 版
印　　次	2017 年 12 月第 1 次印刷
定　　价	65. 00 元

前　言

再工业化是一种刺激经济增长的政策，尤其是在政府的帮助下，实现旧工业部门的复兴和现代化，并支持新兴工业部门的增长。它是为了重建经济基础，占领制造业的制高点，致力于高附加值产品的投入而实施的工业振兴。美国是致力于实施再工业化的典范。2017 年，我们见证了美国大选史上最具戏剧性的一幕——特朗普当选为美国第 45 任总统。起初，我们发现美国主流媒体几乎一边倒地选择批判特朗普，丑化特朗普的形象。在媒体的影响下，特朗普在我们心目中是个口无遮拦，满嘴“跑火车”，私生活不检点的“小丑”形象。但正是这样的一个人，却当选为美国的总统，不禁让人感到震惊，不过事后回想，特朗普的当选与其说是特朗普的胜利，不如说是美国蓝领阶层的胜利。特朗普代表着蓝领工人的利益，他主张重振制造业，认为中国等新兴发展国家通过贩卖低廉的制造品抢走了他们的“饭碗”，他希望美国重新强大，让蓝领工人们获得工作，这也正是再工业化在当代美国社会大势所趋的表现。

实际上，特朗普并非美国第一个提出要重振制造业的总统，早在奥巴马时期，就提出了再工业化战略，其背景是美国因去工业化而受到了金融危机的巨大冲击。诚然，“去工业化”在很长一段时间对美国及一些欧洲发达国家经济的发展起到了巨大的推动作用。但是，随着金融的短期化、杠杆化和经济的过度虚拟化程度加深，金融风险越来越大，2008 年经济危机所带来的大量企业倒闭、民众失业问题，为美国乃至世界敲响了警钟，使得以美国为首的发达国家意识到其自身经济结构的脆弱性，在这样一个背景下美国提出了再工业化战略，德、日、英等发达国家紧随其后也提出了再工业化战略。

随着发达国家再工业化进程的加速，一些发展中国家和地区

以拥有比中国更低成本的优势，成为接纳国际制造业转移的新阵地，全世界的经济格局和产业发展面临新的变动，不仅发达国家的经济发展道路和国际合作情况因此受到影响，对发展中国家而言，它们也深受震动。中国是当今世界最大的发展中国家，面临着来自发达国家高端制造业，以及类似于越南、印度等新兴发展国家更低廉的制造业优势的双重压力，亟须寻找新的转型路径。而广东省作为我国改革开放的前沿阵地，外贸依存度较高，受发达国家再工业化的影响更大。本书着重于站在广东视角研究发达国家再工业化对广东经济的影响，具有一定的现实意义。除此之外，本书通过详细阐述再工业的概念、内涵、背景、特征及表现形式等，希望能让读者辩证地看待再工业化。同时本书将以案例的形式剖析美、德、英、日四个主要发达国家再工业化的背景、表现形式、政策以及启示等，希望能为中国转型路径的探索提供一定的借鉴，也为广东经济的创新发展提供指导作用。

本书共分为十四个章节，其中第一至第三章主要论述再工业化的起源、发展现状、特征及理论支撑。通过阐述再工业化的相关概念及其起源与发展，方便读者深入理解再工业化的内涵，为阅读后面的章节打下理论基础；第四至第七章主要以案例形式分析美、德、英、日四个主要发达国家再工业化的政策和启示；第八至第十一章主要站在广东的角度重点从贸易保护、投资回流以及技术变革等多角度分析再工业化对广东经济的影响；第十二至第十四章主要针对再工业化对广东经济的影响，从经济转型、产业调整以及创新驱动发展等角度提出应对措施。

本书的编写，是在本人研究成果的基础上，参考和借鉴了大量的国内外有关文献资料，可以说本书是本人的研究与国内外相关专家学者研究成果融合的成果，特在此对本书所参阅文献的所有作者表示由衷的感谢和崇高的敬意。由于本人水平有限，书中难免有错误或不足之处，敬请广大读者在使用过程中批评指正，真诚感谢你们！

廖丽平

2017 年 9 月

目 录

基本理论篇

案例启示篇

影响分析篇

应对策略篇

基本理论篇

第一章 发达国家再工业化的起源与发展

发达国家在经历了世界金融危机后，“再工业化”的主张日趋高涨。而2009年，在美国政府将再工业化真正纳入国家战略以后，全世界的经济格局和产业发展面临新一轮的变动，不仅发达国家的经济发展道路和国际合作情况因此受到影响，对发展中国家而言，它们也深受震动。由此引起的国际变动、国内经济贸易变动，对广东的经济发展、贸易结构、产业转型发展必然产生重大的影响。那么，“再工业化”的定义是什么？“再工业化”的产生背景是什么？它的基本起源又是什么？它是如何从“去工业化”演进成为“再工业化”的？“再工业化”给发达国家带来什么样的成效？未来发达国家的“再工业化”将以怎样的趋势发展下去？本章研究有助于解决上述问题，为广东应对发达国家“再工业化”提供基础理论参考。

第一节 发达国家工业化和去工业化的演进过程

一、工业化与去工业化的概念

要了解“再工业化”，首先需要理解“工业化”和“去工业化”的定义。

（1）工业化（Industrialization）通常被定义为工业（特别是其中的制造业）或第二产业产值（或收入）在国民生产总值（或国民收入）中比重不断上升的过程，以及工业就业人数在总就业人数中比重不断上升的过程。这一定义突出强调了产业结构的变化以及经济社会结构的系统性改变。经济学中将工业化定义为：国民经济中一系列基要生产函数（或生产要素组合方式）连续发生由低级到高级的突破性变化（或变革）的过程。

（2）“去工业化”的定义有地理学和经济学之分。地理学上的“去工业化”是指以制造业为主的工业的工作机会由发达国家转移到了发展中国家或者传统制造工厂由大城市转移到中小城市的过程；经济学上的“去工业化”则是与“工业化”的过程相反，“去工业化”表现为基础工业投资减少，经

济增长停止，国际竞争力下降，制造业产出和就业量大幅减少的工业现象。“去工业化” （De-industrialization）的概念最初由巴利·布鲁斯顿（Bany Bluestein）和贝尼特·哈里森（Bennett Harrison）在1982年提出来。他们发现美国存在基础工业投资减少、经济增长停止、国际竞争力下降、大量工厂倒闭、制造业产出和就业量大幅减少的现象，并将这些概括为“去工业化”的现象。但是，国外学者对于美国是否真正发生过“去工业化”现象一直存在很大的争议。对“去工业化”持有否定观点的学者认为，“去工业化”是社会经济自发调整的结果，是经济向高级发展的轨迹。但是，还有些学者只承认局部的“去工业化”，否认国家整体“去工业化”，例如劳合·罗德文（Uoyd Rodwin，1995）等人对美国全国五大区域进行了个案研究，他认为在美国某些区域确实存在“去工业化”的现象，但是这些区域在“去工业化”之后马上转向服务行业，以弥补“去工业化”带来的经济衰退。

二、工业化的发展过程

（1）资本主义国家早期的工业化。18世纪的工业革命中，生产要素由手工向大机器生产过渡。其基本特征是机器大生产和工厂的遍地建设。在此阶段，生产关系发生了重大的变革，社会经济得到了空前的发展。工业化内部的创新产生了先进的生产模式，人类社会生产力飞速发展。

（2）计划经济体制下的工业化。19世纪末到20世纪初期，以苏联为代表的国家开始实施在计划经济体制下进行工业化改造。高度的中央集权、生产资料国有化，在战争时期为重工业发展和军事工业发展做出了巨大贡献，但这种工业化进程完全忽略市场的作用，是不符合经济社会发展规律的。

（3）发展中国家新兴工业化。在20世纪中后期，广大发展中国家抓住了工业化发展的机遇，纷纷走上工业化发展道路。其中，包括中国在内的亚洲诸多国家，工业化进程发展迅速，它们根据本国国情，通过进出口贸易拉动经济消费，并以成本优势获得了国外工业投资。

综上所述，工业化进程一方面是产业结构发生变化的过程，另一方面是社会经济体制变革的过程。工业化过程使工业在国民生产总值中的地位不断上升，而各种生产要素则根据工业化演进过程不断优化分配，随着工业体系的日益复杂，市场经济体制的完善需求日益迫切。

三、去工业化的影响因素

（一）外部因素

发达国家的去工业化主要源于全球化、国际贸易以及来自发展中国家低成本的竞争。全球化使得不同国家都按照自己的比较优势来组织生产，发达国家技术、资本、熟练劳动相对富裕，因此倾向于专业化生产并出口技术、资本及熟练劳动密集型产品和服务，而进口低技术含量、劳动密集型产品和服务。其相应后果是增加对高技术含量的熟练工人的需求，由此推动第三产业就业与产值份额的增加；而技术及熟练劳动相对较低的制造业的产值与就业份额则不断下降。对生产具有高度替代性的产品而言，发展中国家的低成本使得发达国家就业容量较大的低端制造业进一步丧失竞争优势，随着自由贸易的拓展，发展中国家的低成本优势不断强化。与此同时，发达国家基于创新和生产率提高基础上的高端制造业及服务业竞争能力不断提高，因此逐渐加强其在高附加值产品生产的竞争和创新，并不断创造新的工作岗位，由此导致其去工业化进程的加快。

（二）内部因素

内部因素包括技术变化、政府政策的选择、政治经济学等方面的因素。高新技术日新月异的发展，一方面对传统产业从设计到生产、营销全过程都产生了深刻影响，另一方面也催生了许多新的产业，稀释了传统产业在经济发展中的地位与作用。有效政策的选择也会促进去工业化进程的加快。例如，当其他国家都在鼓励发展制造业时，美国大型制造企业则以税收优惠的形式得到亿万美元的补贴并出口金融资源，这激励其高估美元以便于在海外配置其制造业生产活动，客观上对美国的去工业化起到了推波助澜的作用。当去工业化导致制造业和污染密集型产业中的就业份额及个人收入持续下降时，其在国民经济中的经济地位也越来越低，政治上的重要性和影响力也呈递减态势。其结果是，政策制定者倾向于提高环境规制的标准。动态的比较优势理论揭示，发达国家逐渐将资源从基础性的制造业活动转向其他产业，环境政策的变化更是加强了这种趋势（Martin，2008）。此外，制造业和服务业之间需求模式的不断变化、相对于服务业而言制造业生产率的更快增长、制造业相对价格的不断下降、制造业投资占 GDP 比例的急剧下降及由此导致对制造品需求的减少等，也对去工业化起到了不可忽视的作用。（李国民，王秋石，王展祥，2010）

四、去工业化的演进过程

欧美国家的去工业化发生在 20 世纪五六十年代，由于资源、技术、政策等多方面工业化因素的变化，传统制造业中的产业出现没落，多个产业市场遭受了来自新兴工业国家的竞争，市场份额降低，国内生产下降。以美国

为例，不管是制造业所占份额还是制造业就业，都曾出现明显的下降趋势，制造业所占份额从20世纪80年代的5.537%下降到2008年的2.991%，制造业就业人数也下降了一半多。20世纪70年代末到90年代，发达国家去工业化趋势明显。

1. 去工业化的演进原因可归纳为以下几点：①实体经济与虚拟经济在进行博弈，去工业化其实是它们通过市场的作用寻求平衡点的一个过程；②去工业化反映了资本与劳动之间的关系调整，制造业调整速度落后而服务业快速繁荣发展，产业转型在不平衡的状态下随即产生；③去工业化与工业化本质上都是资本的调剂，一个地区的去工业化意味着另一个地区的工业化，去工业化并不是工业经济的结束，而是经济转型开始的表现。

2. 去工业化给发达国家带来的影响主要有：①对经济增长产生了影响。一方面，制造业的就业岗位减少带来了金融服务经济的繁荣，由于制造业比其他产业需要投入更多的生产设备成本，去工业化在某种程度上拓宽了经济的广度和深度。但是，从长期来讲，由于资本劳动比率在服务业相对较低，劳动力的转移可能导致资本总需求的减少，损害了发达国家的经济发展潜力，使经济的长期可持续性根基不牢固。②促使人力资本素质的提高。从工业部门转移出来的工人会接受更多的教育，同时去工业化在全球经济自由贸易的基础上推动了创新要素的产生，创造了更多的需求和再教育的机会，人力资本的素质不断累积和提高。但是，去工业化也可能导致收入差距等社会经济问题的矛盾增大。

3. 发达国家去工业化给发展中国家带来的影响是双向的。从积极的角度看，一方面，发达国家的工业转移使发展中国家的经济发展得到迅速增长，制造业快速崛起，尤其是汽车行业、钢铁行业等重型工业；纺织业等轻工业也逐渐从纯手工的制造方式变成半手工、半自动的生产形式。生产率的提高也进一步促进了发展中国家的出口。另一方面，发达国家国内的劳动力成本越来越高，使发达国家把处于边缘化的产业也逐渐转移到国外，为发展中国家提供了大量的就业岗位，增加了国民收入，对发展中国家来说无疑是一个摆脱贫穷落后的契机和转折点。从消极的角度看，去工业化对发展中国家存在着一定的负面影响，主要是对当地生态环境的破坏。在短期利益的驱动下，发展中国家很有可能不顾生态环境的恶化而被动地、盲目地接收发达国家的工业转移，承受污染和高耗能产业带来的影响。自然资源最终会有消耗殆尽的一天，低廉的劳动力也不是长远的发展优势。据有关人士统计表明：自20世纪60年代以来，日本已将60%以上的高污染产业转移到东南亚国家和拉美国家，美国也将39%以上的高污染、高消耗产业转移到其他国家。1984 年 12 月美国联合碳化物公司在印度的博帕尔农药厂发生毒气泄漏事故，导致 50 万人中毒，20 万人受到严重伤害，2 500 人死亡，这是发达国家向发展中国家转移污染产业而给当地带来负面影响的一个典型事例。

所以，发展中国家通过依靠发达国家的低端、高耗能产业来维持长期的经济发展无疑是一个不明智的选择。而发达国家把握高端产业链，占据高科技的资源战略，在发达国家去工业化的过程中不断扩大发达国家与发展中国家的距离。

第二节　发达国家再工业化的产生背景

全球经济正向第三次产业革命推动，网络金融等虚拟经济和实体经济的结合越来越密切。1980 年，美国学者埃米泰·埃茨奥尼（Amitai Etzioni）针对美国 20 世纪 70 年代出现的经济增长放缓现象提出了再工业化（Reindustrialization）的建议，他认为解决当时美国的这些经济问题应该通过“再工业化”以吸引大量投资，将新技术引入制造业，提高生产效率，恢复美国经济增长。其实，再工业化在美国乃至发达国家的提出是有一定的国际背景的，只不过最初在 20 世纪 70 年代就提出的“再工业化”，是针对西方某些发达国家的工业区中“去工业化”带来的负面影响提出的，并没有从国家层面提出发展战略，也没有对全球经济产生深刻的影响，而进入 21 世纪以后，以美国为首的发达国家再一次提出了再工业化，背景分析如下。

一、再工业化发展的国际背景

（一）全球金融危机的推动

“去工业化”导致美国金融危机爆发。自 20 世纪 50 年代以来，美国经济经历了“去工业化”过程，脱离实体经济的过度金融创新和金融投机行为泛滥，制造业却不断萎缩成为“夕阳产业”，向新兴工业化国家大量转移，出现“产业空心化”现象。这种金融业和实体经济本末倒置的发展方式，被认为是金融危机爆发的深刻根源。美欧国家等受国际金融危机影响严重、复苏缓慢且又使一个个成员国爆发主权债务危机，虽然个体差异较大，但都是“去工业化”相对严重的国家。制造业比重和竞争力的下降直接导致这些国家的出口竞争力下滑，进而造成其外汇储备不足，经济增长缺少了一个重要支撑。因此，美国开始反思实体经济与虚拟经济的关系。“去工业化”致使其抗危机能力不足的弱点充分暴露，推进“再工业化”战略被发达国家提到

产业结构调整的议事日程上来。

（二）发达国家亟须应对经济危机的负面冲击

美国在金融危机爆发后，实体经济受到巨大冲击，制造业产出连续多月急剧下滑。在经济危机的冲击下，拉动经济增长、实现经济结构调整、促进就业成为各国政府的头等大事。而制造业的固有规模、就业优势和发展潜力使之成为政府解决现实问题的首选。据美国劳工统计局预测，通过实施再工业化，2008—2018 年，美国制造业可以创造出超过 220 万个生产性就业岗位。再工业化强调实体经济特别是制造部门的基础作用，并从传统制造业的改造、新兴产业部门的建立出发，来调整国家经济发展的方向，创造新的经济增长点。因此，再工业化是发达国家应对经济危机负面冲击的现实选择。

（三）发达国家要应对新兴经济体崛起的局面，为占据新一轮经济制高点的长远战略谋划

进入 21 世纪以来，新兴经济体（Emerging Economy）的群体性崛起是世界经济格局出现的一个显著变化。21 世纪的头 10 年，金砖国家整体平均增长率超过 8%，远高于发达国家 2. 6% 的平均增长率及 4. 1% 左右的全球平均增长率。虽然新兴经济体在本次经济危机中也受到冲击，但其衰退程度相对较轻，持续时间也较短，其工业生产在 2010 年中期便已超过 2008 年的峰值，而美国的工业活动在 2013 年前都无法回到 2008 年的峰值水平。

表 1 - 1　金砖四国与发达经济体 GDP 占世界总值比重

（单位：10 亿美元）

地区		2000 年		2005 年		2010 年	
		GDP	GDP 占比/%	GDP	GDP 占比/%	GDP	GDP 占比/%
金砖四国	中国	1 193	3. 7	2 303	5. 04	5 879	9. 32
	印度	468	1. 45	840	1. 84	1 729	2. 74
	俄罗斯	260	0. 81	765	1. 67	1 480	2. 35
	巴西	645	2	882	1. 93	2 088	3. 31
发达经济体	美国	7 610	23. 6	10 241	22. 4	13 429	21. 3
	欧盟	5 965	18. 5	7 681	16. 8	10 025	15. 9
	日本	2 483	7. 7	3 200	7. 0	4 098	6. 5
世界		32 244	100	45 719	100	63 049	100

数据来源：联合国统计局。

由于新兴经济体增速明显快于发达经济体，全球经济“双速复苏”“南高北低”的格局日益成为发展的主调。新兴经济体国家和地区居民储蓄率高、外汇储备雄厚、人力资源丰富、创新能力趋强，对西方发达国家在世界经济中的主导地位提出了挑战，发达国家的危机感大幅上升。而金融危机又进一步冲击了发达国家对全球经济的主导权。在此背景之下，美国意识到全球制造业开始步入新的发展轨迹——从传统、常规技术向广泛使用以数控、低耗和洁净生产为重点的先进制造技术转变，于是大幅增加高新技术和高新产业，力图在制造业领域重新建立对新兴经济大国的竞争优势，保持在未来全球产业和经济发展中的主导者地位。

二、再工业化形势下的国内背景分析

“再工业化”的说法是由国外学者提出的，但是由于中国的经济发展与世界息息相关，面对再工业化的发展趋势，中国也应该根据自己的经济形势对经济结构进行调整。

（一）再工业化发展趋势带来的制造业出口危机

美国再工业化战略是对全球制造业产业布局的重构，其中涉及低端制造业从中国的转移以进一步降低成本，中端制造业的发展和回流以夯实美国实体经济基础，高端制造业的创新和创造以支撑美国未来经济增长。美国再工业化战略给中国制造业发展形成上下夹击之势。2009—2012 年，美国再工业化战略实施的三年间，中国制造在美国进口市场的份额由 29.3% 降到了 26.6%，由此可知，美国的再工业化战略给中国制造业出口和整体的发展带来了巨大威胁和挑战。

（二）我国亟须应对经济受国外新一轮政策环境调整的影响

面对世界经济环境变化，我国通过实施积极的财政政策和稳健的货币政策，实现了经济运行缓中趋稳，与发达经济体增长普遍乏力形成鲜明对比。但同时我国经济发展面临的困难依然较多。一是外需萎缩对经济的影响，在短期内难以根本扭转，出口形势严峻。2013 年中国工业经济运行报告显示：一些劳动密集型产业和订单有向周边国家转移的趋势，部分高端出口产业面临发达国家打压，未来出口稳定增长的难度依然很大。二是受经济下行和企业盈利水平下降等因素影响，制造业投资强度下滑。在固定资产投资增速整体回升的情况下，2012 年的工业投资累计增速连续 5 个月回落，制造业投资增速也出现连续 4 个月回落。三是企业经营仍较困难。近期虽然一些指标有所好转，但市场需求增长未出现明显改观，生产成本仍居高不下，企业利润持续减少，亏损增加。四是部分行业产能过剩问题突出，“高产能、高库存、

高成本，低需求、低价格、低效益”的问题困扰着行业健康发展。产能过剩问题已导致产品价格加速下滑，整体经营状况恶化。

（三）国家经济战略中对实体经济和金融经济的调整背景

党的十八大报告中特别强调：牢牢把握实体经济的坚实基础，实行更有利于实体经济发展的政策措施。我国整体上依然属于工业化时期，实体经济的核心是第二产业，实体经济能够为虚拟经济提供基础，同时也需要虚拟经济的支持才能健康发展。自2011年以来，我国GDP持续7个季度增幅回落，2012年第一、第二、第三季度的增长分别为8.1%、7.6%和7.4%，平均经济增速为7.7%。虽然2013年年初的增速高于2012年，但增速持续下滑，经济回落明显。其一，受国际经济危机影响，国外市场需求持续下降，订单大幅减少，加上国内需求不振，国内、国外因素的双重作用致使我国实体经济的发展环境越来越恶劣，国内企业产能过剩，致使实体中小企业生产和经营困难增加。第二产业存在规模大、能力弱的问题，第一是五大传统产业中的纺织鞋服业占比近60%，第二是建筑建材占比不到30%，第三是机械制造，第四是食品饮料，第五是工艺制品。高新技术、现代服务实体企业近几年虽然发展较快，但大多规模过小，且自主创新能力差，自然资源利用率不高，不能达到国际要求的节能减排标准。其二，虚拟经济不断挤占实体经济的利润空间。对于实体企业利润微薄来说，银行利润却很高，使得制造业的生产利润仅够偿还贷款利息，上游企业侵占下游企业利润。能源、电力、材料和交通等上游企业具有垄断性，其可以利用雄厚资金和政策优势，将生产成本转移到下游企业，挤占下游企业的利润空间。其三，实体经济发展要素流失严重。实体企业发展环境不断恶化，使得企业人才大量流失和迁徙，造成大量实体经济发展要素流失。招商银行和贝恩顾问公司发布的《2011年中国私人财富报告》显示：中国大陆个人资产超过1亿元的企业主中27%已经移民，47%正在考虑移民。投资带来的丰厚暴利，使得实体经济的企业家缺少安全感和工作耐心，企业家的实业精神不断衰退，而基础制造工业出现“民工荒”、生产报酬和劳动力要素不成正比等问题。

三、再工业化形势下的广东背景分析

受国际金融危机的影响，发达国家以“再工业化”强势回归实体经济，推出“再工业化”战略，通过推动先进制造业与现代服务业的均衡发展，来调整国家经济发展的方向，创造新的经济增长点。广东省作为我国的经济第一大省，改革开放的前沿阵地，多年来大力发展外贸业，面对发达国家“再工业化”的冲击，其外贸结构必将受到重大影响，广东也应该根据新形势下的国内国际环境，适时做出调整。

（一）广东亟须应对来自发达国家和发展中国家的双重压力，寻找转型路径

美国制造业在2009—2012年期间累计增长15.2个百分点，制造业出口总额增长量高达47个百分点，相比同期的GDP增长明显较快，美国制造业增加值占GDP总值由11.9%升至2013年的15%。发达国家及跨国公司朝着包括研发设计、高端制造、品牌营销各环节在内的全产业链的竞争优势发展，广东制造业与发达国家在新一轮产业链的竞争优势上的差距将会被持续拉大。（常少观，李钢，2016）全球产业加速重构竞争格局，一时间制造业可谓是风靡一时，一方面，以美国、德国、日本、英国等发达国家为首纷纷提出重振制造业发展战略；另一方面，墨西哥、印度、越南等发展中国家加快谋划和承接国际产业转移，这对广东形成中高端打压和低端竞争挑战的夹击态势。（周权雄，2016）随着发达国家回归制造业与发展中国家低成本竞争的加剧，广东人口“红利”、低成本等优势逐步减弱，企业利润遭到挤压，产业转型升级迫在眉睫。

（二）粗放式的发展模式已不适应新形势下的经济发展

广东一直以来采取的外源型和粗放型发展模式，除了造成自主创新能力低下外，还造成了资源的大量消耗、环境的严重破坏、市场拱手让人的恶果。这种发展模式建立在比较优势之上，充分发挥劳动力资源丰富的优势，大量生产和出口劳动密集型产品，但随着经济全球化趋势的不断扩大，资源、生产要素在全球流动，资源、劳动被资本和技术代替，而本地的资源、环境等要素的约束日趋明显，各种不利因素（如技术壁垒、反倾销、专利收费、人民币升值等）不断增加，这种以要素耗费高、单位产出低为特征的工业化发展模式越来越不安全、不稳固和不可持续。

（三）广东面临制造业出口危机和受国际政策的影响

国际金融危机之后，中国经济虽然保持了相对稳定，但也进入了速度换挡期、结构调整期、前期刺激政策消化期“三期”叠加的阶段，内需明显不如“十一五”时期；同时，世界经济处于缓慢恢复的阶段，外需也远不及国际金融危机发生前的几年。这些给广东经济发展带来很大的困难和压力，至今需求仍不见明显转旺。广东大型企业对工业经济增长的贡献突出，而不少中小微企业生产经营还是比较困难。大型企业的高贡献率在一定程度上掩盖了全省工业经济整体下行压力依然较大的问题。在全球加工制造业转移加深的背景下，外需乏力，出口为负增长，广东的出口型企业受到较大的冲击，亟须加快转型升级。

第三节　发达国家再工业化的主要成效

遭受了“去工业化”带来的一系列危害之后，发达国家都纷纷意识到只有实体经济才能够保持国家整体经济的稳定，只有实体经济才能促使一个国家能够长期地处于发展状态并且有坚定的实力抵挡风险。所以“再工业化”是发达国家亟须考虑的战略。经过了多年的尝试与实践，发达国家的“再工业化”战略虽然还面临着一系列的挑战，但其成效对全球经济发展的影响也是不可忽视的。

一、制造业回归，产业结构优化

美国的再工业化，并非简单回归传统制造领域，而是致力于知识密集型、智能化和高附加值的领域，特别注重于高度复杂、精密、系统化的产品，与发展中国家形成差异化竞争。然而，几十年形成的国际产业分工格局难以改变，唯有主动调整产业结构，才能实现长远发展，保持竞争力。

“再工业化”使发达国家由虚拟金融经济逐渐向实体经济转移，制造业重新回归到发达国家，优化了发达国家的产业结构。“去工业化”过程中，发达国家纷纷在海外投资设厂，把劳动密集型的低端制造业转移到国外，以获得低廉的劳动力成本。实施“再工业化”战略后，制造公司开始把制造业转移回本国。苹果公司、通用汽车公司等都开始把工厂搬回美国本土，很多公司也已经开始有了投资回流的计划。以美国为例，如表 1－2 所示，从 2005—2015 年第二产业比重只占 20% 左右，而第三产业高达 70% 甚至接近 80%，使得产业结构不平衡。2008 年金融危机后，美国的第二产业比重持续下降，2009 年只有 19.73%。随着经济的复苏，各界人士高度意识到回归实体经济的必要性，从 2010 年开始，第二产业的比重有所回升。因此，“再工业化”战略对美国的产业优化和升级起到关键性作用。

表 1－2　美国产业结构比重

（单位：%）

产业	2005年	2006年	2007年	2008年	2009年	2010年	2011年	2012年	2013年	2014年	2015年
第一产业	0.98	0.93	0.98	1.06	0.96	1.07	1.27	1.15	1.35	1.25	1.09
第二产业	21.28	21.69	21.54	21.10	19.73	19.85	20.13	20.06	20.14	20.15	19.38

续上表

产业	2005年	2006年	2007年	2008年	2009年	2010年	2011年	2012年	2013年	2014年	2015年
第三产业	77.74	77.38	77.48	77.84	79.31	79.08	78.60	78.79	78.51	78.60	79.53

数据来源：美国商务部经济分析局。

二、就业率提升

制造业本身就是一个劳动密集型的产业，即使实行智能制造也无法完全改变这一特征。制造业的回归，为发达国家增加了大量的就业岗位。“再工业化”使发达国家的失业率大幅降低。如图1－1所示，2005年，美国的失业率达到5.8%，受虚拟金融经济的影响，金融业本身需求的劳动力不多，就业人口主要面向教育水平高、劳动素质高等人群。2006年美国的失业率仅为4.6%，到了2008年，受金融危机的影响，失业率重新上升到2005年的5.8%。

金融危机爆发后，虚拟经济的地位受到了很大的冲击，仅仅一年时间，2009年美国的失业率就几乎直线上升到9.3%，相比2008年的5.8%增长了60.3%。2010年的失业率仍然处于持续增长状态，但增长势头明显下降，较2009年仅增长了0.3%。其中增长的失业人数大部分都集中在中端收入的人群。自从实施了“再工业化”战略以来，美国的失业率开始明显下降，而且降速也在逐年加大。2011—2013年的失业率分别是8.9%、8%、6.3%，2013年与2009年相比减少了32.3%。显然，“再工业化”战略对美国的就业改善成效是很成功的。

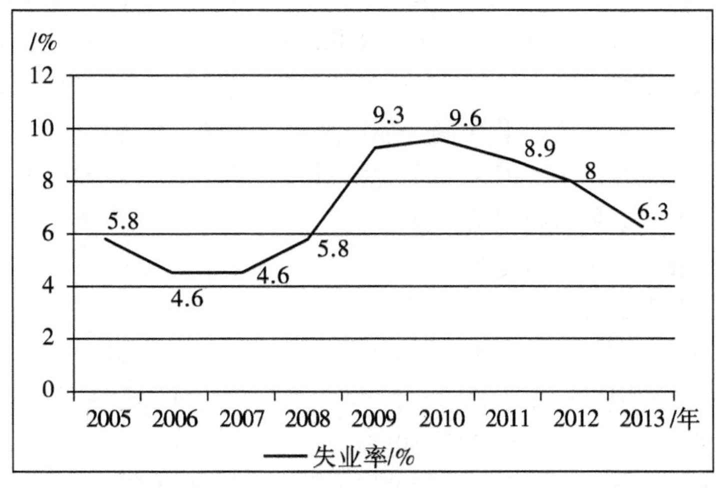

图1－1 美国2005—2013年失业率

在经济危机的冲击下，拉动经济增长、实现经济结构调整、促进就业成为各国政府的头等大事。而制造业的固有规模、就业优势和发展潜力使之成为政府解决现实问题的首选。据美国劳工统计局预测，通过实施再工业化，从 2008—2018 年，美国制造业可以创造出超过 220 万个生产性就业岗位。由于就业率的提高，居民的生活得到了保障，并且对生活有了更高的追求，从而就增加了消费需求，拉动经济增长。再工业化强调实体经济特别是制造部门的基础作用，并从传统制造业的改造、新兴产业部门的建立出发，来调整国家经济发展的方向，创造新的经济增长点。因此，再工业化是发达国家应对经济危机负面冲击的现实选择。

三、经济创新步伐加快

发达国家的“再工业化”不仅仅是引导传统的制造业回归，而且是大力发展高技术的、低碳环保的、附加价值高的高端产业，由传统制造逐渐向“智能制造”转换。运用智能机器人、数控技术、自动化技术等，使得制造业不再是完全的劳动密集型和污染环境的产业。例如物流产业，很多的配送、搬运、流通加工等环节都换成了机器人；高空作业等危险工作都变成了机器人的职责。作为智能制造核心领域的机器人，近年来，美国的风投公司对其投资力度急剧攀升，2013 年达到 1.72 亿美元，比 2011 年翻涨近 2 倍。据麦肯锡咨询公司预测，到 2025 年，发达经济体中 15% ~25% 的企业制造将实现智能化和自动化，而新兴经济体中该比重也将达到 5% ~15% 。（常少观，李钢，2016）制造业是一个能够让创新技术发挥性能的场所，而与其说制造业是一个生产场所，还不如说它是一个促进技术创新的研究园区。

曾经一度追求的“大规模制造”已经由实现规模经济的模式向“数字化个性定制”转变。由于消费者的分化和消费者的收入水平和价值观念的不同，每个人都使用千篇一律的商品的时代已过时，人们所追求的独立性、选择性和多变性正是“个性化定制”能够满足的。以汽车为例，通用、福特、日产能公司都应用了柔性模块化共性生产模式。消费者难以改变的是对汽车的发动机、转动系统等技术平台要求。但是在汽车的外观和内饰调解上，消费者可以根据自身的需求定制。

企业之间开始意识到单打独斗并不利于长久的发展，因而转为协作创新。毕竟不是每个企业都能做到各方面都有优势，企业间通过合作，发挥各种优势来完成共同的目标。例如，丰田汽车投资 45 亿日元获得特斯拉 3.15% 的股份，并开发装有特斯拉电池的 SUV，对丰田而言，可以增加电池的来源，而对于特斯拉而言，电池的销量有了一定的保障，双方实现互利共赢。通用汽车公司旗下的 vogt 与汽车共享服务商 lyft 合作建造一个无人驾驶出租车平台，vogt 以其先进无人驾驶技术不断地研究和测试无人驾驶雪佛兰 bolt，lyft 为其提供共享服务和线上客户，目前，无人驾驶雪佛兰 bolt 已成功落地，成为第一家成功量产自动驾驶汽车的公司，不久的将来，我们可能就可以看见无人驾驶的网约车了。

四、扩大出口贸易量

由于发达国家的制造业回归，产品实现了本土化，加上高科技的快速生产，不仅能够满足国内的需求，还能增加出口量，特别是高技术产业的制造产品。

从 1991—2012 年，发达国家的高技术产品出口量增速明显，如表1－3所示，德国、法国、意大利三国 1991 年的高技术产业出口额分别是 460. 42、300. 98 和 120. 19 亿美元，到 2012 年，三国的出口额已经达到1 830. 35、1 080. 36和 270. 53 亿美元，相比 1991 年增长了 294. 98%、249. 77% 和 125. 84%。从高科技产业出口情况来看，1991—2012 年，高科技产业出口额一直处于上升态势，但值得注意的是，其占制成品出口的比重是在 2001 年到达高点后逐步下降的。这表明，在 20 世纪 90 年代，高科技产业的发展确实填补了一般制造业去工业化后的空缺；2001 年后，高科技继续发展且有加速的态势，但在制成品出口中的比重却在下降，说明一般制造业正在以更快的速度增长，再工业化在整个制造业的成就超过了去工业化带来的影响，这一点与 GDP 中工业化比重的表现是一致的。（赵儒煜，阎国来，关越佳，2015）

表 1－3　欧洲主要国家高技术产业出口额占制成品出口的比重

年份	德国		法国		意大利	
	出口额/亿美元	比重/%	出口额/亿美元	比重/%	出口额/亿美元	比重/%
1991	460. 42	13. 1	300. 98	18. 7	120. 19	8. 20
1996	600. 95	13. 8	420. 65	18. 9	170. 71	7. 9
2001	900. 56	18. 3	550. 54	23. 5	200. 57	9. 56
2007	1 530. 81	14. 0	780. 82	18. 5	260. 45	6. 26
2008	1 590. 81	13. 3	910. 98	20. 0	280. 81	6. 4
2009	1 390. 96	15. 3	820. 53	22. 6	250. 03	7. 47

续上表

年份	德国		法国		意大利	
	出口额/亿美元	比重/%	出口额/亿美元	比重/%	出口额/亿美元	比重/%
2010	1 580. 51	15. 3	990. 74	24. 9	260. 42	7. 24
2011	1 830. 37	15. 0	1 050. 10	23. 7	310. 19	7. 37
2012	1 830. 35	15. 8	1 080. 36	25. 4	270. 53	7. 07

数据来源：世界银行。

金融危机的爆发，导致世界各国的对外贸易都受到了严重的打击。特别是虚拟金融经济比重较大的美国，出口额从 2008 年的 1. 84 万亿美元下降到了 2009 年的 1. 58 万亿美元，直接反映出美国的实体经济支撑力度不够，导致了出口额的大幅下降。2009 年，美国通过了奥巴马提议的一揽子经济刺激计划，计划总额达到 7 870 亿美元，希望可以通过减税和增加政府财政支出等行为帮助美国复苏经济。2010 年，美国出口额重新回到了 2008 年的水平，并且一直处于增长状态。2013 年，奥巴马政府提交的《2013 年总统贸易政策议程》报告提出继续推进五年出口翻番计划，各种鼓励出口的优惠政策和限制进口保护措施增强了美国本土厂商的国际竞争力，扩大了本土厂商的国际市场份额，从而使出口量持续增加。《2013 年总统贸易政策议程》实施，取得了很大的成效，2014 年美国的出口额达到了历史新高，相较于 2009 年，增加了 48. 1%。美国 2005—2015 年出口额情况见图 1 – 2。奥巴马的五年出口翻番计划，刺激了美国经济的增长和扩大了出口贸易额。

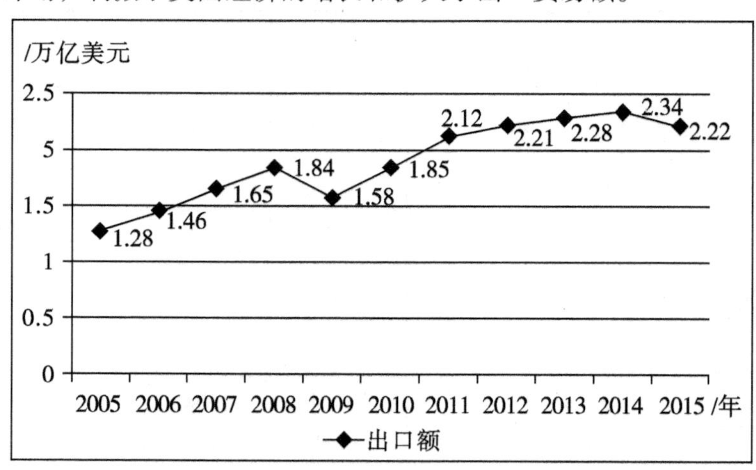

图 1 – 2　美国 2005—2015 年出口额

第四节 发达国家再工业化的发展趋势

一、产业转移趋向“低端化”

发达国家在实施再工业化战略的过程中，为给新型产业腾挪各类资源、拓展新型产业的发展空间、抢占国际市场和解决国内环境问题，发达国家继续推动低技术含量、低附加值和高耗能的制造业向发展中国家转移，使得国际产业转移出现“低端化”现象。同时，发达国家通过一定的直接投资带动发展中国家的资金，抢占发展中国家的市场并稀释发展中国家对先进制造业的投资，进而使得发展中国家产业结构“低端化”。另外，发达国家还有可能通过在发展中国家建立附属研发机构，提高发展中国家对其技术依赖，从而占领发展中国家的市场。2010 年，在我国各行业外国直接投资企业数量都回升的情况下，高技术领域的外国投资企业数量却依然出现负增长（见表 1 -4）。可见国外已经开始收缩在我国高新技术领域的投资，国际产业转移开始趋向“低端化”。我国正处于产业结构调整关键时期，制造业亟须转型升级，国际产业转移的“低端化”将阻碍我国承接中高端制造业和吸收先进技术，对我国产业发展造成较大的负面冲击，并可能导致产业发展出现“马太效应”，使我国先进制造业与发达国家的差距扩大。

表 1 -4 我国各行业外国直接投资企业数量增长率

（单位:%）

行业	2009 年	2010 年
制造业	-15.6	13.1
电力、燃气及水的生产和供应业	-25.6	-11.8
交通运输、仓储和邮政业	-24.5	0.3
信息传输、计算机服务和软件业	-15.9	-3.2
批发和零售业	-12.9	33.1
房地产业	25.9	21.1
租赁和商务服务业	-8.7	19.3
居民服务和其他服务业	1.0	4.8

资料来源：国家统计局，国民经济和社会发展统计公报（2010 年，2011 年）。

二、直接扶持战略新兴产业

一是把绿色能源作为再工业化的重中之重，出台各种优惠政策保证绿色能源产业的发展，并且加大对相关研究的资金支持。美国投入大量资金推广清洁汽车技术、提高能效和扩大对可再生能源的生产，并通过各种政策鼓励新能源技术研究和能源资源的多元化。英国则采取措施打造可再生能源和低碳基础设施，投入资金发展可再生能源并增加其比重，同时加快对可再生能源项目的审批程序。日本明确了未来的技术发展重点，提出未来太阳能的发展目标，恢复了2006年停止的太阳能产业补贴政策，给予太阳能发电设施补贴并提供低息贷款等优惠政策。

二是加快“通信网”“电视网”和“互联网”的“三网融合”。美国在宽带普及率和互联网接入方面重返世界领先地位，加大了对信息传感网、公共安全网、智能电网等现代化基础设施的建设。英国也升级投入资金和开发智能电网。德国则投入大量的人力、物力以增强其信息通信领域的国际竞争力。欧盟通过资金投入，开发大容量、高速的数字网络系统，加快建设全民高速互联网。

三是加大对生物技术和产业发展的支持力度。发达国家在生物技术领域的投资不断增加，相关的促进政策也纷纷出台。美国计划要使国立卫生研究院的经费在10年内翻一番。英国则计划要在癌症和其他疾病领域投入150亿英镑用于相关的生物医学研究。日本和欧盟都强调在生命科学和生物工程上的研究。

四是积极拓展纳米技术和产业的发展空间。目前纳米技术已拓展到信息、生物医药、能源、资源、环境、空间等诸多领域，纳米领域将继续成为各国创新投资的重点。美国政府于2010年在纳米技术领域的投资就达到了16亿美元。日本则强调要运用纳米技术实现高效率的制造业生产，开展了纳米技术尖端零部件的实用化研究开发、高效三维光器件制造技术开发和碳纳米管电容技术开发等项目。

三、提高绿色新能源的研发力度

发达国家把发展绿色能源作为再工业化的首要目标，出台各种政策和采取优惠补贴来鼓励企业家们实现制造业回归，同时又极力发展绿色能源。像纺织业、玩具制造等技术含量低的产业不会成为发达国家引回的对象，只有新兴的产业、高端技术的产业、具有高附加值的产业才是它们的发展重点。

美国投入大量资金推广清洁技术，提高能效技术，扩大对可再生资源的生产，并通过各种政策鼓励新能源技术研究和新能源资源的多元化。美国加大对新能源开发的投入，2009 年美国就以 6 240 亿立方米产量的页岩气成为世界第一天然气生产国。页岩气不仅是一种清洁能源，并且能够满足消费者的日常需求，为绿色能源的发展创造了先机。欧洲的电力系统将继续向风力和太阳能发电转变。欧洲的新增发电容量总投资达到 1.27 万亿美元，其中风电和太阳能电融资就占比 86%，为提高清洁能源的利用率提供了大量的资金支持。近年来，油电混合汽车、纯电动汽车已经成为汽车行业的一大趋势。通用、福特、丰田、大众等汽车企业都开始研究和生产油电混合电车、纯电动汽车等。2016 年 11 月，美国特斯拉就完成了太阳能屋顶产品，增加了太阳能资源的利用率和使用频率。

四、更加注重未来技术储备

所谓技术储备，就是新研制的战备器材、设备等暂不生产储备硬件，仅储备设计图纸、资料、技术文件、标准等软件，保管好工艺装备，需要时即能迅速生产。在产品开发方面所进行的试验、研究和试制工作，目的是为了保证产品的不断创新和企业在生产技术发展中的领先地位。随着科技的不断创新，时代在不断前进，一个国家或者一个企业只有拥有了先进的技术设备，才能跟上世界发展的步伐，甚至在世界上和行业上处于领先地位，才能提高本国的国际声望和企业的竞争力。正在实施再工业化的发达国家，要引导实体产业回流的前提就是增加未来的技术储备，这样才能使传统的劳动密集型制造业转化为高技术的创新产业。

（一）引进科技人才

技术创新伴随着经济增长，而创新就需要技术人才，所以科技人才是经济增长的一个重要载体，要想加快技术创新，就必须要有大量的科技人才。发达国家更加注重科技人才的储备。除了增加本国的科技教育等方法来增加本国科技人才以外，很多发达国家还通过引进国外的科技人才来增加人才储备。美国的教育机构只能满足其日益增长的高科技人才需求的 1/3，所以它通过移民政策、留学生政策以及国际交流与合作政策来引导科技人才的流入。通过高薪待遇、提供研究经费和签证便利等政策让外国人才留在美国。德国为了培养和吸引创新高科技人才而提出了“高技术战略”。日本、法国等国家也实行各种措施吸引并留住外国人才，以增加本国的人才储备。

（二）发展科技知识

两国之间的竞争或者两个企业之间的竞争，归根结底就是科学技术创新

的竞争。哪个国家的技术更加先进，哪个国家的竞争力就比另外一个国家强，发展步伐就更加快速；哪个企业的技术更发达，哪个企业就能取得领先的市场地位，有望取得更大的市场份额，甚至把竞争对手挤出市场。各国都想拥有最先进的技术，站在世界的最前端。发达国家利用自身的信息技术发达，人才储备充足，资金充沛等优势，极力研发新技术，希望能够将它们用到市场生产中去，以提高生产效率、降低生产成本和发现新的替代能源等。美国拥有先进的计算机技术、大型客机技术、新材料开发等；德国的无线电工业、汽车工业，法国的核电等技术都处于世界的领先地位，为它们的经济发展起到了促进作用。发达国家普遍都有完整的专利制度，对专利的重视程度一般比发展中国家要高。而大量申请专利就是一种很好的技术储备的手段。

五、更加强化科技成果的有效转换

科学技术是第一生产力，只有把科学技术使用到真正的生产上面，才能真正突出技术的用处。科技研究的目的就是为了加快新产品的更新速度，提高生产效率，降低生产成本，最终实现经济发展。只有把科研成果从科研基地转移到生产基地上，才能实现科学技术的价值。科技成果的转移速度越快，科研经费的投入就能够越快地回收。发达国家为了加快实体经济的回流，实现更加全面的高技术制造，就必须加快科技成果的有效转换。因此，它们都极力运用多种方法加快科技成果有效转换的步伐。以下是发达国家加强科技成果有效转换的措施。

1．科技人员直接创办企业。这是最直接、最方便地实现科学技术转化为生产力的一种方式。例如，法国研究成果推广署从技术和资金上大力支持研究人员创办新企业，鼓励科研人员创办公司，推广成果，允许停薪留职2～3年。仅法国国家信息与自动化研究院的科研人员就创办了15家高技术公司。（齐荣坤，2003）

2．科研机构与企业开展合作或合同研究。科研机构获得了科研经费，企业又能够获得大量的技术人才，既提高了科研的积极性，又能使企业快速地实现产品更新或者完善生产工艺。

3．研究机构与企业开展人才交流。通过人才交流，科研人员不仅仅是为了科研而科研，而是联系到市场的实际需求和实际情况，使研究方向更加明确。企业人员也能够了解到目前的科技发展阶段，能够更加看准市场和制定更符合实际的战略。

4．科研院所与企业沟通交流的网络平台。随着网络技术的进步，很多的合作工作可以通过网络平台来实现。科研院所与企业之间通过网络平台相互联系，互相知道双方的需求，有利于科研院所的研究成果快速实现转换，企业也能够跟上科研的步伐，从而实现创新。

5. 通过专门机构实施科技成果转化。发达国家基本都设有专门的科技成果转化机构，负责促进科技成果向工业界的转换。如美国著名的国家技术转让中心（NTTC）和联邦实验室技术转移联合体（FLC）。NTTC的主要任务就是以其庞大而先进的计算机网络转让技术，将联邦政府资助的700多个国家实验室、大学和私人研究机构的有工业应用前景的科技成果纷纷推向社会的工业界，使之尽快转化为生产力。（齐荣坤，2003）还有英国技术集团公共有限公司、法国科技创新与转换有限公司、日本振兴协会等机构主要的业务就是实现科技成果的有效转移。

6. 通过高校科技成果转化机构实施转化。高校是国家培育科技人才的地方，通过与外界的企业合作，可以让在校学生接触到更加贴合实际的技术，而不仅仅是按照教科书进行学习。同时，企业能够得到更好的科研空间和有效解决技术上的难题。

7. 通过科技咨询公司开展科技成果转化活动。英国的咨询业比较发达，有技术咨询公司近千家，既有综合性的大型咨询公司，也有相当多的专业咨询公司，咨询范围涉及近200个专业。德国有各类咨询机构2 000多家，这些咨询机构从事的活动主要包括新技术转让、信息传播、技术人员的交流、帮助建立新的技术体系、培训技术和管理人员等。通过专业的咨询公司对技术进行转换，企业可以更加集中注意力到企业的生产经营当中。咨询公司有丰富的科技成果转换经验，能够加快转换的速度和实现更好的效果。

六、更加注重创新人才培育和科研投入

由于“再工业化”重点集中在高端制造业、新兴产业的发展，所以高科技人才的培养也是其表现形式之一。创新需要人才，人才来自教育。美国具备面向国家实验室和大学的健全的研究经费体系，2013年其向国家实验室提供的资金总额超过100亿美元，并不断提高对大学理工科教育的重视程度，壮大工程师队伍。2012年奥巴马总统宣布一项10亿美元的创建《制造业创新机构》网络的新计划，并拟将22亿美元用于先进制造业研发中。日本的“产业集群计划”在促进产学研人力资本网络的形成中起到了重要的作用。法国的“新产业政策”计划用2亿美元来培养和提高劳动力素质。如英国剑桥大学一直与产业界保持广泛的联系，包括联合培养本科生和研究生，共同建立研究所、实验室等科研机构；美国通过在大学建立工程研究中心，把不同学科的工程技术人才结合起来，共同研究国家和产业界面临的重点课题；加拿大自然

科学与工程研究理事会设立工业研究奖学金计划和博士后工业奖学金计划；日本的“21 世纪 COE 计划”，每年对 100 多项博士科研项目进行资助。

美国国内高技术研发力度不断加大，抢占技术制高点。美国总统奥巴马向国会提交的 2013 年政府预算报告显示，科研上的投入将达到 1 400 亿美元，增长了 1%。能源部预算为 49.92 亿美元，发展高技术产业的清洁能源相关项目，基础能源科学项目、生物与环境研究项目、先进科学计算研究项目得到优先资助，预算分别增长了 6.6%、2.5%、3.3% 和 27.3%。英国政府在预算削减的压力下，从 2013 年起，未来四年将坚持每年投入 46 亿英镑的核心科研经费，分别通过研究理事会（RCUK）和技术战略委员会（TSB）支持研究机构和大学，支持优先发展先进制造、数字经济、低碳经济、能源与资源的高效利用等高技术产业。韩国在《新动力规划及发展战略》中将绿色技术产业列为重点发展领域，2013 年韩国政府的 R&D（研发）经费为 11 兆 529 亿韩元，投资 395 个主要 R&D 项目。其中推动高技术产业发展的生物资源项目“Golden-seed 计划”，2013 年度的经费投入增加了 86%，达 240 亿韩元。其中提高 FTA 中高技术产业竞争力的技术开发项目，2013 年度的经费投入增加了 14.5%，达 150 亿韩元。

发达国家都致力于增加科研投入，不仅在教育上，在整个科研领域上的投入规模也不断扩大。如表 1－5 所示，2000 年，美国、日本、德国、法国的科研经费分别为 2 712 亿、1 438 亿、462 亿、285 亿美元，但是主要的用途都是用在军事科研上，科学技术还没真正成为经济发展的关键因素。到 2009 年，除日本以外，其他的国家基本实现了科研经费翻倍，甚至增幅更大，如德国和法国，比 2000 年分别增长了 101.3%、107.7%。发达国家的科研经费主要是用在科技创新和科研人员的培养上，通过培养更多有想法、有思维的科研人员，可以加快发达国家技术创新的步伐，使国家在某种行业上处于世界的领先地位。

表 1－5　主要发达国家的科研经费

（单位：亿美元）

年份	2000	2005	2009	2010	2011
美国	2 712	3 066	4 020	4 089	4 181
日本	1 438	1 518	1 692	1 789	1 989
德国	462	665	930	919	1 028
法国	285	449	592	574	624

数据来源：世界银行。

第二章　发达国家再工业化的内涵及主要特征

发达国家的“再工业化”已不是一个新概念，多年前在对传统工业基地的改造和振兴中就被广泛应用。20 世纪 70 年代，“再工业化”是针对德国鲁尔地区、法国洛林地区、美国东北部地区和日本九州地区等重工业基地的改造问题提出的。

随着时代的变迁，“再工业化”的概念和内涵不断丰富和变动。韦伯斯特词典对“再工业化”的解释是“这是一种刺激经济增长的政策，尤其是在政府的帮助下，实现旧工业部门的复兴和现代化，并鼓励新兴工业部门的增长”；Roy Rothwell 和 Waiter Zegveld 把“再工业化”定义为产业的结构转型面向高附加值、知识要素密集和产品以及服务于新市场以新技术创新为主的产业等；Random House Unabridged Dictionary 对“再工业化”的解释：通过政府帮助、税收激励、工厂和机器现代化等途径实现的工业和工业社会的复兴。

在国际金融危机的大背景下，这一概念再次盛行。1980 年，美国学者埃米泰·埃茨奥尼（Amitai Etzioni）针对美国 20 世纪 70 年代出现的经济增长放缓现象提出了再工业化的建议，他认为解决当时美国的这些经济问题应该通过“再工业化”以吸引大量投资，将新技术引入制造业，提高生产效率，恢复美国经济增长。这反映了美国等发达国家对“去工业化”发展模式的反思，表达了重归实体经济的愿望。因此，目前美国所要进行的“再工业化”，绝不仅仅是恢复传统的制造业，而是超出了这个范畴，是在一次工业化基础上的二次工业化，实质上是推动产业升级，以高新技术为依托，发展先进制造业，从而重新拥有具有强大竞争力的工业，并用新一轮技术革命的成果引领和改造其他产业，尤其是新能源、信息、生物、医疗、环保、海洋和空间等新兴产业。

新兴产业是未来工业发展的一个趋势。由于围绕新兴产业所形成的产业群可能成为下一轮全球经济繁荣的支撑点，因此新兴产业是“再工业化”的主攻方向。从长期看，想要在未来的竞争中保持领先优势，各国需要加大在新兴产业领域的技术研发，推动新技术在传统制造业中的广泛应用；从短期

看，对新兴产业的投资也有利于扩大内需，拉动经济增长，克服金融危机带来的危害。

实行“再工业化”需要持续不断的创新推动。各国在应对金融危机中认识到，必须依靠科技创新，注重发挥创新在调整产业结构、培育新经济增长点中的重要作用，许多国家已相继出台了一系列政策和措施，增加研发投入，通过增强创新能力保持和提高国家在世界经济格局中的位置。美国把发展新能源作为摆脱经济衰退、创造就业机会、抢占未来发展制高点的重要举措。欧盟的经济复苏计划提出，要实施“绿色汽车伙伴行动”“能效建筑伙伴行动”和“未来工厂伙伴行动”等。俄罗斯经济的重点也转向知识产业和新技术产业，鼓励利用科技创新带来可观的经济效益，将重点发展纳米、能源和环境技术产业。

第一节　发达国家再工业化的概念

“再工业化”并非全新概念，最早由美国白宫高级顾问埃米泰·埃茨奥尼提出。2007 年下半年以来，“百年罕见”的国际金融危机和世界经济衰退使得西方发达国家受到重创，实行“再工业化”的呼声再起。但从危机后各国学者的探讨、发布的官方文件以及采取的政策措施来看，此次“再工业化”的政策内涵已经超出以往重振、“回归”制造业的范畴，其实质是要发展以高新技术为依托的高端、先进制造业，实现制造业的升级，从制造业的现代化、高级化和清洁化中寻找增长点，以此奠定未来经济长期繁荣和可持续发展的基础。

一、国外学者相关研究

20 世纪 70 年代，由于欧美国家经济环境的特殊性，为了刺激工业经济的持续增长，其提出了“再工业化”。1968 年版的韦伯斯特词典中，对“再工业化”已经有了解释：“这是一种刺激经济增长的政策，尤其是在政府的帮助下，实现旧工业部门的复兴和现代化，并支持新兴工业部门的增长。”同时，美国的一些商业周刊的编辑们提倡美国必须要进行变革才能保持世界领导地位，而变革的方法是再工业化。但是，这些研究都是比较零散的，再工业化研究的真正发展是在 20 世纪 80 年代以后。

1980 年，美国学者埃米泰·埃茨奥尼提出美国工业化完成后出现了投资不足和过度消费的现象，这严重损害美国国内的生产能力，而重建美国经济的基础，根本出路在于“再工业化”，措施包括加大基础设施的投资，加速固定资产的更新换代，提供某些能提高新能源效率的新设备，等等。他的提法主要基于美国在20世纪70年代末期出现了经济增长速度变缓的背景，他将“再工业化”定义为：为了重建经济基础，占领制造业的制高点，致力于高附加值产品的投入而实施的工业振兴。

Random House Unabridged Dictionary（2006）对“再工业化”做出了如下解释：通过政府帮助、税收激励、工厂和机器现代化等途径实现工业和工业社会的复兴。

Zee 和 Brandes（2007）认为发达国家制造业企业需要调整以适应新竞争环境，促使发达国家制造业从纯粹依靠成本竞争转向顾客定制、高性能产品等高附加值领域。

波林和贝克（2010）指出工厂、机器和信息技术领域的投资是经济进步的重要推动力量，高端制造业要依靠清洁能源而不是矿石能源。

Baily（2011）认为应通过平衡预算和减少边际税率使美国经济在创造和制造新产品方面更具吸引力。

Dumitru Soaita（2012）认为国家的经济战略重点是增加制造业的高附加值，促进经济的产业化，是解决经济危机和促使经济可持续发展的再工业化途径。

S. Jack Hu（2013）对制造业的发展提出了范式制造业，即将高新技术和制造工艺结合在一起，能够更有效地达到制造业发展的新阶段。

二、国内学者相应研究

赵刚（2010）认为，目前美国所推行的“再工业化”，绝不仅是恢复传统的制造业，而是以高新技术为依托，发展先进制造与新兴产业，实质上是要推动产业升级。

左世全（2012）认为，美国提出“再工业化”是因为其先进制造业的竞争力持续下降，提出的目的主要是为了抢占先进制造业的制高点。

陈宪（2012）认为，美国从“去工业化”到“再工业化”的快速转身并不是传统意义上的工业化，而是为了布局未来产业，占领产业制高点，实现类似20世纪90年代“新经济”的辉煌，确保其世界经济“发动机”的地位。

王俊（2011）认为，美国“再工业化”将主要致力于最高端、最高附加值的制造业领域，重点制造别国无法制造的产品，与新兴国家形成错位发展，并指出中小企业是实施该战略的主要载体。

沈坤荣、徐礼伯（2013）认为，美国的“再工业化”并不是一种短期

行为，也不仅是应对产业“空心化”的被动反应，而是一种超前的、主动的、未雨绸缪的战略谋划。

综合国内外学者的诸多研究，国外学者对“再工业化”的解释主要侧重于其实现路径，如通过国家政策的鼓励、税收优惠、鼓励投资等方式来实现再工业化；以及在工具上的变化，通过利用机器和信息技术来实现智能制造；同时从能源方面提出再工业化也是利用清洁型能源的工业化；在最终产品的表现上，再工业的产品集中于高附加值、定制化、更具艺术工艺化的产品。相比较而言，国内学者更侧重于从“再工业化”对欧美国家经济战略发展和国际地位的影响方面来解释。他们认为“再工业化”是发达国家在经济发展过程中，为了适应未来产业发展中的高端化、科技化的特征，而提出的能使经济循环发展、产业升级的一种战略性观点。总体而言，“再工业化”随着时代的变迁不断被赋予新的内涵。

第二节　发达国家再工业化的目标

一、发达国家再工业化的作用

发达国家大力推动再工业化，其作用主要表现在以下几个方面。

1. “再工业化”是带动发达国家经济增长的重要途径。由于全球性金融危机造成了美国市场萎缩、就业和出口减少，国际贸易和资本形成双逆差，美国政府期望通过实施再工业化战略，加大工业出口，平衡贸易逆差，部分解决世界经济不平衡的问题，从而降低失业率、缓解经济压力。英国《全球化和制造业》报告中认为：制造业在发达国家仍然是财富的创造者和生产力提高的重要体现，其重要性不可被低估。史蒂芬·盖乐认为，超级全球化的黄金期已过，接下来的主要发展战略变成了“再工业化”。前英国首相卡梅伦提出振兴制造业将成为英国解决经济增长和失业问题的主要办法。

2. “再工业化”是提高劳动者收入，促进收入均等化，进而提高民众生活水平的重要途径。Tom 指出，在金融危机时大部分失业发生在中等收入人群，而在经济复苏阶段，大部分的新增就业都属于低收入等级。同时，美国的贫富差距也在不断扩大。在失业率上升、收入下降、贫富差距扩大的情况下，美国以消费拉动的经济增长遇到了很大的阻力。拉里·萨默尔还提出美国经济应通过“再工业化”创造更多的中产阶级，而不是通过发展金融业将大部分收入增长都聚集在少数人手中。

3．“再工业化”也是促进美国经济不断创新的动力。从长期来看，美国力图通过实施再工业化战略，寻找能够支撑美国制造业领先地位的技术与工艺，为美国制造业提供的高质量就业机会打好基础；寻找能够支撑未来经济增长的高端产业，通过产业升级化解高成本压力，实现经济可持续发展，重新获取竞争优势，重振本土工业。MIT 的研究指出，传统制造业与知识型产业并不冲突，创新和制造业息息相关。把重心重新放在发展制造业上，不仅为美国的经济复苏提供了动力，而且会增加高技术和高收入的活力，这些产业是高新技术和创新的来源。（杨书群，汪跃平，2014）

二、发达国家再工业化的具体目标

（一）应对经济危机，提高就业率

在 2009 年经济危机的冲击下，发达国家经济受重创。此时，拉动经济增长、实现经济结构调整、促进就业成为各国政府的头等大事，而制造业的固有规模、就业优势和发展潜力使之成为政府解决现实问题的首选。从绝对数量来看，在金融危机影响下，2009 年美国失业人数显著增加，由 2008 年的 892.4 万人上升到 2009 年的 1 426.5 万人，增幅高达 60%，2008 年失业率为 5.8%，2009 年骤增至 9.3%；1980—2010 年，美国制造业增加值占 GDP 比重从 21.1% 降低到 11.7%，制造业就业人数占总就业人数比重从 21.6% 降至 8.9%。截至 2010 年，美国总就业人数为 12 982 万人，制造业就业人数仅为1 152万人。来自美国官方数据显示，制造业的每个工作岗位可以支撑其他经济部门的 3 个工作岗位。据美国劳工统计局预测，2008—2018 年，美国制造业将有超过 220 万个生产性就业岗位空缺。同时，美国制造业对其他经济部门的影响深远，据美国全国制造商协会估计，美国每生产 1 美元制成品就能产生价值 1.37 美元的额外经济活动，比任何其他经济部门的额外产出都高。自实施“再工业化”战略以来，美国失业人数逐渐减少，2010—2012 年失业人数分别为 1 482.5 万人、1 374.7 万人、1 250.6 万人，2012 年与 2009 年相比减少了 15.6%，三年间失业率分别为 9.6%、8.9%、8%，呈不断下降趋势。（常少观，李钢，2014）

欧盟统计局的数据表明从 1996—2007 年，工业占欧盟 GDP 的比重从 21% 降至 18%，工业部门吸收的就业人数从 20.9% 降至 17.9%，这意味着欧洲人因为“去工业化”失去了 280 万个就业岗位。经济危机后，欧洲各国失业率进一步升高，此时它们更意识到发展实体制造业对于提高就业率的重要性，因此，它们将再工业化作为应对经济危机和提高就业率主要手段。

（二）促进制造业升级，优化产业结构

由于过度依赖以金融业、房地产业为代表的虚拟经济，美欧等发达国家在此次金融危机中受到了沉重的打击，市场大幅萎缩。危机的出现源于熟知的三类支柱性产业——传统产业、高技术产业、现代服务业，它们之间的矛盾关系和产业比例的失衡。在西方各国看来，其“新生”、经济转型应当在挤出“虚拟经济”泡沫的同时，强化实体经济特别是制造部门的基础作用，并从传统制造业的改造、新兴产业部门的建立出发，来调整国家经济发展的方向，创造新的经济增长点。

美国推行“再工业化”战略，本质上是力图重振本国制造业，在新一轮工业革命中寻找能够支撑美国未来经济增长的实体经济，通过制造业升级回归，解决就业率低与生产高成本的压力，实现经济的复苏，推动实体经济与虚拟经济的融合。从美国制造业增加值来看，据美国经济分析局数据显示，2010 年以前以服务业为主的虚拟经济占比由 56% 增至 68%，而实体经济在金融危机时下降至 19%，其中最为明显的是制造业的萎缩，其占 GDP 的比重由 1980 年的 30.2% 下降至 2008 年的 11.4%，危机发生后的 2009 年达到历史最低点的 11.0%，但 2010 年开始回升，2010 年、2011 年和 2012 年美国制造业增加值占 GDP 的比重分别为 11.2%、11.5%、11.9%。（常少观，李钢，2015）“再工业化”实际上是对制造业产业链的重构，重点打造高附加值环节。这反映了从实体经济到服务经济再到实体经济的回归，实际上体现了服务经济服务于实体经济的发展战略，符合经济形态螺旋式上升的发展规律。但是，后面的实体经济与前面的实体经济是不一样的，这是一个更加强壮、稳定，能够抗击经济衰退的实体经济，它着重发展高端制造业，重点打造高附加值环节，谋求产业结构的高级化。

（三）推动企业模式的创新

随着发达经济体“再工业化”战略的实施以及新兴技术的发展，发达国家企图通过“再工业化”实现企业生产和模式的创新。主要表现在以下三个方面：一是从“传统制造”向“智能制造”转变。发达经济体实施“再工业化”战略的一个显著趋势是传统制造加速向以人工智能、机器人和数字制造为核心的智能制造转变。例如作为智能制造核心领域 1.72 亿美元，2013 年比 2011 年增长近 2 倍。据麦肯锡咨询公司预测，到 2025 年，发达经济体中 15% ~25% 的企业制造将实现智能化和自动化，而新兴经济体中该比重也将达到 5% ~15%。二是从“大批量生产”向“数字个性化定制”转变。发达国家的“再工业化”战略几乎都加大了对 3D 打印等尖端技术的财政投入。例如2014年，日本经济产业省继续把3D打印机列为优先政策扶持对象，计划当年投资45亿日元，实施名为“以3D造型技术为核心的产品制造革命”的大规模研究开发项目，开发世界最高水平的金属粉末造型用3D打印机。数字化制造、3D打印技术的迅速发展，使众多行业（特别是生产生活资料行业）大规模生产的优势变得不明显，而个性化定制、多样化和分散生产将成为新特点。3D打印技术的优势在于能够简化制造工艺，提高设计效率；无须模具，增量生产，降低制造成本；及时反馈，快速成型，加快市场响应。据预测，到2020年3D打印技术将在全球范围内创造52亿美元的产值。未来从图纸到实物的制造可能只需要画图、建模、3D打印这三步即可完成。当然，这个过程不会一蹴而就，需要渐进式的技术演变。三是从“单打独斗”向“协作创新”转变。制造业正在进入一个“超创新”时代，“再工业化”战略和科技创新使得一些不可能的任务逐渐变为可能，一些新的商机正在出现。一方面，中小企业快速兴起。随着制造业的进入门槛不断降低，一批中小企业和企业家正在快速崛起，在全球范围内充分利用互联网、电子商务、数字制造等参与研发设计、个性化生产和跨境贸易，从而在“微金融”“微生产”“微支付”等微观领域创造独特优势。另一方面，越来越多的制造业企业正在加大协同创新的力度。从某种程度而言，合作的深度决定了创新的高度。企业之间的合作方式开始从纵向供应链合作转向横向价值链合作，现在又演化到网络生态链合作，从而形成竞争合作、协同共生的关系。

（四）应对新兴经济体崛起，抢占新一轮的工业制高点

21世纪的头10年，新兴经济体平均经济增长率超过6%。其中，中国超过10%、印度超过7%、俄罗斯超过6%，金砖国家整体平均增长率超过8%，远高于发达国家2.6%的平均增长率及4.1%左右的全球平均增长率。虽然新兴经济体在2009年的经济危机中也受到冲击，但其衰退程度相对较轻，持续时间也短，根据美国制造商联盟（MAPI）的研究报告显示，新兴亚洲经济体的工业生产在2010年中期便已超过2008年的峰值，而发达国家的工业活动在2013年前都无法回到2008年的峰值水平。“再工业化”战略进一步强化了科技向产业的转化优势，虽不会改变以发达经济体为主导、新兴经济体广泛参与的国际分工基本格局，但是在一定程度上会对全球制造业的国际力量对比产生重要影响。随着“再工业化”战略的推进，新兴经济体也深刻认识到掌握前沿和关键技术以及自主知识产权的必要性，纷纷加大资金投入开展科技竞争。因此未来发达经济体和新兴经济体对产业规则、技术标准和知识产权的争夺也将日趋激烈。

面对新兴经济体经济实力的持续上升，发达国家的危机感大幅上升。西方国家敏锐地抓住13个日益突出的全球环境与气候变化、能源危机等问题，也清楚地意识到全球制造业开始步入新的发展轨迹——从传统、常规技术向使用以数控、低耗和洁净生产为重点的先进制造技术转变。它们力图在制造业领域重新建立对新兴经济体的竞争优势，保持在未来全球产业和经济发展中的游戏规则制定者的地位。

（五）吸引投资贸易回流

随着发达经济体“再工业化”战略的实施，全球经济和贸易增长的天平有可能重新向发达经济体回摆，发达经济体有可能重新全面垄断全球经济和贸易增长的主导权。

一是通过“再工业化”增强贸易竞争力，发达经济体正通过大力增加出口，平衡贸易，恢复制造业竞争力，从而实现“再工业化”战略目标。如美国为促进“出口推动型”增长，不仅对高端制造和影响就业岗位较多的产业外移设置更多关卡，还对那些能够拉动出口的对外投资予以一定支持，并要求东道国开放投资市场，以推动跨国投资的自由化。此外，2012年，美国政府修订了《1930年关税法》，将对“非市场经济国家”征收的反补贴税合法化。

二是通过“再工业化”发达经济体可大力吸引制造业外资回流。发达经济体为实施“再工业化”战略正在抓紧制定一系列优惠政策，吸引制造业领域的外来投资，其资本和技术流出将逐渐逆转。美国政府出台了《制造业促进法案》《鼓励制造业和就业机会回国策略》以及土地和税收优惠政策等支持制造业回流。例如美国改革公司税制，将制造业公司税率从35%降至25%，并终结企业将业务外包到海外的税收优惠，以鼓励和支持制造商投资美国。据波士顿公司发布的研究报告分析称，到2020年，美国从中国进口的运输产品、计算机及电子产品等行业的产品中有10%~30%将有可能实现回归美国本土生产，美国有可能由海外直接投资“净输出国”转变为“净输入国”。美国的航空业已经逐渐认识到应当更加综合考虑成本、风险和战略的影响，而不是只看到新兴市场的低成本优势，为此部分航空制造企业开始调整新项目的供应链战略，将更多的制造投资放在美国。

（六）平衡货物贸易赤字

去工业化以来美国贸易逆差趋势明显，这与其制造业产出绩效密切相关，由数据可知，与美国制造业萎靡同步的，是美国货物贸易逆差的不断增长。而美国“再工业化”为解决这一问题，把减少贸易逆差作为其主要战略目的之一。2008—2012年美国服务贸易一直处于顺差状态，贸易逆差主要来源于货物贸易。2009 年美国经济萎靡不振，当年其对全球进口大幅度减少，逆差由 2008 年的 6 983. 38 亿美元陡然降低至 2009 年的 3 812. 72 亿美元，降幅 45. 4%。经济回暖之后，2010—2012 年贸易逆差回升至 5 000 亿美元以上，进口又呈反弹趋势，但是美国政府极力通过出口倍增计划，鼓励制造业促进出口、控制进口等措施，因此 2009—2012 年美国贸易逆差环比增幅是逐渐降落的，分别为 31. 15%、11. 97%、3. 64%，尤其是 2012 年，由于出口创纪录地达到 2. 2 万亿美元，因此逆差相比 2011 年减少了 3. 46%。由此可见，美国“再工业化”战略的实施有助于美国实现平衡贸易赤字的目标。

（七）促进经济持续创新

以美国为例，MIT 的研究指出，传统制造业和知识型产业并不冲突，创新和制造业息息相关。把重心重新放在发展制造业上，不仅为美国的经济复苏提供了动力，而且会增加高技术和高收入的就业。而发展制造业的途径主要是通过公共部门和私人部门的合作，由产业和学校的连接所带动。Stephane Garelli 认为，英国企业的 CEO 认为失去了对制造业的控制也就等于失去了对科技创新的控制。黄永春等认为美国过度的“去工业化”已经导致了美国 TFP（Total factor production）的下降，因而美国需要“再工业化”以提升技术进步的效率。刘戒骄认为相同规模的增长制造业能比其他产业创造更多的研发活动，提高更多的附加价值，因此欧美国家的另一目的是以“再工业化”的经济活动为依托，促进国家整体经济的持续创新。

第三节　发达国家再工业化的表现形式

一、制造业的升级发展

美国将“再工业化”列入了国家战略，提出了四大战略目标：一是美国要成为全世界最先进的制造中心和最有吸引力的投资国家；二是向全世界拓展新市场；三是提升美国制造业的劳动力生产素质；四是使美国制造商成为世界制造业创新的领导者。英国 2009 年公布的《制造业新战略》中提出制造业的五大竞争策略。而日本将制造业作为产业政策核心，制定了《制造基础白皮书》，决心提升制造业的竞争力，加强信息家电、环境与能源、纳米与新材料、医疗与生物工程等领域的技术研究开发，拟将日本建成最尖端技术领域的研究开发以及生产高附加值产品的据点。法国新产业政策中明确将制造业置于国家

发展战略的核心位置，提出了法国制造业产量的增长目标及具体措施。

美国实施再工业化，不是简单地回归传统制造业领域，而是致力于制造业里最高端、最高附加值的领域，尤其是大型、复杂、精密、高度系统整合的产品，与新兴工业化国家形成错位发展。过去发达国家的“去工业化”发展模式是在世界资源配置格局条件下客观形成的，经过几十年形成的国际产业分工格局不会轻易改变，因此，“再工业化”虽然有应对短期金融危机的因素，但更主要的是主动调整产业，以实现可持续发展，保持长远竞争力。金融危机过后，发达国家再次认识到制造业的重要作用，对制造业发展的有关重大问题也有了更加深刻的认识：制造业是服务业的重要支撑，是创造的重要载体。

二、战略性新兴产业得到大力支持

《2009 年美国复苏和再投资法案》中约将 500 亿美元用来扩大可再生能源的生产，45 亿美元用于改造智能电网，2010 年纳米研发达 16 亿美元。英国《低碳产业战略远景》采取措施打造英国可再生能源，英国低碳转型计划中增加对新能源项目“开发智能电网”的投入，同时计划 10 年内在癌症和其他疾病领域投入 150 亿英镑。日本《低碳社会行动计划》中明确提出未来太阳能的发展目标；《光伏发电路线修订版图》进一步明确了未来的技术发展重点，提高了太阳能产业的发展目标；《制造技术国家战略展望（推进机器人产业政策）制造基础白皮书》，提出重点支持纳米技术、生命科学等。欧盟制定了应对能源与气候变化的一揽子政策，致力于可再生能源项目，《刺激经济计划书》中提出开发高速数字网络系统，提出生命科学与生物工程产业研究。德国内阁通过《2020 高科技战略》，该战略确定了 5 个重点关注领域：气候与能源、健康与营养、物流、安全和通信。

三、生态低碳经济的发展

绿色生活在 21 世纪一直广受提倡，而“再工业化”的表现形式之一也是大力支持低碳经济、能源环保生活。《美国清洁能源安全法案》要求减少石化能源使用，引入“总量控制和排放交易”机制控制温室气体排放，并批准每年投资 10 亿美元供新建立的燃煤发电厂进行碳捕捉。2008 年，《欧盟经济复苏计划》提出“绿色伙伴行动”“欧洲绿色汽车行动”等计划，宣布在 2013 年之前投资 1 050 亿欧元发展绿色经济。2009 年 7 月，英国发布《英国低碳转型计划》，计划将 400 万英镑用于制造业低碳转型。2010 年 9 月，德国政府制定《能源纲要》，计划 2050 年新能源发电将占到总发电量的 80%。

2008 年，日本政府通过《低碳社会行动计划》，积极建立逆向工厂，将低碳经济确定为未来发展方向。

四、高科技人才的培养

由于“再工业化”重点集中在高端制造业、新兴产业的发展，所以高科技人才的培养也是其表现形式之一。创新需要人才，人才来自教育。美国具备面向国家实验室和大学的健全的研究经费体系，2013 年其向国家实验室提供的资金总额超过 100 亿美元，并不断提高对大学理工科教育重视程度，壮大工程师队伍。2012 年奥巴马总统宣布一项 10 亿美元的创建《制造业创新机构》网络的新计划，并拟将 22 亿美元用于先进制造业研发中。日本的“产业集群计划”在促进产学研人力资本网络的形成中起到了重要的作用。法国的“新产业政策”中明确将工业置于国家发展的核心位置，提出了法国制造业产量的增长目标及具体措施。

第四节　发达国家再工业化的主要特征

一、始于国家层面提出再工业化战略

金融危机后，西方各国相继出台引领制造业发展的战略规划，将发展制造业上升为重要的国家战略。奥巴马于 2009 年 12 月签署《美国制造业振兴框架报告》，将制造业视为美国经济的核心，《2009 年美国复苏和再投资法案》推出总额为 7 870 亿美元的经济刺激方案，其中可再生能源及节能项目、智能电网等产业成为投资的重点。奥巴马上任后提出“绿色新政”，公布新的综合性能源计划，签署《绿色能源与安全保障法案》、颁布《美国清洁能源安全法案》，并通过税收抵扣、政府资助、设立研发和制造中心等一系列措施，支持清洁技术研发推广，推动清洁能源设备及产品的普及。2010 年 8 月，奥巴马正式签署《制造业促进法案》。在历次《国情咨文》中，奥巴马也多次以制造业作为振兴经济的切入点。美国不断加大对新兴产业的支持力度，力图在新能源、基础科学、节能环保和“智慧地球”等领域取得突破。此后，美国政府着手制定《2040 年制造业规划》，着眼于应对来自新兴大国的长远挑战。

英国政府于 2008 年发布《制造业：新挑战，新机遇》战略报告，2009 年又公布新的制造业发展战略，提出占据全球高端产业价值链、抢得低碳经

济发展先机等战略构想。2010 年发布《向增长前进》战略，概述在经济复苏中起到发动机作用的产业和企业的未来发展方向，再次指出充满活力的制造业对英国十分重要。《英国低碳转型计划》中计划将 400 万英镑用于帮助制造业实现低碳化转型；《英国低碳工业战略》提出在政策倾斜、产品采购、教育培训、标准化和资金投入等方面给予制造业全面支持。在《制造业：新挑战，新机遇》的战略报告中，英国政府提出要出台综合性低碳行业战略，汇集政府各方面的手段帮助制造业适应低碳经济，重点是核能供应链、可再生能源设备和低碳车辆，以此支持绿色工业的发展。

2010 年，“欧洲 2020 战略”明确提出恢复工业的应有地位，使工业与服务业共同成为欧盟经济发展的支柱。作为该战略的重要组成部分，欧盟在同年还出台了工业发展新战略，以巩固和发展欧盟工业竞争力。时任法国总统萨科齐上任后提出法国工业新政，明确将工业置于国家发展的核心位置，并提出法国制造业产量的增长目标及具体措施。《欧盟经济复苏计划》提出要实施“绿色伙伴行动”“能效建筑伙伴行动”“未来工厂伙伴行动”“欧洲绿色汽车行动”等一系列计划，并宣布在 2013 年之前投资 1 050 亿欧元发展绿色经济。

由以上政策文件可知，再工业化始于政府层面上的推力，主要是政府在投资和政策优惠上引导企业向高端和低碳节能工业发展，是一场有政治意识的工业复兴计划。

二、行业上与发展中国家形成错位竞争

欧美的再工业化并非简单的回归制造业，而是建立在依托研发创新技术和先进制造设备之上，主要集中于互联网、物联网、机器人技术、人工智能、3D 打印、新型材料、清洁型能源和信息技术等高端制造行业，而舍弃如纺织鞋帽、食品加工等行业，如表 2－1 所示，下面是发达国家再工业化重点发展领域详细分布情况。

表 2－1　发达国家再工业化重点发展领域

美国	欧盟	英国	日本	德国
清洁能源技术、生物技术、纳米技术	旨在清洁生产的先进制造技术、关键节能技术、生态型产品、可持续的建筑材料、清洁运输工具、智能电网	合成生物学、再生医学、农业科学、能源存储、先进材料和纳米技术、机器人和自动化系统、卫星和空间技术的商业化应用	人工智能、信息技术应用、新型汽车、低碳产业、新能源	智能工厂、工业 4.0

例如美国遴选出3D打印、先进复合材料、数字制造、轻量级现代金属等15项前沿技术，并建立相应的创新中心，这些创新中心将积极联合工业界、大学和社区学院配合联邦政府机构，以解决与产业联系密切的技术问题、缩短新的制造技术从基础研究到产业化应用的流程。其中美国的“国家增材制造创新研究所”由80家企业、9所大学、6所社区学院和19个非营利性机构共同构建；德国的西门子公司、弗劳恩霍夫协会等21家企业、大学和研究机构共同参与智能工厂生产系统“CyPros”的研发设计。

欧盟于2010年成立了未来新兴技术工作组，2013年，选出“石墨烯”和“人脑计划”项目作为首批十年期项目，各获得10亿欧元资助，这是迄今为止欧盟最大的研发资助项目。其中“石墨烯”项目不仅由诺贝尔物理学奖和经济学奖获得者牵头负责，而且参与该项目研究的机构和企业超过100家，其中不乏阿尔卡特、朗讯、空客等知名企业，这些充分体现了各发达国家以技术创新来支撑再工业化上的错位竞争。

三、强化高端制造

20世纪80年代至今，世界制造格局发生了较大变化。变化的一个主要特点是发达国家经历了一个“去工业化”的过程，劳动力迅速从第一、第二产业向第三产业转移，制造业占本国GDP和世界制造业的比重持续降低，制造业向新型工业化国家转移，发展中国家尤其是中国制造业快速崛起，发达国家汽车、钢铁、消费类电子等以往具有优势的制造业面临严峻挑战，转而过度依赖以金融业、房地产业为代表的虚拟经济。2008年金融危机全面爆发后，美欧等发达国家受到了沉重打击，市场大幅萎缩。“去工业化”致使发达国家抗危机能力不足这一弱点充分暴露，因而重归实体经济，推进“再工业化”战略被发达国家提到产业结构调整的议事日程上来。

从概念来说，“再工业化”是指通过一种刺激经济增长的政策，特别是通过政府的帮助来实现旧工业部门的复兴和现代化，并鼓励新兴工业部门增长的过程。如果说“去工业化”去掉的是低附加值的加工制造环节，那么，“再工业化”实际上是对制造业产业链的重构，重点打造高附加值环节，着重发展高端制造业。（芮明杰，2013）

四、强调创新成果的有效转化

（一）加大资金支持力度

2009年，英国成立了“英国创新投资基金”。目前该基金共有两个母基

金，一是 Hermes 环境创新基金，规模为 1.3 亿英镑，其中政府资金 5 000 万英镑，私人资金 8 000 万英镑，主要关注服务低碳经济和环保技术；二是英国未来科技基金，规模为 2 亿英镑，其中英国政府出资 1 亿英镑，欧洲投资银行出资 1 亿英镑，主要关注生命科学、数字技术和高端制造等领域。德国政府则大力发展“高科技创业基金”以弥补国内种子市场早期风险投资不足的缺口，目前约占种子资本市场总量的 54%。美国政府更是对具有国家战略价值的新兴产业投入巨资，利用杠杆效应撬动社会资本在这些领域的投资。例如设立民用空间项目计划，组建公私合营企业探索清洁煤技术的商业化模式，鼓励私人投资进入宽带服务领域等，以保持美国的创新活力和经济增长。

（二）重视对创新链的投资

发达经济体的再工业化战略已初见成效，然而该战略的可持续性以及成功与否的关键问题在于技术进步与创新的突破能否引导新技术革命。如果发达国家能够创造出重大技术性变革，改变工业的生产方式与组织方式，发展出新型、高端、低碳的制造业，那么对于发达国家自身及全球经济的可持续增长都具有历史性的意义。欧盟的“地平线 2020”计划根据创新链各环节的不同性质灵活地选择拨款、贷款、政府资金入股和商业前采购等形式对其予以资助。美国政府则允许投入形成的知识产权授权转让给个人或企业，使类似麻省理工学院教授发明的液态金属电池等一批前沿学术研究成果能够迅速实现产业化。

（三）强化技术转移机构的作用

英国积极发挥牛津大学的 ISIS 科技创新公司、剑桥大学的剑桥企业、曼彻斯特大学的知识产权管理公司、帝国理工学院的帝国创新公司等大学技术转移机构的作用，通过知识产权的出售、许可和成立派生公司等方式积极推动大学研究成果的商业化；法国则于 2011 年成立“国家专利公司”，由法国政府和储蓄银行联合注资 10 亿欧元，通过将相关专利打包、成批开发，加强专利的使用率，使科研成果尽快转化为生产力。

（四）提供更多的创新创业空间

例如美国政府正在加快将“创客空间”引入 1 000 所学校，配备激光切割机和 3D 打印机等数字制造工具。政府机构以及部分企业均会向创客提供一系列的支持服务，并鼓励大学、图书馆以及 Intel、Lego、3Dsystem 等企业共同参与创立更多的创客空间，从而加快由“创新思想”到“创新技术”“创新产品”的转化进程。

五、重视需求导向的创新引导

欧盟十分重视需求导向的创新政策，以此促进“领先市场”的形成。为此其选取了电子医疗、可持续建筑、防护材料、生物基产品、循环利用、可再生能源等6个领域作为“创新试点市场”。这些市场非常符合欧洲消费者的需求，而且具有强大的技术和产业基础。欧盟通过立法、政府采购、标准化、培训沟通、金融支持和激励等多种方式为培育这些市场的创新提供公共政策支持。美国政府则积极推动新产品的应用示范工程，利用国内高端消费群体抢先实现市场增长，使美国成为最早享受到工业革命成果的国家。例如纽约州于2013年启动了资助额度为1 900万美元的“卡车券计划”，鼓励市民购买混合动力和压缩天然气在内的各类节能车，同时出台税收专项激励，对于电动车的充电装备给予课税抵扣。

六、突出创新人才的培育储备

长期以来，发达国家纷纷将人才强国、人才立国作为国家战略，采取多种措施和渠道培养和引进高层次创新型人才，形成了较高的人力资本水平，这一先发优势对再工业化长远战略规划的成功具有重要意义。美国发布了面向制造业的“教育改革路线图”，主张将过去以学年和学时为基础的教育转变为以学好本领、掌握技能为基础的个性化和应用化教育，同时鼓励制造企业承担一部分培养人才的责任，将技术培训更加充分地纳入教育体系之中。美国教育部和劳工部还共同设立“社区职业大学基金”，用于培训200万名技能工人；国防部则设立“军方认证与许可特别工作组”，为军人创造能够参与先进制造业工作的机会。欧盟建立了欧洲行业能源理事会和欧洲知识与行业技能联盟，旨在对未来若干年的劳动技能结构做出预估，促进企业、员工和相关机构在技能和职业培训领域的合作。

第五节　发达国家再工业化的动力来源

自第二次世界大战以后，西方等发达国家就已经提出了以原子能、电子计算机和空间技术的广泛应用为标志的工业化革命，此轮革命不仅孕育出了新兴产业，同时对相对技术落后的传统产业也带来了巨大冲击。20世纪60年代，“再工业化”的概念被西方经济体正式提出，并且定义为“一种刺激

经济增长的政策，是通过政府帮助来实现旧工业部门的复兴和现代化，并鼓励新型工业部分的增长”。埃米泰·埃茨奥尼在1980年发表的“美国再工业化”中指出，在20世纪60年代到70年代，随着大规模生产能力在美国的逐渐完善，消费者把注意力转移到了发掘新的生活方式、如何改善环境和对消费者的保护上。这些变化也直接导致了公共私人消费占用了美国大部分GDP。数十年全美国范围的过渡消费，伴随着投资不足，使生产效率严重下降。埃米泰·埃茨奥尼也同时提出，如果美国想延续高水平的生活方式，那么重新振兴生产力，提高生产效率，即“再工业化”，是必不可少的。Roy Rothwell与Walter Zegveld在1985年共同出版的《再工业化与科技》一书中提出：科技的发展和“再工业化”是紧密联系在一起的。书中提出：服务业的发展与强有力的生产制造业是互补并且缺一不可的，而“再工业化”现阶段的意义在于大力发展知识密集型产业和以科技为基础的新兴产业。基于众多理论研究之上，再工业化随着境况的需求日益被提上日程。

一、金融危机的深刻反思

应对次贷危机是发达国家进行再工业化的一个主要理由，20世纪中后期，美国制造业的就业率和产值份额不断下降，与之相反，以金融创新的虚拟经济高度发展这一变化使得工人的收入总量及其增长速度缓慢，因此抑制了需求。当虚拟泡沫破灭，就业和需求的矛盾就显现出来，于是再工业化也被提上日程。

再工业化的实质是产业升级，是要发展能够支撑未来经济增长的高端产业。再工业化客观上会加快发达国家传统产业的跨国转移，在某种程度上也是一种去工业化。因为发达国家高新技术产业的发展同样需要全球资源的优化配置，只有加快产业转移，才能使其在再工业化进程中专注于价值链上的某一特定高附加值、高就业带动效应、高质素劳动力需求的环节，并不断精益求精，达到并长期保持世界领先水平。这是再工业化的一个方向。同时，再工业化并不一定会制约服务业的发展，相反有可能会催生一些新的高端生产性、消费性服务业，对发达国家经济结构产生一定的影响。与此同时，制造业国际竞争力的增强还有助于减少发达国家的贸易赤字。（金碚，刘戒骄，2009）

二、科技进步的推动作用

美国雄厚的科技实力为美国产业升级奠定了坚实的基础。美国具有优越的科技创新条件、巨大的研发投入、宽松的研究环境、完善的商业机制、自由的移民政策和优厚的生活待遇，这些足以能够吸引世界上最优秀的人才。这些有利条件使美国一直处于自然科学、工程技术，乃至人文社会科学创新的前沿。

在科技实力方面，自 19 世纪中后期以来，美国一直是科技革命的引领者。在当前技术革命的关键领域，如生物制造技术、卫星通信及宇航技术、新材料和新能源技术、3D 打印制造等方面，美国均保持明显的领先优势。此外，美国产生的技术发明专利占到经合组织（OECD）国家的38%。在研发经费方面，美国长期独占鳌头。据美国兰德公司（RAND Cor-poration）于 2008 年公布的数据显示，美国的研发经费占到世界各国总额的 40%。产业界的研发投入是美国研发经费的最大来源。如在 2004 年，美国全国研发总经费近 2 900 亿美元，其中联邦政府的投入仅为 860 亿美元左右，其余的费用主要由产业界提供。另据美国国家科学基金会的数据显示，2010 年美国国内科研经费总支出约为 4 087 亿美元，占到 GDP 的 2. 81%；同期欧盟 27 国约为3 050亿美元，占 GDP 的 1. 91%；日本约为 1 408 亿美元，占 GDP 的 3. 26%；中国约为 1 790 亿美元，占 GDP 的 1. 77%。虽然美国科研经费占 GDP 的比例并不显著强于部分发达国家，但其规模仍遥遥领先于其他国家。在高端人才领域，美国的优势也极为明显。美国拥有 130 万名科研人员，占经合组织国家的 37%；70% 的诺贝尔奖得主在美国工作；在世界排名前 20、40 和 100 的大学中，美国分别占据了 15 所、30 所和 58 所。

与以往的产业升级一样，“再工业化”的启动，必须借助于重大技术发明，特别是能源利用技术、生产流程和工艺方面的革新对产业升级具有极大的拉动作用。美国“页岩气”革命就是范例。早在 1982 年，美国就开始了页岩气的探索性开采，经过 20 余年的努力，终于掌握了成熟的页岩气开采技术。如“水力压裂法”极大地降低了石油和页岩气的开采成本，为美国天然气和石油工业带来一次革命。

三、政府的支持和引导作用

美国是典型的市场经济国家，依靠市场机制来调整和管理经济，但实际上，美国政府在相关重点领域执行产业政策。当然，美国政府很少直接采用行政手段实现目标，不具体干涉资源的分配，而是侧重于创造有利于主导产业发展的外部环境，包括法律保障和基础建设等方面。

首先，美国政府通过法案等形式，推动国内新兴产业的发展。如 2009 年 2 月，奥巴马签署《2009 年美国复苏和再投资法案》推出了总额为7 870 亿美元的经济抚慰方案，其中基建和科研、教育、可再生能源及节能项目、

智能电网、医疗信息化、环境维护等成为投资的重点。美国高度重视发展清洁能源和低碳技术，主张依靠科学技术开辟能源独立的新路径。

其次，鼓励科技创新。近年来，美国政府先后实施了一系列科技和高端制造项目，鼓励企业、大学及政府之间加强合作，以提升美国的制造业的技术水平。如开展“先进制造业伙伴关系计划”“先进制造技术联盟计划”“国家机器人技术计划”“材料基因组计划”等国家级科研计划等。这些项目都涉及当今科技革命的前沿，如纳米技术、高端电池、能源材料、生物制造、新一代微电子研发、高端机器人等领域，将推动美国高端人才、高端要素和高端创新集群发展，并保持在高端创造领域的研发领先、技术领先和制造领先。

再次，扶植中小企业发展。美国的中小企业约占企业总数的 99.7%，占所有企业总收入的 40%，在国民经济的整体格局中发挥着重要作用。美国政府把中小企业作为再工业化的主要载体之一，划拨部分款项解决小企业贷款难的问题，协助小企业渡过信贷紧缩的难关。美国和政府还多次敦促银行为那些能够增加就业的小企业提供更多贷款。此外，美国政府还通过推介、指导、提供信息和信贷支持等措施，促进中小企业出口。

最后，促进出口与强化贸易保护相结合。2010 年 3 月，美国政府制定了“五年出口倍增战略”，希望通过制造业产业出口的增长，重振美国国内经济。美国政府的措施主要包括：为企业提供海外市场信息等多方面的服务；为企业获得出口融资创造便利条件；通过强化贸易规则消除海外市场壁垒；促进美元贬值；强化贸易规则，实施贸易保护等。（孙海泳，2013）

四、产业发展纠偏的需求引导

从社会发展的基本规律看，人类社会的经济发展经历了以第一产业为主到以第二产业为主再到以第三产业为主的演进过程，相应表现为农业社会、工业社会和服务业社会三大阶段。每一阶段的演进都必须建立在社会生产率极大提高的基础之上，需要足够长时间的积累。从发达国家工业化的历程来看，从第一产业主导到第二产业主导，若以就业份额来度量，英国用了 200 多年的时间，后起资本主义国家美国也用了 100 多年的时间。由工业主导到服务业主导是人类社会发展的又一次质变，这一过程或许需要更加充分的工业化以及更长的时间。

因此，如果实体经济尚不足以支持第三产业持久发展繁荣所必需的工业基础，此时的去工业化就有待纠偏，重新回到再工业化轨道上来。从产业发展的内在规律看，产业的形成、发展及其变化主要受生产力发展水平制约以及相应技术进步和社会需求的影响。发达国家都是因技术革命引发产业革命，形成新的专业化分工与合作，由此不断推动产业结构的升级换代。工业尤其是制造业是技术创新和扩散所导致的供给增长的源泉，也是经济深化和创造就业机会所导致的需求增长的源泉。制造业比其他产业需要更多的中间投入、资本设备和服务，因此更能促进经济深度和宽度发展。

很多学者认为数十年的去工业化使大部分西方经济强国失去了“制造”的能力。金融危机前，在高风险中的高回报，使银行家们冲昏了头脑，盲目发展所谓的金融创新并推出了数种高杠杆和复杂的金融衍生品，而最终导致房地产市场泡沫破裂，风险不可控制，进而爆发了金融危机。正是在这种背景下，美国政府提出了将来的经济发展策略：大力发展出口产业，注重科技密集型产业的发展，推动制造业的崛起，逐渐回归实体经济。Stephane Oarelli认为，葡萄牙、西班牙和希腊这些国家太过于依赖旅游业而没有使国家的工业多样化，也没有改变其在价值链中的地位；欧债危机全面爆发后，“去工业化”致使抗危机能力不足这一弱点充分暴露，这是导致南欧四国成为本次欧债危机重灾区的重要原因。因此，当发达国家一旦在实现服务经济主导的虚拟化过程中出现问题，首先会想到要重新发挥制造业在其国民经济进一步发展中的应有作用。

五、就业和收入不均等问题的推动

由美国次贷危机引致的全球金融危机为发达国家再工业化提供了一个深刻的理由。虚拟经济需要的劳动力为中高素质人员，且数量有限，这就导致美国有一大部分人员失业，继而加剧收入不均等问题。美国在过去几十年经历了以制造业就业和产值份额不断下降而体现的去工业化，取而代之的是金融创新以及高度发达的虚拟经济。这一方面减少了制造业工作机会，在高端服务业还没有占主导地位的阶段，传统制造业部门释放出来的工人自然会流向较为低端的服务业部门，例如建筑、交通运输、贸易、休闲、物流等部门。另一方面，这些低端服务业部门工资水平并不会高于传统制造业部门，且具有极大的不稳定性，这使得工人的收入总量及其增长速度缓慢，进一步抑制了需求。当虚拟经济的泡沫破灭以后，其内在的就业及需求矛盾就显现出来，于是利用新技术、既有的庞大的市场规模、较长的产业链和很强的就业创造能力重振其传统制造业的再工业化呼声日益高涨，并伴随以各种形式的贸易保护措施，减少外国同类商品的进口，鼓励本国商品的对外出口。发达国家在去工业化进程中通过与发展中国家的自由贸易获得的巨大收益，使它们更加明确了再工业化的方向。

六、自由贸易中技术优势奠定基础

OECD 国家在其去工业化进程中，通过与中国等发展中国家之间基于比较优势的自由贸易获得了更高水平的经济增长。伴随自由贸易进程的去工业化，OECD 国家更多专业化从事资本密集型的生产活动，而发展中国家则更多从事劳动密集型的生产活动。即便是 OECD 中的纺织业和服装业，随着生产者向市场高端例如更复杂技术、设计和营销环节的转移，生产率将会进一步提高，工资也会提高。这为其再工业化提供了一个方向，即再工业化不是重振其传统产业，更不是对传统没有竞争优势产业的再造与扶持，而是大力发展高新技术产业，尤其是通过利用新能源等高新技术改造现有产业。再工业化的实质是产业升级，是要发展能够支撑未来经济增长的高端产业。再工业化客观上会加快发达国家传统产业的跨国转移，在某种程度上也是一种去工业化。因为发达国家高新技术产业的发展同样需要全球资源的优化配置，只有加快产业转移，才能使其在再工业化进程中专注于价值链上的某一特定高附加值、高就业带动效应、高质素劳动力需求的环节，并不断精益求精，达到并长期保持世界领先水平。

第六节　发达国家再工业化的机理与路径

一、再工业化的运行机制

发达国家的“再工业化”一方面通过国家战略政策的制定，推动制造业回流本土，制造更多的就业机会，巩固其新能源、新材料、通信等制造业的原有优势，另一方面通过加大研发力度和增加投资，发展新兴产业，抢占较高的经济增长点，从而在新一轮的产业革命中能够占据较高的领头地位。同时，加强虚拟经济与实体经济的交融力度，例如，用信息化来支撑工业化，在经济和工业社会中广泛使用信息化技术，提高传统产业的全面素质和竞争力，使“再工业化”成为螺旋式的工业发展运行模式。

再工业化运行中，对世界经济格局、产业格局都会产生重大的影响，对虚拟经济也会造成一定程度的冲击。虚拟经济是市场经济高度发达的产物，以服务于实体经济为最终目的。随着虚拟经济迅速发展，其规模已超过实体经济，成为与实体经济相对独立的经济范畴。与实体经济相比，虚拟经济具有明显不同的特征。概括起来，主要表现为高度流动性、不稳定性、高风险性和高投机性等四个方面。再工业化的运行机制如图2－1所示。

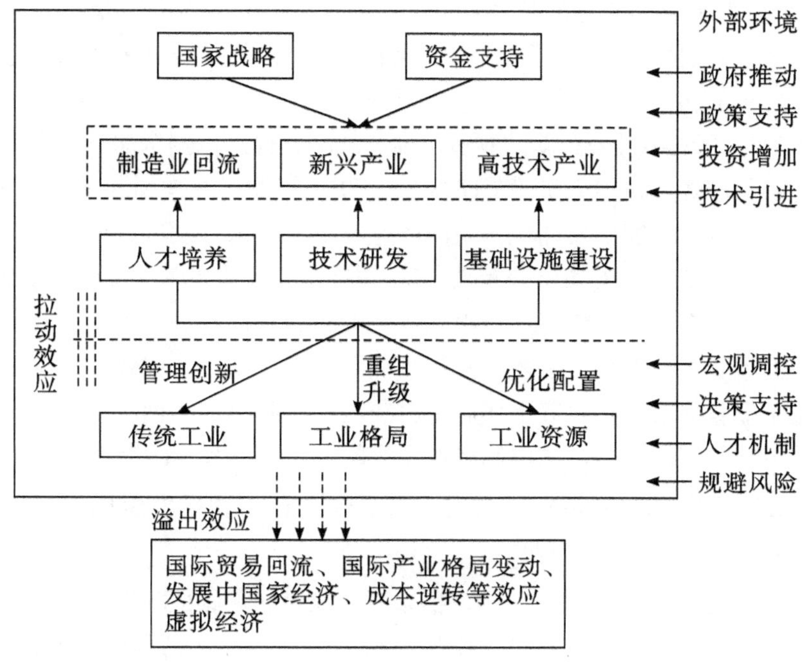

图2－1 再工业化的运行机制

二、再工业化的具体实施路径

实行“再工业化”说易行难，西方各国面临重重困境。为保障“再工业化”战略的顺利实施，西方各国纷纷制定政策文件或出台扶持措施，多管齐下破解“再工业化”进程中的难题，力图通过政府干预重振制造业。

（一）政府采用政策倾斜、税收激励、惩罚性税收等政策引导跨国企业投资回流，将制造业生产由国外向国内转移

首先，把海外的工厂包括制造业投资和生产能力迁移回国，如嘉顿公司、星巴克公司都将一些基础制造（安全器材、陶瓷杯制造）回迁本土。然后，在本土建立新厂或新的分支机构或公司。例如，美国的香薰蜡烛制造商从纽约政府获得了13亿美元的现金补贴和未来15年的税减政策。接着，缩减在海外的建厂和投资计划。例如，福特公司把1.2万个工作岗位从墨西哥和中国迁回美国，建筑机械公司、玩具生产商都纷纷将部分业务退出中国。

将发展制造业作为重要的国家战略，重拟制造业发展规划。金融危机后，西方各国相继出台引领制造业发展的战略规划，将发展制造业上升为重

要的国家战略。奥巴马于2009年12月签署《美国制造业振兴框架报告》，将制造业视为美国经济的核心。此后，美国政府着手制定《2040年制造业规划》，着眼于应对来自新兴大国的长远挑战。2010年8月，奥巴马正式签署《制造业促进法案》。在历次《国情咨文》中，奥巴马也多次以制造业作为振兴经济的切入点。英国政府于2008年发布《制造业：新挑战，新机遇》战略报告，2009年又公布新的制造业发展战略，提出占据全球高端产业价值链、抢得低碳经济发展先机等战略构想。2010年发布《向增长前进》战略，概述在经济复苏中起到发动机作用的产业和企业的未来发展方向，再次指出充满活力的制造业对英国十分重要。2010年，"欧洲2020战略"明确提出恢复工业的应有地位，使工业与服务业共同成为欧盟经济发展的支柱。作为该战略的重要组成部分，欧盟在同年还出台了工业发展新战略，以巩固和发展欧盟工业竞争力。萨科齐上任后提出法国工业新政，明确将工业置于国家发展的核心位置，并提出法国制造业产量的增长目标及具体措施。

（二）大力推动制造业"绿色""低碳"化，积极发展以先进制造技术为核心的战略性新兴产业

从各国发展"再工业化"的举措来看，绿色、低碳成为振兴制造业的主要方向。美国不断加大对新兴产业的支持力度，力图在新能源、基础科学、节能环保和"智慧地球"等领域取得突破。奥巴马上任后提出"绿色新政"，公布新的综合性能源计划，签署《绿色能源与安全保障法案》、颁布《美国清洁能源安全法案》，并通过税收抵扣、政府资助、设立研发和制造中心等一系列措施，支持清洁技术研发推广，推动清洁能源设备及产品的普及。《2009年美国复苏和再投资法案》推出总额为7 870亿美元的经济刺激方案，其中可再生能源及节能项目、智能电网等产业成为投资的重点。2009年的《美国创新战略》中，再次提出政府将推动清洁能源技术应用，计划在智能电网、再生技术方面进行大规模投资；同时支持发展先进车辆技术，确立美国在这一领域的尖端地位。

英国将低碳经济作为第四次技术革命和未来发展的支柱产业。《英国低碳转型计划》中计划将400万英镑用于帮助制造业实现低碳化转型；《英国低碳工业战略》提出在政策倾斜、产品采购、教育培训、标准化和资金投入等方面给予制造业全面支持。在《制造业：新挑战，新机遇》的战略报告中，英国政府提出要出台综合性低碳行业战略，汇集政府各方面的手段帮助制造业适应低碳经济，重点是核能供应链、可再生能源设备和低碳车辆。在委托多家研究机构对低碳经济产业化进行深度研究基础上，英国政府制定《低碳产业战略远景》，提出英国应采取措施打造未来低碳的基础设施，把英

国打造成为全球低碳汽车开发和生产的领先者。英国政府还采取一系列措施推动新能源汽车的发展，包括成立低排放汽车办公室协调和简化各部门政策；资助 1 000 万英镑支持开发先进高效电气系统；启动“联合城市”计划以协助各大城市部署充电站网络；公布“充电汽车消费鼓励方案”，对购买符合条件的新能源汽车的私人或团体消费者给予财政补贴。

《欧盟经济复苏计划》提出要实施“绿色伙伴行动”“能效建筑伙伴行动”“未来工厂伙伴行动”“欧洲绿色汽车行动”等一系列计划，并宣布在 2013 年之前投资 1 050 亿欧元发展绿色经济。欧盟还通过排放权交易、能源税、绿色政府采购等方式，重点推动制造业产品和过程实现“低碳化”。2009 年欧盟发布《欧盟交通道路电动化路线图》（3. 5 版），对欧盟电动车发展做出全面指导。德国在《2020 高科技战略》中，重点推出包括电动车发展在内的 11 项“未来规划”。为推动汽车行业的低碳化转型，德国政府投入大量资金促进电动汽车的研发及其相关基础设施的建设。此外还先后推出了“电动汽车国家发展规划”“混合动力汽车发展计划”，成立“国家电动汽车平台（NPE）”、实施“能源创新和新能源技术研究项目”“汽车和运输技术交通研究项目”“国家氢燃料电池技术创新项目”，以助推该产业的发展。为实现工业新政所设立的目标，法国政府重点支持新技术、新能源等领域，并在 2010 年财政预算法案中制订 350 亿欧元的“大额国债”计划，安排 65 亿欧元支持工业和中小企业，其中包括提供 5 亿欧元的“绿色”贷款用于改善企业生产节能减排改造，提高企业竞争力。

（三）增加科技创新投入，推动制造业的“智慧型”成长

在各国重振工业的努力中，科技创新被视为未来制造业持续发展的最主要推动力，各国纷纷加大投入，推动制造业的“智慧型”成长。美国在《2009 年美国复苏和再投资法案》草案中增加 133 亿美元科技投入。《美国创新战略》报告计划加大投资以恢复美国基础研究的国际领先地位。奥巴马也承诺对基础研究的资助在未来 10 年间翻一番。此外，美国还加大对科研基础设施建设投入：美国国家科学基金会获得联邦政府 2 亿美元的财政拨款以恢复和强化美国的科研基础设施实力；美国能源部从美国经济刺激和再投资法案中再拨付 3. 27 亿美元用于科学研究、基础设施以及实验室大型仪器设备的更新；美国商务部国家标准与技术研究则在经济刺激计划中获得 3. 6 亿美元用于科研基础设施建设。时任总统奥巴马向国会提交的 2013 年政府预算报告显示，科研上的投入将达到 1 400 亿美元，增长 1%。能源部预算为 49. 92 亿美元，发展高技术产业的清洁能源相关项目、基础能源科学项目、生物与环境研究项目、先进科学计算研究项目得到优先资助，预算分别

增长6.6%、2.5%、3.3%和27.3%。

英国政府在《制造业：新挑战，新机遇》的战略报告中，提出为支持制造业技术进步，政府对科研的支持经费增加至2010—2011年度的近40亿英镑，达历史最高水平。英国技术战略委员会继续投入2 400万英镑用于高端制造业的研究。2008年3月发布的《创新国家》白皮书中指出英国政府将继续支援“10年科学和创新投资框架计划”，增加技术战略委员会经费。2008年5月，在《联系与催化：2008—2011年企业创新战略》中，宣布信托储蓄银行将连同相关部门在未来三年内共投资10亿英镑，并吸引同等金额的私人投资。2009年6月底，英国政府投资1.5亿英镑设立英国创新投资基金，并以此带动私人资本，为初创企业和处于成长期的高技术企业提供10亿英镑的风险资本。支持优先发展先进制造、数字经济、低碳经济、能源与资源的高效利用等高技术产业。

在2008年底召开的欧盟科研基础设施大会上，欧盟一次性增加10个新的大型科研基础设施，使欧盟科研基础设施路线图计划中的建设项目增至七大类44项，建设经费总额达到169.51亿欧元，年运行费用为22.1亿欧元。德国政府在2008年7月启动中小企业创新核心项目（ZIM），为科研创新项目提供资助。2009年，德国联邦政府为“中小企业创新计划”新增9亿欧元经费投入，联邦政府和各州政府为德国高等院校的科研基础设施项目提供1.74亿欧元专项资助经费，德国科学基金会为大型研究仪器提供8 500万欧元的联邦经费。在德国《2020高科技战略》中，联邦和各州政府一致同意至2015年，用于教育和科研投入的资金占GDP的比重增至10%。法国2009年大型科研设施预算增加了3.19亿欧元，与上年相比增幅达17%。法国政府还通过法国创新署（OSEO）设立专项基金，重点支持中小企业的科研创新活动；并通过国家战略投资基金（FSI），出资支持大中型企业的研发创新活动。

韩国在《新动力规划及发展战略》中将绿色技术产业列为重点发展领域。2013年韩国政府的R&D（研发）经费为11兆529亿韩元，投资395个主要R&D项目。其中推动高技术产业发展的生物资源项目“Golden-seed计划”，2013年度的经费投入增加86%，达240亿韩元。其中提高FTA中高技术产业竞争力的技术开发项目，2013年度的经费投入增加了14.5%，达150亿韩元。

（四）宏观调控人才机制和原材料供应，吸引本土工业化的投资

一方面，是加强本土工业化的投资。据统计，“再工业化”响应行业集中在服装、汽车、家具和高新技术产业。这些产业由于受到劳动力成本上

升、原材料成本上涨、希望缩短超长供应链、更加贴近消费市场等因素影响，对“再工业化”政策的响应较大。服装行业受到发展中国家成本上涨的影响最为明显，大都将国外的制造生产基地迁回本国，而且回迁得比较彻底。美国的北卡地区，90%的服装业都已回迁。而高科技产业为了提高供货速度，缩短供应链，更多地在本土建立新厂和新的分支机构。

另一方面，是对人才的培养，如英国剑桥大学一直与产业界保持广泛的联系，包括联合培养本科生和研究生，共同建立研究所、实验室等科研机构；美国通过在大学建立工程研究中心，把不同学科的工程技术人才结合起来，共同研究国家和产业界面临的重点课题；加拿大自然科学与工程研究理事会设立工业研究奖学金计划和博士后工业奖学金计划；日本的“21 世纪 COE 计划”，每年对 100 多项博士科研项目进行资助。

（五）拓展出口渠道，确保制造业商品的市场准入和公平竞争环境，工业的复苏需要强劲的市场需求作为保障

为使本国的制造业产品拥有广阔的国际市场，各国纷纷采取“出口促进行动”。2010 年 3 月，美国政府根据奥巴马在 1 月《国情咨文》中提出的 5 年出口翻番，创造 200 万个就业岗位的目标，正式宣布“出口倍增计划”。随后，以制造业促进就业，以出口拉动增长的国家行动在美开启：《2010 年总统贸易政策日程》《总统出口管制改革倡议的情况说明》《就国家出口倡议致总统书》等文件陆续出台，公布贸易救济措施的 14 条建议，创建“出口促进内阁”，重设“总统出口委员会”，改善政府行政职能，设立一站式的出口促进服务点，向潜在出口商提供更多的支持和资源，努力开辟新市场，以“全球经济再平衡”为由向其他国家施加汇率压力。进入 2012 年，美国又推出一系列促进出口政策：白宫在年初宣布创设制造业政策办公室，以协调各政府部门之间的制造业产业政策制定和执行，并推动美国制造业复苏和出口。2 月底，奥巴马签署行政命令成立跨部门贸易执法部门，对中国等国的所谓“不公平贸易措施”进行调查。2013 年财政预算方案也加大了对贸易促进机构的拨款力度。

据美国商务部统计，2012 年美国商品和服务出口刷新历史纪录，高达 2.2 万亿美元，与 2009 年相比增长约 39%；其中制造业出口的表现尤其突出，2010 年，美国制造业出口实现 8 732.5 亿美元，同比增长幅度达到 17.5%；2011 年，美国制造业出口 9 716.7 亿美元，同比增长 11.3%；2012 年，美国制造业出口实现 1.16 万亿美元，突破万亿美元大关，同比增长幅度高达 19.7%。2010—2012 年期间，年均增长幅度为 16.2%。出口在美国未来的经济中将扮演关键角色。美国采取一系列措施，以扭转贸易逆差，具

体措施如下：开拓海外市场，强化贸易协定，促进商品出口，鼓励贸易融资，支持在新兴市场和发展中国家的小型企业投资，重新评估出口控制条例。

2009 年 3 月英国政府发布《英国高端工程行业国际营销战略》，提出要加大对英国高端工程业的宣传力度，为企业提供市场信息，专门开设英国高端工程网站，提供营销工具，鼓励高端工程行业企业在国际营销方面协同作战。2010 年，伦敦市政府与英国投资贸易署联合，推出大力扶持企业开拓国际市场、加强出口公共信息服务等一系列出口促进措施。

《欧盟经济复苏计划》提出进一步推动“欧洲制造”和欧洲标准的商品标签，为欧盟产品进一步占领国际市场奠定更加可靠的基础。欧盟还对外加大推进投资准入和知识产权保护力度，拓展发展中国家市场。德国、法国等 12 个成员国出台出口信用保险计划，通过国有金融机构向出口企业提供信用保险，帮助企业化解出口风险。为扭转法国外贸逆差，法国在 2008 年 2 月提出促进法国商品出口的 10 条措施。（姚海琳，王文森，2012）

第三章　发达国家再工业化的相关理论支撑

第一节　主导产业理论

主导产业（leading industry）最初可以追溯到熊彼特的创新理论以及对资本主义经济周期的分析，20 世纪 30 年代，熊彼特在其著述中提出并完善了其著名的“创新理论”，以“创新”来解释经济周期和经济发展。他明确地提出“创新”是经济发展的本质，创新的过程就是一种不断打破经济均衡的过程，因而经济研究的重心不是探讨如何实现均衡，而是研究如何打破均衡，均衡的打破就是一种产业结构的演进。而创新就是把从未有过的生产要素和生产条件的“新组合”引入生产体系；创新在内容上包括技术创新和制度创新两个方面；创新的主体是企业家；创新的前提是适宜的社会环境和经济条件；创新从本质上看是一种产业突变。熊彼特的这一创新理论从一个崭新的角度揭示了主导产业发展的基本规律，开创了一条研究主导产业理论的非均衡动态分析的思路。熊彼特虽没有直接研究主导产业理论，但他用“创新”及均衡的打破等观念来解释经济发展，为主导部门的形成、演变和发展提供了理论基础。

最早提出主导产业概念的是美国经济学家赫希曼，1960 年罗斯托对之进行了明确、系统的研究。罗斯托在吸取熊彼特创新理论和赫希曼的不平衡发展理论的基础上，强调用主导产业理论来解释现代经济增长，认为主导产业理论的核心是“创新”和“扩散”。他首先提出了主导部门的概念，他认为一国经济的增长率是由经济中各部门的不同增长率所造成的。基于这样的认识，他将经济中的各个部门分为三类：主要增长部门、补充性增长部门和派生增长部门。其中主要增长部门就是主导部门，他认为在这些部门中，创新或利用新的有利可图或至今尚未开发资源的可能性，将造成很高的增长率并带动经济中其他部门的扩张。这些主导部门的快速扩张对经济的增长发挥着关键性的直接和间接作用，经济的增长就是通过主导部门的更迭实现的。

（郗畅，2014）

主导产业即是指在经济发展过程中，对全局经济有重大影响，在国民经济中占据主导地位，自身可以带动经济的增长的产业部门。罗斯托把这些关键部门叫主导部门，并指出主导部门有两个显著特征：一是具有较高的创新性，创新是主导部门发展的动力和源泉，只有主导部门才能迅速引入技术创新和制度创新；二是主导部门具有极强的扩散效应，有带动其他产业部门发展的能力，这种扩散效应包括：前向效应，主导部门诱发出新的经济活动或产生出新的经济部门；后向效应，主导部门的发展对向其提供投入品的产业部门具有带动作用；旁侧效应，主导部门的发展对地区、人员素质、社会结构变化产生较大影响。

在罗斯托的主导产业理论中，他将经济成长的过程划分为五个阶段：传统社会阶段、为起飞创造前提阶段、起飞阶段、走向成熟阶段和大众消费阶段。与六个经济成长阶段相对应，如表3－1中列出了罗斯托六种"主导部门综合体系"：（1）传统社会阶段，主要集中于农业生产。（2）为起飞创造前提阶段。主导部门体系主要是食品、饮料、烟草、水泥、砖瓦等部门。（3）起飞阶段。非耐用消费品生产的综合体系，如纺织业。（4）成熟阶段。重型工业和制造业综合体系，如钢铁、煤炭。（5）高额群众消费阶段如汽车工业综合体系。（刘颖琦，李学伟，李雪梅，2006）（6）主导部门从耐用消费品部门转移至提高生活质量的部门，如文教、医疗、保健、文娱、旅游等部门。

罗斯托对各个经济阶段进行了描述，并对不同阶段的主导产业就行了分析。1971年，罗斯托在《政治与成长阶段》一书中，在五个阶段之后又增加了"追求生活质量阶段"，并指出这一阶段的主导产业已经不再是耐用消费品工业，而是提高生活质量的产业，包括教育、保健、医疗、社会服务、文娱、旅游等部门。

罗斯托的上述研究为我们分析中国的主导产业发展提供了一种较具体的研究路径，具有较大的指导意义。

表3－1　主导产业理论

经济增长阶段	特征	主导产业
传统社会阶段	现代科技未发展	农业
为起飞创造前提阶段	现代科学技术的使用使得工业和农业中转化为新的生产要素	农业（75%或更多的劳动力从事）
起飞阶段	生产性投资率提高，一个或多个重要制造业快速发展	棉纺织业、铁路、食品工业

续上表

经济增长阶段	特征	主导产业
成熟阶段	现代技术有效运用于社会的各个经济范畴	钢铁、煤炭等重型工业
大众消费阶段	社会注意力由供给转向需求，生产问题转向消费问题	耐用消费品、汽车工业、服务业等
追求生活质量阶段	注重低碳环保、生活质量，技术高速发展	信息产业、高技术产业、生物产业

第二节 产业链理论

17 世纪中后期，因为劳动分工的发展，经济学家开始研究产业链理论，历史上西方经济学家关于产业链问题提出了很多观点，在早期的观点中，亚当·斯密在《国富论》中写道："生产一种完全制造品所必要的劳动，也往往分由许多劳动者担任。"他认为产业链是企业内部的生产活动，具体指从市场上购买所需原材料或者零部件，通过生产、加工和运输等过程，最终将产品传递到消费者手中。随着对劳动分工的研究，马歇尔把分工扩展到企业与企业之间，强调企业间的分工协作的重要性，这可以称为产业链理论的真正起源。1958 年赫希曼在《经济发展战略》一书中从产业的前向联系和后向联系的角度论述了产业链的概念。

从国外研究状况看来，从对产业链的实际发展情况出发，很多观点都是来自于价值链、供应链、需求链等相关理论，它们推动了产业链的发展。这些理论正是从微观层面和价值创造及企业管理的视角阐述了产业链中企业之间分工协作的形式与内容。

1985 年，迈克尔·波特在《竞争优势》一书中首次提出价值链的概念，认为"每一个企业都是在设计、生产、销售、发送和辅助其产品的过程中进行种种活动的集合体。所有这些活动可以用一个价值链表示出来"，并进一步指出："企业的价值创造是通过一系列活动构成的，这些互不相同但又相互关联的生产经营活动，构成了一个不断实现价值增值的动态过程，即价值链。"产业链和价值链之间有着本质的联系，都表达了具有某种特征的不同要素之间的相互联系和经营链条之间的相互依存。马歇尔·费希尔（1997）指出："供应链是由企业间的供需关系而形成的，每一个企业既是供应商也

是消费者，一个原材料供应商可能对其他原材料有一定的需求，制造商对原材料供应商来说是消费者而又将产品或者半产品供应给下游企业，最终到达消费者手中。这样，上、下游企业的连接组成的链状结构或网络结构。”产业链内部的联系归根结底还是企业之间的联系，这样产业链和供应链之间就具有极强的相关性。（魏然，2010）

从国内研究状况来看，这些理论在我国被作为产业链的“内涵链”来研究，不同学者基于自己所研究的领域，提出的产业链内涵与定义也是不同的，从不同的产业链定义出发，可以总结出三种观点：第一种观点是基于价值链和供应链角度的定义，是一个微观层面；第二种观点是基于战略联盟角度的定义，是一个中观层面；第三种观点是基于产业关联角度的定义，是一个宏观层面。

关于产业链类型的研究，不同学者也从不同的角度对产业链的类型进行了相关的研究。比较有代表性的研究文献有：潘成云（2001）从产业价值链的发育过程将产业价值链分成技术主导型、生产主导型、经营主导型、综合型四种类型；从产业价值链的形成诱因视角，将产业链分成政策诱致型和需求内生型两种；从产业价值链的适应性视角，把产业价值链分为刚性产业价值链和柔性产业价值链两种。李心芹等（2004）根据产业链内部企业与企业之间供需关系的依赖强度，把不同产业的两个企业组建的产业链分为四种结构类型：资源导向型、产品导向型、市场导向型和需求导向型。郁义鸿（2005）从理论研究视角将产业链分为产业链类型Ⅰ、产业链类型Ⅱ和产业链类型Ⅲ。都晓岩、卢宁（2006）根据产业链中企业之间联系的紧密程度不同，将产业链分为低级形式和高级形式两种，其中低级产业链中的各企业属单纯的市场交易关系，高级产业链中的各企业之间是长期的战略联盟关系。（邹春燕，2011）

国内对产业链的研究主要还有基于产业链运行机制、产业链横向关系、产业链优化整合以及区域产业链方面的研究。其中，国内重要科技业者宏碁集团创办人施振荣先生，在 1992 年提出了有名的“微笑曲线”（Smiling Curve）理论，以其作为宏碁的策略方向。经历了十年多，以迄今日，施振荣先生将“微笑曲线”加以修正推出了施氏“产业微笑曲线”以作为各种产业的中长期发展策略之方向。

从图 3 -1 中可以清晰地看到产业链中上下游中的利润空间大小，加工制造位于产业链附加值曲线的最底端，利润相对薄弱，企业如果要获得更多的附加值，就必须向两端延伸，要么向上游端的零件、材料、设备及科研延伸，要么向下游营销端的销售、传播、网络及品牌延伸。总体而言，愈向两

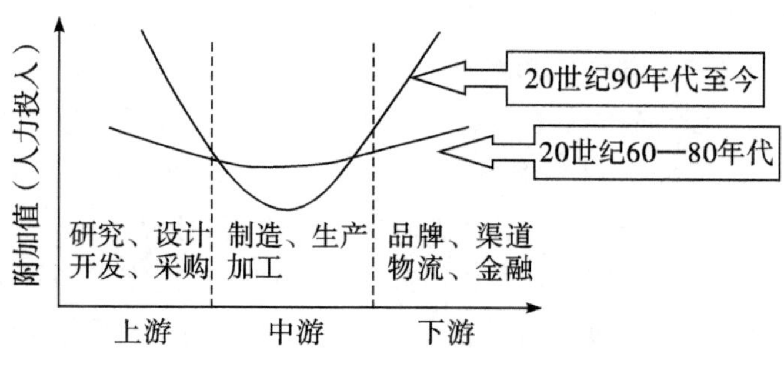

图 3－1 产业链的微笑曲线图

边走，企业获得的附加值就越多。但目前许多案例表明，微笑曲线存在着不适应所有产业发展的规律，但我们可以得知，以美国为首的发达国家为了降低生产成本，长时间致力于将本国处于微笑曲线最低端的生产加工环节不断转移到海外发展中国家和地区，但是对处于微笑曲线两端的技术研发和创新等核心环节却一直实行技术封锁，还通过转移定价和汇回利润等途径将附加值的大部分流回了本国国内。近十年来，这些西方发达国家不仅实现了工业技术与工业产品的创新，而且还不断进行信息技术的创新，在制造业的产业链上形成了“归核化”和“业务外包”。

第三节 国家竞争力理论

关于国家竞争力不同发展阶段有不同的含义，从时间顺序来看，在西方世界崛起前，国家竞争力取决于国家占有财富的多寡以及农业生产能力的强弱。古典经济学派，对于国家竞争力的认识始于亚当·斯密《国富论》的出版。亚当·斯密（Adam Smith，1776）认为，政治经济学的目的在于富国裕民。古典学派拒绝了重商主义关于财富的错误认识，纠正了重农主义对财富的偏见，明确财富是各种生产要素共同作用，在生产过程中产生的劳动产品。提高国家竞争力的途径在于提高生产能力，而不是抢夺金银。要提高商品生产能力，就要合理配置各种生产要素，发挥它们在生产过程中的作用。对劳动、资本和土地等生产要素的研究构成了古典经济学的基本理论体系，同时在其理论中肯定了劳动分工的作用。新古典学派扩展了生产要素的分析，不再像古典学派那样只注重研究生产问题，而是将生产和消费并重，建立了供给—需求的分析框架。19 世纪 70 年代兴起的“边际革命”动摇了古典经济学的权威地位，边际学派从需求单方面解释价值的形成。马歇尔将古

典经济学的精华和边际思想结合起来，用供给和需求两方面因素构成“剪刀式”价值折中理论。新古典学派对古典经济学最明显的改进之一就是不仅研究生产者行为，而且研究消费者行为，将供给与需求并重，重新构建经济学的分析范式。同时将人口质量纳入研究范围，将企业家的才能纳入生产要素，研究科技、创新与经济增长关系对国家竞争力的提升。

凯恩斯主义之后的国家竞争力研究，该时期主要用宏观经济指标描述国家竞争力表现以及新制度经济学视角下的国家竞争力。“凯恩斯革命”开创了宏观经济学，为国民经济核算提供了一套定义和计量总产出水平的方法。国家竞争力不再是一个抽象的概念，各种宏观经济指标成为描述国民经济发展和国家竞争力表现最直接和可靠的工具。如果用经济规模、经济效率、经济潜力、经济结构和技术创新来描述国家竞争力表现，这几个方面都可以找到具体的统计指标。根据新制度经济学的分析，制度是决定国家竞争力的基石，哪个国家能保护产权，降低交易成本，提供最有利于市场交易的完善制度，就会激励国民进行科技创新、财富创造，在国家间的竞争中脱颖而出。现代国家竞争力研究自20世纪80年代以来，新增长理论、新贸易理论、可持续发展、软实力等新思潮的提出，进一步扩展了国家竞争力的分析框架。迈克尔·波特（Michael Porter，2002）集竞争力理论之大成，其分析国家竞争力的“钻石模型”产生了深刻影响。（肖小红，2012）

在国家竞争力理论中，最具影响力的当属哈佛大学迈克尔·波特教授的国家竞争优势理论。他认为在现代全球经济下，比较优势理论已经无法充分解释国家竞争优势的形成，他力主竞争优势是一国财富的源泉，“国家的竞争力在于其产业创新与升级的能力”。低层次成本优势很容易被模仿，关键是创新能力。竞争优势最典型的因素有：新技术、客户需求转变或新需求诞生、新的产业环节现身、压低上游成本或增加取得途径、政府法令规章的改变。《国家竞争优势》一书中，波特提出分析国家竞争力的“钻石模型”，如图3-2所示，他认为影响国家竞争力的四个基本因素是生产要素，需求条件，相关及支撑产业，企业的战略、结构和竞争对手。另外，机遇和政府是影响国家竞争力的两个变数。

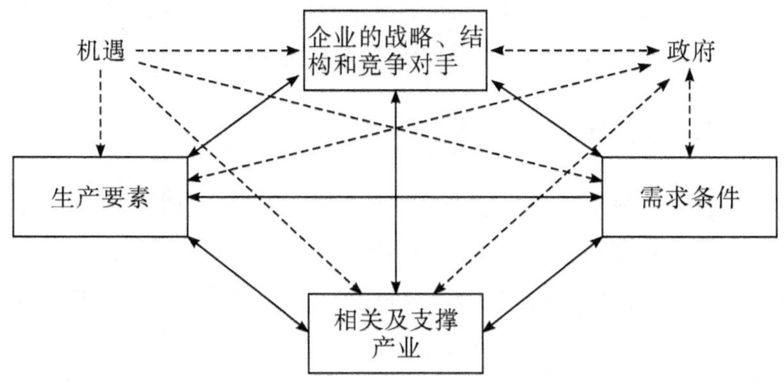

图 3－2　国家竞争力分析模型（波特的钻石体系）

机遇事件会引发钻石体系中各个关键要素的变化。政府并不是国家竞争优势中的核心因素，但是政府的政策会影响到“钻石模型”中的关键要素，对关键要素产生或正面或负面的影响，例如政府的补贴、教育和资金市场等政策会影响到生产要素。同时，波特指出，“钻石模式”是一个“动力系统”。“拥有钻石体系中的每一项优势，不必然等于拥有了国际竞争优势”，“钻石体系是一个互动的体系，它内部的每个因素都会强化或改变其他因素的表现”。

一、生产要素

生产要素是指一个国家在特定产业竞争中有关生产方面的表现。波特把生产要素细分为人力资源、天然资源、知识资源、资本资源和基础设施，这些生产要素通常是混合出现的，每个产业对它们的依赖程度也因产业性质不同而不同。它们对一国的竞争优势所起的作用是非常复杂的。波特认为在大多数产业的竞争优势中，生产要素通常是主动创造得来而非自然生成，特别是一些专业性和高级的生产要素。他指出一个国家的竞争优势还可以从不利的生产要素中形成。在实际竞争中，丰富的资源或廉价的成本因素往往造成资源配置没有效率，而人工短缺、资源不足、地理气候环境恶劣等不利因素，反而会形成一股刺激产业创新的压力。

二、需求条件

需求条件是指本国市场对该项产业所提供产品或服务的需求如何。波特认为母国的国内市场需求会影响一国产业的发展效率。他指出国内市场需求对产业竞争力的影响主要表现在三个方面：一是国内市场的性质；二是国内

市场的大小与成长速度；三是从国内市场需求转换为国际市场需求的能力，并且支持国内市场的质量绝对比市场需求量更重要。

三、相关产业和支持性产业

一个产业的竞争优势也与这个产业的相关产业和上游产业是否具有国际竞争力有关，两者之间存在着密切的协同效应。一方面，当上游产业具备国际竞争优势时，它会以多种方式为下游产业创造竞争优势，形成一个从上到下的扩散流程。另一方面，竞争力强的产业也会通过“提升效应”带动相关产业的发展。

四、企业战略、企业结构和同业竞争

企业战略、企业结构和同业竞争，总的来说，就是企业在一个国家的基础、组织和管理形态，以及国内市场竞争对手的表现。波特认为各国的环境不同，与之相适用的管理体系也不同。只有适合一国环境的管理方式才能够提高该国产业的国际竞争力。波特通过实证研究发现，强有力的国内竞争对手普遍存在于具有国际竞争力的产业中，激烈的国内竞争是创造和保持国际竞争优势的最有力的刺激因素。此外，机遇和政府在构建国家竞争优势方面同样发挥着重要作用。其中机遇包括基础科技的发明创新、传统技术的断层、生产成本突然提高、全球金融市场或汇率的重大变化、全球或区域市场需求剧增、外国政府的重大决策和战争等。

波特的国家竞争力理论既重视供给，也重视需求；既有宏观研究，也有微观分析，特别重视创新对竞争力的影响，可以说综合了自古典经济学以来关于国家竞争力的各种研究成果。在波特之后，后人根据不同国家的实际情况不断改进“钻石模型”，如双钻石模型（Rugman，1991）、多因素钻石模型（Cartwright，1993）、国际化钻石模型（Dunning，1993）、九要素模型（Dong-SungCho，1994）等。（牟文富，2000）

第四节　循环经济理论

“循环经济”一词是美国经济学家波尔丁在 20 世纪 60 年代提出生态经济时谈到的。早在 1962 年，美国海洋生物学家卡尔逊就在其《寂静的春天》一书中提出：“我们必须与其他生物共同分享我们的地球。”该书首次向人类

揭示环境污染对生态系统产生的巨大破坏，它的问世对公众环境意识的形成产生了重大的影响。这种循环经济的萌芽意识在通过美国经济学家 K. 波尔丁的《一门科学——生态经济学》一书发展成循环式经济概念。他认为地球经济系统犹如一艘宇宙飞船，如果要维持其长久的运行、持续的发展，必须实现资源循环利用的循环经济才能得以长存。K. 波尔丁的“宇宙船理论”很好地总结了世界经济恢复和高速发展中发生的八大公害事件的教训，提出污染物合理利用的观点。如果说 K. 波尔丁对经济高速发展所带来的负面影响持有“后补治理”的观点，那么“零增长理论”更是明确指出线性经济发展的严重后果。1972 年，美国麻省理工学院教授丹尼斯·米都斯等人向罗马俱乐部提交的著作《增长的极限》中指出：“如果让世界人口、工业化、污染、粮食生产和资源消耗等方面按现在的趋势继续下去，这个星球上的增长的极限有朝一日在今后的一百年中发生。”之后提出通过零增长（1974 年改为有机增长）实现人类社会应在经济、技术、生活、环境等各方面协同发展的观点。20 世纪 80 年代，人们认识到应采用资源化的方式处理废弃物。1990 年英国环境经济学家 D. Pearce 和 R. K. Turner 在《自然资源和环境经济学》一书中首先提出“循环经济学”的概念以后，发达国家的后工业化可持续发展中广泛地应用了循环经济的概念。同时，在资源循环利用思想替代“末端治理”成为许多国家环境与发展政策主流思想的条件下，逐渐形成了以“5R”（reduce，reuse，recycle，rethink，repair）为基本原则，以资源循环利用和污染排放最小化为主线，与清洁生产、可持续消费等融为一体的循环经济发展战略。循环经济学理论的两大核心理论的形成促进了循环经济学理论的形成。20 世纪 90 年代，特别是可持续发展战略成为世界潮流，环境保护、清洁生产、绿色消费和废弃物的再生利用等才整合为一套系统的以资源循环利用、避免废物产生为特征的循环经济战略。

一、从内涵上来看

循环经济（资源—产品—再生资源）是与线性经济（资源—产品—废物）相对的，是以物质资源的循环使用为特征的。循环经济不同于传统的经济模式，它们的区别就在于资源的判断标准不同。传统的经济模式就是发挥其现有的货币价值而循环经济注重于资源的有效和合理利用，最优化地发挥其社会价值和环保价值。总体上可以看出，循环经济的核心就是“经济”，其关系到了经济行为主体的环境价值和社会价值。循环经济是一种最优化的状态，是人们所追求的能够合理利用资源，满足社会价值和环境价值的最优配置和利用的最大化。所以在进行循环经济的同时要考虑经济行为主体资源

的环境价值和社会价值。可见，循环经济的研究主体包括资源的合理利用与社会环境之间的关系研究。

循环经济本质上是强调整个社会物质循环应用，强调循环和生态效率，资源被多次重复利用，并注重生产、流通、消费全过程的资源节约。在发展理念上就是要改变重开发、轻节约，片面追求 GDP 增长；重速度、轻效益；重外延扩张、轻内涵提高的传统的经济发展模式，把传统的依赖资源消耗的线形增长的经济，转变为依靠生态型资源循环来发展的经济。这既是一种新的经济增长方式，也是一种新的污染治理模式，同时又是经济发展、资源节约与环境保护的一体化战略。在世界经济发展中，由工业经济向知识经济演进过程必须有循环经济的存在，而在循环经济中，由自然循环经济向生态循环经济发展，工业循环经济支撑着现代循环经济，如图 3－3 所示。

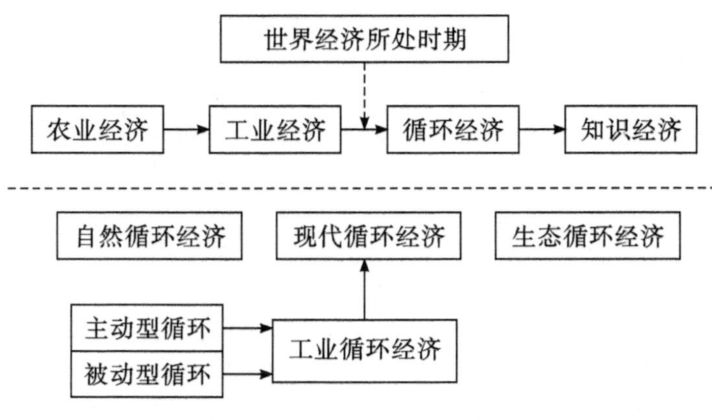

图 3－3　人类经济发展和循环经济发展阶段

二、从实施路径来看

目前国内广为接受的是“3＋1”模型，即企业小循环、园区中循环、社会大循环，以及再生资源产业。在“3＋1”模型的基础上提出了对象—主体—政策模型，其中对象指对资源的输入端、使用过程中和输出端的三个环节进行全过程管理，主体指带动企业、公民和政府共同参加，政策指施行管制性政策、市场性政策和参与性政策。对象—主体—政策模型强调了全产业链管理的思想以及政府规制的作用，对“3＋1”实施模型进行了很好的补充和深化。国内循环经济的实践结构（详见表 3－2），给出了国内经济循环实践的总体框架，以表格的形式同时反映了循环经济实践的不同领域、不同层次，以及相应的对策措施，对全面掌握国内循环经济实践状况具有重要的指引作用。(胡列曲，丁文丽，2001)

表 3-2 中国循环经济的实践结构

实践领域	微观尺度（单一对象）	中观尺度（共生联盟）	宏观尺度（城市、省、国家）
• 生产领域 • 第一、第二、第三产业 • 消费领域 • 废物管理 • 其他	• 清洁生产 • 生态工业设计 • 绿色采购与消费 • 产品回收体系	• 生态工业园区 • 生态农业系统 • 环境友好公园 • 废物交易市场 • 静脉产业园区	• 区域生态产业网络 • 租赁服务 • 城市共生

三、从测量方法来看

生态效率是目前国内测度循环经济发展水平的核心方法，实践中主要基于生态效率通过构建指标体系达到全面测度循环经济发展水平的目的。目前指标体系的构建侧重资源产出、资源消耗、资源综合利用、废物处置量四大类指标，但经济社会发展指标、生态环境质量指标、绝对减量指标、预防性指标等也逐渐受到关注。以生态效率为核心的测度方法对指导循环经济实践做出了重大贡献，但目前这种“效率中心”的测量方法仍存在几个需完善的地方。第一，资源节约与资源可持续利用是循环经济的核心，但效率并不代表节约，更不代表可持续性。目前中国经济的增长是建立在大量的不可再生资源消耗的基础上的，经济增长仍然依靠重工业，效率的提升并不能抵消中国经济快速增长对环境恶化的影响。考虑到中国经济的快速发展，生态效率这种基于比率的相对指标所反映的减少可能并不代表物质或能量排放和消费的实际减少。第二，效率分析本质上是一种边际分析，仍然在新古典经济学的分析框架之内。而新古典经济学的大部分局限性来源于理性选择或经营决策模型（以边际分析为核心），例如，气候变化等生态环境问题不是普通的、局部的“外部性”，这种“外部性”的来源和影响是全球性的，有些影响是长久的、不确定的、不可逆的，通过使边际成本和边际收益相等的方式内部化“外部性”的经济分析所提出的应对措施是不足以应付这些挑战的。第三，效率分析的结果具有不确定性。生态效率本质上是投入产出的比值，而投入产出指标的选取具有明显的主观偏好，当投入产出指标选取出现变动时，测算结果可能会出现难以忽略的“差距”。与此同时，国内外学者已经致力于改善这种基于生态效率的测算方法。Geng 等提出建立基于能值的循环经济评价指标体系，但目前仍缺乏定量的计算模型，在应用层面具有一定

局限性。

总的来说，循环经济体现的是新的经济观、价值观和生产观。经济活动要在生态可承受范围内进行，只有在资源承载能力之内的良性循环，才能使生态系统平衡地发展。循环经济强调用先进生产技术、替代技术、减量技术和共生链接技术以及废旧资源利用技术、“零排放”技术等支撑经济。在考虑自然资源时，不仅要将其视为可利用的资源，而且是需要维持良性循环的生态系统；在考虑科学技术时，不仅考虑其对自然的开发能力，而且要充分考虑到它对生态系统的维系和修复能力，使之成为有益于环境的技术；在考虑人自身发展时，不仅考虑人对自然的改造能力，而且更重视人与自然和谐相处的能力，促进人的全面发展。循环经济的生产观念是要充分考虑自然生态系统的承载能力，尽可能地节约自然资源，不断提高自然资源的利用效率。并且是从生产的源头和全过程充分利用资源，使每个企业在生产过程中少投入、少排放、高利用，达到废物最小化、资源化、无害化。上游企业的废物成为下游企业的原料，实现区域或企业群的资源最有效利用。并且用生态链条把工业与农业、生产与消费、城区与郊区、行业与行业有机结合起来，实现可持续生产和消费，逐步建成循环型社会。

案例启示篇

第四章　美国再工业化政策措施及启示

金融危机之前，美国经济“去工业化”的讨论一度成为人们热议的话题，但是由于泡沫经济的支撑，失去实体工业支撑的去工业化经济体并没有陷入严重的经济停滞，直至金融危机爆发，重创了美国经济发展模式。很多专家学者将危机根源锁定在美国经济的“空心化”，由此，“再工业化”的呼声才越来越高。正是在这种经济背景下，美国“再工业化”战略应运而生。如果说金融危机是导致美国虚拟经济梦想破灭的导火索，那么美国实施“再工业化”战略有着更深刻的历史根源。（张婷玉，崔日明，2013）本章以美国为例，主要就美国再工业化实施的背景、状况、政策进行深入研究，并在此基础上对美国再工业化的实质进一步剖析，分析美国“再工业化”战略的启示。

第一节　美国再工业化背景

1860 年，美国的工业超过农业成为国民经济的主导产业，并成为仅次于英国、法国、德国的第四号资本主义工业强国。在随后的几十年里，内部南北战争维护了国家的统一、扫除了资本主义发展的障碍，加之第二次工业革命的影响，美国迅速崛起。19 世纪末，美国超过老牌资本主义国家，成为世界第一工业强国，直至 20 世纪中期，美国工业在资本主义制度下迅速发展，1950 年美国工业占 GDP 的比重升至 27%。以 1950 年为转折点，美国工业所占 GDP 比重不断下降，经济结构的重心进一步转向以服务业为中心的第三产业。据联合国 ISIC（国际标准工业分类法，其中制造业属于 D 类）分类数据显示，美国制造业在 GDP 中的比例 2000 年减少为 13.3%，经历了 2007 年小幅上升到 14.1% 之后，2009 年便重新落至 12.9%。相比之下，采用 NAICS 系统中行业编码为 31～33 的数据计算，美国国内制造业对 GDP 的贡献率更低：2000 年为 14.2%，2009 年为 11.2%，在扣除美国市场产品中来自外国的零部件之后，这个占比仅约 10%（USBC，2012a），美国制造业变化趋势如图 4－1 所示。

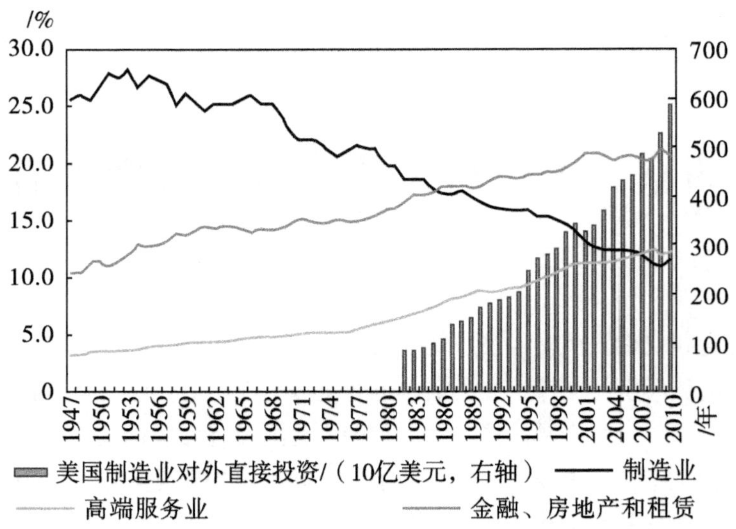

图 4－1　美国制造业变化趋势（数据来源 BEA）

2008 年和 2009 年美国遭受的次贷危机和金融危机，造成了自 20 世纪 30 年代以来最严重的经济衰退，经济陷入“低增长”甚至负增长的困境。如图 4－2 所示，美国国内生产总值（GDP）的增长率由 2005 年的 6.67% 下降到 2008 年的 1.66%，而在 2009 年是－2.05% 的负增长，清晰地表明了美国经济遭遇了重创。金融行业急速衰退，就业、教育、医疗、社会援助等行业也随之衰落，经济危机的摧残使美国再次认识到制造业的重要作用和发展制造业的紧迫性。2009 年 4 月 14 日，奥巴马在美国华盛顿特区乔治敦大学发表演讲，提出在国民经济各行业中，只有制造业抗危机冲击能力最强，对保持国民经济稳定、保证就业具有举足轻重的作用。从此拉开了美国“再工业化”战略的帷幕。（孟辰，卢季诺，2013）

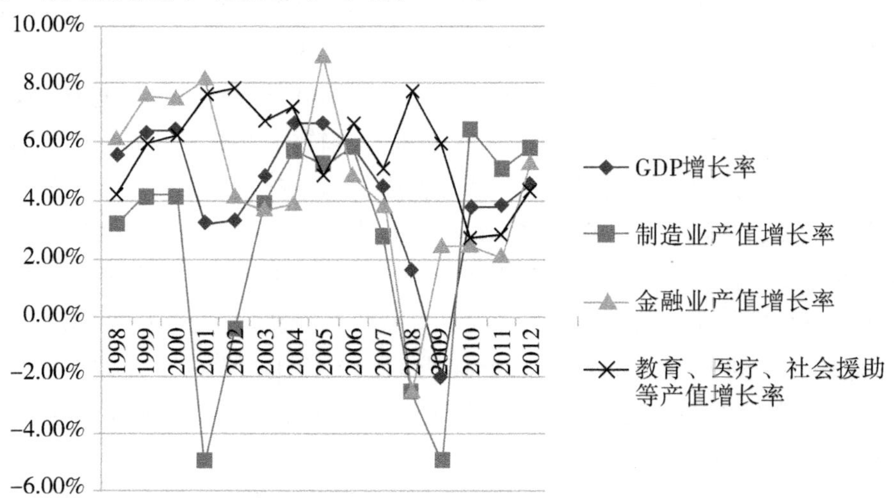

图 4－2　1998—2012 年美国国内行业产值增长率曲线（数据来源 BEA）

一、金融危机冲击下的经济衰退和失业攀升

2008 年，美国遭受的次贷危机不断发酵，逐渐由金融行业延伸至实体经济，对美国经济造成了巨大冲击，GDP 由 2008 年的 14.2 万亿美元下降到 2009 年的 13.9 万亿美元，降幅达 2.3%。与此同时，美国失业人口由危机前 2006 年的 700.1 万人急剧上升到 2010 年的1 482.5万人，年均增幅达 22.7%，其中 2010 年美国失业率高达 9.6%（见图 4－3）。此外，美国联邦政府财政赤字也连连攀升，公共债务急剧膨胀，2008 年突破 10 万亿美元，2011 年增至 11.8 万亿美元，公共债务占 GDP 的比例已逼近 100%，2012 年债务规模继续扩张，高达 16.1 万亿美元，为 2006 年的 1.9 倍。持续高企的失业率和徘徊低迷的经济增长，引发了大规模的"占华尔街运动"，美国国内矛盾不断升级。

在失业率居高不下、债务不断攀升的背景下，为稳定民心，增加就业岗位，政府官员及学者呼吁美国制造业回归，美国政府推出了"再工业化"战略，希望借助扩大出口、吸引投资等举措来重振制造业，以使美国回归实体经济，转向健康、可持续的增长模式。

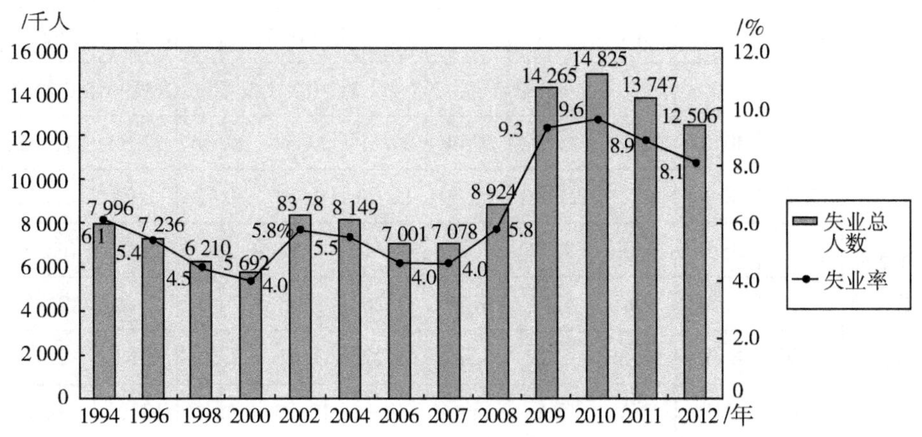

图 4－3　1994—2012 年美国总失业人数及失业率

二、"去工业化"过程中制造业的萎缩和竞争力下降

伴随着经济全球化的深入推进，要素的国际流动更为便利和频繁，发达国家将大量低技术、劳动密集型产品的生产，尤其是众多模块化的劳动密集生产环节转移至低成本的发展中国家，继而出现制造业产值与就业比重持续下滑，服务业份额快速上升的经济"软化"现象，即 20 世纪 70 年代末到 90

年代中期发达国家普遍呈现的“去工业化”现象。1970 年美国制造业增加值为 2 492 亿美元，占 GDP 的 24.3%，此后 80 年代、90 年代直至危机前夕，制造业增加值虽稳步上升，2007 年达 1.85 万亿美元，但与之相比，制造业增加值占 GDP 的比重却逐渐减少，由 70 年代高于 20% 滑落到 2009 年的 19.15%。从就业来看，制造业就业人数总体上亦呈现缩减之势，2010 年就业人数仅为 1 408.1 万人，较 1970 年减少了 666.5 万人。同时，制造业就业人数在总就业人数中的比重也由 1970 年的 26.4% 下滑到 2010 年的 10.1%。

表 4－1　世界主要国家制造业增加值及其比重

项目	国别	1970 年	1980 年	2000 年	2005 年	2006 年	2007 年	2008 年	2009 年	2010 年
制造业增加值/10 亿元	美国	249.2	584.0	1 040.6	1 515.9	1 719.2	1 854.7	1 815.1	1 710.2	1 879.6
	日本	69.8	293.7	792.4	1 011.4	904.6	879.5	954.6	890.8	1 063.6
	德国	62.9	238.7	423.1	377.9	549.4	687.6	720.8	572.4	638.0
	法国	29.1	126.9	196.2	180.7	241.9	275.2	286.8	250.3	237.6
	英国	33.4	118.2	188.3	203.5	242.5	281.9	206.1	206.1	215.6
	中国	NA	NA	NA	NA	733.7	1 149.7	1 475.7	1 611.9	1 925.0
	世界	830.6	2 626.5	4 411.2	5 325.9	7 412.1	9 028.1	9 735.2	8 929.6	10 203.7
制造业增加值比重/%	美国	30.01	22.24	23.59	28.46	23.19	20.54	28.46	19.15	18.42
	日本	8.4	11.18	17.96	18.99	12.20	9.74	9.81	9.98	10.42
	德国	7.57	9.09	9.59	7.09	7.41	7.62	7.4	6.41	6.25
	法国	3.51	4.83	4.45	3.39	3.26	3.05	2.95	2.80	2.33
	英国	4.02	4.5	4.27	3.82	3.27	3.12	2.59	2.31	2.11
	中国	NA	NA	NA	NA	9.9	12.73	15.16	18.05	18.87
	世界	100	100	100	100	100	100	100	100	100

注：1. 数据来源于联合国统计署（UNSD）；

2. 制造业增加值按现价美元计算，中国数据不包括香港、澳门和台湾地区；

3. “NA”表示该项数据缺失。

从增加值的国际比较来看，1970 年美国制造业规模居世界第一，远高于其他工业国家，占世界制造业总产值的 30.01%。而到 2010 年，美国制造业产值被中国超越，不仅如此，美国制造业的产值与中国的差距仍在继续扩大，2011 年制造业增加值为 1.90 万亿美元，较中国低 4 425 亿美元，世界占比也下降到 16.8%，比中国低近 4 个百分点。

虽然美国的制造业受“去工业化”的影响，地位有所下降，但美国的制造业并不是“不行了”，它仍然是世界第一制造强国，总体上仍引领世界制造业的发展，在生命科学、光电子学、核技术和信息通信领域仍有较大的优势，在创新与企业家能力方面仍有相当强的竞争力。从量能上看，美国制造业占世界的比重仍比较稳定，下降并不明显，从 1980—2009 年的 30 年间共下降 2.42%，平均每年才下降 0.081%。虽然在一些传统制造领域逐步失去优势，但这正是美国根据比较优势原则主动放弃自己不占优势的领域，这反而使其可以集中资源发展具有优势的领域。尽管中国制造业占世界的比重上升迅速，在总量上也超过了美国，但美国并没有真正受到来自中国的威胁，中国制造业大多处于价值链的中低端，缺乏核心技术，基本只能为占据产业链高端的跨国企业代工或配套，中国制造业的发展在一定程度上降低了美国的成本，促进了美国竞争力的提升。实际上，对美国制造业的冲击主要来源于日本、德国、法国、韩国等发达国家，这些国家具有比较优势的领域与美国相似，在汽车、装备制造、飞机、电子等领域有较强竞争力，在一些领域甚至使得美国失去了优势。此外，发展中国家推动的转型升级、在高新技术产业与战略性新兴产业等领域的投资虽然还没有形成现实的竞争力，但已让美国感受到潜在的压力。因此，实现产业升级、占领未来产业制高点才是本次“再工业化”的根本原因和内在动力。（沈坤荣，徐礼伯，2013）

三、“第三次工业革命”带动下的新能源和制造新模式

人类社会已经历两次工业革命，目前正处于第二次工业革命和石油世纪的最后阶段，互联网信息技术与可再生能源的出现让我们迎来了“第三次工业革命”。前两次工业革命在推动经济增长同时，也强化了对化石能源的依赖。但作为一种不可再生资源，有限的供给面对无限的需求，导致价格波动异常，对工业的顺利生产造成了冲击。与此同时，化石能源的大量消耗，也使得生态环境急剧恶化，对人类社会的可持续发展构成了严重威胁。为此，可再生能源的大力开发和广泛应用将成为 21 世纪的必由之路，这也将催生新型的经济范式。第三次工业革命以互联网技术与可再生能源融合为基础，以新能源为关键要素，将推动人类生产和生活方式发生根本性的变革。金融危机的爆发，促使美国开始反思经济增长模式，使其认识到以化石燃料及相关技术为基础的第二次工业革命无法再支撑美国和世界经济的发展。在此背景下，清洁能源自然成为美国寻求技术突破和经济增长的首选产业。美国政

府寄希望于对清洁能源的大力投资，以带动风力发电、太阳能电池、智能电网、电动汽车及零部件等产业的发展，使以化石能源为基础的第二次工业革命迅速转向以可再生能源为基础的第三次革命，致力于推动低碳的可持续经济发展模式，抢占未来工业竞争新的制高点。

第三次工业革命还将推动制造业生产方式和制造模式发生巨大变革，其中新材料和3D打印技术等数字化制造将引领潮流。数字化设计和制造将彻底告别车床、钻头、冲压机和制模机等传统工具，有效提高材料的利用效率，降低生产成本；也将改变传统工业“集中生产、全球分销”的经营模式，使“分散生产、就地销售”成为可能。这将是真正意义上的“生产为消费服务”和“以消费者为中心”，通过体验式生产、参与式生产等方式，增强消费者对个性化需求的满足度。生产方式的变革将极大地降低制造环节对劳动力的依赖，扭转以往发达国家加工环节“大举外迁”的形势，使得“销售地生产”成为最优，凸显了市场需求的主导作用。在此背景下，新型制造业回流美国将并非“不经济”的，转而成为一种必然的战略选择。依靠先进的制造技术和丰富的人力资源，以市场为导向的再工业化举措，将重塑美国工业制造的新优势，以使美国在新一轮工业革命及全球产业分工体系中的领导权和支配权得以强化。（丁平，2014）

四、国际收支严重失衡导致经济失衡

在很长时间内美国是世界上最大的逆差国和负债国，其对外贸易存在巨额逆差，国际收支严重不平衡是美国经济失衡的重要原因，这被广泛认为是导致其金融危机爆发的重要根源。美国曾是全球最大的贸易顺差国，但自1991年以来，美国开始连年遭遇贸易赤字，小布什总统的8年任期里，美国国际贸易收支逆差平均占美国GDP的5%左右，这一比值在2006年甚至高达6.1%。对外贸易由货物贸易和服务贸易构成，美国服务贸易拥有显著顺差，但是货物贸易存在巨额逆差。在历经了工业化的“黄金时代”之后，工业在国民经济中的地位开始逐渐降低，大量工业投资开始转向海外，例如墨西哥、越南等成本较低的国家和地区，尤其是发展中国家。制造业大量外移，才导致美国的工业品在国际市场上的竞争力逐渐下降。比如，美国有人批评乔布斯，为什么苹果公司的销售那么好，却没有拉动美国的就业，反而促进了亚洲国家60多万人口的就业。乔布斯回答说，如果美国本土能够给苹果公司提供3万工程师，他马上就能把这60万就业带回美国。就是由于美国制造业向发展中国家迁移，才导致美国制造业产品进口大量增加，贸易逆差不断扩大，从而加剧了美国国际收支的失衡状况。

从工业制成品的贸易差额来看，美国自 20 世纪 80 年代末期开始就已成为制成品的“净进口”国，其中耐用制成品和非耐用制成品贸易均出现逆差，且逆差幅度呈逐年扩大趋势，但非耐用制成品逆差规模较耐用制成品相对较小，1992 年美国制成品出口 3 864. 6 亿美元，进口 4 480. 3 亿美元，逆差额约为 615. 7 亿美元，其中非耐用和耐用制成品逆差额分别为 202. 2 亿美元和 408. 7 亿美元。此后，无论是总工业制成品贸易逆差，还是耐用与非耐用制成品贸易逆差均迅速扩大，直至金融危机前夕达到“峰值”，2006 年美国制成品的逆差额高达 5 672. 9 亿美元，其中耐用和非耐用制成品逆差分别为3 894. 0亿美元和 1 787. 8 亿美元。2007—2009 年，由于遭受经济危机的影响，美国制成品进出口额纷纷下滑，致使贸易逆差规模大幅缩窄，2009 年降至低点，为 3 184. 7 亿美元。2010—2012 年，伴随着美国经济的有力复苏，工业制成品贸易逆差又呈现递增态势，2012 年逆差额为 4 570. 7 亿美元，较 2009 年增长 43. 5%。（丁平，2014）

在此背景下，美国社会潜在的各种矛盾都凸显出来，这迫使美国各界反思以往的经济发展战略。创造更多就业岗位、复兴传统制造业以增强本国制造业的生产能力、扩大出口已成为美国的当务之急。美国的“再工业化”战略重要目的就在于促进出口，减少进口，改善逆差现状，实现经济的再平衡。美国再工业化既是应对国际金融危机的客观要求，更是立足于保持长期国际竞争优势的战略性举措，这将极大地影响世界经济格局，对美国经济本身和中国经济也将产生深远影响。

第二节　美国再工业化状况

2009 年以来，奥巴马政府针对美国再工业化，采取了一系列重大政策措施，如发起“购买美国货”运动，颁布《2009 年美国复苏和再投资法案》和《美国制造业促进法案》，制定《鼓励制造业和就业机会回国策略》和“内保就业促进倡议”，实施“五年出口倍增计划”和“先进制造伙伴计划”，创设“出口促进内阁”和“白宫制造业政策办公室”等等。再工业化客观上要求美国对经济发展模式进行重新调整，制定并实施能够促进国内制造业发展和出口快速增长的政策措施。近几年“再工业化”在创造就业机会、改善制造环境、提高工业产值，扩大出口贸易等方面产生了积极成效，有力推动了美国经济挣脱危机，快速步入强劲复苏通道。

一、美国制造业作用的再认识

美国自从19世纪末崛起以来（1894年美国制造业产值已位居世界第一），工业在其经济发展中起到了重要的作用。第二次世界大战末期，美国工业总产值占世界工业总产值比重达40%左右。黄金年代，美国工业继续发展，在20世纪60年代左右，工业占国民经济比重达到顶峰，其后美国开始了“去工业化”历程，服务业比重逐渐上升。20世纪70年代，美国金融业迅速发展，同时由于石油危机的影响，美国开展新能源计划，节约能源以支持经济发展。进入20世纪80年代，由于劳动力、土地等成本上升及全球化浪潮的兴起，美国工业开始外包化进程，制造业衰退明显，制造业增加值占其GDP比重为21.1%。其后，美国制造业占比持续下降，截至2009年，其占GDP比重降至12.49%，产业空心化严重。2008年金融危机以来，美国经济增长速度急剧下滑，并且面临着日益严峻的资源环境约束（美国碳排放总量居世界第二）。回顾产业发展的经验及金融危机的成因，美国重新认识到工业在社会发展中的作用和影响。

第一，制造业是物质财富实现的基本模式，也是经济增长的根本动力。

2002年乔·莫基尔提出“有益知识”（useful knowledge）的概念，并认为只有凭借前所未有的“进取和执着”去运用这些知识，才有可能“创造出现代物质世界”。也就是说制造业是把这种有益知识转化为物质财富的基本模式，同时在“有益知识”演化为构成现代社会基础的诸多便捷服务的过程中，制造业同样是最根本的手段。

在创新方面，制造性企业在19世纪末成为第一批在工厂和实验室开展系统性研究的实体，正是从这些简陋得令人不可思议的活动中，培育出了现代化的研发机构。因此，制造业始终是实现技术创新的基本动力，是实现独立发明和技术改进的核心领域。2007年，美国约67%的研发开支来自工业界。（NSF，2010）

第二，美国认识到工业生产是一个各种资源配置的组合过程，它不仅能够使制造业本身发展进步，还能促进与之相关的各种资源、领域的发展。

制造业可以创造出具有高度关联性的产业链，它们不仅吸纳了很多传统职业（如会计和职业培训），还造就了很多全新的就业机会（如电子商务）。据统计每增加1美元的制造品销售额，就可以附带创造出价值140美元的其他经济活动，而运输业的附带价值创造则是1美元，零售业、专业服务及商业服务的1美元最终产品销售额创造的附加价值更是不足60美分。（MI，2009）

对于高端制造业，本身需要拥有良好教育背景的劳动力，和智力服务、运输及批发零售业之间也有千丝万缕的联系，因此，制造业也为支持和扩大在职培训及教育提供了强大动力。

此外，制造业还是实现贸易优势的必要条件，在当今高度全球化的世界里，如果缺乏具有国际竞争优势的贸易，要创建一个强大的国民经济是不可想象的。（Atkinsonetal，2012）随着现代信息技术的发达和物联网的发展，制造业所覆盖的范围也会越来越大。以实体经济为核心带动其他行业的发展，同时适度地发展金融业，这才是国家向前发展的状态。

二、美国重振制造业战略

美国重振制造业，围绕投资、贸易、劳动力和创新设定了四大目标，如图4－4所示。

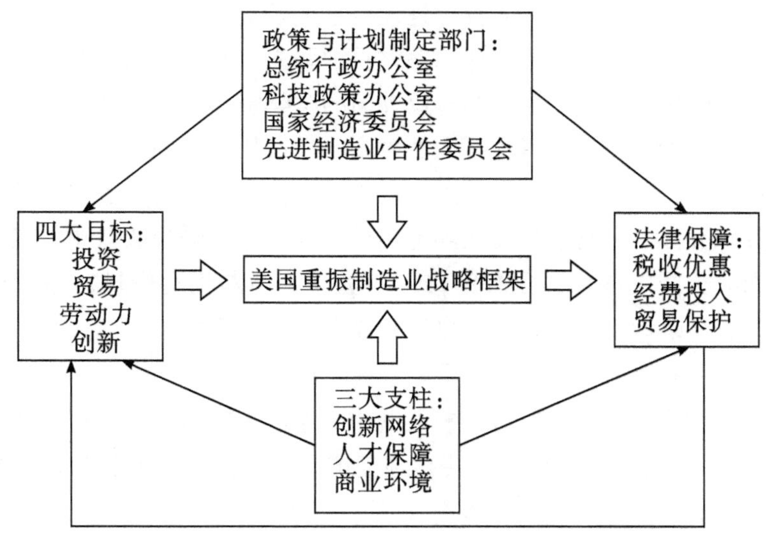

图4－4 美国重振制造业战略框架图

第一，扩大就业并抢占制造业的全球制高点，重点是创建支持就业和促进经济增长的动态环境，促进能源生产保障能源供应，推动创新并创造有利于美国制造商的税收环境，帮助美国制造商更有效地吸引劳动力和生产具有全球竞争力的产品。

第二，开发美国制造新市场并扩大现有市场，重点是推动全球贸易政策改革，改进为加强国家安全设定的出口管制制度，解除约束美国高科技产品出口的限制，为制造商提供出口信贷援助，通过展销会、营销援助和进出口银行担保等各种方式促进出口。

第三，提供满足先进制造业发展需要的劳动力，重点是培育和开发包括来自国内外最优秀人才在内的熟练劳动力，通过增加签证数量及发放绿卡吸引全球最优秀的人才到美国就业，通过教育和培训鼓励创新，帮助劳动力掌握新技术以及快速变化的制造工艺能力。

第四，促进美国制造商成为全球创新引领者，重点是采取政策激励研发创新活动，通过加强税收信贷支持持续关注和加强基础研发创新，增加知识产权积累，通过有效的知识产权保护法捍卫和刺激美国持续创新行为。美国重振制造业，重点是加强三大支柱建设：一是加强创新网络建设，重点是建立国家制造创新研究机构网络，增加跨领域技术的研发投资，鼓励各地形成先进制造业技术的政企合作生态系统；实施企业投资大学设施的免税政策，促进产业界和大学进行先进制造业的合作研究；建设国家先进制造业信息门户，建立可搜索的制造业资源数据库，提供必需的基础设施帮助中小型制造企业创新发展。二是加强人才资源建设，重点是提升公众对制造业职业的兴趣，努力改变公众对制造业的认识偏差；加强先进制造业的大学项目，增加相关的教育模块和课程，增加制造业方面的奖学金和实习机会，培养先进制造业亟须的技能人才；投资社区大学教育，发展伙伴关系提供技能认证，缓解制造业人才严重不足的困境，为制造业规模扩张和创新发展提供持续有效的人才资源支撑。三是加强商业环境建设，重点是推进税收改革，吸引制造业企业回流美国发展；强化政策修订与完善，不断优化先进制造业政策体系；改革贸易政策，推动制造业出口和提升国际竞争力。

美国重振制造业，采取了以下三大保障措施。

一是运用法律手段和税收杠杆促进制造业回归。奥巴马在 2010 年 1 月《国情咨文》中提出，工作岗位转移到美国以外地区的企业将被取消税收优惠，鼓励制造业企业回流。2010 年 8 月，奥巴马签署《美国制造业促进法案》，较大幅度降低了生产企业的进口零部件成本，以增加就业。2012 年 2 月，政府再次推出企业税改方案，加大减税幅度，鼓励在美国本土投资，创造本国就业机会，同时大幅减少海外投资企业的税收优惠，并先后推出了“购买美国货”和“五年出口倍增计划”。

二是加大经费投入、完善基础设施和强化人才创新技能培养教育等。2013 年 4 月，政府公布《2014 财年预算案》，投入 29 亿美元用于先进制造研发，支持创新制造工艺、先进工业材料和机器人技术。2014 年 3 月，《2015 财年预算案》鼓励中小企业创新，专门划拨款项解决小企业贷款难问题，协助小企业渡过信贷紧缩难关，同时放宽对小企业贷款机构的薪资及其他限制，并敦促银行提供更多贷款支持有可能增加就业机会的中小企业。奥巴马政府上台以来，持续加大对高速铁路、道路桥梁、智能电网、清洁城市基础设施以及下一代航空管理系统的投资。努力强化科技、工程和数学教育，争取在2020年前再培养出10万名从事科技、工程和数学教育的教师。

三是强化了贸易保护主义做法，加强了“反倾销”调查和337调查力度。美国重振制造业以来，针对中国产品的反倾销和反补贴调查持续增加，广泛涉及钢材类、板材类、建材类、家电类、化工类等众多产品，在相当程度上削弱了中国制造产品在美国市场的竞争力，起到了保护美国相关产业产品的作用。2010年以来至今，在美国337调查中，涉及中国的案件数量始终占首位，保持在30%左右，涉及汽车、农产品、轻工、纺织、电子等众多制造行业。美国大量启动“337调查”，利用高额诉讼费等手段，将国外缺乏应诉能力的创新型中小企业产品排斥在美国市场之外，同时如果胜诉，美国还会运用“普遍排除令”将败诉企业所在国的同类产品挡在美国市场之外，起到保护美国制造产品的目的。（李健旋，2016）

三、美国再工业化的主要绩效

（一）制造业产出与就业“稳步回升”

制造业产出与就业“稳步回升”，但就业增长速度远低于产出增速。制造业的产出与就业具有显著的“周期”属性，即经济萧条时产出与就业大幅下滑，而经济复苏时趋于回升。

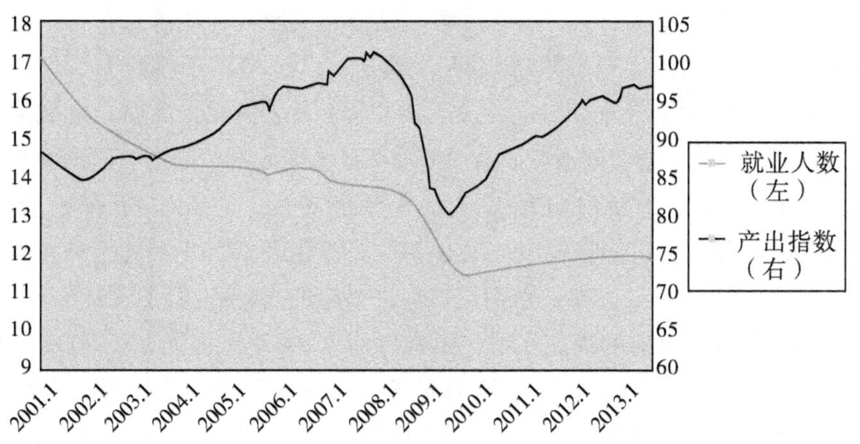

注:图左轴表示美国制造业就业人数，单位为“百万人”，数据来源于Bureau of Labor Statistics,Current Employment Survey；右轴表示制造业产出指数，2007年等于100。数据来源于Board of Governors of the Federal Reserve Systerm,Industrial Production Index，所有月份数据均经过季节性因素调整。

图4－5　2001年1月至2013年1月美国制造业产出与就业

如图 4－5 所示，2001 年 1 月—2013 年 1 月期间，美国经历了两次“经济衰退”，第一次为 2001 年 3—10 月的短期萧条，第二次为始于 2007 年的金融危机。2001 年的短暂衰退，使得美国制造业就业人数从 1 月的1 710.2 万人降至 10 月的 1 597.3 万人，短短 9 个月减少了 112.9 万人。此后，制造业产出强劲复苏且日益增长，产出指数由 2001 年 10 月的 84.7% 上升到 2007 年 12 月的 101.1%，但就业却未能实现恢复，而是呈现持续下跌趋势，2007 年 12 月制造业就业人数为 1 374.6 万人，较 2001 年 1 月下降了 19.6%。金融危机的爆发，对美国制造业形成了巨大冲击，产出与就业急剧下滑，2009 年 6 月产出指数仅 80.3%，2010 年 1 月就业人数降至 1 146.0 万人。然而，伴随着奥巴马政府“再工业化”战略的大力推行，制造业产出与就业均实现有力回升。2013 年 7 月美国制造业产出指数和就业人数分别为 96.8% 和 1 197.5 万人，较危机期间各自最低水平分别增长 20.5% 和 4.5%。

20 世纪 50 年代初，美国制造业增加值占世界总和的近 40%，到 2002 年这一占比降至 30%，2012 年进一步跌落至 17.4%。在此期间的 2010 年，美国保持多年世界第一的制造业大国地位被中国取代。在一系列的“再工业化”政策实施后，美国制造业萎缩的趋势发生了逆转，近年来美国制造业增加值及就业出现了一定程度的回升。

（二）出口迅速“止跌转升”

出口迅速“止跌转升”，但商品出口波动幅度远大于服务出口。出口扩张不仅是奥巴马政府的一个短期策略，更是其实现美国经济长期繁荣的关键抓手。2008 年美国出口总额达 1.84 万亿美元，较 2007 年增长 11.3%，其中商品和服务出口分别为 1.31 万亿美元和 0.53 万亿美元。然而，金融危机致使 2009 年的出口额大幅下跌，仅为 1.58 万亿美元，较 2008 年下降了 14.1 个百分点，其中商品出口减少 2 378.5 亿美元，占出口下降总金额的 90.7%，而服务出口降幅较小，只有 242.9 亿美元。2010 年奥巴马政府推出“五年出口倍增计划”，在一系列出口促进措施的支持和激励下，当年美国出口就已恢复至危机前的最高水平，出口额达 1.84 万亿美元，较 2008 年增长 41.4 亿美元，其中商品出口 1.29 万亿美元，仍低于 2008 年水平。但随后商品出口快速提升，驱动美国总出口迅猛增长，2012 年出口总额达 2.21 万亿美元，较 2009 年增长 40.1%，其中商品出口 1.56 万亿美元，增幅高达 46%，约为同期服务出口增幅的 1.7 倍。从美国出口的月度数据来看，美国商品出口受危机冲击时骤然下降，然后迅速复苏，步入快速增长通道，而服务出口波幅相对较小，增长亦相对缓慢。

（三）外商直接投资持续增长

美国利用外商直接投资持续增长，制造业利用外资规模大于对外投资。扩大引资规模是美国“再工业化”战略的重要内容。奥巴马政府通过强化基础设施建设、提高税收优惠等诸多措施来改善投资环境，增强美国对外资的吸引力，以促进传统制造业的转型升级和先进制造业的发展。从纵向的时间推进来看，美国利用外资规模逐年扩大，危机的冲击主要体现在扩张增速上。

单就制造业利用外资来看，其规模亦呈增长之势，但增速要快于总体，且超过对外投资额，成为外资“净流入”领域。2008 年美国制造业引进外资由于深受危机影响，增长速度急剧下滑，由 2006 年的 13.9% 降至当年的 0.4%。然而，此后制造业却以 8.4% 的平均增速持续扩大引资规模，2012 年利用外商直接投资额达 8 989.4 亿美元，较 2006 年增长了 57.9 个百分点。与利用外资总体情况不同的是，美国制造业利用外资额大于对外投资额，呈净流入状态。2012 年制造业净流入外资额达 2 618.8 亿美元，比 2006 年净吸收规模增加了 1 342.8 亿美元。此外，由于亚洲新兴经济体劳动成本不断上涨，国际运输费用持续攀升，以及对国际供应链中断风险的日益担心，均强化了美国作为工业生产地和外商投资地的吸引力。同时，越来越多的美国企业正考虑或已经将原先位于海外的生产基地搬回美国本土，形式了一股“美国制造”回流之势。例如，苹果公司计划于 2013 年投资 1 亿美元将现有 Mac 产品线其中的一条全部放到美国生产；通用电气将支出大约 8 亿美元来重建其位于肯塔基州路易斯维尔电器公园（Appliance Park）的巨型工厂，以实现家电事业回归美国本土的经营战略转移；惠而浦（Whirlpool）将把搅拌器生产从中国迁回俄亥俄州；奥的斯（Otis）将把电梯生产从墨西哥迁回南卡罗来纳州，甚至美国玩具生产商 Wham-OToys 也将飞盘成型工作从中国迁回加州。越来越多的美国企业考虑或已经将原先位于海外的生产基地搬回美国本土，美国制造业的趋势是回到国内，鉴于目前仍有 3 000 万 ~4 000 万制造业就业岗位被外包出去，因此美国制造企业回流有巨大的潜力爆发出更惊人的增长。（丁平，2014）

第三节 美国再工业化政策

美国再工业化战略解析了美国经历工业化—去工业化—再工业化的发展历程，因而对其发展历程及再工业化战略进行研读将对我国的再工业化具有重要借鉴意义。

一、美国再工业化政策的制定

1．2009 年 9 月 21 日，美国总统行政办公室、国家经济委员会和科技政策办公室联合公布《美国创新战略：促进可持续增长和提供优良工作机会》，提出了美国发展创新型经济的完整框架。该战略旨在激发美国人民的内在创造力，强调政府必须控制信息技术、清洁能源、汽车制造、卫生保健等产业，保护未来经济增长动力源。战略内容主要包括以下三大方面（如表 4－2 所示）。

表 4－2　美国创新战略：促进可持续增长和提供优良工作机会

加大创新基础投资	1．研发费用：主要科学机构的研发预算翻一番，研发投资要占到 GDP 的 3%，研发税收减免要永久化 2．培养高端劳动力：改革公立学校教育体系，确保学生能够掌握 21 世纪所需要的世界一流的知识和关键技能；投入 100 亿美元促进社区学院设施现代化和修复改造，配合企业需要，改进社区学院补习教育，并拓展新的职业途径 3．发展信息技术生态系统：通过对国家科学基金会、国防高级研究计划局等机构向信息通信技术领域资助，设立美国政府首席技术官，推动并监管信息技术应用
优化市场结构	1．促进出口：与贸易伙伴一道进行互利贸易协定谈判，维持货物、服务与资本在全球的流动；改革美国的出口控制体系 2．开放资本市场，优化资源配置：加强对金融公司的监管，防止重大风险；创建个人消费者金融保护局，重建人们对市场的信心 3．鼓励中小企业创业：为小企业获得资本提供便利，提议免除小企业的资本增益税；对创业者进行培训和指导；预算为经济发展局拨款5 000万美元作为地区规划和匹配补助资金，创建全国性企业孵化器网络
在关键领域的突破	1．清洁能源革命：大幅增加对可再生能源技术研发的投资；制订排放上限与额度交易计划，以减轻对石油的依赖；发起“再激励运动”促进清洁能源创新人才的培养 2．促进先进汽车技术：提供 20 亿美元的补助以促进私营部门投资电池和电力驱动部件产业；建设测试汽车的基础设施试点系统，培训从事电动汽车制造和服务的工人；促进汽车市场的竞争，以促进先进技术汽车的研发 3．推动卫生保健领域的创新：提供超过 190 亿美元的投资促进卫生信息技术现代化；扩大癌症、艾滋病、自闭症等研究资助；全面改革卫生保健系统，尽可能提高卫生保健的质量，并降低卫生保健成本的增速

该创新战略以新能源技术作为其实施的突破口，全方位强化政府在未来创新中的重要作用，支撑能源新政目标的实现。通过占领新兴产业制高点，实现美国在金融危机后并在世界经济深度调整过程中仍处于技术创新和高端

制造业强国行列的战略愿望。

2. 2009 年 11 月 2 日，美国总统奥巴马发表声明指出，美国经济要转向可持续的增长模式，即推动制造业增长和实行出口拉动增长，发出了向实体经济回归的信号。12 月，美国总统行政办公室公布《重振美国制造业框架》（A Framework For Revitalizing American Manufacturing），详细分析了重振制造业的理论基础及优势与挑战，并提出 7 个方面的政策措施：一是加强工人培训，为劳动者提供培训机会从而提高其工作效率；二是加大对创新型科技的培育，对技术创新和商业活动提供支持；三是发展稳定、高效的资本市场以便利制造业企业的投、融资；四是协助传统的制造业地区以及大量制造业工人的转型；五是加大对更加高效的物流、交通运输基础设施的投资；六是确保市场准入与企业竞争行为的公平；七是改善美国的商业环境，特别是制造业的商业环境。

3. 2010 年 6 月德勤会计事务所与美国竞争力委员会联合发布"2010 年全球制造业竞争力指数"，报告显示美国制造业竞争力在全排名第四位，同时也在走下坡路，清晰显示美国制造业的领导地位正受威胁。同年 8 月，美国公布《2010 制造业促进法案》（U. S. Manufacturing Enhancement Act），该法案与 2010 年 7 月底众议院通过的一系列法案一起构成美国重振制造业的法律框架。其旨在增强美国制造业的竞争力，并进一步巩固制造业作为美国经济复苏关键动力的地位。美国《2010 制造业促进法案》主要内容主要包括以下部分：

表 4－3　美国制造业促进法案①

将美国打造成全球制造企业总部基地的首选	1. 降低企业所得税至 25% 及以下，对美国企业的境外收入实行公平税收政策，制定针对个人及小型公司的永久性低税收政策 2. 放松工作规定和薪资福利政策，打造充满活力的劳动力市场 3. 实施公平的法律改革。明确责任、公正的标准及特殊的限制规定，降低无意义索偿及惩罚性赔偿损失
把美国打造为创新基地的首选	1. 提高研发税收抵扣，并将其确立为永久性政策 2. 加强知识产权的保护 3. 改革移民法，吸引美国本土和全球最优秀的人才

美国联邦政府实施该法案的目的是希望通过暂时取消或削减美国制造业在进口原材料过程中需付的关税，帮助美国制造业降低生产成本，加快制造业的复苏。

① 美国制造业促进法案签署的意义和作用[EB/OL]. http://intl.ce.cn/hqcy/zxdt/201101/11/t20110111_22130982.shtml.

经过几轮经济政策的调整后，美国金融危机造成的经济衰退于2009年6月结束。但此后美国经济复苏步伐仍较为缓慢。主要表现为：一是国内失业率居高不下，2010年全年的失业率始终维持在9.5%左右的高位；二是新的经济增长点并不明朗，包括新能源在内的高技术产业、新兴产业虽然得到了快速发展，但还没有发挥出预期中刺激经济增长的作用。因此，至2011年美国经济复苏又被称为"无就业复苏""无新经济增长点复苏"。在国际上，2010年间，欧盟通过了"欧洲2020战略"，日本公布了第四期科学技术基本计划纲要，均以技术革新为重点提高潜在经济增长力，使美国倍感压力。

4．2011年2月，美国白宫公布《美国创新新战略：确保我们的经济增长和繁荣》（Astrateg For American Innovation curing Our Economic Growth and Prosperity），围绕经济增长和创造就业，提出了以基础设施建设为塔基、以促进创新市场培育为塔身、以国家优先领域的技术和产业突破为塔尖的金字塔形创造战略体系，如图4-6所示。

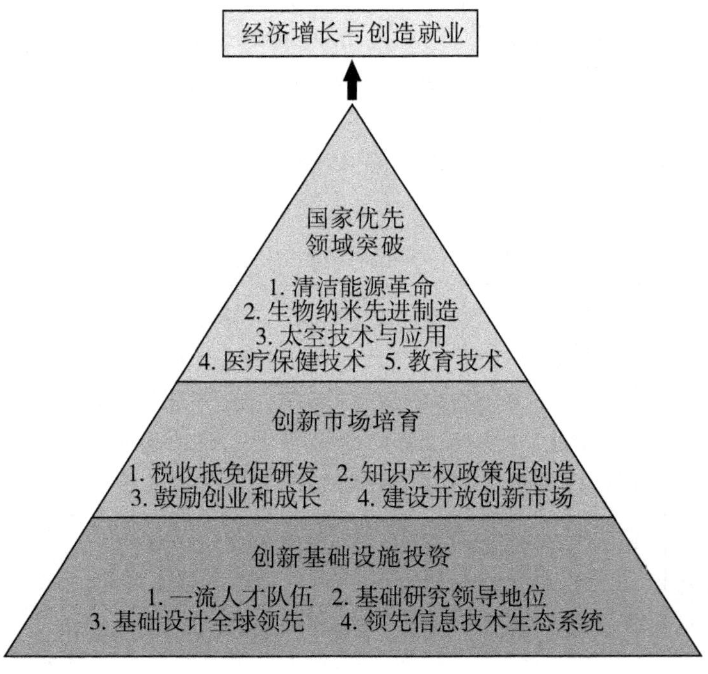

图4-6 金字塔形创造战略体系

相对于2009年创新战略着重于解决金融危机问题，该创新战略已经将重心转移到促进经济增长与繁荣，以创新赢得未来。2011年创新战略提供一个多层面、常识性、持久的手段以确保美国未来的繁荣，详细阐述了政府、企业及公民如何共同努力推动国际经济长期增长。

根据2010年再授权法案的精神，2011年6月，美国总统科技顾问委员会（PCAST）和美国总统创新与技术顾问委员会（PITAC）联合向美国总统呈交了《确保美国在先进制造业的领导地位》（Report to the President on Ensuring American Leadership in Advanced Manufacturing）的专题报告，阐述了当前美国制造业面临的不利形势，指出美国要促进经济增长、拉动就业和提高竞争力，就必须大力发展先进制造业，同时提出振兴美国先进制造业、确保其制造业霸主地位的战略部署和政策建议。基于该报告，2011年6月24日，美国总统奥巴马在“钢铁城”匹兹堡的卡内基梅隆大学发表演讲时发布“先进制造业伙伴计划（Advanced Manufacturing Partnership，AMP）”。主要包括以下四个子计划（如表4－4所示）。

表4－4 先进制造业伙伴计划

领 域	策 略
提高关键国家安全工业的国内制造能力	美国国防部、国土安全部、能源部、农业部、商务部及其他机构将协同政府范围内的力量，利用其现有资金和未来预算资金（初步总计3亿美元），联合工业界资金投入创新技术研发中，以大大提升对于美国国家安全至关重要的国内基础制造能力
缩短先进材料的开发和应用周期	“材料基因组计划”将为相关研究、培训与基础设施投资1亿多美元，以使得美国公司能够以更快的速度以及足够低的成本发现、研制、制造并部署先进材料
投资下一代机器人技术	美国科学基金会、NASA、美国国家卫生研究院与美国农业部计划用现有的7 000万美元支持下一代机器人的研究。这些投资将帮助创造可与人类操作员密切配合的下一代机器人，使工厂工人、医疗供应商、军人、外科医生、宇航员有新能力完成难以实现的关键任务
开发创新的、能源高效利用的制造工艺	美国能源部将耗资1.2亿美元开发创新制造工艺和材料，以使企业利用更少的能源，削减制造成本

该计划的主要目标是把美国的产业界、学界和联邦政府部门联系在一起，通过共同投资新兴技术来创造高水准的美国产品，恢复美国先进制造业在全球的领先地位。

5. 2012年2月，美国总统行政办公室国家科学与技术委员会（National Science and Technology Council，NSTC）发布了美国《先进制造业国家战略计

划》的研究报告。这是继美国政府先后发布《重振美国制造业政策框架》、先进制造业伙伴计划（AMP）后，从国家战略层面提出的加快创新、促进美国先进制造业发展的具体建议和措施。计划描述了全球先进制造业发展趋势及美国制造业面临的挑战，提出了实施先进制造业战略的五大目标，明确了参与每个目标实施的主要联邦政府机构（如表4－5所示）。

表4－5　先进制造业国家战略计划原则及目标

三大原则	五大目标
1. 完善制造业创新政策：加强科技成果研发及对生产工人的教育和培训 2. 加强“产业公地（Industrial Commons）”建设。多家制造商（尤其是中小企业）所共享的知识资产和有形设施。使得技术的采用率更高并产生更多样化的特定产品创新 3. 优化政府投资：与私人机构互补并将先进制造业投资证券组合到政府创新政策，将投资有利于多个部门和行业，更普遍地提高经济的竞争力	1. 加快中小企业先进技术的投资：公共和私营部门合作，强化政府对制造商产品的采购 2. 提高劳动力技能：加强在职培训和下一代教育 3. 建立健全公共和私营部门及产学研合作伙伴关系 4. 优化政府投资：调整优化联邦先进制造业投资，提供有效的技术研发平台 5. 增加先进制造业研发投资力度，加强研究和试验（R&E）税收减免并加大政府投资力度

该战略计划是美国力争在新一轮先进制造业竞争中取得优势地位、抢占制造业制高点的行动纲领，是美国“再工业化”战略具体策略的实施。对于处在转型升级的广东地区有众多启示。

进入2012大选年，为进一步巩固经济复苏的成果和为大选做准备，奥巴马总统于1月24日公布了《美国制造业振兴蓝图》（Blue Print for An America Builtto Last），全面阐述了美国重振制造业以促进经济可持续复苏的政策框架，并提出将其作为未来一个时期美国经济工作的重点（如表4－6所示）。

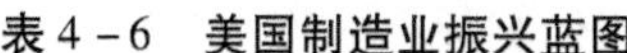

表 4－6　美国制造业振兴蓝图

领　域	策　略
鼓励海外制造业回归和刺激国内制造业投资	1. 取消制造业跨国公司外包业务的抵税优惠，对回归美国国内并创造就业的制造业生产活动给予 20% 的抵税优惠 2. 出台《外国账户合规纳税法案》，加强对美国跨国公司海外业务的税务征管 3. 将 2011 年的新设备投资全额计提折旧抵税政策延长至 2012 年，并计划对制造业研发投入实行永久性税收抵减，将企业名义所得税由 35% 降至 28%，推出“制造业社区税收补贴”，对在失业“重灾区”进行投资的制造业企业提供税收补贴
发展新型能源	1. 出台“先进能源制造业税收补贴”，对风能、太阳能等清洁能源制造企业提供总计 23 亿美元的税收补贴 2. 积极鼓励本土天然气的安全生产和开发利用，特别是大力推动页岩气开发 3. 计划取消炼油和石油生产商的抵税优惠政策
促进新兴制造业	1. 将先进制造业企业（例如高新技术应用）的抵税率由 9% 提升至 18% 2. 从 2013 年开始由政府出资 10 亿美元作为启动资金，成立 15 个由制造业企业、高校和联邦政府组成的制造业“产、学、研”中心，加强对新材料、高端信息科技、新能源、生物科技、机器人以及智能高效生产流程等领域的研发和技术应用 3. 加强对制造业工人的技能培训，提高劳动力的专业化水平
推进贸易保护政策	1. 创建“贸易执法单位”（Trade Enforcement Unit），负责协调美国贸易代表办公室与各联邦政府机构的贸易执法行动，以更好地审查和监督主要贸易对手（尤其是长其对美贸易顺差的中国）针对美国的不公平贸易行为，以保护和提升国内制造业的出口竞争力 2. 签署《1930 年关税法》修订案，进一步强化美国商务部对贸易伙伴国进行反补贴调查和征收反补贴税的法律授权
扩充服务平台	帮助失业工人再就业；延长对小企业的税收优惠，以鼓励小企业发展和创造就业机会；推动税制改革，简化税收征管体系

蓝图是对危机以来美国政府经济政策的总结和延续。提出的政策框架的核心是发挥财税政策的杠杆效应，撬动国内制造业私人投资，引导跨国公司的海外投资回流，促进新能源产业发展和新技术应用，推动产业革命和结构调整，提升制造业创新能力和生产率，塑造未来制造业的核心竞争力。与此

同时，通过推行强硬的贸易和对外政策，来提升国内制造业的出口竞争力。但蓝图提出的政策框架内容过于空泛，缺乏足够的实施细节，同时由于兼顾多重目标，增加了实施的复杂性和难度。

6. 为了延续奥巴马总统“抓住美国在先进制造业的竞争优势”的主张，2013 年 9 月 26 日奥巴马发起成立“先进制造业合作指导委员会 2.0”。该委员会由来自美国工业界、学术界和劳工界的 19 位领导人组成，是“先进制造业合作指导委员会”（AMP）的延续，是美国保障其在新兴技术领域优势地位的持续措施的一部分。该委员会与白宫国家经济委员会、科技政策办公室和商务部合作以全面实施 AMP 之前提出的建议，大规模推动制造业创新和合作，并确保美国在技术变革早期竞争优势的具体的战略。此外，AMP 2.0 还通过区域会议和论坛发掘创新战略实例以增强美国制造业的竞争力。2014 年岁末 AMP 2.0 发布了“加速美国先进制造业”的最终报告（Report to the President Accelerating US Advanced Manufacturing），从 100 多个工业、学术及劳工集团专家的专业报告中提取了相关的建议来增强美国的先进制造业（如表 4 – 7 所示）。

表 4 – 7　加速美国制造业报告

策略方案	技术领域		
	制造业中的先进传感、控制和平台系统	虚拟化、信息化和数字制造	先进材料制造
研发基础设施作为支持创新的管道	建立制造技术测试床（MTTs）来测试新技术的商业案例应用，包括智能制造能力	建立制造卓越能力中心（MCE），聚焦于前沿技术开发层面的基础研究以及包括数字设计和能效数字制造工具等方面的数字化	推广材料制造卓越能力中心（MCES）以支持制造创新研究所（MIIs）的研发活动，以及支持国家战略中的其他制造技术领域
国家制造业创新网络	针对高耗能和数字信息制造，建立聚焦于 ASCPM 能源优化利用的一个研究所	聚焦于制造过程中的安全分析和决策中涉及的量大、综合的数据集，建立一个大数据制造创新研究所（现有数字化制造和设计创新研究所之外）	利用供应链管理国防资产，促进创新和研发中的关键材料再利用

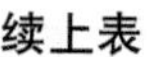

续上表

策略方案	技术领域		
	制造业中的先进传感、控制和平台系统	虚拟化、信息化和数字制造	先进材料制造
公私技术标准	制定新的产业标准，包括关键系统和供应商所供货之间的数据交叉标准	制定部署“网络—物理”系统的安全和数据交换的制造政策标准	为表征材料设计数字标准以快速利用新材料和制造方法
附加策略		激励创造和推行系统提供商、服务机构或者系统集成商的辅助制造商业化	为先进制造材料领域的博士生设立制造业创新奖学金，如生物医疗制造

二、美国再工业化政策归类

针对上述战略、法案及计划提议，美国各个部门都出台了具体的政策，具体归类如下。

（一）加强知识产权保护，促进科技创新

2010 年 7 月，美国专利商标局公布《2010—2015 财年战略计划草案》，提出将制定《21 世纪国家知识产权战略》。阐述了知识产权在创新和创造中的作用，提出促进技术创新、转移和商业化，激励新技术等策略。

2012 年 2 月 8 日，美国众议院科学、空间与技术委员会（House Science，Space and Technology Committee）一致通过“促进美国网络和信息技术研发法案 2012”（Advancing America's Networking and Information Technology Research and Development Act of 2012，以下简称《法案》），旨在促进多个机构在众多领域开展更广泛合作。

（二）改善产业发展资金困境

新兴产业和中小企业在解决失业率和促进实体经济发展的过程中扮演重要角色，扶持新兴产业和中小企业发展，帮助其渡过信贷紧缩难关，是美国“再工业化”战略的重要环节。

2009 年 12 月 11 日，奥巴马政府计划将 7 000 亿美元问题资产救助计划（TARP）的剩余资金用于扶持小企业，旨在遏制失业率高企带来的政治和经济不良后果；还准备要求国会对 TARP 进行修正，放宽施加给小企业贷款机构的薪资限制及其他限制。

2010 年，联邦政府更新 2007 年美国 COMPETES 法案，授权在随后的 3 年提供额外的资金支持科学技术和教育计划。

2011 年 9 月 16 日，奥巴马在弗吉尼亚州托马斯杰弗逊科技高中签署《美国发明法案》，其中包括美国专利商标局和中小企业局共同开发一项新计划，帮助小企业在创新研发过程中更好利用联邦政府资源。同时，将一些小企业设定为资助对象，提供全面的知识产权服务。

（三）改善制造业发展的人力资源和科研条件

在人才培养方面，美国强化创新人才培养与职业教育体系，希望通过提升人的创新能力来推动技术进步和企业发展，并以此作为振兴“美国制造”的制胜法宝。

2009 年 5 月，奥巴马政府出台的《2009 年美国复苏和再投资法案》，提出增加 133 亿美元科技投入，其中研究和开发 99 亿美元，研究和开发设施设备 34 亿美元，重振美国的科研实力与提高劳动生产率增速。

2009 年 7 月，美国政府提出“发展社区大学的框架计划”，计划投入 120 亿美元，争取到 2020 年增加 500 万名社区学院毕业生。

2009 年 12 月，奥巴马政府发布了名为《振兴美国制造业框架》的政策纲要，规划中提出 2009 年开始由政府出资 10 亿美元作为启动资金，成立 15 个由制造业企业、高校和联邦政府组成的制造业“产、学、研”中心，加强对新材料、高端信息科技、新能源、生物科技、机器人以及智能高效生产流程等领域的研发和技术应用；加强对制造业工人的技能培训，提高劳动力的专业化水平。

在 2010 财年联邦部门研发拨款中，以美国国家科学基金会、能源部科学办公室和国家标准技术研究院为代表的基础研究主体的研发拨款朝着十年内翻番的目标稳步前进。

2011 年奥巴马总统提出，国家应汇集行业、大学与联邦政府一起努力，投资新兴技术——信息技术、生物技术、纳米技术，创造良好的就业机会，帮助美国制造商降低成本，提高产品质量，加快产品开发，增强全球竞争力。政府主动牵头，希望国内具有领先地位的大学和公司与政府一起，在尖端技术的发明、开发和扩展上做出贡献，共同推动技术创新。

2012 年，美国发布《先进制造业国家战略计划》，随后联邦政府投资 10 亿美元用于筹建 15 个制造业创新研究所（每个研究所可获得 0.7 亿 ~1.1 亿美元/年的资金支持）。

（四）发展绿色低碳新能源产业

首先，对新能源的开发可能孕育一个全新的能源产业，能够创造数百万个就业岗位。其次，石油、煤炭等传统能源不可再生，其中石油大部分产于地缘政治敏感的区域，减少对石油的依赖、确保能源安全是美国政府的一致主张。另外，随着全球变暖加剧，各国都认识到减少温室气体排放的紧迫性，这也使得对传统能源的进一步使用受到限制。因此，奥巴马政府在节能增效、开发新能源、应对气候变化等多个方面实施“绿色新政”，大力推动绿色低碳新能源产业的发展。

2009 年 6 月 26 日，美国众议院通过了《美国清洁能源安全法案》，鼓励新能源相关技术的研究和应用，能源资源多元化。规定可再生能源发电量，提高燃料经济性标准，降低碳排放等，旨在降低美国温室气体排放、减少美国对外国石油的依赖。

2009 年 9 月，美国总统行政办公室、国家经济委员会和科技政策办公室联合发布《美国创新战略：促进可持续增长和提供优良工作机会》，提出未来 3 年内美国的可再生能源供应要翻一番的目标，提议在未来 10 年内用 1 500亿美元投资支持清洁能源技术的研发和示范。对当时的能源结构制定排放上限与额度交易计划，以减轻对石油的依赖和降低温室气体排放量。

2009 年 12 月，奥巴马政府发布《振兴美国制造业框架》的政策纲要，提倡大力促进新能源产业发展和新技术应用：（1）鼓励制造业企业更新设备和节能减排，提高能源使用效率。争取在未来 10 年减少 1 000 亿美元的能源消耗支出，降低对进口能源供应的依赖，争取到 2035 年实现电力供应的 80% 来自新能源，重点领域包括风能、太阳能、水电、生物能、核能和清洁煤。（2）加大创新投入力度。从 2009 年开始由政府出资 10 亿美元作为启动资金，成立 15 个由制造业企业、高校和联邦政府组成的制造业“产、学、研”中心，加强对新材料、高端信息科技、新能源、生物科技、机器人以及智能高效生产流程等领域的研发和技术应用。

2011 年 2 月，白宫发布《美国创新新战略：确保我们的经济增长和繁荣》，力争引领美国成为全球能源技术的领袖，建立美国清洁、安全和独立的能源未来，增强美国的能源安全，并促进未来经济增长并创造新的就业岗位。为此，美国政府进行了大量投资，以实现到 2012 年底可再生能源供给

翻倍的目标。此外，政府通过建立清洁能源标准激励创新、通过能源部科学局加大对相关研究的投入、实施高级能源研究计划、新建3个能源创新中心等措施加快对清洁能源技术的研发和部署。

（五）宽松财税政策

在税收政策方面，美国政府一方面对美国跨国公司海外利润增加税收，另一方面对美国公司国内工业投资减税，希望通过“降低外包、鼓励内投”这样的税收调整鼓励企业家们把制造业工作岗位重新带回美国。

2009年《美国创新战略：促进可持续增长和提供优良工作机会》提议，创新产业的研发税收减免要永久化。

2011年“先进制造业伙伴计划”中提议税收优惠政策，并建议向兼具本土创新、研发、制造这三重角色的实体倾斜。

2012年《美国制造业振兴蓝图》中提议：取消制造业跨国公司外包业务的抵税优惠，对回归美国国内并创造就业的制造业生产活动给予20%的抵税优惠；对风能、太阳能等清洁能源制造企业提供总计23亿美元的税收补贴；对先进制造业企业（例如高新技术应用）的抵税率由9%提升至18%。出台《外国账户合规纳税法案》，重点是加强对美国跨国公司海外业务的税务征管。该法案要求银行和外国金融机构向美国国内税务署（IRS）提供美国纳税义务人的海外账户信息，对来源于美国的收入（包括资本利得）征收30%的预提税。

第四节　美国再工业化启示

以“再工业化”来振兴美国制造业是实现奥巴马在2008年竞选时提出的“变革”口号的重要举措，也是其2012年竞选时高喊“前进”口号要继续推进下去的战略。美国在战略及政策推动下促成了一些高端制造业的回流和国内就业形势的转变，制造业规模再次扩张，且就业率有所回升。总结美国“再工业化”以来各方面政策可发现：美国更偏重于从培育创新能力、提升竞争力角度出发，而非强化产业政策的直接干预。尽管美国着重强化高端领域竞争优势的做法并不一定适合我国国情，但是美国制造业支持政策集中针对企业关键的几大投入要素，以降低企业成本、提升企业竞争力为核心的施政思路值得我们学习与借鉴。

但由于美国塑造的全球化生产结构和美国内部的政治经济顽疾制约，美国制造业对外直接投资（FDI）在美国总体对外投资比重的变化、美国制造业增加值在美国 GDP 中比重的变化、制造业就业人数占美国国内总就业人数比重的变化、制造业制成品净出口的变化、制成品出口占商品总出口中比重的变化以及制成品出口占全世界制成品出口比重的变化并没有达到预想。国内产业政策借鉴时需要更多地结合本土产业结构。

美国以“再工业化”推动产业结构升级应主要来源于高级生产要素的配置结构，也就是在一定初级生产要素投入量的基础之上，不断追加高级生产要素的投入量，通过高级生产要素的配置结构革新和重组实现创新，发挥高级生产要素边际收益规模性递增功能，从而驱动新一轮的经济增长周期。从我国制造业长期陷入“高增长、低创新”的症结现状来看，我国制造业要实现依靠创新驱动增长仍有很长的一段路要走，这意味着我国当前应更着力于对高级生产要素的投入，为期待来临的大规模高技术创新做好充足筹谋。结合美国“再工业化”创新驱动体系中的高级生产要素，我国制造业高技术创新体系应以市场需求为导向，着力于技术资源、人才资源、资本资源、机制资源四大主要高级生产要素的创造和重新组合，以激励创新活动的发生，加速产业转型升级。

一、技术资源加速创新

国际上认为核心技术产生的孵化器是实验室经济，这是由于科学技术创新是无数次的实验和不断的努力所产生的结果。核心技术创新的实现离不开一个庞大且功能强大的现代化实验室。美国之所以能够一直保持科学技术创新的国际领先地位，一个重要的原因就是美国实验室经济发达程度极高，已位列实验室经济大国之首。然而，我国当前并没有这种发达而庞大的实验室经济体系，很难突破知识资源向技术资源转化的鸿沟壁垒。纵使我国现有很多经济开发区存在，但开发区也仅仅有助于将技术资源转化为产业资源的孵化，并不是技术资源产生的孵化器。鉴于实验室经济在我国的匮乏程度较高，我国应加快实验室经济的有效投入和建设，从而为技术创新提供物质基础。其中，发展以企业方式运作的现代化实验室是发达国家普遍采取的模式。

二、人才资源加速提升

随着新科技革命的到来，谁能够掌握核心科技，便可以掌握产业链的高端环节，赢得世界竞争的主动权，而其中最关键的就是提高自主创新能力。目前我国自主创新能力薄弱，与发达国家相比有明显差距，每万人中科研人

员数不到发达国家的1/4，对外技术依存度高达50%，在全球49个主要国家竞争力比较中排第28位，这种现状与我国经济大国地位不相匹配。因此，要推进国家科技创新发展，让其成为经济发展的重中之重，一要加大科研投入，为技术创新提供必要的资金支持，尤其是对战略性新兴产业的研发投入。二要改革科技管理体制，建立公开、公平、公正的科技项目管理制度，完善项目监督机制和评审办法，强化科技评价和奖励制度，制定明确的激励机制以鼓励技术创新。三要强化企业技术创新的主体地位。大型企业是技术创新的骨干力量，中小企业是技术突破的重要主体，要切实建立“产、学、研”相结合的创新机制，让企业参与科技项目的研究过程，合作开展相关技术开发和研究，并共享科研成果，可以更有效地推动技术领域的发展。人才是科技创新的根本，对于人才的培养要依靠国家与企业的共同努力。国家要重视教育的基础性作用，为高素质人才的培养打下坚实基础，打造拥有世界水平的科技创新团队，增强国家核心领域的科研水平；建立科学的人才激励机制，鼓励本国人才的培养。企业要加强人力资本投入，注重管理人员和技术员工的培训，提高员工的素质、工作能力及劳动生产率。企业与政府共同建立科学的育人、选人、用人机制，着力培养工业化发展所需的高端人才。（苏星海，赵藜炯，张国华，2016）

三、资本资源加大投入

美国等发达国家核心技术创新资本筹集的基本模式是以政府为导向，带动社会资本的跟进。技术创新无法单独靠社会资本完成，一方面是由于技术创新的中长期概念，另一方面是由于技术创新成败的高风险性，如若政府导向一旦丧失，社会资本也不可能继续跟进。创新投资是美国产业投、融资体系的重要组成部分，但却是我国产业投、融资体系中比较薄弱的环节。从我国政府过去出台的4万亿元投资一揽子刺激政策来看，投向基础创新的资本总数却很少，根本无法完成政府导向功能，更不可能出现社会资本跟进。我国政府应有计划地对创新领域投入导向资金，进而带动社会资本跟进。

四、机制资源加强改革

我国政府应借鉴美国政府经验，充分利用各种资源加强对创新的引导和服务，逐步形成以市场需求为导向的“产、学、研、用”创新支撑体系和长效机制。一是加强战略引导，即把自主性核心技术创新与国家发展的总体战略结合起来，并围绕落实战略性新兴产业的发展规划，细化并完善配套措施，以强化督促检查。二是健全创新投入的分配机制，即通过设立政府创新基金，并以创新资金的效率化不均等分配机制，将有限的创新投入有效集中于关键的创新领域和机构中。三是加大创新的财税支持力度，即增加创新产品的政府采购以及研发费税的扣除力度。四是推动发展创新型产业集聚，即切实地打破创新行业壁垒，放松创新相关的金融经济管制，并完善创新型产业集群的必要配套服务，以引导创新型企业的合理性聚集，充分发挥连锁效应。（丁平，2014）

五、产业资源加速升级

（一）加速发展先进制造业和战略性新兴产业

中国要在新一轮世界产业结构重组中获得优势，就必须加快推进先进制造业与战略性新兴产业的发展。美国“再工业化”战略正是把它们作为制造业复兴的突破口，因此在这一领域的发展与中国形成了直接的竞争关系。竞争推动发展，先进制造业是未来全球制造业发展的方向，是我国提升国际竞争力的先导力量。2015 年 3 月 5 日，李克强总理在十二届全国人大三次会议上提出“中国制造 2025”规划，将先进制造、战略性装备制造等重点领域的发展作为“十三五”时期产业转型升级的重要举措。先进制造业是指制造业融合电子信息、机械以及先进管理技术等，并将先进技术应用于产品的研发、制造、管理及销售的全过程，实现制造业的自动化、信息化、生态化等。先进制造业资源消耗低、环境污染少、产品附加值高、综合效益好，并且其制造技术覆盖了从设计到销售的整个过程，是我国产业结构调整升级的关键环节。要建立先进制造研发设计平台，切实提高关键零部件、基础装备和材料的研发水平，制定具体的先进制造业发展路线图，全面提升制造业数字化、网络化水平，并建立一批具有国际影响力的先进产业基地，促进先进制造业的规模化发展。

战略性新兴产业对社会经济发展具有全局带动引领作用。其以重大发展需求和技术突破为基础，对转变经济发展方式、节能减排、增加就业等有积极带动作用。“中国制造 2025”中明确提出发展新材料、航空航天装备、新一代信息技术、海洋工程装备、节能与新能源汽车、电力装备等十大重点领域。选择最有条件并且基础良好的重点方向作为突破口，突破关键核心技术，把战略性新兴产业培育成支撑未来经济增长的先导和支柱产业。如我国的高铁建设，不仅拥有了具有世界先进水平的动车组组装技术，而且形成了具有自主知识产权的技术标准体系。

（二）推进传统产业转型升级

美国“再工业化”战略是对全球制造业布局的重新规划，为了进一步降低制造业成本，美国许多劳动密集型产业公司从中国向老挝、越南及非洲等劳动力成本更加低廉的地区转移。我国低端制造业已经逐渐失去劳动力低成本优势，加之传统制造业处于产业链末端，存在产品附加值低、制造水平落后、环境污染严重、缺乏核心竞争力等问题，转型升级迫在眉睫。一要坚持利用先进技术和信息化方式来改造传统产业，加快应用新装备、新材料、新工艺来提高传统企业的研发、生产和管理水平，巩固发展传统企业的生产技术，提高传统制造业的效率尤其是品质，并把质量作为企业立足的根本。二要推动制造业并购重组。支持我国企业并购重组是改革传统制造业发展的有效手段，鼓励发展行业骨干企业，支持企业强强联手来提升整体行业竞争力。加大力度对国际产业进行并购，这样不仅企业可以谋求更多的全球利益，中国在国际上也能够发挥更重要的角色。三要积极化解产能过剩矛盾。我国钢铁、煤化工、水泥等传统行业存在严重的产能过剩问题，成为企业转型升级的严重障碍。要通过优化存量、消费引导、淘汰落后、兼并重组的主要途径把解决产能过剩问题和调整经济结构结合起来，从源头制止重复建设、遏制产能过剩以及行业的盲目扩张。还要建立以市场为主导的长效机制，严把行业准入标准和环保标准。

（三）积极发展生产性服务业

生产性服务业是从制造业内部生产服务部门发展起来的新兴产业，依附并贯穿于制造业各个环节，为制造业提供高端技术资本和高素质的人力资本，有助于第二、第三产业融合发展。比如建立制造业国际网络营销模式，就是进行产品研发、运输、推广、售后及法律服务等相关服务部门开发的过程；再如很多生产性制造业已转变为服务性制造业，许多大型跨国企业意识到只有向服务性企业转型，通过大规模的兼并生产性服务业来对原有业务进行整合，才可能保持高额利润。可见，生产性服务业与制造业的关系日趋密切，两者的界限也越来越模糊，因此集中力量发展生产性服务业是转型时期的重要目标。一要健全生产性服务业相关法律、法规及政策，有效促进我国制造服务业的发展。二要完备相关基础设施建设。基础设施是生产性服务业发展的重要支撑，比如物流业的发展，政府要完善以铁路、水路及航空为主的多种运输基础建设，以提高物流运输效率；再比如要建立完备的全球信息基础设施、卫星通信及电信光缆来促进信息产业的发展。三要大力推进制造业服务化。鼓励生产企业与服务性企业合作，对原有企业模式兼并重组，通过资源信息共享来扩大企业生产及服务的全方位发展。四要重视人力资源开发及利用，生产性服务人员的专业水平、知识储备及沟通能力是生产性服务业发展的保证，要重视人力资本的发展与培养。通过开展在职培训或引进高级人才来保证生产性服务业的健康发展。

（四）深化工业化与信息化融合

美国“再工业化”战略中，坚持以信息化推动工业化发展。“中国制造2025”中，明确提出以加快新一代信息技术与制造业深度融合为主线。信息时代，信息技术已应用于工业及服务业发展的各个方面，改变了原有的生产、管理及销售模式，不仅减少了资源消耗还增加了产品的附加值，也成为推动经济发展的主要动力。加强信息技术与传统产业的融合，是传统产业转型升级的重要手段。部分传统制造业发展进入瓶颈期，在市场上逐渐丧失了竞争力，积极寻找转型方式来改变发展状况是传统企业的当务之急。比如普通机床安装数控技术后就成为数控机床，成功跃升先进制造业行列。还要加强信息技术与服务业的融合，比如餐饮、旅游等就业容量大的传统服务业，可以发展线上经营模式来为发展注入新动力，通过第三方电子商务平台，实现咨询、交易、支付及物流管理等一系列操作，不仅节省了人力资本，而且提供了更为安全、高效的服务。

第五章　德国再工业化政策措施及启示

在世界近现代经济发展史上，德国并不是最早进行工业化的国家，也不是最先发展制造业的国家，但却是把制造业做到极致、做得厚实、做出风格、做成了大业的国家。“德国制造”不仅是一个历史的研究话题，同时也是当前和未来世界经济发展可供借鉴的、现实版的一种模式。有人认为，“德国制造”意味着质量和信誉，承载着其独特的历史传统、工业化的梦想，及其文化底蕴；也有人认为，“德国制造”是“众厂之长”，是世界工厂的制造者；不少人则把“德国制造”视为高端制造的楷模，是很多国家学习的榜样。德国是欧洲乃至全球制造业发达的经济体，也是全球第三、欧洲第一大商品出口国。在金融危机爆发后，发达国家纷纷采取措施，应对眼前的挑战，德国也不例外。本章旨在研究德国再工业化的背景、状况、政策等。作为世界制造强国，德国的工业 4.0 战略的发布对我国大而不强的制造业具有十分重要的借鉴意义。

第一节　德国再工业化背景

自德国 1871 年统一以来，经济发展速度加快，德国工业充分吸收了第二次工业革命的先进成果，在 20 世纪初已初步建立了完整的工业体系，走上工业化之路，超越英国成为仅次于美国的欧洲工业强国。两次世界大战期间，德国工业体系遭到了极大的摧毁，但是战后黄金时代到来，德国积极引进市场竞争机制，逐步重建了现代工业体系。20 世纪 80 年代，德国与美国一样，工业占 GDP 比重开始下降，但是德国仍非常重视工业在经济增长中的动力作用。20 世纪 90 年代，知识经济时代到来，德国的工业基础有弱化的趋势，而且 2008 年金融危机与 2010 年欧债危机极大地拖累了德国的经济发展，2011 年德国的制造业产值占 GDP 比重为 20.3%，2011 年降低了 0.3 个百分点。作为欧洲第一、全球第四大经济体，作为世界制造业大国，德国深知制造业是传统的经济增长动力，制造业的发展是其工业增长不可或缺的因素。基于这一共识，为了在新一轮技术革新中找到工业进步方向并带动世界工业进步，德国政府倾力推动进一步的技术创新，其关键词就是“工业4.0”。为何要提出“工业4.0”的概念？原因有以下几点。

（1）新兴经济体的崛起。新兴经济体的群体性崛起成为世界经济格局出现的一个显著变化。虽然新兴经济体在金融危机中也遭受巨大冲击，但其严重程度不高，历时也短。在制造业方面，印度凭借计算机等高端制造业发展迅猛，中国更是在最近20年来成为全球制造大国，规模巨大。在新兴经济体的追赶下，一直以来以制造业立足的德国必须寻找新的发展思路。

（2）劳动力成本不断上升。1990年两德统一后，为保持社会稳定，稳住东部地区人口，德国政府通过巨额转移支付大幅提高东部地区工人工资和福利水平，使得东部地区工资水平达到西部的80%，而同期东部人均国民生产总值仅为西部的55%左右，工资的过度上涨，导致产品成本大幅度上升。1993年德国工资成本比西欧国家高约20%，并远高于日本和美国。此外，人口数量的下降和人口老龄化程度的提高等原因，都直接导致了劳动力成本的上升。劳动力成本的不断上升给德国制造业带来了一定的压力，而“工业4.0”的构想的实现则无疑会提高德国制造业的生产效率，降低生产成本。

（3）维持制造业优势。金融危机以及欧债危机爆发以后，在整个欧盟区，德国的经济却一枝独秀。究其原因，是因为德国工业比例较高，才能迅速恢复，而且没有出现反复危机。从横向看，德国的制造业优势仍然非常突出。但从纵向看，2009年，德国制造业占国内生产总增加值的比重出现大幅度下降，虽然之后又重新恢复过来，但是总体呈下降态势。在新的情势下，德国“工业4.0”的出现是一种必然，是德国为继续维持其制造业强国身份的有效战略。（张越男，2013）

第二节　德国再工业化状况

两德统一之后，德国的制造业比重经历了三个阶段，如图5－1所示，1991—1995年快速下滑，从30%以上降至25%以下，后在1995年提出了“2000年生产计划”使制造业比重在欧债危机前处于回暖状态，欧债危机后大幅下跌，后虽有所恢复但是增劲不足。德国曾希望通过结构改革与产业升级来进一步增强竞争力，保持以制造业商品出口为主干的优势，德国施罗德政府于2003年启动了名为“2010年议程”的改革，通过削减过高的劳动力成本来进一步夯实制造业的竞争力基础。

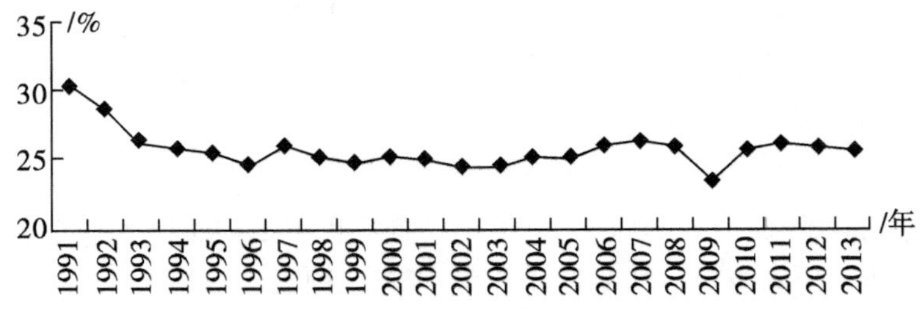

图 5－1　两德统一后德国制造业（不含建筑业）占国内生产总增加值的比重

自 2006 年以来，德国政府一直在努力建立德国部门间高技术战略协调机制，推动德国的研究与创新工作，其目的是通过技术创新确保德国的强有力竞争地位。这几种体现在目前的“高科技 2020 战略”，聚焦在五个优先领域：气候与能源、健康与食品、清洁交通、网络安全和信息通信。该战略围绕一些“战略方案”，使工业—科研联盟瞄准 10～15 年的具体中期科学和技术发展目标。在《国家高技术战略 2020》的六大未来课题中，工业占有突出的地位。《德国高科技战略 2020》指出，今天生产技术领域创新的 80% 来自于生产与通信技术的结合。根据高科技战略负责部门德国联邦教育与研究部的表述，工业升级是开辟德国未来经济、技术与社会政策区位的重大举措，将德国广泛运用在汽车和机械制造领域、已经取得世界领先地位的嵌入系统与通信技术和互联网结合起来，不仅能够进一步强化生产自动化、开辟新的商业模式以及生产与物流方面的优化潜力，而且还能够创造出应用于高科技战略中气候与能源、健康与食品、交通工具等广泛领域的新服务部门。以及 21 世纪内以提升信息化水平为宗旨的《2006 年德国信息社会行动纲领》和《2006—2010 信息化行动计划》等这些举措都制定了具体的创新战略和实施路线图，旨在使德国成为向全球性挑战提供解决方案的领导者。

一、金融危机的冲击

2008 年金融危机首先迅速冲击了德国的金融市场。德国法兰克福 DAX 指数在 2008 年 9 月下旬到 10 月下旬期间集中急速下滑，一个月内从近6 500 点跌至近 4 300 点，跌幅高达 33.8%。之后的 3 个月，DAX 指数反复震荡，在 2009 年 3 月再次出现大幅下滑，失守 4 000 点，现在处于缓慢回升的通道。DAX 指数从 2008 年 5 月的 7 225 点（过去一年的最高点）下滑到 2009 年 3 月的 3 666.41点（过去一年的最低点），上市公司的市值大幅缩水。受美国金融危机冲击最早、最大和最直接的是德国地产融资抵押银行（Hypo Real Estate，HRE）。2008 年 9 月受美国金融危机的影响，金融市场上信贷紧缩，连银行都不愿意将资金借给其他银行。德国地产融资抵押银行旗下爱尔兰子公司德发银行（Depfa Bank PLC）首当其冲，其通过在资本市场短期融资进行长期放贷的经营模式遭遇到前所未有的挑战，因为未能完成短期融资计划，开始陷入危机，之后母公司德国地产融资抵押银行受到影响，股价一落千丈，出现了700亿~1 000亿欧元的惊人资金缺口，濒临破产。2008年德国地产融资抵押银行税前共计亏损53.75亿欧元，其中爱尔兰子公司德发银行亏损就高达24.82亿欧元，而2007年德国地产融资抵押银行税前还实现了8.62亿欧元的利润。因为地产融资抵押银行的规模很大，德国政府担心它的倒闭会引发类似于雷曼兄弟公司破产带来的多米诺骨牌效应，在业已脆弱的金融市场再掀恐慌浪潮，所以决定全面接管。不仅地产融资抵押银行遭到重创，绝大多数德国金融巨头也都未能幸免。金融危机对实体经济的冲击主要有两条途径：一是金融危机引发信贷危机。金融危机造成金融市场上人心惶惶，金融机构丧失相互间信任，担心借出去的资金收不回来，因此不愿意互借资金，造成资金流通不畅，间接导致实体经济中的企业特别是中小企业无法获得充足的信贷，陷入融资困境，无法开展必要的投资和经营活动。二是金融危机使得消费者和投资者对未来前景信心不足，于是削减消费和投资支出，导致有效需求不足，商品销路不畅、库存囤积，造成经济停滞不前，失业人数急剧攀升。此时，随着人们的悲观预期的持续，整个经济陷入恶性循环。就德国而言，金融危机主要通过第二条途径对实体经济造成冲击。作为制造业强国和世界头号出口大国的德国，实体经济的受累首先表现在制造业销售额、生产额和获得海外订单数量的大幅下滑。2008年10月金融危机对德国制造业的负面影响就开始显现出来。当月德国制造业的销售数量指数与2007年同期相比，下降了3.4%，之后情况不断恶化。到了2009年1月份和2月份，德国制造业的销售数量指数同比分别下降了23.8%和26.5%。从具体行业来看，汽车行业的销售额下滑幅度最大。2009年2月德国汽车整车及零部件的实际销售额同比下降了39.6%，其中德国国内减少了30.4%，而在国外则下降了44.5%；金属制造加工业的实际销售额与2008年2月相比下滑了29.9%；机械行业和化学工业的销售情况同样十分暗淡，2009年2月同比分别下滑了22.3%和25.8%。受工业制成品销售情况的影响，德国制造业的生产情况呈现出类似的发展趋势。而与销售情况相比，德国制造业获得订单情况对金融危机的反应则更为敏感。如图5-2所示，从2008年5月开始，德国加工制造业获得订单指数与上一年同期相比增长率一直为负；进入2009年，情况进一步恶化，1月份和2月份获得订单的指数同比分别下滑了36.8%和38.3%。值得注意的是，国外订单的下滑幅度要远

远大于国内。以 2009 年 2 月的数据为例，国外订单同比下降了 41.9%，而德国国内订单减少了 32.9%，说明国外需求的下降情况要远远大于国内，德国出口面临的形势尤为严峻。

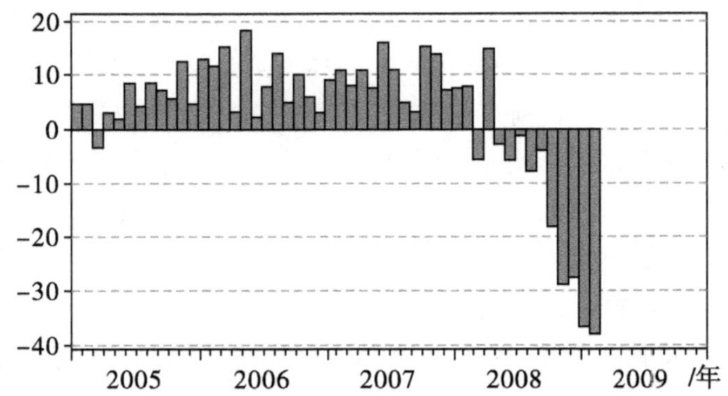

图 5－2　德国加工制造业获得订单指数同比增长情况（**2005 年 1 月—2009 年 2 月**）

资料来源：德国联邦统计局网站。

二、竞争力有所下滑

后危机时代，德国日益感受到一些忧患，世界新经济的蓬勃发展使德国的传统制造业强国地位受到了挑战。2011 年，全球电气工程市场价值34 140 亿欧元。德国电气工程市场以 1 160 亿欧元排名全球第五大市场，位列中国（11 190 亿欧元）、美国（4 860 亿欧元）、日本（2 840 亿欧元）和韩国（1 550亿欧元）之后。近年来，全球电气工程市场已经在很大程度上属于新兴工业化国家，2011 年其市场总容量达到了 1.7 万亿欧元，第一次达到了工业化国家的水平。在 2012 年和 2013 年，新兴工业化国家市场容量继续攀升，明显超越工业化国家。（丁纯，瞿黔超，2009）

在过去的几年中，全球自动化市场达到 3 500 亿欧元，这意味着它的市场已超过了全球电气工程市场的 1/10。在过去的几年中，中国已经上升为全球最大的区域市场。目前其市场价值为 1 000 亿欧元，占全球市场份额的 29%，这意味着它已超过了市场价值只有 930 亿欧元的欧洲。紧随二者的是美国（占全球市场份额的 12% 或市场价值 400 亿欧元）和日本（占全球市场份额的 8% 或市场价值 260 亿欧元）。德国以 210 亿欧元（占全球市场份额的 6%）成为世界第四大市场。中国在自动化产品制造上有着更大的领先优势，中国占全球产量的 30%，在 3 500 亿欧元的全球总产量中占 1 030 亿欧元。美国和日本旗鼓相当，各以 11% 的比例并列第 2 位，紧随其后的是德国，占10%。然而，德国是世界上最大的自动化产品和系统出口国（290亿欧元），其次是中国（270亿欧元）和美国（210亿欧元）。

三、德国的创新能力有待加强

世界知识产权组织的报告从另一个侧面印证了德国的创新能力有待加强。在《世界创新指数2008—2009》的报告中，德国在欧债危机前排名第2位，而在最近的报告《世界创新指数2013》中，德国的创新指数排名下滑至第13位，而且这种下滑是全面的。

投入与产出分别从第10和第2位，下滑至第19和第8位。世界产权组织的另一份有关专利的报告也指出，德国2013年的专利申请量比2012年下降了4.5%，而美国则增加了10.8%，排在第2位的日本也微增0.6%，中国的增速更是高达15.6%。中国现在已经在年度申请量上以21 516件超过德国17 927件的20%，排名世界第3位。

不仅如此，在申请专利的前50所大学中，德国大学的身影已然消失，前50位公司中德国公司只有3家，排名最高的博世公司（BOSCH）为第7位，中国的中兴和华为分列第2、第3位。

德国专利和商标局的统计也证明，直至2013年，德国专利申请的前三个领域依然是车辆、工程元件和基础电子器件，比重都较2009年提高了约1个百分点，而2009年电子计算以及电子通信方面的专利申请比重之和比排名第三的基础电子器件的比重还低2.3个百分点。

第三节　德国再工业化政策

德国政府应对金融危机过程中，虽然与其他一些主要工业国家一样，也采取了非常规的救市措施以及经济振兴计划，但仍坚持秩序政策优先于过程政策，稳定和可持续性优先于需求刺激和赤字财政的基本理念，强调改革国际金融市场秩序，整顿财政纪律，建立一个有运作绩效的市场经济，政府的临时性干预举措及时退出等等。与其他发达国家相比，德国经济刺激计划的规模相对要小，并决定在2011年执行退出战略，并只制定了两套经济振兴计划。除了稳定金融市场的措施外，德国政府于2008年11月推出了《保经济增长促就业的一揽子措施》，规定2009年和2010年提供700亿欧元的预算资金刺激经济。2009年3月《德国经济增长与稳定促进法》获得通过，第二套经济振兴计划投入515亿欧元。其中，200亿欧元用于投资修建教育

设施和医院、道路及其他城市基建项目，支持中小企业的研发活动。

2010 年 10 月，德国经济和技术部牵头启动了《云计算行动计划》。该计划是在经济界、科学界和政府机构的相关专家广泛参与之下共同制定的，主要用以支持中小企业用户和供应商，而州政府、乡镇政府以及法律机关和团体，则以增强他们的竞争力为己任。近年来，德国政府在规范企业社会责任方面发挥了不可替代的作用。2010 年，德国联邦劳动和社会事务部成立了专门的机构——“德国制造”企业社会责任部门（Made in Germany：Corporate Social Responsible，CSR），其作为国家重要的发展战略，启动了相应的计划，以规范企业经营行为及其所承担的社会责任。

一、德国“工业 4.0”

（一）德国“工业 4.0”的提出

为了适应全球互联网时代来临的趋势，结合网络发展新趋势、新特点，德国通过制定智能化新标准进一步巩固自身在机械制造和机械装备领域的龙头地位。工业 4.0 是一项“战略方案”，它于 2011 年 1 月由科学研究联盟（FU）通信促进小组发起，在 2011 年 11 月被德国政府采纳为《德国高科技战略 2020》行动计划的一部分。工业 4.0 工作组在 2012 年 1 月和 10 月间在德国国家科学与工程院的协调下出台了初步实施建议。工作组主席由 Robert Bosch GmbH 公司董事会副主席 Siegfried Dais 博士和国家科学工程院院长 Henning Kagermann 教授担任。2012 年 10 月 2 日，工作组所提建议于柏林生产技术中心举行的工业科学研究联盟的实施论坛上作为一份报告被提交给德国政府。下一阶段，通过工业专业协会 BITKOM，VDMA 和 ZVEI 最近成立的并有自己秘书处支持的工业 4.0 平台下的一些工作组，将出台更进一步的实施办法。德国科学界和相关经济领袖将实现工业 4.0 看作是一场新的工业革命，由此将创造出许多新的市场和就业机会。德国提出工业 4.0 的目的在于在战略上为德国经济的未来指出方向，如果德国能够顺利实施工业 4.0，不仅能够继续保持其在装备制造业的世界领先地位，并且将在制造业的未来发展上引领世界。在国际金融危机后世界经济不景气，亟须新的增长动力的形势下，德国的这一举措立刻引起了世界各国和各界的高度重视。一场围绕着制造业发展的世界竞争的序幕由此拉开。

（二）“工业 4.0”的内涵

从人类走进工业化社会以来，制造业经历了三次革命，分别是 18 世纪末以引入蒸汽机动力为标志的第一次工业革命，19 世纪末使用电能动力、实现大批量生产的第二次工业革命，以及20世纪70年代开始的使用电子和信息技术，使工业生产进一步自动化的第三次工业革命，其影响持续至今。每一次工业革命都大大地提高了生产力水平并使社会生活发生了根本变化。如今工业生产面临又一次变革：随着互联网的发展，工业与信息产业将进一步深度融合，生产将全面实现数据化和智能化。这就是第四次工业革命，即工业4.0的愿景。可以发现，除工业生产系统越来越精密和复杂之外，每一次工业革命都基于一种核心技术的使用和推广，前三次工业革命依次为蒸汽机、电动机以及逻辑程序控制器。而工业4.0的核心技术是信息物理融合系统（Cyber Physical System，CPS）。CPS是一种通过传感器直接收集生产过程中物质对象信息、通过促动器直接对生产过程发布指令的嵌入系统，这些由智能硬件和软件操控的生产和提供服务的过程通过物联网、数据网络和服务网络实现直接的数字化连接，从而可以在生产过程中使用世界范围内采集的数据和服务，实现多方式的人机和机机互动。通过CPS，数字化的虚拟世界与人类生产及消费所需要的物质世界将实现完美地结合。因此工业4.0的实现取决于CPS在制造业的大规模推广和运用，而嵌入系统由封闭的系统到网络化的系统直至更高水平的CPS还有一段较长的路要走。工业4.0不是简单的“互联网+”工业，这种模式通过线上客户反馈和线下按单生产已经部分实现（海尔模式），而是“工业互联网”，即通过互联网和嵌入系统实现生产过程中全面的人机与机机互动。

“工业4.0”是以智能制造为主导的第四次工业革命。世界主要发达国家，都有自己的“工业4.0”战略计划，其中德国作为全世界制造业竞争力最强的国家之一，其“工业4.0”受到世人瞩目，在全球最受关注。德国“工业4.0”是德国面向未来竞争的总体战略方案。在全球信息技术领域中，德国强大的机械和装备制造业占据了显著地位。德国提出“工业4.0”战略，是想通过打造智能制造的新标准来巩固全球制造业的龙头地位。为了支持工业领域新一代革命性技术的研发与创新，德国政府在2013年4月举办的汉诺威工业博览会上正式推出《德国工业4.0战略计划实施建议》。该计划对全球工业未来的发展趋势进行了探索性研究和清晰描述，为德国预测未来10～20年的工业生产方式提供了依据，因此引起了全世界科学界、产业界和工程界的关注。（贺正楚，潘红玉，2015）

（三）“工业4.0”的两大主题

德国“工业4.0”将从两个方向展开：一是“智能工厂”，二是“智能生产”。

1. 智能工厂：智能工业发展新方向。

工业4.0的本质其实就是实现“智能工厂”。“智能工厂”（Intelligent Factory，IF）重点就是采用智能化生产系统和过程，以及网络化分布式生产设施的实现。

工业4.0将在前三次工业革命的基础上进一步进化，基于“信息物理系统”实现新的制造方式。信息物理系统是指通过传感网紧密连接现实世界，将网络空间的高级计算能力有效运用于现实世界中，从而在生产制造过程中，与设计、开发、生产有关的所有数据将通过传感器采集并进行分析，形成可自律操作的智能生产系统。

“智能工厂”的概念最早是奇思于2009年在美国提出，其核心是工业化和信息化的高度融合。智能工厂是在数字化工厂的基础上，利用物联网的技术和设备监控技术加强信息管理和服务。未来，智能工厂将通过大数据与分析平台，将云计算中由大型工业机器产生的数据转化为实时信息（云端智能工厂），并将绿色智能的手段和智能系统等新兴技术融于一体，构建一个高效节能的、绿色环保的、环境舒适的人性化工厂。目前智能工厂概念仍众说纷纭，其基本特征主要有制程管控可视化、系统监管全方位及制造绿色化三个层面。

2. 智能生产：制造业的未来。

工业4.0的核心就是实现“智能生产”，也就是动态配置的生产方式。“智能生产”（Intelligent Manufacturing，IM），也称智能制造，主要涉及整个企业的生产物流管理、人机互动以及3D技术在工业生产过程中的应用等。

工业4.0报告中描述的动态配置的生产方式主要是指从事作业的机器人（工作站）能够通过网络实时访问所有有关信息，并根据信息内容，自主切换生产方式以及更换生产材料，从而调整成为最匹配模式的生产作业。动态配置的生产方式能够实现为每个客户、每个产品进行不同的设计、零部件构成、产品订单、生产计划、生产制造、物流配送，杜绝整个链条中的浪费环节。与传统生产方式不同，动态配置的生产方式在生产之前或者生产过程中，都能够随时变更最初的设计方案。

智能生产是一种由智能机器和人类专家共同组成的人机一体化智能系统，它在制造过程中能进行智能活动，诸如分析、推理、判断、构思和决策等。通过人与智能机器的合作共事，去扩大、延伸和部分取代人类专家在制造过程中的脑力劳动。它把制造自动化的概念更新，扩展到柔性化、智能化和高度集成化。与传统的制造相比，智能生产具有自组织和超柔性、自律能力、学习能力和自维护能力、人机一体化、虚拟实现等特征。

智能制造需要硬件、软件以及咨询系统的整合。那些具有“智慧制造”属性的生产线，不仅拥有着为数众多的控制器、传感器，而且通过有线或无线传感网架构进行串联，将数据传输给上层的制造执行管理系统 MES，结合物联网的系统架构，从而让制造业提升到一个新的阶段。制造主要是服务于产品的生产，现在随着客户个性化需求越来越多，产品生产也逐渐呈现出少量多样等新特征。这就迫使制造厂商要提升生产线的速度与灵活性，对于市场前端的变化需要能够快速调整。智能制造就是要为使用者带来更多的便利。

近年来，由人工智能技术、机器人技术和数字化制造技术等相结合的智能制造技术，正引领新一轮的制造业变革。智能制造技术开始贯穿于设计、生产、管理和服务等制造业的各个环节，智能制造技术的产业化及广泛应用正催生智能制造业。

（四）“工业 4.0”的政策

德国“工业 4.0”计划的开始实施，积极引导了德国抢占第四次工业革命的先机；同时也因为面临全球气候变化与生态环境恶化等挑战，德国希望借助“工业 4.0”计划实现经济进一步转型。为此，德国实行了一系列的政策与措施，（安德列·托贝尔，惠敦炎，2014）具体如表 5－1 所示。

表 5－1　德国“工业 4.0”计划概览

时间	政策及措施
2006 年 8 月	德国联邦政府发布《国家高技术战略》，旨在加强创新力量，开辟主导市场，促进经济界和科学界联合，并为研究人员、创新者和企业家创造自由空间，为创意迅速形成有市场的新产品、工艺和服务提供基础
2010 年 7 月	德国联邦政府发表了《思想·创新·增长——德国 2020 高科技战略》，计划 2015 年教育与科技研发投入占 GDP 达到 10%，明确了德国科技创新的目标；同时，积极开辟气候与能源、健康与食品、清洁交通、网络安全、信息通信五大领域的全球市场
2010 年 9 月	德国政府提出“能源方案”长期战略，计划 2030 年清洁能源占德国能耗总量的 30%，进入以新能源为核心的“后碳时代”
2011 年 4 月	德国机械与制造商协会、通信技术与新媒体协会与电子电器制造商协会在德国汉诺威工业博览会上首次提出“工业 4.0”概念，然后成立了“工业 4.0”工作小组
2011 年 11 月	德国政府公布《德国高科技战略 2020》，重点支持与加强工业的科技创新能力

续上表

时间	政策及措施
2013 年 4 月	德国机械与制造商协会、通信技术与新媒体协会与电子电器制造商协会合作建立“工业 4.0”平台，向德国政府提交了《保障德国制造业的未来：关于实施“工业 4.0”战略的建议》，该报告强调德国应重点研究与开发智能制造技术、信息物理系统（Cyber Physical System，CPS）技术，并抢占其产品市场
2013 年 12 月	德国发布“工业 4.0”计划标准化路线图，制定了具体的行业标准
2014 年 10 月	德国出版《生产、自动化与物流中的“工业 4.0”》，以应用型技术的视角对“工业 4.0”进行了分析，旨在引领智能制造业未来发展

对德国工业化历程及“工业 4.0”计划进行剖析，可知其关键点在于以下七个方面。

1．积极开发生态型、低碳型产品。

德国加大对智能电网、可持续的建筑材料、清洁运输工具、生态化学与制药等方面产品的投资力度，力争提高环保绩效，目前节能环保产业已是德国重要支柱产业，2012 年其环保产业占全球比重高达 15.45%。

2．加强研发与创新投入力度，积极开发与应用新技术。

研发与创新是技术进步的重要推动力，德国研发投入力度自从 20 世纪 80 年代就停滞不前，为了加强研发投入，德国在 2012 年投入研发资金 794 亿欧元，占其国内生产总值的 2.98%；同时，“工业 4.0”计划中的信息物理系统的建设将极大地改善研发不力的局面，推动德国的技术创新。

3．改善组织与管理方式。

德国“工业 4.0”计划将会使工业管理模式面临新的挑战，而德国已充分利用智能化、信息化及分散协同网络对工业乃至于社会组织进行创新，建立智能管理、分散协同的管理模式，例如供应链管理、产品与系统生命周期管理等。

4．积极培育生态产品市场，巩固国内市场，积极开拓海外市场。

例如，德国不仅积极开辟气候与能源、健康与食品、清洁交通、网络安全、信息通信五大领域的全球市场，同时引导欧盟在新型产品技术规则制定上的统一，消除消费者认知上的混乱，推进德国企业国际化战略，为企业抢占海外市场提供便利。

5．积极开发与应用清洁能源。

石油、煤炭等化石能源能耗高、污染严重，而德国的环保标准非常严格，因而低碳、生态经济在德国已成共识，因此清洁能源的开发与应用在德国具有技术与公众基础等优势，甚至领先于美国。例如，德国的智能电网已处于建设之中。

6. 加强人力资本投资，培育企业家精神。

例如，《国家高技术战略》旨在加强经济界和科学界的联合，为科研工作者、创新者和企业家创造自由发挥空间。德国的高等教育与技术教育一直处于全球领先地位，为德国劳动者加强培训与教育从而提高技能奠定了教育基础。

7. 改善市场条件与融资环境。

德国不断加强对青年创业的优惠措施，鼓励青年创业，为其创新提供资金支持，并出台了一系列的中小企业融资优惠措施，为企业融资提供更多便利与优惠从而促进企业家创新。综上，德国“工业4.0”计划的核心在于，从产品、技术、组织、市场、原料创新与企业家精神培育、创新融资等方面再造工业，不仅可以提高德国的工业实力与竞争力，还可以为经济转型提供动力支撑。

二、联合驱动

一方面，“工业4.0”十分依赖系统集成和大企业与中小企业间的协作，而这正是德国经济的强项。普及“工业3.0”是实现“工业4.0”的前提条件。德国制造的精细化、自动化是其发展“工业4.0”的重要基础，智能化、信息化、个性化制造是在已经广泛普及“工业3.0”的前提下追求的下一步目标。中小企业是德国制造的主力军，德国政府致力于为中小企业营造透明、公平、开放的经营环境，在“工业4.0”背景下更注重构建有利于大企业和中小企业协同发展的公共服务体系和产业组织结构。另外，德国国家创新系统有政府、经济界与科学教育界长期协商和合作的传统。一是一方面体现在德国科研机构和高校在研发方面分工明确，另一方面则是大学、职业学校与企业在技术转化和“二元制”职业培训体系方面的合作机制。这种体制十分有利于高端技术的扩散以及高素质技工的培养和职业稳定。德国经济和科技体制的这种组织与制度安排有利于持续、渐进性创新以及集成创新。二是双轨制职业教育体系。德国采用世界最独特的双轨制职业教育体系（在德国可以参加的培训职业达350多种），这是一个培养专业技术人才的教育模式。双轨制职业教育要求学生除在学校进行理论学习外，还必须在企业参加相应专业的实践技能培训和生产实际训练，一般来说，每周有3～4天在企业中接受实践培训和技能教育，2～3天在职业学校进行专业理论学习，这样保证他们在就业之前就具有相应的技术水平和职业素养，真正做到“理论

紧密联系实际”，学生也可以在实践中琢磨和检验理论的真伪。职业教育费用由国家承担，培训企业仅承担学生的食宿费用。职业教育期满后，学生根据所选择的行业集体参加由德国工商协会组织的全德统一资格考试，公平公开地评判学生的理论水平和实践能力。该种培养模式的优势在于：通过理论与实践相结合的培训，有效保证德国制造业所需的高技能实用人才，为实体经济提供了大量优质、充满活力和高水准的学能结合的技术人员。事实证明，也正是这些技术娴熟的工人能够把科研部门研发出来的设计蓝图准确地变成现实的精美产品，从而使得德国企业在经济全球化过程中始终保持国际强大竞争力。（张寒，娄峰，2015）

三、制度保障

为了落实德国“工业 4.0”的规划，德国特别注重顶层设计和制度保障。其在设立专职推进工作组、实施安全性支撑行动、加强人才培训和再教育以及构建法律框架方面都有周全的考虑，例如依托德国少年大工业协会如德国机械设备制造业联合会（VDMA）、德国工程师协会（VDI）、德国汽车工业协会（VDA），以及电气和电子制造协会（ZVI）来进行引导和合作，并建立由协会的企业成员组成的指导委员会，各大联合会及组织组成主题工作小组，共同推进德国“工业 4.0”战略的发展。值得一提的是，德国的中介机构商会、工业协会等组织十分发达，它们不仅及时地为所属企业和员工提供市场和专业信息情报，而且在处理纠纷和矛盾时也参与社会对话，从中积极斡旋和调节，从而有效地分担政府的社会经济管理职能，在促进社会经济和谐发展和社会团结中起到积极的关键作用。这种独特的劳资关系模式成为德国实现社会整体利益平衡的重要制度保障，可以有效地避免劳资矛盾过度激化，使企业发展成本保持稳定而适度。因此，与其他欧洲国家相比，德国罢工次数少，员工对企业的忠诚度高，劳动力市场最稳定。

四、双重战略：成为领先的市场和供应商

第四次工业革命（“工业 4.0”）给德国制造业带来了巨大的发展潜力。越来越多的德国工厂配备虚拟网络—实体物理系统（CPS）以改善德国制造业的国内生产效率，进而做强德国制造业。同时，CPS 技术的发展也为出口技术和产品提供了重要的机遇。由此，实施“工业 4.0”主要是为德国制造业撬动市场潜力杠杆，通过采用双重战略，即一方面在制造业中装备 CPS 系统，另一方面推广 CPS 技术及产品，进而达到增强德国装备制造业的目的。

德国继续贯彻将 IT 技术与传统高生产技术深度结合的路径，保持德国装备制造业全球领先的地位。装备制造业着力对 CPS 主导市场的研发与开拓，这主要包括：对不同层面生产系统的纵向集成；对价值网络的横向集成；整个价值链上工程技术的数据化贯通。在新的价值网络中，纵向集成主要是指企业内部的融合，从产品研发、规划到生产、销售、物流以及售后服务，也就是所谓的“智能工厂”。而横向集成指供应商、企业和消费者之间的网络，从供应商提供原材料，到企业设计、制造，再到最后的消费者，产品的生产在高度动态的横向商业网络中进行。在过去的程序控制系统中，硬件和软件并没有太多的联系，生产模式分散，而在“工业 4.0”下，从产品开发到工程技术再到生产和售后服务都与 CPS 技术相联系，形成新的连续的工程技术工具链，用户的要求能够贯穿产品设计到制造整个流程，工程师可以对整个流程进行实时监控。这种网络化生产实现了智能化的全价值链融合。

第四节　德国再工业化启示

德国制造业是世界上最具竞争力的制造业之一，在全球制造装备领域拥有领头羊的地位。这在很大程度上源于德国专注于创新工业科技产品的科研和开发，以及对复杂工业过程的管理。德国拥有强大的设备和车间制造工业，在世界信息技术领域拥有很高的能力水平，在嵌入式系统和自动化工程方面也有很专业的技术，这些因素共同奠定了德国在制造工业工程上的领军地位。通过“工业 4.0”战略的实施，德国将成为新一代工业生产技术（即信息物理系统）的供应国和主导市场，德国将在继续保持国内制造业发展的前提下再次提升它的全球竞争力。因此，关注、了解、学习、借鉴德国推行的“工业 4.0”战略，对我国家具传统制造业的转型升级与提质增效，具有十分重要的意义。（李毅中，2015）

一、要了解也要应对“工业 4.0”

“工业 4.0”是德国举国实施的全球市场运动。因此，我们应该搭乘这辆便车，借势借力，在德国推广“信息物理系统”过程中，通过学会生产制造过程与业务管理系统的深度集成，实现对生产要素的高度灵活配置，实现大规模生产高度定制化产品，从而让制造业紧跟时代趋势，提前迈向智能化，以适应未来的国际竞争。

中国一直是制造大国，却不是制造强国。现在德国的“工业 4.0”来

了，物联网、服务互联网将取代传统封闭性的生产制造系统，成为未来工业的根基。而在物联网、服务互联网等信息产业领域，我国更为落后。为了寻求中国制造业的新优势，争取在不久的将来成为制造强国，就得使工业化、信息化、城镇化和农业现代化融合发展。其基础和产业优势与其他国家不大相同，面对新一轮科技革命和产业变革迅猛发展的浪潮，我国产业发展战略的制定除了要紧跟全球科技发展方向外，必须要考虑中国国情、发展阶段和比较优势，体现国家发展目标和战略需求。要进一步增强危机意识、创新意识和超越意识，统筹谋划、超前布局，明确主攻方向，着力攻克一批核心关键技术，切实提升自主创新能力，积极参与国际分工与合作。努力在新一轮科技革命和产业变革中占领制高点，力争形成引领国际产业发展潮流的大国崛起战略。因此，中国的传统制造产业应考虑到德国“工业4.0”带来的冲击和潜在竞争因素，理清未来10年中国传统制造业发展的整体理念，制定战略，做好规划。

二、把“两化”深度融合作为主要着力点

德国“工业4.0”战略与我国提出的信息化与工业化的深度融合有若干相通之处，与我国制造强国战略不谋而合。在某种程度上，“两化”融合可称为我国的“工业3.0”，“两化”深度融合可以说是我国的“工业4.0”。在新的发展背景下，只有将信息化的时代特征与我国工业化历史进程紧密结合起来，把“两化”深度融合作为主线，才能为推动工业转型升级注入新的动力，也才能在向工业化迈进的过程中占得先机。除此之外，还需要设定一个可量化、可对比、可考核、可实施的产业发展战略目标和技术路径，这是战略和规划编制的关键。

我国以往的产业发展规划，往往存在发展方向和目标表述过于宏观，目标和重点任务结合不紧密，落实主体较为含糊等问题，由此导致规划缺乏针对性和可操作性，后续落实比较难，从而出现“规划规划、墙上挂挂”的局面。而德国“工业4.0计划”，创造性地将“工业4.0”的目标、愿景和实施路径融为一体，详细论述了达成目标所需的路径和具体行动计划，使“工业4.0计划”目标科学、路径清晰、重点明确、措施可行，为政府、企业和公众描绘了一个清晰的战略愿景和路线图。我国今后在编制类似产业发展战略或规划时，也应借鉴“工业4.0计划”经验，理清发展目标和路径，更加突出目标和路线图引导作用，针对难点明确行动计划，引导全社会共同努力实现目标。建议在编制“互联网+”行动计划时，清晰描绘新一代信息技术在农业、IT业、服务业等具体领域实施的方法、路径和预期效果。

三、推进制造业向智能制造方向发展

智能制造已成为全球制造业发展的新趋势，智能设备和生产手段在未来必将广泛替代传统的生产方式。当前，我国在智能测控、数控机床、机器人、新型传感器、3D 打印等领域，初步形成完整的产业体系。但总体看来，我国制造业发展仍然以简单地扩大再生产为主要途径，通过智能产品、技术、装备和理念改造提升传统制造业的任务艰巨而迫切。因此，我国应尽早在传统家具制造业中着手启动实施智能制造专项研究，加强技术攻关，开展应用示范，推动家具制造业向智能化发展转型。一是重点突破智能机器人，二是开展数字工厂应用示范，三是推动制造业大数据应用。以行业龙头企业为先导，鼓励其应用数字化设备和大数据技术提升生产制造、供应链管理、产品营销及服务等环节的智能决策水平和经营效率。

四、用标准引领信息网络技术与工业融合

“工业 4.0”战略的关键是建立一个人、机器、资源互联互通的网络化社会，各种终端设备、应用软件之间的数据信息交换、识别、处理、维护等必须基于一套标准化的体系。为了保障“工业 4.0”的顺利实现，德国把标准化排在 8 项行动中的第一位，同时建议在“工业 4.0”平台下成立一个工作小组，专门处理标准化和参考架构的问题。我们在推进信息网络技术与工业企业深度融合的具体实践中，也应高度重视发挥标准化工作在产业发展中的引领作用，及时制定出台“两化”深度融合标准化路线图，引导企业推进信息化建设。同时，还要着力实现标准的国际化，使得中国制定的标准得到国际上的广泛采用，以夺取未来产业竞争的制高点和话语权。

五、构建有利于转型升级的制度保障体系

德国“工业 4.0”战略十分重视产业创新、组织创新与现有制度相冲突的问题。“工业 4.0”一方面增加了管控的复杂性，技术标准的制定需要符合相应的法律法规；另一方面也需要制定相应的规章制度促进技术创新。“工业 4.0”采取了一系列措施以加强制度保障，比如设立处理各类问题的专职工作组，制定和实施安全性支撑行动，建立培训和再教育制度等。因此，我国在推动工业转型升级的问题上，也同样面临制度保障方面的相关问题。非常有必要建立和完善有利于工业转型升级的长效机制，比如知识产权保护制度，节能环保、质量安全等重点领域的法律法规，人才培养和激励机制等，从而形成推动工业转型升级的制度保障。

六、“政产学研用”联合推动制造业创新发展

德国“工业4.0”是由德国工程院、弗劳恩霍夫协会、西门子公司等联合发起的，工作组成员也是由“产、学、研、用”多方代表组成的。因此，“工业4.0”战略一经提出，很快得到了学术界、产业界的积极响应。事实上，政府支持产学研合作的动机不单纯来自于市场考量，通过“产、学、研”合作创新促进竞争往往成为发达国家重要的战略意图。

我国应该充分吸收和借鉴发达国家“政、产、学、研、用”联合模式，一方面，针对不同类型自发的产学研合作网络或产业研发联盟，政府要通过引导和支持的方式促进其发展；另一方面，选择几个重点行业和关键技术领域进行试点，以行业骨干企业为龙头，联合科研实力雄厚的大学和科研机构，组建多种形式的产学研研发联盟，充分调动各方资源和力量，共同推进技术研发和应用推广。

推动技术创新和市场拓展，以行业骨干企业为龙头，联合科研实力雄厚的大学和科研机构，组建多种形式的产业技术创新联盟。大型企业应加大科技研发投入，牵头产学研共同建立产业技术创新联盟进行技术创新，并掌握核心关键技术，依靠科技创新探索制造业升级路径，产能的扩张不是主要目的，主要是创新、创新、再创新，缩短在高端领域与国际的差距。我国应该坚持规划引领和正确的定位导向，明确产业发展趋势和规律、基础条件和目标，充分吸收和借鉴德国“产、学、研、用”联合模式来促进竞争，提高制造业核心竞争力。政府要通过引导和支持的方式促进不同类型自发的产业研发联盟的发展，选择重点行业和关键技术领域进行试点，以行业骨干企业为龙头，联合科研实力雄厚的大学和科研机构，组建多种形式的产业技术创新联盟。大型企业应加大科技研发投入，牵头产学研共同建立产业技术创新联盟进行技术创新，并掌握核心关键技术，依靠科技创新探索制造业升级路径。大型企业还要带动中小企业跟进，充分发挥市场调配资源的作用，建设产业技术创新联盟，形成风险共担、利益共享的机制，充分调动各方资源和力量。

七、正确处理国家与市场的关系

在德国，实施“工业4.0”主要是企业的事，其成败取决于企业家的眼光、才能和冒险精神。政府主要职责在于把握宏观方向及提供研发补贴等必要的公共产品与服务。中国政府以往习惯于对产业发展进行直接干预，大包大揽，一方面抹杀了企业家精神，助长“搭便车”行为，另一方面政府过多地介入微观事务，分散了从事宏观层面进行规划和指导的精力。“中国制造2025”规划确定了“企业主导，政府引导”的基本原则，政府应使这一原则能够得到认真的贯彻执行，以尽快消除不利于市场经济发展的体制和制度障碍。要充分发挥自身经济与制度的比较优势，既兼顾当前，又考虑长远，在竞争与合作中逐步实现宏伟目标。中国制造业虽然在总体上创新能力不强，但航空航天、大型计算机、信息通信设备以及轨道技术等领域已经处于世界前列，所以要发挥我们已有的优势，首先在这些领域实现智能化和数字化，带动其他领域发展。中国体制制度上的优势是集中力量办大事，中央政府的执行力是我们赶超先进国家的基础。要防止地方与部门利益削弱整体利益、政出多门等弊端。在保证企业自主权和创新活力的同时，保证中央政府一些重大项目和举措的实现。在总体目标和规划确定后，政府要制定和实施一系列科技与创新政策，为企业与科研机构相应的研究活动、成果转化和商业开发提供激励。对于政府的研发补贴、税收减免以及其他促进措施要进行很好的设计和策划，对于其成效需进行科学评估，要雪中送炭，而不是锦上添花，好钢要使在刀刃上。(史世伟，2016)

总的来看，德国“工业4.0”战略的核心就是通过CPS网络实现人、设备与产品的实时连通、相互识别和有效交流，从而构建一个高度灵活的个性化和数字化的智能制造模式。在这种模式下，生产由集中向分散转变，规模效应不再是工业生产的关键因素；产品由趋同向个性转变，未来产品都将完全按照个人意愿进行生产，极端情况下将成为自动化、个性化的单件制造；用户由部分参与向全程参与转变，不仅出现在生产流程的两端，而且广泛、实时参与生产和价值创造的全过程。

德国“工业4.0”战略为我们展现了一幅全新的工业蓝图，深入分析其内涵与本质、愿景与要点，我们可以洞察德国提出“工业4.0”的目的与战略意图。在新的发展背景下，学习借鉴“工业4.0”，将信息化的时代特征与我国工业化历史进程紧密结合起来，把“两化”深度融合作为主线，以“数字化+智能化”作为传统制造业重构的核心技术，为推动传统制造业转型升级注入新的动力，同时，也为我国实现工业生产网络化、智能化、服务化等创造了有利条件。这是“工业4.0”战略对我国推进传统制造业转型升级和提质增效的重要启示。

第六章　英国再工业化政策措施及启示

从“工业化”到“去工业化”，是英国过去300年间走过的路程。作为世界上第一个发生“工业革命”的国家，英国曾牢牢占据“世界工厂”的地位。随着第三产业的崛起，以及中国等发展中国家廉价劳动力和土地的优势显现，英国等发达国家逐渐完成了“去工业化”的过程。如今，制造业在英国经济总量中仅占10%的比例。金融危机的爆发使人们意识到过度依赖金融等虚拟经济的危害，“再工业化”被提上日程，政府、机构、学者等纷纷呼吁制造业的回归。下面，以英国为例，就其“再工业化”背景、状况、实施的政策三个方面，分析其对中国制造业的启示。

第一节　英国再工业化背景

一、英国制造业比重逐年下降

英国是世界上第一个发生工业化革命的国家，曾有着“现代工业革命的摇篮”和“世界工厂”的美誉，工业为英国带来了国家现代化和诸多社会财富。然而，随着金融业和第三产业的崛起，以制造业为主的工业开始走下坡路，特别是在20世纪80年代中后期，美国学者托夫勒的《第三次浪潮》、奈比斯特的《大趋势》、贝尔《后工业化社会》等著作对英国影响很大，这些学者将钢铁、机械、造船、汽车、水泥、化工等工业门类归之为“夕阳产业”，竭力主张对这些产业进行重组和大幅削减，代之以重点发展服务业、金融业和高科技等所谓的“新兴产业”。

英国政府采纳了学者们的建议，推行去工业化的战略，即通过对产业结构进行再布局和重新调整，开始逐步远离工业，譬如不断压缩钢铁、化工等传统制造业的发展空间，将汽车生产等许多传统产业迁移到劳动力和生产成本都比较低廉的发展中国家，而集中精力发展虚拟经济。2009年，据英国工程雇主联合会调查，英国500家被调查的制造业企业中有200家已经将生产转移到了亚洲；至2010年，工业在英国GDP中的比重由1970年的42.1%，下降为21.6%，近10年来一直保持在21%~23%的范围内小幅波动；工业从业人员从20世纪80年代中期的500多万人，下降到2014年的不足300万人。

二、金融危机下英国经济低迷

2007年下半年，百年罕见的国际金融危机席卷全球，进而影响到全球实体经济，英国在金融危机爆发后，遭受重创，经济如同霜打般陷入深度困境，特别是实体经济受到巨大冲击，制造业产出连续多月急剧下滑。2008年，英国制造业产值虽然位列世界第6位，但其制造业在世界市场上的份额已不到3%。去工业化后的虚拟经济面对全球金融危机侵袭时，不堪一击，陷入深度困境。据英国国家统计局的最新数据显示，英国的国民人均收入自2008年金融危机形成经济衰退以来，至2013年已经下跌了13%。2008年，皇家苏格兰银行亏损达241亿英镑，创英国银行史上最大亏损纪录；汇丰银行利润较2007年下跌了62%，不得不通过配售新股筹集125亿英镑；房地产价格则暴跌了20%；2012年通胀率最高点达到5.2%，蚕食了人们的收入和购买力。得益于奥运会的举办，2012年第三季度英国经济微增0.9%，但在随后的第四季度中再度陷入萎缩。

进入2013年后，英国数据仍不及预期，疲软的经济状态进一步加剧。2013年，英国财政大臣奥斯本公布年度预算声明，阐述未来英国经济政策的走向和公共财政状况。但随后公布的制造业及工业产出数据意外遭遇“滑铁卢”，令市场对英国暗淡经济前景担忧加重。而经济持续低迷不仅影响到了税收，也让预算赤字差距拉大。为此，奥斯本不得不将达成减赤目标的时间再推后一年。而这样一来，可能进一步影响到英国的主权信用评级。目前，英国公共债务超过1万亿英镑（约合1.51万亿美元），约占国内生产总值的70%。加上近几年来，经济不景气且通胀，已经造成人均收入持续下跌；人均收入的下跌，反过来对经济复苏和就业形成制约。

三、英国经济发展受阻

2013年英国经济面临了不少的问题。第一，经济不振将使英国政府抹平赤字的努力更加艰辛。第二，产业结构扭曲，支柱产业服务业的发展或将进一步萎缩。第三，市场需求不振将拖累英国经济增长。第四，日趋疲软的企

业投资和不充分的就业市场又将成为经济发展的一大软肋。第五，英国经济实力和国际地位的双重下降，加之政府债务负担持续走高、多个国家宣称脱离英联邦、英国民众要求脱离欧盟的呼声越来越高等，这些都将阻碍着英国经济的稳定增长。

持续疲软的经济走势以及暗淡的经济前景，加上各种经济危机的冲击，刺激了英国政府下决心进行经济重振。拉动经济增长、实现经济结构调整、促进就业成为英国政府的头等大事。而制造业的固有规模、就业优势和发展潜力使之成为政府解决现实问题的首选。随着金融危机的蔓延和不断加深，英国陷入经济衰退，面临几十年来最严重的经济困境。此时，英国开始反思"实体"与"虚拟"经济，特别是制造业与服务业的关系。他们重新意识到，虚拟经济是不可持续的，而以制造业为核心的实体经济才是保持国家竞争力和经济健康发展的基础。

四、失业率达到历史最高

随着经济形势恶化，英国失业率不断攀升，而这会影响个人消费开支，使经济增长缺乏动力。据英国《卫报》2011 年 10 月 12 日报道，英国国家统计局（Office for National Statistics）发布的报告显示，英国失业总人数已经增加至 257 万人，失业率创下 17 年来最高纪录，国民生活水平也受到影响。据英国国家统计局 6、7、8 三个月的数据显示，英国失业总人数为 257 万人，25 岁以下失业人数达 99.1 万人，失业率达到 8.1%，创下 1994 年以来的最高纪录。英国年轻人继续承受着劳动市场衰退的冲击，他们的失业率为 21.3%，是英国平均失业率的两倍以上，达到 1992 年有记录以来的最高值。随着经济持续下滑，英国各行各业还将大幅裁员，因此，英国失业人数还可能进一步上升。

五、"再工业化"被英国政府重新提上日程

作为世界上第一个发生"工业革命"、进行和实现工业化的国家，英国曾牢牢占据"现代工业革命的摇篮"和"世界工厂"的地位，工业为英国带来了国家现代化和诸多社会财富，1970 年英国工业增加值占 GDP 的比重达到峰值 42.1%。

20 世纪 70 年代的经济危机，使得英国人均收入开始下跌，但之后的四年中，已经恢复近 5%；90 年代的经济危机后四年内，人均收入则恢复了 8%。然而与 20 世纪 70 年代和 90 年代的前两次经济衰退相比，2008 年至今

这几年中，国民人均收入下降的速度更剧烈！政府这才恍然大悟，意识到强大的工业和制造业，才是发展的硬道理，才是强国富民的根本。因此，全球金融危机爆发后，英国的政府官员、研究机构和专家学者等纷纷呼吁重新回归制造业。英国商会主席弗罗斯特强调说："工业在英国受冷多年，人们一窝蜂地涌向服务业，英国经济严重失衡，英国需要一个强大的工业，政府应该转变理念，重新出台新政策。"在此背景下，"再工业化"被英国政府重新提上日程。英国开始重新审视实体经济与虚拟经济的关系，决定将"再工业化"作为重塑竞争优势的重要战略，制造业的发展也再次受到重视。

第二节　英国再工业化状况

为应对金融危机带来的经济冲击，英国决定实施"再工业化"战略，在此政策背景下，英国经济向好。2013 年英国经济逐步恢复增长，直至 2014 年第二季度，英国经济已经恢复到了次贷危机前的水平。据英国工业联合会日前公布的数据显示，2013 年 12 月上旬，英国制造业呈现蓬勃发展的迹象，制造业接到的各类订单达到 20 年来的最高水平。

一、英国再工业化推进过程

（一）多管齐下，调整产业结构

国际金融危机爆发后，英国经济受到较大冲击。据欧盟统计局数据显示，2008 年、2009 年，英国经济出现负增长，GDP 增速为 -1.4% 和 -5.8%。2010 年、2011 年增速仅为 0.9% 和 0.4%，并于 2012 年再度出现负增长。英国政府开始意识到制造业的重要性，通过多项措施推动"再工业化"，以提高制造业的附加值。

英国政府认为，英国要振兴制造业，首先必须改变对制造业的偏见，并对制造业进行再认识。当今制造业的发展，已经不再依靠传统低附加值产品的竞争，全球制造业正在经历深刻变革，制造业正从传统制造走向高科技制造，硅设计、蓝牙技术、飞行加油系统、塑料电子产品、信息通信技术、生物技术、纳米技术、燃料电池等诸多高科技制造行业蜂拥而出，制造业的从业大军也日趋多元化，除了传统的车间生产和机械操作外，更多的是从事研发、设计、销售、售后服务等配套工作。

为此，英国政府明确强调必须重新定位制造业，未来的制造业发展将坚

持七项原则：一是维护宏观经济稳定，为企业制定长远发展规划创造条件；二是加大对制造业的投入，包括资本、设备、技术、技能及研发的投入；三是推动科技创新，帮助企业利用英国的科技优势，生产高附加值产品；四是加强制造业优秀经验、工艺的推广；五是加强制造业从业人员技能教育；六是提升交通、通信等现代基础设施水平，为制造业再上台阶创造条件；七是建设良好的市场环境。(王涛，2009)

（二）国家战略和优惠政策支持制造业发展

为有力支持制造业发展，英国政府推出了系列措施，在国家层面支持制造业发展：一是制定了《低碳工业战略》《可再生能源战略》，旨在推行低碳经济，通过促进新能源开发实现英国制造业的低碳环保、高效节能，并带动英国核能和风能等可再生能源和清洁能源的发展。英国是欧洲国家成员国中能源资源比较丰富的国家，主要有煤、石油、天然气、核能和水力等，能源产业在英国经济中占有重要地位。英国现有 10 座核电站，2014 年发电量占当年英国发电总量的 19%，可再生能源占比为 19.2%。二是推出了《英国国家技能战略》。通过解决技能需求、确保高水平的技能工人供给等举措支持制造业的技术开发。三是降低企业税。英国政府通过税收优惠措施吸引制造业企业回流。2013 年，英国将企业税由 24% 降至 23%，鼓励在海外开设工厂的英国企业回迁英国。

（三）进一步推动科技创新

英国政府一直高度重视科技创新在推动经济增长中的重要作用。目前，英国政府已经建立了国家生物产业创新中心、新材料研发工厂等。为进一步推动科技创新、促进科研成果的商业化、创造就业和提振经济，英国财政大臣奥斯本于2014 年底宣布将投入59 亿英镑用于科技研发。一是投资2.35 亿英镑建设亨利莱斯爵士学院以重点研发先进材料，先进材料具备超轻、坚固和灵活等特点，适用于医疗保健、能源和运输等多个领域。二是对达斯伯里认知计算中心投资 1.13 亿英镑。发展认知计算技术有利于各领域人员充分发掘数据价值，提高产品及服务质量、生产工艺等。三是对纽卡斯尔大学老龄化知识与研发中心投资 2 000 万英镑，开发相应技术以应对人口老龄化挑战，使老年人减轻对医疗保健服务的过度依赖，提高生活质量。四是对能源安全和研发系统投资 3 100 万英镑。通过对地下能源实施可行性测试，开发家庭能源供给技术。

（四）推进数字化建设

2009 年 6 月 16 日，英国政府推出了“数字英国”计划，该计划的主题是：通过改善基础设施，推广全民数字应用，提供更好的数字保护，从而将英国打造成世界的“数字之都”。旨在通过进一步加强信息技术的研发和应用，抢占未来科技和产业发展的制高点，培育战略性新兴产业，实现经济振兴。

该计划概述了英国未来在互联网与通信广播产业方面广泛的战略规划，宣布将在 2012 年建成覆盖全境所有人口的宽带网络，每个家庭至少能享受到 2 Mbps 的宽带普遍服务，同时英国政府承诺拨款 4 亿美元资助敷设高速光纤网络；今后几年全面升级数字广播（DAB），把模拟信号广播留给小区域电台。

该计划共有五大目标：

（1）实现数字网络现代化。升级包括有线网、无线网、宽带网在内的数字网络，使英国拥有能保持其在全球数字通信领域竞争力的基础设施。

（2）打造良好的数字文化创意产业环境。为英国的数字内容、应用和服务打造充满活力的投资环境，使英国的数字经济能够广泛吸引国内外的投资。

（3）鼓励从英国民众角度提供数字内容。针对英国全体公民的兴趣、体验和需求确定内容的质量和规模，特别是提供公正的新闻、评论和分析。

（4）确保所有人公平接入。打造泛在网（无所不在的网络）和培养公民的数字素养，使绝大多数英国公民参与到数字经济和数字社会当中。

（5）完善政府电子政务建设。开发基础设施、技能，使政府能够广泛地提供在线公共服务和商务界面。

为实现这五大目标，“数字英国”计划中还制定了具体的行动规划。包括：在宽带方面，实施一项为期三年的国家计划，到 2012 年，英国实现至少 2 Mbps 的宽带普遍服务，同时国家资助敷设下一代高速光纤网络；在移动通信方面，实现移动频谱自由化，提高 3G 覆盖率，加快下一代移动服务的发展；在广播方面，2015 年全面升级到数字广播，届时英国所有的国家广播电台和地方广播电台将停止传统的模拟信号广播，全面转向数字化的广播；在互联网管制方面，大力发展合法的下载市场，使消费者和制造业均受益，并推动立法，授予英国通信和媒体监管机构（Ofcom）监管非法下载的权力，打击在互联网上非法传播音乐和视频，单方面切断屡犯不改者的互联网服务。

同时，英国政府也已清楚地认识到，目前信息技术已进入“云计算”时代。在“数字英国”计划中，特别阐述了通过有效应用云计算，实现政府的电子政务建设。该计划建议为政府业务应用设立一个“G-Cloud”，来运行公

共服务网络，能够实现服务器和存储虚拟化以及系统管理的自动化等应用。据称，英国政府首席信息官（CIO）理事会和信息技术行业协会已为“G-Cloud”制定了一个发展路线图，用以作为重组公共部门数据中心的一部分。（王喜文，2010）

（五）发展创意产业

英国是世界文化大国之一，文化产业发达。全国约有 2 500 家博物馆和展览馆对外开放，其中大英博物馆、国家美术馆等闻名于世。英国政府投巨资打造索尔福德“媒体城”，该“媒体城”是欧洲首个为发展创意、媒体产业而建设的商业中心，同时，也是欧洲第二大数字媒体中心，此举将有助于推动创意产业的发展。（郭昊，2015）

通过政策的有效引导，近些年来英国创意产业取得了显著发展。根据主管创意产业的英国文化、传媒和体育部于 2011 年 12 月公布的统计数据显示，英国从事创意产业的企业共有 10 万多家，占全国企业总数的 5.13%。创意产业约为英国提供了 150 万个就业岗位，其发展速度是国家经济增速的 2 倍，即使在受到国际金融危机影响最严重的 2009 年，其创造的外贸总额仍达 89 亿英镑，占出口产品与服务总额的 10.6%，成为推动经济持续发展的强大动力。（王丹黎，2017）

二、经济持续增长

2013 年英国经济复苏以来，英国经济增长趋势进一步稳定，根据英国统计机构发布的 2014 年第三季度数据显示，英国国内生产总值环比增长为 0.7%，连续 7 个季度连续增长。2014 年全年国内生产总值增长率为 2.6%。2008 年全球金融危机爆发后，英国受到直接冲击，是受经济危机影响最严重的欧盟成员国之一，英国经济 2013 年的增长率甚至低于欧盟平均水平，目前，英国经济已经成为西方复苏最快速的国家，直至 2014 年，英国经济增长稳定。（李毅中，2015）

三、就业形势好转

英国整体经济形势的好转给国内就业市场带来了新机遇，2013 年以来，英国国内的就业形势持续改善，全国失业率连续下降。

由图 6－1 可以看到，英国 2011 年的失业率一度达到 8%，这也是 1994 年以来的最高失业率，到了 2013 年降为 7.6%，全国新增就业岗位 70 万个以上，英国 2014 年新增加了 50 万个就业岗位，全国新增就业人数超过 26.5

万，失业率下降了 1.4%，2008 年以来英国失业人口总数首次低于 200 万，社会失业救济金申请人数下降了 23%，根据现有数据，英国 2015 年失业率将降到 5%。

除此之外，英国 2012—2013 年期间一共引进了 1 559 个外资项目，同比增长 10.9%，其中吸引外国直接投资 445 亿英镑，累计投资 9 739 万英镑，这些项目给英国创造了 17 万个就业岗位，从数据可以看出英国吸引外资的力度正在逐步增加，这与英国“再工业化”政策有直接关系。

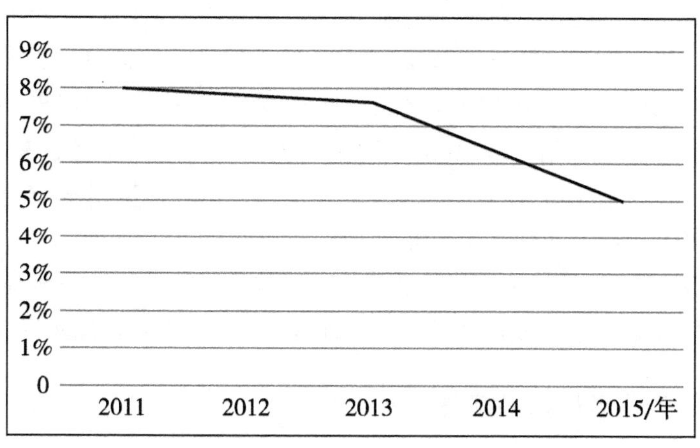

图 6－1　英国 2011—2015 年失业率

四、贸易逆差在波动中出现“缩小”趋势

自 20 世纪 90 年代至今，英国贸易逆差（一国在一定时期内出口贸易总值小于进口贸易总值）呈现出“升—降—升”的发展趋势。近些年来，伴随着英国对制造业发展的更加重视，以及在相关政策的刺激及相应产业政策的扶持下，英国的制造产业，尤其是如汽车业、造船业、航空航天、化工产品、交通设备等中高端技术产业的出口相对扩大。同时，伴随英国进口幅度的下降和服务业出口的增加，贸易逆差开始逐渐缩小。据英国统计局数据显示，英国 2015 年的贸易收支逆差为 385.6 亿英镑，较 2008 年降低了 16.5%，贸易收支整体形势有所改善。

五、中高端技术制造业发展有所突破

英国政府对服务业进行压缩，重点扶植制造业，并将已经转移到其他国家的工厂、生产线和业务越来越多地再搬回本国，以图恢复昔日“世界工厂”的雄风。数据显示，制造业集聚了英国 72% 的研发投入。以汽车行业为

例，尽管英国多个汽车品牌已经易主他国，但这些汽车的设计和生产仍然在英国进行。英国将更多精力从传统制造转移到了技术和设计创新上。超过40家知名企业如福特、宝马、丰田、日产、本田等均在英国设有公司，覆盖了整体设计、发动机设计制造、关键零部件生产等汽车制造核心环节。另外，英国还在航空航天产品设计、研发、制造等多方面领先世界，在雷达、喷气发动机、运输机、军用直升机等领域为世人瞩目。英国还引进了大量航空业的国际投资，形成了强大的航空工业产业集群。

英国对研发的投入，使其制造业在中高端技术上有很大的突破，相对应的产品销售值也有很大提高。据英国统计局（ONS）数据显示，英国中高端技术制造业部门的产品销售值在2015年有较大提升，如交通设备、制药行业、汽车业等高端部门，较2014年同比增长7.7%、2.2%及2.3%，相应对国家经济的贡献值为0.56%、0.06%、0.3%。根据英国制造商协会公布的统计数据显示，约有1/7的英国生产商正在将生产业务迁回本土。同时，据英国工业联合会日前公布的数据显示，2013年12月上旬，英国制造业呈现蓬勃发展的迹象，制造业接到的各类订单达到20年来的最高水平。

六、服务业增长趋势减缓

据英国统计局数据显示，就服务业增加值和对经济的增长贡献看，英国服务业发展仍呈现稳定增长态势。

2015年，英国服务业增加值指数同比增长2.7%，其中，四大主要服务行业，如酒店和餐厅、交通、仓储和通信、商业服务和金融，同比增长4.6%、4.0%、2.9%和0.3%。2016年1—4月，服务业发展形势依旧强劲，其各个月份增加值同比增长2.7%、2.7%、2.2%和3.0%，而四大服务业增加值同比增长分别为5.5%、3.7%、3.1%和1.1%，可以看出，服务业的发展仍呈稳定增长趋势。

然而，服务业发展也并非“一帆风顺”。金融危机后，英国服务业出口占世界比重已从2007年的8.7%下降至2015年的7%，且占本国服务业主导地位的金融业和保险业的下降趋势更加明显。由此可见，英国服务业虽整体向好，但增速正在减缓。

金融危机后，英国产业结构调整的目标和方向更加明确。在加快制造业回流进程中，不断加大对中高端技术制造业、绿色智能产业及信息科技产业的发展，进而实现产业结构“再平衡”。虽然英国经济发展仍旧面临众多不确定性，但从英国产业发展的方向及所拥有的优势竞争力看，英国经济未来仍具有较大提升空间。（魏然，2010）

第三节　英国再工业化政策

金融危机后，英国反思了“实体”与“虚拟”经济，特别是制造业与服务业的关系，为拉动经济增长，纷纷出台再工业化的政策，发出了回归实体经济的强烈信号，掀起了再工业化的浪潮。近年来，不断传出英国制造商将海外生产业务回迁英国的消息，包括纸品生产商 Filofax 公司、服装生产商 Topshop 和 River Island 等均加入这个行列。日前，据英国《金融时报》报道，英国一家名为 Symingtons 的意面酱和桶装面生产商正在筹划将生产基地从中国广州搬回英国利兹。为了实现再工业化的战略意图，保证实体经济的快速回归并抢占世界经济和科技发展的制高点，英国近年来动作频繁，先后制订了一系列的发展计划。

一、《英国工业 2050 战略》的提出

《英国工业 2050 战略》是定位于 2050 年英国制造业发展的一项长期战略研究，通过分析制造业面临的问题和挑战，提出英国制造业发展与复苏的政策。报告展望了 2050 年制造业的发展状况，并据此分析英国制造业的机遇和挑战。报告的主要观点是科技改变生产，信息通信技术、新材料等科技将在未来与产品和生产网络融合，这将极大改变产品的设计、制造、提供甚至使用方式。

英国政府出资 1.5 亿英镑作为基础投资，成立一个综合基金（Fund of Funds），再从私有部门吸引更多的资金，拟在 10 年内建成一个 10 亿英镑的基金会。经过 2008 年经济危机的摧残后，英国政府决心重新定位制造业，通过振兴制造业，平衡经济结构，使服务业和制造业相互补充和促进，再创经济奇迹。为此，英国政府增大了工业、制造业在经济结构中的比重，平衡经济结构，使服务业和制造业相互补充和促进；重点打造高端制造业，在创新、升级上做足文章。从 2008 年至目前，英国所出台的一系列促进工业发展的政策及 2013 年所出台的战略如下。

2008 年是英国深受经济危机的影响，国内经济最为萧条的一年。以缓解该影响为重点，2009 年英国在人才培养、市场拓展及资金支持等方面都制定了相应的政策。

2009 年 4 月，英国政府发布了新产业、新工作战略（New Industry，New Jobs），形成了支持英国发展新产业和新工作机会的主要框架。之后，英国

的商务、创新和技能部门基于以上战略积极采取行动。

2009 年 8 月，英国通过了“高等教育科学、技术、工程和数学计划（Higher Education Science, Technology, Engineering and Mathematics, STEM)”。通过增加 A 级 STEM 内容和英格兰高等教育基金委员会（Higher Education Funding Council for England, HEFCE）对于战略性重要项目的支持，鼓励从孩子幼年开始培养其对 STEM 科目的兴趣，从小培养先进制造业接班人。

也是在 2009 年，英国政府与工业界联合启动英国先进工程国际市场营销战略（International Marketing Strategy for UK Advanced Engineering)。由英国贸易投资总署（UK Trade and Investment）与英国工商组织协商制定战略目标，帮助企业增加国际销售，并吸引更多的高附加值先进工程来英国投资。

此外，为了解决技术型企业获取股权融资的困难，英国政府于 2009 年设立英国创新投资基金（UK Innovation)，基金主要向生命科学、信息通信技术、低碳和高价值制造业等部门的公司进行投资。

2009 年的政策虽然短期内能够刺激英国工业产出量的增加，但在更高一层级的人才培育和先进制造业衔接方面的政策较少。为了推进制造业的持久发展，英国于 2010 年 11 月推出了“开放和了解制造业计划”（See Inside Manufacturing Programme)，组织广大学生、教师和职业咨询师深入制造业工厂和研发中心，让年轻人深入了解制造业以及制造业所从事的工作，体验到制造业行业就业的价值。

英国财政大臣奥斯本在 2011 年春季预算报告中提出，制造业是英国经济复苏的核心，英国需要“英国制造”“英国创造”“英国发明”“英国设计”，需要“制造者的前进来带动英国发展”。为了支持制造业向高端产业进一步提升，2011 年 12 月，英国政府提出“先进制造业产业链倡议”，支持范围不仅包括汽车、飞机等传统产业，还包括在全球领先的可再生能源和低碳技术等领域。随着新科学技术、新产业形态的不断涌现，传统制造模式和全球产业格局都发生了深刻的变化，2012 年 1 月英国政府启动了对未来制造业进行预测的战略研究项目。该项目是定位于 2050 年英国制造业发展的一项长期战略研究，通过分析制造业面临的问题和挑战，提出英国制造业发展与复苏的政策。2013 年 10 月，英国政府科技办公室发布最终报告《未来制造业：一个新时代给英国带来的机遇与挑战》（又称《英国工业 2050 战略》)。报告认为制造业并不是传统意义上“制造之后进行销售”，而是“服务 + 再制造（以生产为中心的价值链)”，主要致力于：①更快速、更敏锐地响应消费者需求；②把握新的市场机遇；③可持续发展；④加大力度培养高素质劳动力四个方面。并在通信、传感器、发光材料、生物技术、绿色技术、大数据、物联网、机器人、增材制造、移动网络等多个技术领域开展布局，从而形成智能制造的格局，如图 6－2 所示。

图 6－2　英国 2050 战略

2014 年，英国商业、创新和技能部发布了《工业战略：政府与工业之间的伙伴关系》，旨在增强英国制造业的竞争性，促使其可持续发展，并减少未来的不确定性。报告分析了当前产业现状，明确了重点扶持领域以及前沿技术，提出通过创新平台，加强创新研发与工业的衔接，并且提出完善技能培训体系，支持高成长性的小企业进行技术创新，激励商业合作创新，建立公平、透明的政府采购体系等多项政策措施，重点支持大数据、高能效计算、卫星以及航天商业化、机器人与自动化、先进制造业等多个重大前沿产业领域。

二、英国政府重振制造业的有关举措

（一）发展制造业作为重要的国家战略，重拟制造业发展规划

英国政府和产业界开始重新认识制造业这一基础产业的重要性，改变了“重金融、轻制造”的观念，制定新的战略目标以提振制造业，提出制造业的五大竞争策略。2008 年，英国政府发布《制造业：新挑战，新机遇》战略报告，2009 年又公布新的制造业发展战略，提出占据全球高端产业价值链、抢得低碳经济发展先机等战略构想。2010 年发布《向增长前进》战略，概述在经济复苏中起到发动机作用的产业和企业的未来发展方向，再次指出充满活力的制造业对英国十分重要。

（二）大力培养制造业人才

为了配合制造业回归，英国政府加大力度培养制造业人才。首先是打破大众轻视制造业就业的看法，培养大量工程师，吸引更多年轻人到制造业行业就业。2011 年启动的“开放和了解制造业计划（See Inside Manufacturing Programme）”就是其中之一。这项计划以汽车行业为主，2011 年 10 月 40 多家汽车企业在英国各地进行了 100 多场招生活动。通过在汽车企业培训，让年轻人深入了解制造业以及制造业所从事的工作，体验到制造业行业就业的价值。

（三）制造基地建设

在确保制造业人才的同时，英国政府积极推进制造基地建设，面向境外企业招商。以汽车产业为例，英国设有很多制造基地，为一些境外企业提供平台，在那里制造最高端技术的产品，以进入欧洲市场。

为了支持制造基地的发展，2011 年 12 月英国政府投资了 1.25 亿英镑，打造先进制造业产业链。这项“先进制造业产业链倡议”不仅仅面向汽车、飞机等传统产业，还面向英国有望在世界领先的再生可能源和低碳技术等领域，旨在支持英国制造业企业在全球市场中发挥重要作用。

三、鼓励制造业回流

为了促进制造业回流，英国政府出台了新的经济发展政策，以加大制造业在经济结构中的比重。英国政府促使已经转移到其他国家的工厂、生产线和业务搬回本国。前首相卡梅伦在 2012 年的达沃斯论坛上表示，近年来，每 10 个英国中小企业就有一个将其部分产能迁回英国，涉及的产业有火车、汽车业等。

英国政府通过税收优惠等措施来吸引制造业回流。英国的税收体系在全球范围内非常具有吸引力，2013 年英国公司税从 24% 降至 23%，远低于其他国家 30% 左右的平均水平；在雇主应缴社会保障费用方面，英国也较其他国家具有优势，如税率不及法国、意大利等的一半。

四、推动制造业“绿色”“低碳”化

英国在发展“再工业化”的道路上，大力推动制造业“绿色”“低碳”化，积极发展以先进制造技术为核心的战略性新兴产业，以绿色、低碳作为其振兴制造业的主要方向，把绿色能源作为再工业化的重中之重，出台各种优惠政策保证绿色能源产业的发展，并且加大对相关研究的资金支持。英国采取措施打造可再生能源和低碳基础设施，投入资金发展可再生能源并增加其比重，同时加快对可再生能源项目的审批程序。英国将低碳经济作为第四次技术革命和未来发展的支柱产业。

在2009年公布的《英国低碳转型计划》中提出将400万英镑用于帮助制造业实现低碳化转型，包括核电制造业力争到2020年创造120万个绿色就业机会；《英国低碳工业战略》提出在政策倾斜、产品采购、教育培训、标准化和资金投入等方面给予制造业全面支持。在《制造业：新挑战，新机遇》的战略报告中，英国政府提出要出台综合性低碳行业战略，汇集政府各方面的手段帮助制造业适应低碳经济，重点是核能供应链、可再生能源设备和低碳车辆。在委托多家研究机构对低碳经济产业化进行深度研究基础上，英国政府制定《低碳产业战略远景》，提出英国应采取措施打造未来低碳的基础设施，将英国打造成为全球低碳汽车开发和生产的领先者。

英国政府还采取一系列措施推动新能源汽车的发展，包括成立低排放汽车办公室以协调和简化各部门政策；资助1 000万英镑支持开发先进高效电气系统；启动“联合城市”计划以协助各大城市部署充电站网络；公布“充电汽车消费鼓励方案”，对购买符合条件的新能源汽车的私人或团体消费者给予财政补贴。

五、增加科技创新投入

在英国重振工业的努力中，科技创新被视为未来制造业持续发展的最主要推动力，因此英国加大投入，推动制造业的“智慧型”成长。英国政府在《制造业：新挑战，新机遇》的战略报告中，提出为支持制造业技术进步，政府对科研的支持经费增加至2010—2011年度的近40亿英镑，达历史最高水平。英国技术战略委员会继续投入2 400万英镑用于高端制造业的研究。

2008年3月发布的《创新国家》白皮书中指出英国政府将继续支援“10年科学和创新投资框架计划”，增加技术战略委员会经费。2008年5月，在《联系与催化：2008—2011年企业创新战略》中，英国宣布TSB将连同相关部门在未来三年内共投资10亿英镑，并吸引同等金额的私人投资。

2009年6月底，英国政府投资1.5亿英镑设立英国创新投资基金，并以此带动私人资本，为初创企业和处于成长期的高技术企业提供10亿英镑的风险资本。同时，英国直接扶持战略新兴产业，如投入资金升级和开发智能电网以及加大对生物技术和产业发展的支持力度。英国在生物技术领域的投资不断增加。

2013年，英国计划在癌症和其他疾病领域投入150亿英镑用于相关的生物医学研究。

六、拓展出口渠道

工业的复苏需要强劲的市场需求作为保障。英国为使制造业产品拥有广阔的国际市场，决定采取“出口促进行动”。2009 年 3 月英国政府发布《英国高端工程行业国际营销战略》，提出要加大对英国高端工程业的宣传力度，为企业提供市场信息，专门开设英国高端工程网站，提供营销工具，鼓励高端工程行业企业在国际营销方面协同作战。2010 年，伦敦市政府与英国投资贸易署联合，推出大力扶持企业开拓国际市场、加强出口公共信息服务等一系列出口促进措施，以确保制造业商品的市场准入和公平竞争环境。（王艺潼，2016）

七、加大教育和研发投入

为振兴英国的科研实力并提高劳动生产率增速，英国除了投入资金支持绿色制造业研发之外，还通过减税政策推动研发和教育事业；提出了 72 项建议，进一步支援创新商业和研究、增加知识交流、推进技术人员培养、促进公共部门创新；另外在低碳工业战略中，英国还提出了一系列积极的政府干预措施，给予制造业资金投入、教育培训以及研发支持，帮助企业培训员工，提高劳工技能，并在信息服务和咨询方面提供帮助。

英国每年的科技预算高达 46 亿英镑，其中 3 000 万英镑用于建立制造业技术中心，未来 10 年还将投入 1.3 亿英镑用于核心技术的研发。技术战略部门拟投入 2 400 万英镑研究增加制造业产品和服务体系的附加值，并帮助技术研发部门从社会筹资。同时，英国政府还帮助 500 家企业与研究创新单位建立联系，2017 年这种联系将扩展到 1 000 家企业。英国政府拟通过进军世界主要新兴市场战略实现英国制造业的国际化。

另外，英国政府还将投资 2.2 亿英镑建立世界级医药研发创新中心，并将对英国“钻石”同步辐射光源科研项目追加 6 900 万英镑投资。科技投入有力地保证了英国航天航空、生物制药等工业的技术升级，使英国在这些领域持续保持世界领先地位。根据英国航天局 2009 年报告指出，英国航天航空产业 2008—2009 年度年均增长超过 10%，对英国经济的贡献已超过 70 亿英镑，成为英国经济中增长最快的产业之一，远远好于英国经济的总体表现。（刘媛媛，2017）

第四节　英国再工业化启示

当前，我国正处于工业化加速发展的重要阶段。英国“再工业化”战略的制定及实施经验，对我国具有重要的借鉴价值。

一、高端制造业与金融业的融合发展

受到金融风暴与欧债危机的双重打击，伦敦作为世界金融中心受到严重冲击，产值下滑，失业人数剧增，有人甚至预言，伦敦将失去世界金融中心的地位。为破解这一困境，伦敦市政府有意在高端制造业上下功夫。首先，英国一向以创新能力而闻名于世，其国内拥有一大批创新人才。其次，作为金融中心，多数世界级的投资公司都集聚于此。伦敦市政府认为，他们在再工业化的道路上已经占据天时和地利，下一步的目标就是要把高端制造业融入金融行业。

事实上，由于过去一味追求世界金融中心的地位，英国曾错失过不少巨大商机。1967 年，苏格兰发明家约翰·巴龙发明了自动提款机，目前全球用此提取现金数量已经相当于当时全球国民生产总值的总量，但是由于英国在制造和推广使用自动提款机方面没有做好商业化运作，使这一商机付诸流水。同样地，万维网和飞机引擎也都是英国人率先发明的，但是他们获得的商机却并不如意。分析人士指出，英国当前探寻的再工业化道路，绝非简单地把在“去工业化”时停运的机器再转动起来，而是转向高科技制造，抢占制造业新的制高点，除了传统的车间生产和机械操作外，更多的是从事研发、设计、销售、售后服务等配套工作。在这次活动中，有不少创新产品受到投资者的关注，如瑞典一家公司设计的桌面、网页及手机用户身份验证系统，英国本土公司设计的新一代对话设计平台等。

英国商业、创新与技术部国务大臣普锐斯克对于英国再工业化的发展方向曾给出明确的表态，他说：“我们的策略是高价值设计和创新。”普锐斯克的底气主要来自哪里？以汽车业为例，尽管英国多个汽车品牌已经易主他国，但这些汽车的设计和生产仍然在英国进行，并已从传统制造形态向高附加值领域转变，如把更多精力放在技术和设计创新上，使得英国豪华车和赛车一直保持全球领先地位。在节能技术方面，英国汽车业也享有盛名。也就是说，英国在汽车高端技术领域已经占有先机，这自然会让普锐斯克有着十足的信心。（王传宝，2013）

就中国而言，伴随着服务业在国民经济中比重的上升，国民经济出现服务化。而金融业则是服务业的核心，是整个经济发展的关键部门。金融业与制造业的融合，能够有效提高制造业的效率。金融业融合到相关制造业中的融合度对制造业绩效有着至关重要的作用。金融业渗入制造业时，不仅能够提供各种各样的金融服务、消费金融服务，而且能够使产业链进行重构，使得企业最终找到利润丰厚的产业链。因此，制造业与金融业的融合，对推动我国经济发展有着积极的作用。（张蓓，2016）

二、制造业与服务业融合发展

在上述《英国工业 2050 战略》规划中，英国不仅与其他国家同样大力拓展生产制造，还更注重服务业和制造业相互补充和促进，提升制造业的附加值。正如英国商业、创新与技术部国务大臣普锐斯克所说："我们的策略是高价值设计和创新。"在这次再工业化浪潮中，英国制造业从业人员除了传统的车间生产和机械操作外，更多的是从事研发、设计、销售、售后服务等配套工作。例如 ARM 公司，对众多用户授权知识产权，使公司的伙伴企业能够获得各种基于软件的 IP、操作系统端口和软件设计服务，从而达到共同发展的目的。

以汽车业为例，尽管英国多个汽车品牌已经易主他国，但这些汽车的设计和生产仍然在英国进行，并已从传统制造形态向高附加值领域转变。如把更多精力放在技术和设计创新上，使得英国豪华车和赛车一直保持全球领先地位。在节能技术方面，英国汽车业也一直在改进。2012 年英国新车平均二氧化碳排放量下降 22.7% 至每千米 133.1 克，为过去 10 年来最低碳排放水平。在欧洲汽车业普遍萎缩的情况下，英国一枝独秀，2012 年新车登记量增至 204 万辆，达到 2008 年以来的最高水平。

目前我国呈现出制造业与服务业融合发展的态势，但也存在着一些问题，如政府和企业对服务业与制造业融合的内在规律认识不够、制造业以生产加工为主，抑制了生产性服务业的市场需求和人才短缺、服务质量低，影响了高端服务业供给，等等。要想促进制造业和服务业的深度融合，必须认识到制造业是服务业发展的前提、基础和市场，服务业为制造业提供核心能力、高附加值的支持，没有发达的服务业就没有强大的制造业。为此，应发挥市场主导作用，加快体制改革和创新，力争形成制造业与服务业融合的良好机制和发展环境。（姚海琳，2012）

三、解决资源环境问题

从英国“再工业化”的举措来看，以“绿色”“低碳”和“智能”化作为制造业产业结构升级和优化的方向，并以更强大的工业技术能力在陆地、海洋和太空中拓展更大的资源空间。因此，中国制造业的可持续发展需要借鉴英国“再工业化”的经验，依靠科学技术发展我国绿色制造、再制造和循环经济，发展相关的绿色材料、绿色能源和绿色基础技术，生产保护环境、提高资源效率的绿色产品。同时大力推动智能制造，以此减少制造过程中的物耗、能耗，缓解环境和能源对制造业的瓶颈制约，提升传统制造业水平。

中国制造业在高速发展的同时，付出了高污染、高能耗的巨大代价：2010 年中国单位 GDP 能耗是世界平均水平的 2.2 倍，主要矿产资源对外依存度逐年提高，石油、铁矿石等均已超过 50%。高耗能也带来高污染，据环保部的统计显示，“十一五”期间，我国工业二氧化硫排放量占二氧化硫总排放量的 85.7%，工业烟尘占烟尘总量的 75.5%，2006—2009 年，工业氮氧化物占氮氧化物总量的 76.1%。随着环境压力加大，减少废物排放、把对环境的影响降至“接近于零排放”，是制造业面临的长期挑战。同时，伴随国际能源日趋紧缺以及能源价格的不断上涨，提高能源效率、降低能源在制造业产品成本中的比重，也成为制造业提高竞争力的关键。

四、加大科研投入，促进自主创新

英国“再工业化”的本质之一是强调和重视科技的自主创新和持续创新。随着制造业高技术化趋势不断加强，知识在制造业中的比重日益加强。加大研发投入，促进知识生产，并确保知识向制造业转移，成为英国制造业的发展选择。我国制造业之所以长期处于国际产业链的低端，其根本原因在于制造业的研发投入不足、自主创新能力较弱。

英国在实行再工业化的过程中，通过减税政策推动研发和教育事业；提出了 72 项建议，进一步给创新商业和研究、增加知识交流、推进技术人员培养、促进公共部门创新等方面提供了新的支持；另外，英国还提出了一系列积极的政府干预措施，给予制造业资金投入、教育培训以及研发支持，帮助企业培训员工，提高劳工技能，并在信息服务和咨询方面提供帮助。而中国却没有正视研发以及自我创新的问题，恰恰是自主创新能力薄弱使得我国的某些制造业领域呈现失守困局。例如，目前我国的装备制造业不能生产大型民用飞机、深水海洋石油装备，90% 的高档数控机床、95% 的高档数控系

统、机器人依赖进口，工厂自动控制系统、科学仪器和精密测量仪器对外依存度达70%。

借鉴英国“再工业化”的经验，我国应注重发挥政府在科技创新上的基础性作用，加大政府的科技创新研发投入，尤其是对基础研究、公益研究、产业共性技术研究和战略技术研究领域的支持力度；还应有效运用财政性科技投入，发挥其放大、辐射、引导的“乘数效应”，通过各种措施引导企业的科技研发投入力度，提升我国制造业的自主创新能力。

五、充分认识和利用好市场这一战略性资源

利用世界市场来振兴本国制造业，是英国“再工业化”战略中的一条重要举措。我国人口众多，又处于工业化和城市化加速阶段，这使得国内市场无论是从规模，还是多样性上，都具备成长为全球最重要的新兴市场的条件，这必然成为欧美等发达国家的目标，我国市场的战略地位日益突出。

为此，我国必须充分认识和利用好市场这一战略资源，一方面吸引更多的国际创新资源向我国集聚，如加快吸引跨国公司在我国设立研发中心，为我国工业转型升级提供更多的机遇。另一方面应清楚认识到我国制造业面临的新挑战：发达国家对本国市场的保护会大大加强，贸易保护主义重新抬头。类似我国这样的发展中国家，更容易遭遇诸如绿色壁垒、技术壁垒、反倾销、反补贴等种种形式的贸易限制。

面对发达国家屡屡发起并不断升级的贸易保护，我国应坚持立足“两个市场”，熟悉国内市场需求和市场细分，及时灵活地转变生产方式来满足国内多样化的需求，使得我国制造业在全球价值链中的提升方式实现从专注国际市场转变为国际国内市场并重，从外向型发展战略转变为内外双向推动型发展战略，这应成为我国制造业企业发展的现实选择。

六、加快科技创新，发展新兴产业

创新一直是经济发展的核心，英国增大其对教育和研发的投入，培养了大量优秀人才，在中高端制造业中有所突破，使其制造业销售额有了很大的提高，我国要想发展经济，必须认识到科技创新的作用，注重科技创新，大力发展新兴产业，提高我国竞争力。

（一）加快科技创新

当前我国制造业发展存在创新能力弱、核心技术少的通病。随着市场化在我国的不断深化，企业成为经济发展的主要部分，因此提升制造业的创新

能力关键在于提升企业的创新能力，并强化企业的创新主体地位。以企业为创新主体，提升我国产业创新能力应该从以下三个方面入手。

一是超前部署事关企业发展前景的核心技术开发和前沿技术研究工作，统筹技术开发、标准制定、市场应用等创新环节。

二是释放我国已形成的科技潜力，促进创新人才向企业流动，推进高校、科研机构的技术转移，促进技术、人才、资金等创新资源向具有技术创新优势的区域集聚。

三是注意知识产权保护，建立促进技术合理扩散与有偿使用的机制，激发和带动行业其他中小企业创新，形成行业创新集群。

（二）发展绿色经济，培育新的增长点

英国的再工业化给我们的一个重要启示是必须寻求新的经济增长点，推动经济的可持续增长。积极发展绿色循环经济，提高资源的利用率，符合我国打造新经济增长点的目标。培育绿色经济，并将绿色经济打造成新的经济增长点，这就要求我国在产业发展的过程中坚持开发与节约并重，严格控制资源消耗高的落后产业，在工业生产的全过程防止污染产生，推动工业从高消耗、高排放型向资源节约和生态环保型转变。并且遵循以下四个原则：明确重点、制定发展规划避免无序发展、坚持市场原则和构建系统产学研体系。

七、改善企业发展环境

英国“再工业化”的内容之一就是为制造业创造良好的基础，提升企业竞争力，主要表现在基础设施投资、高技术人才培养和新兴市场开发，为此英国出台了一系列的政策和措施。在我国，中小企业是实体经济发展的重要载体，并且随着经济的发展其作用将越来越重要。但是当前我国的企业，特别是中小企业的发展环境普遍恶化，许多中小民营企业纷纷转型，投身房地产、股票等领域的情况屡有发生。

我们应借鉴英国的思路，在推进新型工业化过程中重点为制造业创造良好的基础。特别是改善中小企业的竞争环境、市场环境和投资环境，重新激发中小企业参与实体经济的积极性。鼓励中小企业向“专、精、特、新”方向发展，增强工业发展活力。同时，应鼓励优势企业联合，在促进中小企业发展的同时培育一批龙头骨干企业，提升产业的集中度，实现规模经济，提高国际竞争力。加快形成大、中、小企业的合理结构，构建产业链上下游企业协作配合的产业组织体系。只有这样，才能在保证国内市场的同时开拓国外市场，在未来激烈竞争中占取一席之地。

第七章　日本再工业化政策措施及启示

2007 年肇始于美国的次贷危机，更是迅速演变为国际金融危机，并继而扩散到实体经济乃至政治、社会和文化意识形态等各个领域，对资本主义各国造成沉重打击。尽管美国是此次金融风暴的中心，然而在经济全球化的背景下，任何国家都难以独善其身，日本在本次的金融危机中，也受到了极大的打击。为应对美、英、法、德等欧美国家“强制性”的制造业产业政策，日本也提出了一系列的发展制造业的战略举措，着力扭转制造业流失局面。我国虽已成为制造业第一大国，但总体上大而不强。借鉴日本推行“再工业化”的政策措施，对尚处于工业化进程中的中国积极参与新一轮产业革命、提升制造业国际竞争力有一定的启示意义。

第一节　日本再工业化背景

日本是亚洲唯一的发达国家，第二次世界大战后的压缩式工业化进程以及朝鲜战争使日本经济快速恢复了战前的水平。1960 年日本政府以经济高速增长为目标制定了《国民收入倍增计划》，逐步步入工业化发展，并历经了快速工业化阶段（1961—1973）、产业结构升级阶段（1974—1990）和经济衰退阶段（1991 年至今）。

第二次世界大战后，为满足经济的快速增长，日本大力发展钢铁、机械、化工、电力等重化工业。同时，为了使经济快速增长，提高人民的生活水平，消除经济结构的不平衡状况，1960 年日本政府出台了《国民收入倍增计划》，自此日本经济发展水平迅速提升，人均 GDP 从 1961 年的 563 美元增加到 1973 年的3 931美元，提高了约 6. 98 倍。至此，日本一跃成为仅次于美国的第二经济大国，步入发达国家行列。

20 世纪 70 年代国际能源市场出现两次石油危机，由此造成的石油价格上涨导致产品成本大幅提高，产品竞争力下降。在资源能源紧缺和环境压力下，日本开始尝试调整粗放式经济增长方式为集约式经济增长方式，并由劳动密集型产业转向技术密集型产业发展。20世纪80年代，日元兑美元的大幅度升值致使产品价格提高，出口主导型企业生产呈停滞或下降的趋势，此时，国内传统工业品市场也逐渐饱和。在多重压力下，日本提出技术立国的基本国策，工业生产由劳动密集型和资源密集型向知识密集型转换，同时将大量向国外转移，国内开始出现“产业空心化”现象。

一、日本经济下滑

2008年，日本经济形势严峻。国际经济危机和国内政坛乱象丛生、首相更迭，使日本在战后第三次全面转型期中的这一年，涂上了更多的危机应对的悲壮色彩。在国际金融危机的大背景下，日本实体经济受到重创，出口下降，日元急剧升值，股市暴跌，GDP持续呈现负增长，经济发展失去了前几年曾经的活力，有资料显示，日本的GDP增长率从2007年的2.2%瞬间跌至2008年的-1.0%，甚至在2009年已跌至-5.5%，陷入战后最严重的衰退之中。与经济萧条和衰退相伴而生的是失业率的急剧飙升。

二、失业率一直高居不下

国际金融危机爆发后，资本主义国家的失业率一直在高位徘徊。2009年，日本的失业率达到了最高点5.2%，危机背景下资本主义国家居高不下的失业率，日本的经济发展令人产生了很大的担忧。日本政府不得不暂停缩减财政赤字的计划，转而采取紧急救助措施和刺激经济计划，以期尽快走出困境。日本首相再次闪电更迭，显示了“1955年体制”崩溃后的日本政党政治仍旧处在动荡摸索之中，在朝野政治口号本质趋同的情况下，应对经济危机和迎合国内政治诉求成为朝野两党争夺政权和维持政权的主要因素。（程晖，2009）

三、日本各产业形势严峻

与此同时，此次的金融危机对日本各方面都造成了极大的影响。

（1）金融危机对日本金融业的影响。美国此次爆发的次贷危机对整个日本金融业而言是一个沉重打击。据相关数据显示，日本四大银行（三菱UFJ、瑞穗金融集团、三井住友和住友信托银行）2007—2008财年次贷相关亏损预计达47亿美元，约占其预期利润的30%。

（2）金融危机对日本汽车行业的影响。日本汽车业三大巨头丰田、本田和日产公司相继宣布，受全球金融危机的影响，汽车销售市场低迷不振，导致2008年1月份汽车产量锐减。为应对全球金融危机造成的汽车销售颓势，

日本汽车厂商纷纷减产、裁员。

（3）金融危机对日本对外贸易的影响。受全球金融危机影响，2008 年底以来外部需求低迷，日本出口遭受重大打击。据日本财务省发布的最新统计报告显示，日本去年经常项目顺差（经常项目是衡量一国与他国的贸易、资金往来情况，主要包括商品和服务贸易、收益以及单方面转移）较前年下降了 34.3%，其中商品和服务贸易顺差下降了 81.7%。2008 年全年日本经常项目顺差为 16.28 万亿日元（1 美元约合 92 日元），较 2007 年下降了 34.3%。商品和服务贸易顺差为 1.8 万亿日元，较前年骤降了 81.7%。去年日本商品贸易出口额为 77 万亿日元，较前年减少了 3%；进口额为 73 万亿日元，增长了 8.8%；商品贸易顺差为 4 万亿日元，比前年减少了 67.3%。可见，经济危机给日本的对外贸易带来了严重的影响，各个贸易公司绞尽脑汁，寻求良策，渴望尽早渡过难关。

（4）金融危机对日本电器行业的影响。由于日本经济衰退，导致消费者削减开支，为了抵御全球经济危机所导致的巨额亏损，松下、NEC、日立、东芝等大型电器公司纷纷裁员，关闭工厂。据专家分析，世界性的经济危机对日本的高科技企业，特别是电子企业带来巨大打击。这些负面影响主要表现在需求减少、出口萎缩、日元升值等。

（5）金融危机对日本工薪阶层的影响。据日本媒体不完全统计，日本工薪族的月薪和年终奖金持续几年连续下滑。此次金融危机来势汹汹，工薪阶层这一支撑日本社会发展的庞大群体自然不能幸免。统计显示，金融危机使普通的工薪阶层薪水缩水 5% ~25% 不等，临时雇佣者的时给也有所下调。人们只好选择接受降薪的现实，采取节衣缩食，减少家庭开支等方式重新考虑养家糊口的现实问题。

（6）金融危机对日本学生的影响。就日本高中生而言，受金融危机影响，日本普通高中生报考大学观念明显发生改变，在选择志愿时变得更为务实。“学费和考试费低廉、就近选择大学就读、减少报考大学数量”，即所谓“便宜”“离家近”“志愿少”成为择校三大元素。而对日本大学生而言，据一项最新公布的调查显示，受经济危机影响，日本家长提供给孩子的生活费下降，日本住校大学生的伙食费已经降低到 30 多年前的水平。

综上所述，金融危机已经影响到日本的方方面面。当前，随着全球经济危机导致出口需求减弱，日本这个亚洲最大的经济体已经陷入衰退的困境。（于卫红，2009）如何提高经济水平，促进就业，成为日本当下最显著的问题。制造业能够帮助一个国家保持产业领先地位，同时提供实实在在的就业岗位，因此，日本决定实施“再工业化”。

第二节　日本再工业化状况

日本再工业化战略实施独具特点，其强调要将实体经济主体制造业回归经济发展主体，强化产业技术竞争力。21 世纪之前，日本产业技术方面的政策一直倾向于引进、学习和吸收国外先进技术为主，自主研发为辅。通过不断使用和借鉴国外先进技术，将国内产业转为创造型知识密集化产业，日本的产业技术很快得以提升，进一步带动经济发展。由于自主研发方面仍与欧美等发达国家存在差距，日本政府在 2000 年颁布《2000—2010 年国家产业技术战略》，明确产业发展的方针和战略，为制造业等核心产业发展和技术研发指明方向。2005 年日本政府出台“新产业创造战略 2005”计划，针对信息家电、船舶制造等七个发展核心领域制定各自研发目标，制定政策实现产业链之间的资源和信息共享，提升研发投入等。2006 年日本颁布《中小企业制造基础技术高度化法》，针对中小企业制造技术特点，重新调整下游产业发展规划，对机械电子等特定制造技术提出可行的发展目标。据日本财务省数据显示，2012 年日本出现 30 年来的首次贸易逆差，究其原因除去地震、海啸等临时性因素外，产业转移造成的制造业空心化是主要因素。因此，日本政府实施“再工业化”战略，着力扭转制造业流失局面。（孙婧，2015）

一、就业情况有所改善

自金融危机以来，日本的就业情况面临很大的压力。在 2009 年，受经济危机的影响，日本就业率达到最高水平，不过近年来的就业率正在逐年下降，笔者认为，这极大程度归功于日本“再工业化”的影响。

日本国籍贸易委员会和日本通产省分别于 2009 年、2010 年发布了《日本制造业竞争策略》和《日本制造业》专题报告，包括全面推动 5 个战略性产业的战略蓝图，这 5 个产业包括基础设施、环保产品、医疗服务、文化产业及像机器人和宇宙空间项目这样的新领域。这些项目将推动相关产业在 2020 年实现总的市场规模达到 3 197 亿美元，净增 257. 9 万个职位。

从图 7 - 1 可以看到，自上述政策实施以来，日本的就业情况正在改善。据日本国家统计局发布的数据显示，直至 2015 年，日本失业人口为 222 万人，失业率为 3. 4%，相比 2009 年，失业人数减少 95 万，失业率下降 1. 9%。

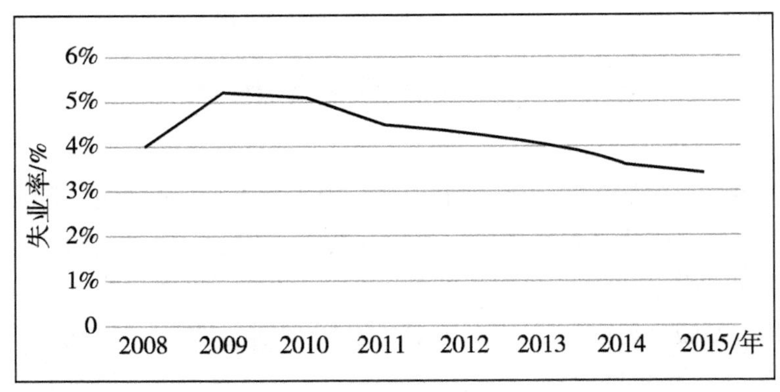

图 7－1 日本 2008—2015 年失业率

二、重振制造业的初期成果

2014 年 6 月，日本政府内阁通过《制造业白皮书》，表示将大力调整制造业结构，将机器人、下一代清洁能源汽车、再生医疗以及 3D 打印技术作为今后制造业发展的重点领域，为此，出台了一系列产业政策，比如，《3D 打印制造革命计划（2014—2019）》《新策略性工业基础技术升级支援计划》《机器人开发五年计划（2015—2019）》《机器人新战略》等。

日本政府推出的“重振制造业”措施包括：

一是大量培养制造业所需人才。日本政府已经遴选出 6 000 多名具有特殊制造技术的优秀人才，政府将出资聘请他们作为专家，培训制造业一线技术人员和熟练工人，保持日本传统制造技术和生产诀窍的传承。

二是在企业向海外转移生产的同时，确保“母体机能”留存在日本国内。新措施希望将日本企业的海外生产体制与国内的“母体机能”结合起来，维持日本制造业的活力。

三是追赶国际信息技术向制造业渗透的潮流，使日本制造业的信息化程度从目前的 30% 提高到 50% 以上，加快制造业的升级换代。

四是推动制造业中不同行业的融合，比如汽车与电子、建筑与机器人、能源与信息等。日本政府计划成立“不同行业交流合作会议”，邀请专家学者和制造业领军人物参加，共同探讨不同制造业行业相互融合渗透的可能性，通过行业融合，产生新的产业和市场。

三、领先技术和行业

长期以来，日本在下列领域掌握着领先技术，如汽车、机器人、电子信息等。日本汽车产业在全球分工体系中占据重要地位，一大批汽车生产商如丰田、本田、日产、三菱、尼桑、五十铃、铃木等成为世界级龙头企业。日本的机器人技术在世界首屈一指，日本生产的机器人占世界70%以上的份额。工业机器人被广泛应用于焊接、油漆、组装、操纵等领域。国际上的工业机器人公司主要分为日系和欧系，其中日系主要有安川、OTC、松下、FANUC、不二越、川崎等公司。

近年来，日本机器人产业已从工业机器人向服务机器人扩展，以适应老龄化社会的需求。下一代机器人技术为提高工业生产效率和人们生活水平提供了重要的途径。日本处于全球电子信息产业的核心圈和产业链的高端，是世界电子信息产业的第二大国，在微电子、光电子产品以及计算机等方面处于世界领先地位。东芝、日立、NEC、富士通、三菱电机等都是半导体领域的知名企业。

进入21世纪以来，在以互联网、新能源、新材料为基础的新工业革命背景下，由于有较强的研究开发优势和较好的产业化前景，日本在新一代机器人、iPS细胞再生医疗、蓄电池、再生能源、新一代汽车等方面加快了步伐。近年来，日本政府加大了对企业3D打印机等尖端技术的财政投入。

四、日本制造业仍存在瓶颈

日本是世界制造业强国，制造业竞争力在联合国报告中排名第一。根据统计，2013年日本制造业增加值约占国内生产总值的18.53%，高于美国约6.1个百分点，低于德国约3.7个百分点。近年日本制造业出现了三个新现象：一是采用“小生产线”的企业增多，二是采用小型设备的企业增多，三是通过机器人、无人搬运机、无人工厂、“细胞生产方式”等突破成本瓶颈。

金融危机后，日本实施再工业化应对衰退的经济发展，制定并实施了系列政策，日本经济状况有所改观，但是再工业化是一个漫长的过程，日本还需要继续努力。（张焕波，2016）

第三节　日本再工业化政策

制造业是日本经济发展的基石。第二次世界大战前“日本制造”也曾经是价廉质次的代名词。但战后日本以制造业的恢复和发展为起点，通过多年努力，到20世纪80年代初，制造业已全面超过欧洲、赶上美国，成为制造强国，创造了“经济奇迹”，并奠定了日本经济大国的地位。相对于其他国

家，日本自身存在资源小国、人口老龄化、婴儿出生率低、企业面临较高税收负担等限制，产业空心化现象很难通过扩大制造业规模来扭转。日本“再工业化”的现实路线是倚重现有制造业的再发展——在原有的技术密集型及资本密集型制造类产业的基础上，不断融入能够引领国际先进技术发展趋势、富有核心竞争力的知识创新力。日本发展制造业的政策措施包括以下几方面。

一、重新确立制造业的战略地位

日本将制造业作为产业政策核心，制定了《制造基础白皮书》，决心提升制造业的竞争力，加强信息家电、环境与能源、纳米与新材料、医疗与生物工程等领域的技术研究开发，拟将日本建成为最尖端技术领域研究开发以及生产高附加值产品的据点。

为此，日本还颁布了一系列法规来奠定制造业的战略地位。日本于1956年和1957年分别制定了《日本机械工业振兴法》和《日本电子工业振兴法》，1977年制定了《特定电子工业和特定机械工业振兴法》，1978年制定了《特定机械情报产业振兴法》，这些法规在产业方向上加以指导、在政策上加以鼓励、在资金上予以支持，对调动企业积极性取得了良好效果。在实施前两个法令的15年内，日本制造业生产总值增长了17倍。1999年3月日本制定了《制造基础技术振兴基本法》，2000年8月颁布了《产业技术竞争力强化法》，均体现了发展制造业的努力。

在美国、英国、欧盟的国家和区域“制造业”产业政策下，日本在相对比较弱势的制造业感到了发展的压力。日本国际贸易委员会和日本通产省分别于2009年、2010年发布了《日本制造业竞争策略》和《日本制造业专题报告》，主要包括全面推动5个产业发展的战略蓝图，以达到经济增长和增加就业的目的。工业4.0时代日益严峻复杂的国际竞争形势同样激发了日本强烈的紧迫感。

2010年4月，日本时任首相菅直人提出日本政府有意向基于日本强大的制造能力而塑造一个新的“日本公司”，加强政治经济一体化。2011年，日本政府公布了以制造业等为主要对象，应对日元升值和产业空洞化的《应对日元升值综合经济对策》，其中包括增加地方产业补贴，以强化日本工业的竞争力等。

近年来，日本政府更加重视制造业对国家竞争力的关键作用。2013年1月6日，日本政府由首相安倍晋三亲自挂帅的“日本经济再生总部”制定的经济增长战略探讨课题的方针草案出炉，其中提到要“重振战略制造业”。

同年，作为安倍经济学的“第三支箭”，日本推出了成长战略——《日本再兴战略》，意欲与后危机时期发达国家再工业化形成呼应。

在2014年经合组织（OECD）理事会上，安倍进而提出将机器人产业革命作为“成长战略”的支柱之一，并于同年6月重新修订了《日本再兴战略》，确立了以机器人技术创新带动制造业、医疗、护理、农业、交通等领域的结构变革。

针对工业4.0时代大数据、物联网等新兴技术和商业模式改变制造业竞争规则的趋势，2015年日本政府在“推进成长战略的方针”中进一步强调以“实现机器人革命”为突破口，利用大数据、人工智能和物联网对日本制造业生产、流通、销售等广泛的领域进行重构，以实现产业结构变革。（方晓霞，杨丹辉，李晓华，2015）同年6月，日本政府发表《制造业白皮书》，分析日本制造业的现状和存在的问题，并提出了“重振制造业”的战略目标和措施。日本制造的现状主要包括以下三个方面。

①与德、美两国的动态相比，日本虽然在工厂的省人力化、节能化等改善生产效率方面有些长处，但不少企业都对进一步发展数字化持消极态度，尤其是对物联网的关键——软件技术和IT人才的培养。

②日本制造业企业之间的合作不充分，比如工厂使用的制造设备的通信标准繁多，许多标准并存，没有得到统一，需要跨越企业和行业壁垒，强化“横向合作”。

③在生产制造过程中软件使用不够，例如对PLM工具的使用。

针对上述现状日本主要推出以下四个方面的措施。

①大量培养制造业所需人才。日本政府已经遴选出6 000多名具有特殊制造技术的优秀人才，政府将出资聘请他们作为专家，培训制造业一线技术人员和熟练工人，保持日本传统制造技术和生产诀窍的传承。

②在企业向海外转移生产的同时，确保“母体机能”留存在日本国内。“母体机能”是指日本独特的经营方式、技术开发机制和人才培训体制等。新措施希望将日本企业的海外生产体制和国内的“母体机能”结合起来，维持日本制造业的活力。

③追赶国际信息技术向制造业渗透的潮流，使日本制造业的信息化程度从目前的30%提高到50%以上，加快制造业的升级换代。

④推动制造业中不同行业的融合，比如汽车与电子、建筑与机器人、能源与信息等。日本政府计划成立“不同行业交流合作会议”，邀请专家学者和制造业领军人物参加，共同探讨不同制造业行业相互融合渗透的可能性，通过行业融合，产生新的产业和市场。

二、直接扶持战略新兴产业

2008 年金融危机爆发后，日本为了应对危机，加大了对战略性新兴产业的支持力度，通过发展新兴产业来振兴本国经济。

首先，把绿色能源作为再工业化的重中之重。日本出台各种优惠政策保证绿色能源产业的发展，并且加大对相关研究的资金支持。其明确了未来的技术发展重点，提出未来太阳能的发展目标，恢复了 2006 年停止的太阳能产业补贴政策，给予太阳能发电设施补贴并提供低息贷款等优惠政策。2009 年 4 月，日本为了刺激经济发展，推出了“新增长战略”，将未来产业重点发展方向锁定在节能汽车、低碳经济、医疗护理、清洁能源发电等方面。2009 年 12 月，日本出台了到 2020 年的中长期发展战略方针，将六大领域作为保增长的重点对象，包括环境资源、医疗护理、文化旅游、科技创新、促进就业和人才培养，试图以科技创新赢得未来发展的先机。

其次，加大对生物技术和产业发展的支持力度。日本在生物技术领域的投资不断增加，相关的促进政策也纷纷出台。其主要强调在生命科学和生物工程上的研究。2009 年 3 月，日本出台了为期 3 年的信息技术发展计划，侧重于促进信息技术在医疗、行政等领域的应用。

最后，积极拓展纳米技术和产业的发展空间。目前纳米技术已拓展到信息、生物医药、能源、资源、环境、空间等诸多领域，纳米领域继续成为各国创新投资的重点。日本强调要运用纳米技术实现高效率的制造业生产，开展了包括纳米技术尖端零部件的实用化研究开发、高效三维光器件制造技术开发和碳纳米管电容技术开发等项目。

三、重视教育和环境保护方面的投入

在加大教育和研发投入方面，日本颁布《创新 25 战略》，提出两大政策路线图。

（1）“社会体制改革战略路线图”，强调为促进创新改善社会环境，制定鼓励创新的新制度，如《防止假货和盗版扩散条约》；增加对下一代的投资，改革大学，增强大学的研究和教育能力，培养领军型和多样化人才；通过举办“科技周”增进国民对创新的理解，促进国民意识改革。

（2）“技术革新战略路线图”，提出了技术创新四方面的内容：通过实施灾害信息通信系统、高速道路交通系统和家庭医疗看护等实证项目，让国民能够切身感受到创新；推进不同领域，尤其是生命科学、纳米技术等高技术领域的研发；推进富有挑战的基础研究；改革研发体制，促进民间研发活动的开展。（王玲，2007）此外，战略中还提出"产业集群计划"的概念，促进"产官学"人力资本网络的形成。

在积极解决资源环境问题方面，日本致力于建设低碳社会，发展低碳经济和绿色经济。日本政府颁布了《低碳社会行动计划》，推行碳排放权交易、节能产品领跑者、节能标识、"碳足迹"等制度，制定一系列鼓励低碳产业发展的财税措施，制定《废弃物限制及废弃物处理法》，提出积极建立"逆向工厂"，达到有效处理废料的目标，并把它转化为资源，实现"制造业进化"。（唐丁丁，2009）

表7-1 日本建设低碳社会的相关政策

政策类型	具体政策
低碳能源政策	可再生能源政策、节能政策、能源技术政策
环境税收政策	环境税：购置低污染车辆可享受车辆购置税的减税，优先并延长减税车辆汽车税的减免年限 延长低污染车燃料供给设备固定资产税的优惠措施 根据污染防治设备特别折旧制度，对其进行重新评估并延长特别折旧年限
低碳技术政策	碳减排技术研发、应用和转让政策，碳封存技术政策，低碳技术标准 对现有能源技术的改造：太阳能、风力、水力、生物质能、海洋温差、潮汐、海浪、燃料电池等新能源技术及其电力转换技术 能源效率技术：碳捕获技术
绿色投、融资政策	日本政策投资银行将环境友好型经营促进事业作为投资融资项目 实施采用环保手段的低利息融资政策
低碳产业政策	推进新交通管理系统（UTMS）政策 "远程办公计划"：以政府行为推广远程办公 绿色物流：推广"生态铁路标志"认证制度
绿色消费政策	推广绿色采购。建立"绿色采购事例数据库" 使用环境标志，截至2008年3月，生态标志产品对象类型为47个、认证产品数量为5 239个

四、引进先进技术，重视创新与研发

资源小国的特点使日本十分注重扬长避短，充分发挥自身的人力资源优

势，把功夫花在引进和制造上。战后十年的恢复期，日本在钢铁、石化、汽车制造等方面广泛引进国外先进技术。在引进的同时还加强创新与研发，不断实现技术突破与革新，并迅速运用于生产，劳动生产率得到迅速提高，制造业发展迅猛。创新和研发作为日本发展的重要内容，对此，日本提出了“技术革新战略路线图”，强化推进研发体制创新，同时提出“产业集群计划”促进“产官学”人力资本网络的形成。2007 年日本正式通过《创新 25 战略》，强化推进研发体制创新，提出“产业集群计划”等，以提升制造业的国际竞争力。

五、重视质量，提出质量救国

日本能够发展成为经济强国同其产品质量优良密不可分。20 世纪 50 年代初，日本产品质量的恶劣口碑成为日本产品进军国际市场的最大障碍，为此日本着手实施质量变革。1950 年美国学者戴明向日本企业推行“统计质量管理”的理念与方法，日本国内掀起了质量管理热潮，每年的 11 月被定为“质量管理月”。1951 年，日本设立代表国家质量最高荣誉的“戴明奖”。20 世纪 60 年代，日本提出质量救国，1962 年成立第一个具有创造性的质量控制（QC）小组。日本质量革命最终推动日本产品质量迅速提升，20 世纪 70 年代追上西方发达国家，80 年代日本的质量奇迹开始震惊世界，日本商品在国际市场上获得强劲的质量竞争力。（张丽虹，2014）

六、坚持认真勤奋的民族文化

一个民族要想屹立于世界民族之林，一个国家要想兴旺发达、兴盛富强，一个适合其发展的文化基础和社会环境是必不可少的。日本独特的、具有悠久传统的日本文化为其成功发展提供了合适的土壤。日本能够实现经济起飞并成为世界经济强国的重要原因之一，是日本的民族文化发挥了重要作用。日本的民族文化有认真、勤奋、学习、服从、精益求精等，而制造业成功的基本要素是质量、管理、成本、技术、规则、标准等，鲜明的文化特征支持了制造业在日本的发展。如丰田公司创造的“精益生产”体系，在日本许多公司得到推广应用；松下公司提出四个“千方百计”、以满足用户要求为准则等，都促进了日本制造业的发展。

第四节　日本再工业化启示

在存在着明显的资源劣势以及各国工业4.0越推越高的情况下，日本不是简单地依靠制造业回流来进行再工业化，而是在依靠原来制造业的比较优势上通过进一步引进和开发先进技术来谋取进一步的发展。虽然我们强调中国发展道路和发展环境的独特性，但是经济活动和产业发展具有其内在的规律性，这意味着其他国家在经济发展过程中的经验教训是可以、也应该为我们所学习和借鉴的。日本的再工业化给我国的经济发展带来的启示主要如下。

一、重视制造业发展，走新型工业化道路

制造业是国民经济的核心。分析日本工业化发展历程发现：在全球化时代，拥有强大的制造业可以为国家经济发展持续提供动力；制造业的发展是日本实现工业化、促进日本经济发展的根本推动力量。制造业具有极高的产业带动效应，在国民经济中发挥着其他产业无法替代的主导作用，是产业发展的主要推动力量。即便是大国，足够强大的制造业也是保持一国经济实力和长期繁荣的基础。

制造业还主要表现在国际竞争力方面，是国际贸易中的主力军。日本在再工业化的过程中，对制造业价值重新认识，并且确定其战略地位，无疑给我国经济发展带来了启发：我国必须坚定不移地走中国特色的新型工业化道路，加快经济发展方式转变。（张丽虹，2014）按照国际上衡量工业化程度的标准，我国工业化还处于中期阶段，经济增长的速度很快，但发展代价也很大。与日本相比，我国工业化面临的问题更多、更复杂，例如人口数量大、人均资源不足、生态环境恶化、环境污染严重的矛盾突出。走中国特色新型工业化道路，是我国实现工业化、现代化的必然选择。走新型工业化道路不仅是工业化路径和经济增长方式的创新，更是经济发展观和现代化模式的创新。从我国当前的经济发展看，我国新型工业化道路应该是以科技创新为先导，以高新技术和“绿色技术”为支撑，遵循“循环经济范式”要求，坚持技术创新和工业化并举的一条集约化、开放化道路。（张焕波，2016）

二、重视提高产品质量，培育自主品牌

未来的竞争是技术、质量和品牌的竞争。日本的跨国公司之所以能成为

全球价值链分工的主导力量，靠的就是技术、质量和品牌。日本之所以能够发展成为经济强国，主要原因就是其产品质量优良。自日本开展质量革命以来，日本产品的质量迅速提升，逐渐追上西方发达国家，最后日本的质量奇迹甚至震惊世界，也因此日本商品在国际市场上获得强劲的质量竞争力。

在未来低成本优势难以为继的大背景下，“中国制造”要想提高国际竞争力，就必须建立成本领先之外的竞争力，下大气力提高质量水平，向质量要效益，走转型升级之路。企业要树立质量优先、质量就是企业生命的理念，建立完善的质量管理体系，积极实施品牌战略，以提高质量为根本，以塑造具有自主知识产权的品牌来赢得竞争优势。政府必须强化产品质量安全监控体系，运用国家创新体系，大力支持质量和品牌建设有关部门和行业协会等也应积极行动起来，树立“中国制造”品牌新形象。

三、重视和依靠技术创新

根据内生增长理论：技术创新是经济增长的源泉。根据“钻石”理论，创造能力是影响产业国际竞争力的重要因素。日本发展制造业的经验表明：技术创新是提升制造业国际竞争力的核心和关键。跨国公司强大的竞争优势就是因为它们垄断了世界上70%的技术转让与80%的新技术和新工艺。

我国要成为世界制造中心之一，就必须依靠技术创新，走一条新型产业发展之路。作为政策主要供给者的政府，应加强引导扶持，改进、完善并切实落实支持自主创新的政策措施，营造公平、公正、公开的外部环境。作为技术创新主体的企业，应站在企业长远发展和增强核心竞争力的战略高度，高度重视自主技术创新，主动增加技术研发投入，吸收消化国外先进技术，真正做到“干中学”，集中力量对专有技术和核心技术进行研发，形成拥有自主知识产权的核心技术。逐步提高劳动密集型产业的技术含量和附加值，真正提升“中国制造”品牌的含金量。

四、重视能源综合利用，解决资源环境问题

低碳、保护环境一直都是全球热切关注的问题，日本针对其发展中引出的环境问题，提出了建立“逆向工厂”，即把废料合理处理并把它转化为资源，实现“制造业进化”。日本对环境的重视，不得不让我国反思自身的环境问题。目前，中国经济发展需要以能源消费为基础。经济越是发展，能源消费就会越多。以煤为主的能源结构在相当长的时间内难以改变。

近年来，煤炭消费量已占能源消费总量的75%以上。煤炭消费量的

80%是原煤直接燃烧，由此造成环境污染问题。中国走“新型工业化”道路，必须正确处理好经济发展与资源、环境的关系。

第一，中国要重视能源综合利用。在工业化发展中，一方面要追求传统的工业化目标的实现；另一方面要注意后工业化目标的实现。通过产业结构的调整，减少环境污染和破坏。在能源的生产和消费方面，应当着重提高能源利用的经济效益，最大限度地减轻环境污染，使经济与环境保持协调的可持续发展。

第二，保护环境、节约能源。环境保护关系到人类的生存，经济的发展不能只注重效率，同样需要遏制生态环境恶化状况。企业在发展的同时，绝不能以破坏环境为代价。

五、重视高素质产业、工人队伍的培养

一般来说，劳动、资本等要素不能长期充当经济增长和提升国际竞争力的源泉，而人力资本积累不仅有收益递增优势，还能弥补甚至抵消这些要素的不足。中外制造业之间的竞争，在某种程度上是人才的竞争。日本制造业的竞争力并不体现在劳动力成本方面，而是体现在劳动力素质、劳动生产率等方面。“企业的成败，关键在于人”一直作为日本制造业方面的主导思想，日本企业不遗余力地培养文化素质和技术水平较高的职工队伍。多年来，日本培养了一大批高素质、熟悉精益生产的产业人才，为其制造业的发展提供了很大的支持。

由此看来，我国制造业要转型升级，必须高度重视人才特别是高素质产业工人队伍的培养，一方面要重视职业教育，促使企业与学校建立战略合作伙伴关系，形成提高产品质量与提高技术工人素质的良性循环；另一方面要不断加大人力资本投入，提高劳动者整体素质。

六、重视法制建设

日本政府充分利用法规、规划、政策对制造业进行引导和扶持，为制造业发展提供了良好的制度环境。我国的市场经济体制并不完善，在工业化发展道路上，政府的作用就显得特别重要。政府的任务不是试图解决市场运作的负外部性问题，而主要应考虑制度安排：

一是提供制度环境，包括市场、资本、技术、环境等要素方面的制度，加大对中小企业的政策扶持力度，鼓励产学研密切合作。

二是建立能够保护私人财产和促进有效竞争的法律体系，为企业技术创

新等提供更具激励性的外部环境；完善产品质量监管法律体系，提高违法成本，培育良好的竞争环境。

三是支持基础研究，提供平等的教育机会，加强人力资源的开发，为制造业转型升级提供人才储备。

四是加快政府职能转变，降低行政成本及企业交易费用，发挥行业协会等中介组织的作用，完善创新服务体系，促进行业发展。

七、重视文化建设

良好的文化，尤其是良好的质量文化是企业卓越经营的关键成功要素。任何组织的企业文化均会受到所处环境的民族性、价值观等相关文化的影响。日本制造业的发展就深受其民族文化的影响，而其已取得的效果值得我们思考和借鉴。

中华民族五千年的文化积淀中含有许多优良的品质，一些经典思想如“己所不欲，勿施于人”“吾日三省吾身”“止于至善”等都反映出我国文化的精髓。我国制造业企业应从中华文化的精髓中解析出有助于孕育良好质量文化的元素，培育形成崇尚精益求精、持续改进、锐意创新的质量文化。

只有孕育良好的企业文化，尤其是质量文化，才能在高度竞争的环境中提供优质的持续性的产品、服务，才能不断提升国际竞争力。（张丽虹，2014）

八、重视培育新兴产业

日本充分认识到了新兴产业对重整经济、创造财富的巨大潜能，并将其上升到国家战略层面，这对我国有着积极的借鉴意义。

第一，立足国情，把握战略性新兴产业发展的规律和趋势，根据我国经济发展，确定我国战略性新兴产业发展的总体思路，避免盲目性，做到有重点地发展。虽然我国现已确定把节能环保、新一代信息技术、生物产业、高端装备制造、新能源、新材料、新能源汽车等七大产业作为国家层面战略性新兴产业发展的重点，但在具体发展方向上还有待进一步明确，尤其是地方政府在发展战略性新兴产业的时候，必须结合本地实际情况，充分发挥本地资源优势，慎重选择重点发展领域。

第二，加大战略性新兴产业市场的培育力度。根据日本的经验，政府可以通过相应政策手段，组织构建产学研合作机制，一是分担研发风险；二是加快研发成果的市场化应用速度，避免了研发与应用相互脱节的情况；三是结合我国实际，充分发挥各类开发区、创新中心平台的作用，整合资源，推进合作机制的落地；四是通过“试点”效应，逐步推广战略性新兴产业产品的应用范围，培育新兴产品市场；五是注重战略性新兴产业发展的人才培养，加大引进人才力度，加大对新兴产业各层次人才培养和培训投入，做好战略性新兴产业人才储备，为战略性新兴产业长期发展做好准备。（刘焱，2010）

影响分析篇

第八章　发达国家再工业化过程对广东的影响和冲击

在经历了几次金融危机后，面对经济增长严重消退、失业率居高不下和制造业持续萎靡等诸多问题，许多发达国家对自身过度发展虚拟经济和去工业化教训进行深度反思和总结，提出“再工业化”，旨在通过再工业化重塑竞争优势。再工业化也是发达国家的再探索过程，发达国家在再工业化中重新审视制造业对一个国家的重要性。因此，再工业化战略成为发达国家当下的长期发展战略。也正因为发达国家推行“再工业化”这个举措，使得广东地区的制造市场份额大大降低，甚至导致国家制造市场份额的降低。如2009年，中国制造在美国进口市场份额达到了29.3%。而在其“再工业化”战略实施仅仅三年的时间内，2012年1—7月，中国制造市场份额已降为26.6%。随着战略的推进，再工业化必将对我国制造业的出口和整体发展造成巨大威胁。不过发达国家发展再工业化的同时，也为广东发展再工业化带来了机遇和挑战。以下为发达国家再工业化过程对广东发展再工业化造成的种种影响和冲击的分析。

第一节　当今世界的宏观经济环境

一、世界经济复苏的不稳定性

2008年后，世界工业生产低速增长，贸易持续低迷，金融市场动荡加剧，大宗商品价格大幅下跌。发达国家经济复苏缓慢，新兴经济体增速进一步回落。世界经济整体复苏疲弱乏力，增长速度放缓，世界经济仍将处于国际金融危机后的修复期，政策措施的有效性下降，新的增长动能尚未确立，仍会维持“低利率、低通胀、低增长、高负债”的“三低一高”态势，复苏将依然疲弱乏力。世界主要经济体的失业率仍然比较高，恢复正常的就业率需要一个比较长的时间间隔，因此广东主要出口市场需求的增加仍然存在

许多不确定性，出口的限制会使广东工业的生产遭遇到相当的困难。随着世界经济走向复苏，2010 年全球资源和能源需求将有所回升，在超低利率水平和宽松货币政策背景下，投机炒作和美元汇率走低等因素可能推动大宗商品价格上涨，推高广东企业的进口和出口成本。一旦世界经济复苏遇到挫折，国际大宗商品价格可能高位剧烈波动，加大广东企业进出口的经营风险。同时发达国家遭遇“退出战略”的两难境地：一是美国政府既要考虑如何拉动经济走出危机，继续刺激的经济政策；又要考虑如何预防未来通货膨胀和美元贬值，是否开始紧缩的宏观经济政策。二是由于各国经济复苏的时间和程度不一，各国“退出战略”实施很难协调，这更加为全球的经济和工业生产带来不确定性。

二、贸易保护主义抬头和贸易摩擦的加剧

贸易保护主义，会引发贸易战。若干因素（全球金融危机后，世界经济自 2010—2011 年复苏以来，增长放缓、收入中位数增长更为缓慢以及劳动力市场结构性错位）导致主要发达经济体中，在政治上形成了对零和对策方法的支持，而这些政策方法可能会损害国际贸易关系以及更广泛的多边合作。在经济衰退时期，国家间的政策合作意愿减弱，协调难度加大；各经济体自顾性会进一步增强，以解决国内就业、产业发展等问题优先，相继出台各种贸易限制措施和保护措施。虽然各国政府吸取了历史教训，不会重蹈 20 世纪 30 年代严重贸易保护主义的覆辙，但是贸易保护主义抬头和贸易摩擦加剧会影响双边的贸易发展。在其他国家完成生产加工的产品最终都需要在中国完成最后组装，中国成为一个组装产品的出口大国；而反倾销恰恰针对的是最终环节的出口方，中国作为最终环节的出口方自然成了被攻击的主要目标。

三、世界主要经济体经济增长增速放缓

2016 年世界经济增长低于普遍预期，发达经济体增速继续回升，但回升势头减缓，新兴市场与发展中经济体增速加速下滑，如表 8 - 1 所示，全球经济增长率比 2015 年有所下降。据国际货币基金组织（IMF）数据显示，2016 年世界经济增长率比 2015 年下降了 0.1 个百分点。其中，发达经济体经济增速为 1.7%，比 2015 年下降了 0.4 个百分点；新兴市场与发展中经济体经济增速为 4.1%，比 2015 年上升了 0.1 个百分点。

美国、欧元区和日本三大主要发达经济体增速有所放缓，其他发达经济

体增速略有增加。2016 年美国 GDP 增长了 1.6%，比 2015 年减少 1 个百分点；欧元区 GDP 增长了 1.7%，比 2015 年减少了 0.3 个百分点，日本 GDP 增长由 0.5% 增至 1%，比 2015 年提高 0.5 个百分点；美欧日以外的其他发达经济体 GDP 增长了 2.2%，比 2015 年增加了 0.2 个百分点。美国金融危机以来，美国、欧元区和日本合计 GDP 在发达经济体 GDP 中的比重不断下降，自 2008 年以来已经下降了 2.3 个百分点。不过美国在发达经济体 GDP 中的比重仍然从 2008 年的 33.9% 上升到了 2016 年的 38.9%。美欧日 GDP 合计比重在发达经济体中比重下降的主要原因是欧元区和日本的经济疲软。其中欧元区 GDP 比重从 2008 年的 32.6% 下降到 2016 年的 29.7%，日本 GDP 比重从 2008 年的 11.2% 下降到 2016 年的 10.8%。

新兴市场和发展中经济体的经济表现喜忧参半。中国经济在持续的政策支持下保持强劲增长，但印度的经济活动受货币置换的影响已经减缓。巴西经济陷入严重衰退。燃料和非燃料大宗商品出口国的经济活动依然疲软，而地缘政治因素阻碍了中东一些国家和土耳其的增长。2015 年新兴市场与发展中经济体 GDP 增速持续下滑，且下滑幅度继续扩大。2013 年其增速下降了 0.2 个百分点，2014 年下降了 0.4 个百分点，2015 年下降幅度扩大到 0.6 个百分点。新兴市场和发展中亚洲经济体依然是世界经济中增长最快的地区，2015 年增长率约为 6.5%，但相比 2014 年下降了 0.3 个百分点。这主要是由于中国、印度尼西亚和马来西亚等经济规模较大的新兴亚洲国家出现了 0.3 ~0.5 个百分点的经济增速下滑。

在增速下滑的亚洲，仍然存在增长亮点。印度和越南保持强劲增长。2015 年印度 GDP 增长了 7.3%，与上年基本持平，越南 GDP 增长了 6.5%，比上年提高了 0.5 个百分点。新兴市场和发展中欧洲地区增速倒是有一定程度的提高，其 GDP 增长率从 2014 年的 2.8% 提高到 2015 年的 3.0%。只是整体增长率不高，增速改善不明显。

表 8－1 主要经济体经济增长数据及预测

（单位：%）

地区	2015 年	2016 年	2017 年预测	2018 年预测
全球	3.2	3.1	3.5	3.6
发达国家	2.1	1.7	2.0	2.0
美国	2.6	1.6	2.3	2.5
欧元区	2.0	1.7	1.7	1.6

续上表

地区	2015 年	2016 年	2017 年预测	2018 年预测
日本	0.5	1.0	1.2	0.6
英国	2.2	1.8	2.0	1.5
其他发达经济体	2.0	2.2	2.3	2.4
发展中国家	4.0	4.1	4.5	4.8
亚洲发展中国家	6.6	6.4	6.4	6.4
中东北非	2.3	3.9	2.6	3.4
撒哈拉以南非洲	3.4	1.4	2.6	3.4
拉美	0	-1.0	1.1	2.0

数据来源：国际货币基金组织《世界经济展望》。

四、就业态势总体改善，表现各异

从表 8-2 中可以看出，2016 年美国失业率下降到 4.9%，保持了自 2009 年以来的持续下降趋势。2015 年 10 月美国失业人数下降到 791 万人，同期就业人数增加了 186 万人。美国就业状况的持续好转和失业率的持续下降，表明其经济复苏有较好的基础。需要注意到，美国的劳动参与率并没有因劳动市场的好转而上升，却于 2015 年 10 月进一步下降到 62.4%，说明美国劳动力市场的信心并没有完全恢复，也说明劳动因素对美国经济增长潜力的贡献在进一步降低。

欧洲劳动力市场也在持续改善过程中。欧元区整体失业率 2016 年下降到 10%。在欧盟 28 个成员国中，有 22 个国家在截至 2016 年 9 月的近 12 个月内出现了失业率下降，有 5 个国家出现了失业率上升的情况，另有 1 个国家失业率维持不变。

新兴经济体的劳动市场表现不一。巴西和俄罗斯这两个 GDP 负增长国家的失业率出现了显著上升。南非的失业率持续上升，仍然保持在 25% 以上的高位，失业形势依然严峻。中国的就业状况相对较好，城镇登记失业率基本稳定在 4.1% 的水平，劳动市场的供求比例也基本稳定在 1.1∶1，反映出劳动市场存在一定的“招工难”的问题。中国经济增速下滑并没有产生大规模的失业。

表 8－2　主要经济体失业率

（单位:%）

地区	2012 年	2013 年	2014 年	2015 年	2016 年
先进经济体	8. 0	7. 9	7. 3	6. 7	6. 2
美国	8. 1	7. 4	6. 2	5. 3	4. 9
日本	4. 3	4. 0	3. 6	3. 4	3. 1
英国	8. 0	7. 6	6. 2	5. 4	4. 9
欧元区	11. 4	12. 0	11. 6	10. 9	10. 0
其他先进经济体	4. 7	4. 6	4. 7	4. 5	4. 4
新兴市场和发展中经济体	—	—	—	—	—
中国	4. 1	4. 1	4. 1	4. 1	4. 0
印度	5. 5	5. 5	5. 2	5. 6	5. 5
巴西	7. 4	7. 2	6. 8	8. 3	11. 3
南非	24. 9	24. 7	25. 1	25. 4	26. 7

数据来源：国际货币基金组织《世界经济展望》。

五、物价水平增速下降，通缩抬头

大宗商品价格上涨推升了全球总体通胀。核心通胀依然处在低水平，特别是在发达经济体。大宗商品价格上涨促使全球通胀自 2016 年 8 月开始回升，全球生产者价格通胀的上升尤其明显，这是因为，相比消费者价格指数，大宗商品在生产者价格指数中占有更高权重，并且，大宗商品是生产中的一项重要中间投入。特别是，中国的生产者价格结束了连续四年的下降，原因是原材料价格上升，以及在削减过剩工业产能和恢复房地产投资方面采取的措施。随着汽油和其他能源相关产品的零售价格上涨，全球消费者价格指数也已上升。发达经济体消费者价格指数的上升幅度尤其大，12 个月消费者价格通胀在 2017 年 2 月处于略高于 2% 的水平（是 2016 年 0. 8% 的平均年度通胀率的两倍不止）。相反，核心通胀的上升幅度小得多，在几乎所有发达经济体，核心通胀率仍大大低于中央银行的目标水平。在新兴市场经济体，总体消费者价格通胀直到最近才开始回升，因为燃料价格上涨的影响直到最近才开始超过早先汇率贬值作用消退对通胀造成的下行压力。

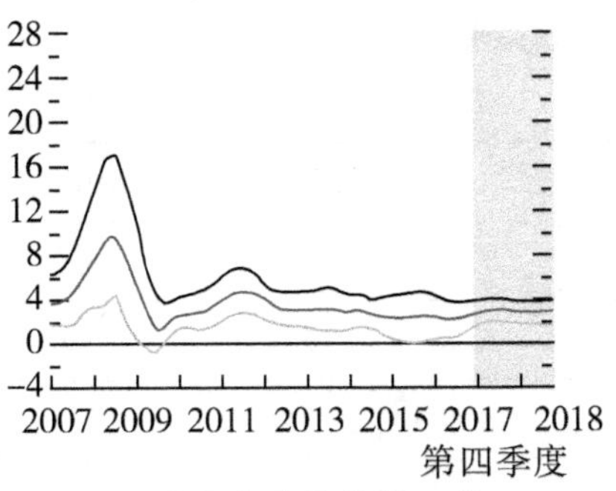

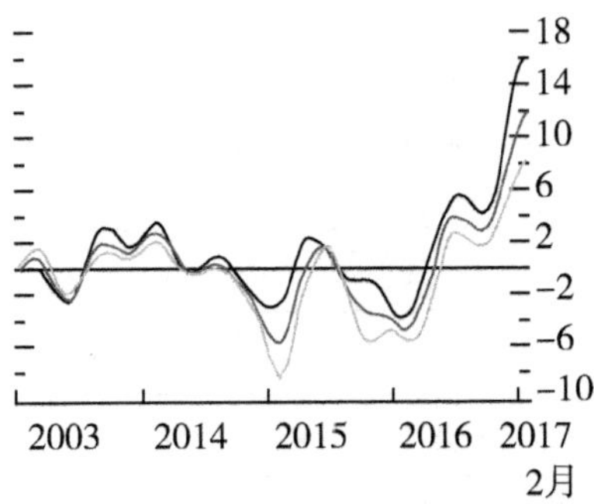

（1）消费者价格指数通胀
（相对于一年前的百分比变化）

（2）核心消费者价格指数通胀

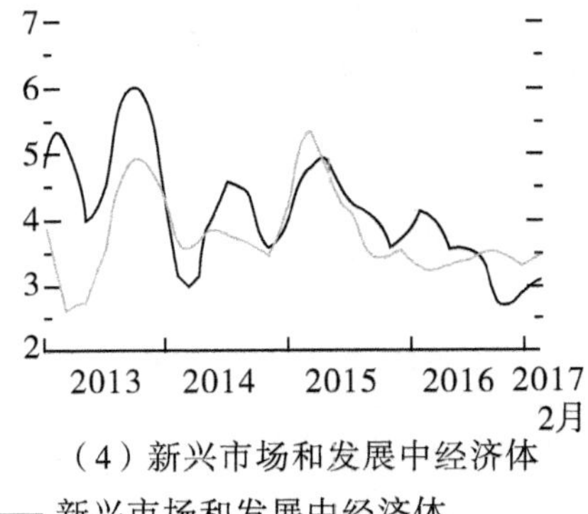

（3）发达经济体

（4）新兴市场和发展中经济体

—— 世界 —— 发达经济体 —— 新兴市场和发展中经济体

图 8－1　通胀数据

2015 年 10 月，美国 CPI 同比增长率为 0.1%，食品价格增长下降与能源价格下跌是其主要原因。欧盟的消费价格调和指数（HICP）月度同比增长率从 2012 年 9 月 2.5% 的近期高位一路下降，至 2014 年 12 月开始负增长，2015 年 1 月跌至 -0.6% 的近期最低点，此后有回稳迹象，2015 年基本上在零增长附近波动，2015 年 10 月同比增长了 0.1%。日本的 CPI 月度同比增长率从 2014 年 5 月 2.8% 的近期高点快速下降，至 2015 年 9 月，已经陷入零增长，2016 年至负增长 -0.1%，且没有回稳迹象，通缩风险显著。

新兴市场和发展中国家的通胀形势差异较大，如表 8－3 所示。中国和印度的 CPI 增长率下降明显，2015 年 10 月，中国 CPI 月度同比增长了 1.3%，比上年同期下降了 0.3 个百分点。印度的 CPI 增长率于 2015 年 10 月回稳至 5% 的水平。巴西、俄罗斯这两个 GDP 负增长的国家反而出现了高度通胀且通胀率不断攀升的局面，表现出典型的滞胀特征。

表 8－3　主要经济体通货膨胀率

（单位:%）

地区	2012 年	2013 年	2014 年	2015 年	2016 年
世界	4. 1	3. 7	3. 2	2. 8	2. 8
先进经济体	2. 0	1. 4	1. 4	0. 3	0. 8
美国	2. 1	1. 5	1. 6	0. 1	1. 3
日本	－0. 1	0. 3	2. 8	0. 8	－0. 1
英国	2. 8	2. 6	1. 5	0. 1	0. 6
欧元区	2. 5	1. 3	0. 4	0	0. 2
其他先进经济体	2. 0	1. 6	1. 4	0. 6	1. 0
新兴市场和发展中经济体	5. 8	5. 5	4. 7	4. 7	4. 4
中国	2. 6	2. 6	2. 0	1. 4	2. 0
印度	9. 9	9. 4	5. 9	4. 9	4. 9
撒哈拉以南非洲	9. 3	6. 6	6. 3	7. 0	11. 4

数据来源：国际货币基金组织《世界经济展望》。

六、国际贸易需求萎缩，量价齐跌

近三年来国际贸易最大的特点是全球贸易额负增长。从 2014 年 10 月开始，世界出口总额出现持续扩大的负增长。至 2015 年 5 月，世界货物出口总额月度同比增长率达到－13. 3% 的最大萎缩幅度。此后的负增长幅度虽然有所收窄，但到 2015 年 9 月，月度同比增长率仍为－11. 3%。

如图 8－2 所示，绝大部分国家和地区出现了出口绝对额下降。其中新兴市场与发展中经济体进出口额的下降幅度略高于发达经济体。数据表明，和美国、英国等新兴市场相比，发展中国家中的中国等出口竞争力强的国家下降幅度相对较小，南非、巴西、俄罗斯、韩国等国家的出口下降幅度较大。

全球贸易额的下降在很大程度上是由于贸易价格下降，这主要是由能源和资源产品的价格下跌引起的。国际贸易负增长放缓了全球经济复苏的步伐，增大了贸易保护和货币竞争的风险。

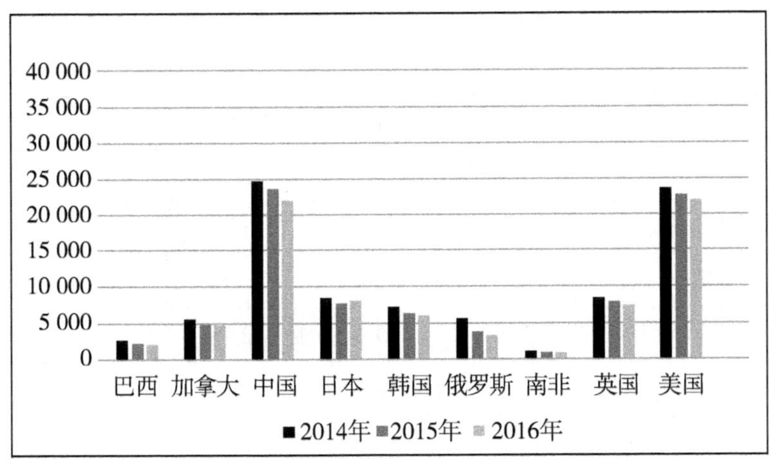

图 8－2　2014—2016 年部分国家出口贸易额

数据来源：国际货币基金组织《世界经济展望》。

七、公私债务高位累积，风险加剧

2016 年全球政府债务状况仍然没有明显好转。发达经济体政府总债务与 GDP 之比从 2014 年的 104.6%轻微上升至 2016 年的 106.5%，其他发达经济体政府总债务与 GDP 之比从 2015 年的 41%轻微上升至 2016 年的 41.8%。新兴市场与发展中经济体政府总债务 GDP 从 2015 年的 45.7%上升到 2016 年的 48.4%。

美国政府总债务 GDP 并没有回落，2014 年为 105.2%，2015 年为 105.6%，2016 年为 107.4%。日本政府债务状况稍微有所改善，政府总债务 GDP 从 2014 年的 242.1%下降到 2016 年的 239.2%。欧元区政府总债务 GDP 于 2014 年达到最高点 94.4%，2015 年回落至 92.6%。欧元区总体政府债务水平的下降并不意味着其债务风险降低，相反，由于其部分重债国的债务负担持续加重，欧元区债务风险其实比以往更大。

新兴市场与中等收入经济体政府总债务 GDP 从 2012 年的 39.6%上升到 2016 年的 48.4%。低收入发展中国家的政府总债务 GDP 从 2014 年的 31.3%上升到 2015 年的 34.8%。发展中经济体总体的政府债务水平虽然不高，但是其引发危机的债务阈值也相对低很多。新兴市场与中等收入经济体中政府总债务 GDP 超过 60%国际警戒线且比例继续上升的有巴西（69.9%）、克罗地亚（89.3%）、摩洛哥（64.7%）、斯里兰卡（77.3%）、乌克兰（94.4%）和乌拉圭（64.1%）等。在新兴市场与中等收入经济体中，还有一些国家虽然政府债务比暂时不高，但其财政赤字规模比较大。这些国家在当前已经面临较大的财政困难，财政危机迫在眉睫。

表8-4 主要经济体一般政府总债务占GDP的百分比

（单位:%）

地区	2012年	2013年	2014年	2015年	2016年
先进经济体	106.7	105.3	104.6	104.4	106.5
美国	103.4	105.4	105.2	105.6	107.4
日本	236.6	240.5	242.1	238.0	239.2
英国	85.1	86.2	88.1	89.0	89.2
欧元区	91.4	93.7	94.4	92.6	91.3
其他先进经济体	37.9	38.9	39.9	41.0	41.8
新兴市场和发展中经济体	39.6	41.3	43.5	45.7	48.4
中国	34.3	37.0	39.9	42.6	46.2
撒哈拉以南非洲	28.5	30.0	31.5	37.4	42.5
摩洛哥	56.5	61.7	63.5	64.1	64.7
斯里兰卡	68.7	70.8	70.7	76.0	77.3

数据来源：国际货币基金组织《世界经济展望》。

八、发达经济体需求管理政策效果显现，但可持续性堪忧

发达经济体当前主要依靠扩张性的货币政策刺激需求增长和经济复苏。在危机初期对促进经济快速反弹和防止衰退方面取得了很好的效果，也对当前发达经济体在经济增长率二次探底之后的复苏深有影响，但累积的问题将对政策效果及政策本身的可持续性产生不利影响。

然而，需求管理政策并非总是有效的。长时期扩张性的货币政策也已经产生了比较严重的新问题。其主要问题有：货币政策无法应对潜在增长率的下降。长期低利率，甚至负的名义利率和实际利率，严重损害了养老基金和保险公司等长期投资者的收益，迫使他们转向高风险的投资。这不仅在长期会影响这些资本公司的稳定性，而且还会在短期内加大风险投资市场的波动性。其更大的矛盾体现在：极低利率对于刺激实体经济的效果远低于刺激资本市场的效果，从而使得在实体经济并没有完全复苏的情况下，资本市场的泡沫率先形成。如果不对泡沫进行管理，必将酿成一场新的金融危机；而如果迅速地抑制泡沫，又将担心其对尚未完全复苏的实体经济造成不利影响。

另外，许多新兴经济体和发展中国家的公司受到低利率的诱惑而大举借入美元债，从而为因货币错配引发危机埋下了隐患。

九、美联储加息为全球经济带来不确定性

美联储加息可能引发三大后果：其一，美元升值虽然会增加欧洲和日本的出口有利于其经济复苏，但是也导致了资本向美国汇聚，从而会抵消欧日央行宽松货币政策的效果。其二，美元汇率如果出现大幅度震荡将引起全球资产价格和资本大规模异动，从而引发国际金融市场和部分国家国内金融市场的动荡。其三，加息遏制了美国的复苏势头，并进而带动全球经济增长进一步下滑。

十、债务积累过快对增长和金融稳定造成威胁

低利率和高负债是一个自我强化并最终会崩溃的组合。高水平的债务必然要求维持较低水平的利率，而利率水平总体低落，借款成本降低，将又加速债务累积。低利率还和资产价格上升并存，一方面进一步提升负债空间，另一方面刺激泡沫的形成和积累。一旦利率、负债水平和资产价格组合中的某个环节出现问题，就会造成连锁反应式的金融市场大崩溃。

一些经济体目前已出现低利率、低增长和高负债这一“有毒组合”不断积累的趋势。该趋势不仅损害货币扩张对实体经济的促进效果，而且将对整个金融体系的稳定造成威胁。

十一、某些风险因素推动新兴市场经济进一步放缓

新兴经济体的经济增速出现结构性放缓与周期性放缓叠加的局面。结构性放缓是指潜在增长率偏离历史平均水平的变化，是导致经济增长率下降的一些长期因素在起作用；周期性放缓是指实际增长率偏离潜在增长率的变化，是导致经济增长率下降的一些短期因素在起作用。

新兴经济体已进入中速增长轨道。当前仍然存在包括制度、基础设施、人口结构与产业结构等导致新兴经济体经济增长进一步结构性放缓的风险因素。新兴经济体最近在缩小政府规模和鼓励私营部门发展方面已取得进展，但过度监管与监管不足，以及产权保护不足等方面的问题仍然制约着经济长期增长。大多数增速较高的低收入国家都面临着由于基础设施不足而导致经济增速放缓的风险。一些国家较高的劳动抚养比和较严重的性别失衡等不利的人口结构趋势也导致了很高的经济放缓风险。另外，劳动力从农业转移到

制造业和服务业的规模和速度的降低，生产率的提高速度也会随之降低。能够促进技术和机制创新的改革不足，也将严重制约长期增长率。

新兴经济体中导致经济增长周期性放缓的因素主要是宏观经济因素，主要包括：过度抑制通胀引发经济衰退的风险；过度实行金融开放和金融自由化引发金融不稳定，造成经济低迷的风险等。特别是巴西、俄罗斯等国滞胀的存在以及中国等国家正处于快速金融开放的过程中，对这些因素尤其要注意。

十二、区域贸易谈判取得进展但其全球影响力仍存争议

2015 年 10 月，12 国达成跨太平洋伙伴关系（TPP）协议，美国意图通过全球非中性贸易投资规则体系实现国家利益最大化。TPP 的影响到底有多大还存在一些争议。第一，TPP 不会在短时间内生效。TPP 协议需要经过 12 个成员国中至少 6 个国家的议会批准，且批准协议国家的 GDP 之和要大于 12 国 GDP 的 85% 才能生效。美国一家的 GDP 大约占 12 国的 60%，故关键在于美国国会是否批准该协议。第二，TPP 是各成员国利益交换与妥协的结果，比如某些产品规定了 25～30 年的降税过渡期。第三，TPP 在进行贸易创造的同时，也将转移贸易，尤其是将中国这样的贸易大国排除在外，很可能产生较大的贸易转移，从而在总体上降低 TPP 成员的福利。第四，现有的模型还难以计算出非边境措施带来的经济后果。自 2013 年中国提出“一带一路”的伟大构想，至今已和沿途相当一部分国家进行了不断深入的合作，如由中国主办的“一带一路”高峰论坛等，旨在为发展中国家带来更多的贸易合作，与此同时，这一构想也被相当一部分西方国家特别是发达经济体抵制，而特朗普当政后又迫使筹备多时的美国政府退出 TPP，因此，大规模的贸易转移最终偏向何方，仍存争议并有待观察。

第二节　发达国家再工业化过程广东面临的挑战

当前的发达国家再工业化，实际上就是在走一条经济转型之路，给我国的制造业转型升级带来诸多挑战，广东制造业同样有着前所未有的外袭之忧。

一、多力冲击削弱广东制造业，进出口贸易受阻

贸易保护冲击使得出口受阻，国际环境恶化，国际市场竞争激烈。环境

污染治理难度加大和资源短缺使广东资源环境恶化。FDI 回流使得外需萎缩，工业制造增长动力不足，出口形势严峻。市场占有率、竞争力减少导致的需求减少和经济增速换挡局面愈加凸显。以上多力共同冲击制约广东发展，广东发展环境形势越发严峻。在再工业化下，以一制百，再工业化对的广东的挑战层出不穷，这也反映了广东与发达国家的差距，以及昭示着未来发展改革要面对的困难重重。由于贸易保护和 FDI 回流将在接下来的章节会展开阐述，这里将讨论环境资源问题、竞争力力不足引起的市场需求量减少、失业影响给广东经济带来的挑战。

目前中国处于工业化城镇化快速推进阶段，不断地消耗各种能源和原材料，属于高碳排放阶段，而发达国家提倡的是低碳绿色发展，与中国目前所处的工业化阶段有所冲突。同时，发达国家的环境保护壁垒也会对广东的发展发起挑战。其中广东的能源和原材料需要从外国或者省外引进，因此若发达国家限制资源，将导致广东资源短缺从而对广东造成极其巨大的影响。加上近年来广东开始关注于环境的治理工作，大部分前工业时期的污染企业被强制关闭或者迁移，但是环境污染的形势依旧不容乐观。环境和资源的短缺对目前处于工业化高速发展的广东而言无疑是一个巨大的挑战难题。除此之外，近年来经济发展萧条以及再工业化政策的一系列措施对广东造成了巨大的影响。近年广东经济发展速度有所减缓，广东经济增速比前几年有着明显的下滑，据国家统计局报告称广东近几年经济增速有被内陆地区赶超的趋势。

从目前情况来看，广东经济下滑，部分行业出现了萎缩，市场的需求减少，财政增收困难，这些都会导致广东整体经济受到影响。发达国家限制中国制造进入当地市场，通过贸易保护抵制中国制造，这导致广东产品出口量大大减少。同时发达国家发展其本地企业，进行政策和技术上的支持，呼吁本国人口支持国产。这种种举措，大大削减了广东的出口量，市场需求量减少，经济发展陷入困局成为当下广东的挑战。随着再工业化的冲击，海外市场削减，这会导致广东的部分工业企业萎缩和破产，而这些传统企业正是那些利用劳动力生产的低端企业，劳动力人才失业增加是必然的结果。具体情况如表 8－5 所示。

表 8－5　2003—2013 年广东失业人数

年份	统计的失业人数/人
2003	354 611
2004	359 366

续上表

年份	统计的失业人数/人
2005	344 904
2006	362 498
2007	362 227
2008	380 722
2009	395 093
2010	392 274
2011	388 345
2012	396 062
2013	370 119

数据来源：广东统计年鉴。

2008 年以前，广东的失业人数一直保持相对稳定的状态；2008 年金融危机后，发达国家再工业化，外商投资回流，广东企业数减少，失业人口增加。2008 年比上年增长了 5.1%。2009 年比上年增长了 3.8%。2008 年以后的失业人口数都保持在较高水平。可见，再工业化给广东地区带来产业结构的深度变化，劳动力人口不能合理运用到企业生产中去，大量人口闲置，造成了社会矛盾的深化。如何解决劳动力人口与失业率的关系，成为广东地区的一大问题。

二、技术升级受制于“人”，再工业化环境下差距拉大

广东受“三个红利”枯竭的影响，进入了发展方式转变的关键期。广东制造业技术升级必然通过产业转移中技术外溢逐步完成。广东企业制造业在很大程度上依赖发达国家的技术，但国际产业转移的“低端化”以及中高端产业回流本国，越南、老挝等后发国家加快承接国际产业的转移来促进自身经济的发展而接受来自于发达国家的低端化产业。其结果最后导致了广东制造业进入发展的夹板层，受到了发达国家中高端产业竞争的打压以及后发国家低端产业竞争抢夺。这将阻碍广东承接中高端制造业和吸收先进技术，使广东制造业与发达国家的差距逐步扩大。与此同时，近年来广东劳动力优势与比较成本优势的逐步弱化，自主研发能力与创新竞争力还处于弱势阶段使得在全球价值链中广东的制造业大多处于产业链的中低水平。在承接发达国

家失去竞争优势以及缺乏技术含量的产业过程中，广东自身的发展走势越来越低，而发达国家处于价值链高端，拥有关键技术、产业标准、产品标准等，控制了产业的价值链、制造业供应链，且越来越高端化。

广东地区的制造业依旧依附发达国家制造技术，依附它们的市场，依附它们的订单。这次再工业化革命，建立在新技术革命的基础上，发达国家优越的条件：信息渠道通畅、分销网络广泛合理、市场环境好、交易便捷、发达国家民众总体富裕，具备很高的消费水平和需求，这为再工业化提供了很好的环境支持，夺得未来进入各国高端消费市场的先机。广东处于“微笑曲线”（国内重要科技业者宏碁集团创始人施振荣先生提出）底部，技术上发达国家的封锁与控制核心技术，将产业分散化加工，使得广东无法掌握产业链中最具有价值与核心竞争力的技术，单凭生产与加工环节这些低附加值的产业链使得广东的转型升级步伐难上加难。除此之外，在再工业化环境下，技术保护壁垒和技术封锁政策愈加凸显广东自主创新能力的不足。

三、广东技术引进的吸收、消耗、创新问题突出

广东的技术引进整体上还停留在以引进生产手段为目的的层次上，发达国家产业转移造成的技术外溢带来的机遇，广东并不能高效率地利用到。技术外溢被广泛运用来研究存在技术差距区域间转入区技术提升。主要体现在三个方面：①产业转移企业进入产业承接地，从而给转入区企业带来新的竞争，并迫使同类企业通过技术改善、制度创新等提升企业竞争力；②在产业转移过程中，先进企业会将自身已有的科学管理方法移植到整个产业链中；③转入企业会对当地雇员进行技术、管理培训，以提高当地人力资源素质。技术外溢还会促进企业自主创新能力的形成，这种能力反过来会促进技术水平更高的产业向该区域集聚，与此同时技术在引进中也有问题存在。

广东企业对引进技术的消化、吸收严重不足，基于引进技术的产品、技术二次创新严重欠缺。与发达国家和地区相比、与国内先进地区相比，广东在激励技术引进、消化、吸收、再创新方面仍然存在一些问题。

（一）对消化、吸收、再创新重视不够

长期以来，广东实行的主要是以引进为主的科技发展路线，一些人只看到这条路线省力，轻而易举，立竿见影；也有另外的说法，广东因为研究型大学不多，缺少重点科技研究院所，没有消化、吸收、再创新的人力资本，因而不愿下本钱引进人才，宁肯走一条“引进—落后—再引进—再落后”的路子。随着改革开放的深入，广东在政策、体制上的优势逐渐消失，科技人

才“孔雀东南飞”逐渐被人才“北归”所取代，广东若不采取强有力的措施，是很难取胜的。

（二）创新经费投入不足

综观日、韩等国家科技投入政策的演变，我们可以发现，这些国家消化、吸收、再创新的经费投入的增长速度明显高于技术引进费用的增长速度。日本从20世纪50—70年代的技术引进费用增加了14倍，而用于技术消化、吸收和再创新的费用却增加了73倍，其消化、吸收费用是引进费用的2～3倍。日本各产业部门从国外购买技术专利的费用总数与消化吸收这些技术专利的研究费用总额之比平均为1∶7，即平均花1美元引进的技术要花7美元进行消化、吸收和再创新。但目前，广东与其他地区相比还有很大的差距。在技术引进、消化吸收的投入方面，广东企业消化吸收经费与技术引进经费比例为1∶0.07，仅排名全国第12位；与国外比较，更是远远低于日本、韩国1∶10的水平。

（三）政府在技术消化、吸收、再创新方面的政策法规不完善

发达国家的经验表明，政府必须制定一系列有利于技术消化吸收创新工作的法律和政策。例如，日本政府以“引进工艺和技术重于引进设备”作为技术引进的原则，以“一号机进口、二号机国产、三号机出口”作为技术引进的审批标准等。然而，广东省技术引进规划的重点是技术引进协议的订立和审批，而忽视了对引进技术的吸收、消化、创新等有利于引进技术国产化的后续管理和规范。在这种缺乏政府规范和引导机制的环境下，通过引进真正转化为国内技术的程度不高，阻碍了技术引进目的的实现；更深层的负面效应是这无形中造成企业过分依赖于技术的引进，而没有动力和压力致力于自身创新能力的提高。

（四）对中小企业技术创新的信贷和融资支持不够

在国外，一般通过提供商业贷款担保、对风险投资实施税收优惠政策等金融工具，对中小企业创新的信贷和融资给予支持。广东拥有数量巨大的中小民营企业，但这些民营企业实力小、融资难度大，进行技术吸收、消化、再创新时难以获得资金支持。广东的中小企业从创业到发展，绝大多数的资金来源于私人筹措资金，在信贷方面存在很大壁垒。

四、自主创新研发能力低，产权保护等问题重重

广东在创新竞争力方面与发达国家还有很大的差距，在再工业化的进程中，这个差距可能会加大。除此之外，发达国家创新往往以市场为导向，市

场导向创新容易产业化并产生相应的经济效益。在这种以市场为导向型发展创新技术，能够避免很多指定性的发展问题。但在这方面，广东地区在改革开放以来，并没有具体落实到创新的市场导向，在建立完善的创新制度与激励机制、知识产权的保护等方面仍旧问题重重。除此之外，据调查显示：广东大部分企业是以规模经济为主，对于基础研究和应用研究投入较少，且对于市场的反应较为迟钝，科研类产品不能迅速占领市场份额。根据国家统计局报告显示，2015 年广东基础研究（R&D）经费支出占全省研发经费支出不足 3%，即使广东（R&D）投入大于全国整体水平。但是，广东企业科技研发经费支出在分布上极不平衡。从分地区看，2015 年珠江三角洲地区规模以上工业企业研发经费支出占全省的 94.3%，而粤东西北地区企业研发经费支出甚少；从分市看，2015 年广州、深圳企业研发经费支出分别占全省的 14.0% 和 44.2%，而梅州、河源占不到 2%；从企业看，2015 年仅深圳华为技术股份有限公司一家企业研发经费就达 328.6 亿元，分别占全省、珠三角地区和深圳的 21.6%、22.9% 和 48.8%。这在一定程度上反映了广东企业科研活动覆盖范围不大，大部分企业科研创新短板的现状。

五、再工业化下制造业遭受冲击，服务业难续重任

广东服务业对制造业的带动作用大大弱于制造业对服务业的支撑作用，而发达国家则恰好相反，制造业与服务业协调程度高，产业链与服务业的融合为发达国家重新发展工业减少了极大数量的社会资源内耗，为其制造业产品在国际上提高竞争力提供了必要的成本可能性。在过去，广东省的经济发展规划主要是靠着“铺摊子”，高能耗、高污染、粗放式经营，这其中造成了极大资源损耗，也给广东省的经济发展埋下了许许多多阻碍广东产业转型升级的地雷。例如，由于缺乏精细生产、科技引领、内生增长、低碳发展等国际主流先进的企业经营战略，广东经济架构在产业核心技术方面远远落后于发达国家从而其经济发展后继乏力，企业也缺失创新驱动力；与此同时，由于能源的大量不合理利用，发达国家低级代工厂、加工厂的盲目建立，给广东省的生态环境造成了极大的破坏，其中极大的环境问题治理成本将严重地成为阻碍广东省生态文明建设、发展旅游业之类的第三产业的巨大障碍。

发达国家在大力发展先进制造业。先进制造业有三个特征：一是技术含量较高；二是创造附加价值比较高；三是从未来的要求看，应该符合低能耗、低污染的低碳经济要求。我国现行制造业的发展是基于我国劳动力价格低廉、资源价格便宜、环境损害基础之上的，产品处于价值链低端，收益率不高。而且在金融危机和人民币升值的双重压力下，我国制造业的资源价

格、劳动力价格不断上升，使我们低端制造业的低成本优势逐步消减、利润逐步下降。特别在面对发达国家“再工业化”的情况下，对广东制造业的转型升级有了更高的要求，要求我们抓住新一轮工业革命的机遇，发展先进制造业、战略、新兴产业。

六、民营企业发展受阻

广东民营工业经过几十年的发展已经初具规模，对广东工业经济的增长起到了很好的推动作用。但一方面广东民营工业大多处于产业链的中低水平，且出口部门占广东民营工业比重较大，受海外订单影响较大。而且发达国家再工业化过程的“技术封锁”以及一些打压政策，延缓了广东民营企业规模升级的步伐。2015 年，全省规模以上工业中民营企业完成出口交货值 8 577.71亿元，同比下降了 0.2%。另一方面，民营企业面临的用工成本上升等困难依然存在，企业生产经营压力较大。2015 年规模以上工业中民营企业经济效益综合指数为 240.14%，全员劳动生产率为 174 229.73 元/（人・年），均低于全省规模以上工业平均水平；规模以上工业中民营亏损企业有 3 250 家，亏损面为 12.0%，比 2013 年扩大了 1.6 个百分点；亏损企业亏损额为 169.46 亿元，同比增长了 25.1%，增幅比上年同期提高了 17.5 个百分点。由以上数据可见，民营企业发展缺乏市场活力，没有新的刺激点，在发达国家再工业化的过程中，对外依存度过大，使得广东民营企业发展严重滞后。（王慧艳，2016）

第三节　发达国家再工业化过程广东面临的机遇

正如前面所说的，在再工业化的大环境下，广东面临着巨大的产业冲击和挑战，如何在发达国家的包夹下，化解挑战，绝地重生，寻找发展制造业的机遇。

广东应学习前面所说的再工业化内容，紧随发达国家脚步，把握机遇。如产业结构转型、劳动人口结构转型、重视创新技术研发、资源环保型制造业解决资源环境瓶颈。

一、广东制造产业转型，顺应绿色化进程

广东省是环境破坏的“重灾区”之一。工业化发展对广东的环境资源造

成了严重破坏。广东企业如何减少废物排放、把对环境的影响降至“接近于零排放”，让环境型绿色环保企业成为广东的代言至关重要。同时，伴随国际能源日趋紧缺以及能源价格的不断上涨，提高能源效率、降低能源在制造业产品成本中的比重，也成为制造业提高竞争力的关键。综观各国“再工业化”的举措，都在以“绿色”“低碳”和“智能化”作为制造业产业结构升级和优化的方向，并以更强大的工业技术能力在陆地、海洋和太空中拓展更大的资源空间，因此，广东省制造业的可持续发展需要借鉴欧美“再工业化”的经验，依靠科学技术发展绿色制造、再制造和循环经济，发展相关的绿色材料、绿色能源和绿色基础技术，生产保护环境、提高资源效率的绿色产品。同时大力推动智能制造，以此减少制造过程中的物耗、能耗，缓解环境和能源对制造业的瓶颈制约，提升传统制造业水平。

二、再工业化不是简单回归，而是优化产业结构、加强产业融合

再工业化的内容和发达国家再工业化过程中的种种举措，向我们展现了有别于传统工业流水线、集中化机器大生产的全新生产方式、生产要素、组织模式乃至市场供给与需求。在再工业化的进程中，发达国家对制造业进行了重新优化和探索。这对广东省的发展有着很好的示范作用，反观这些年广东省发展高度依赖外商外贸合作，寻求技术上的支持，这种依赖导致了产业结构劳动力人口知识水平低下、大量劳动力人口闲置、粗放式制造生产等问题。鉴于以上问题，广东省可以借再工业化这个过渡时期进行产业转型，在走坚持增长方式由粗放式向集约式转变的同时，应将转型的对象从生产要素结构进一步扩展至供给结构、需求结构等领域，以经济结构战略调整为主攻方向，更强调协调经济发展与自然环境的关系，个人、城乡、区域间的利益关系，国民公平待遇关系，推动公共事业的发展，实现产业转型，实现经济长期可持续发展。再工业化是发达国家反思过度“去工业化”，推动回归实体经济的发展战略。而广东恰好处于“工业化”“去工业化”“再工业化”这个时期，学习发达国家前人的知识，能够避免走发展过程中的许多弯路。除此之外，“再工业化”并非简单的制造业回归，而是在发展先进制造业的基础上，加强制造业与服务业的融合，实现服务业高端化发展，优化产业结构，这将为广东省实现跨越式发展带来机遇。

三、贸易需求萎靡，西部大开发“一带一路”来助力

西部大开发是中华人民共和国中央政府的一项政策，目的是“把东部沿

海地区的剩余经济发展能力，用以提高西部地区的经济和社会发展水平、巩固国防”。

西部大开发的范围包括 12 个省、自治区、直辖市，面积为 685 万平方千米，约占全国的 71.4%。2002 年末人口为 3.67 亿人，占全国的 25%。其生产总值约占国内生产总值的 15%。西部地区自然资源丰富，市场潜力大，战略位置重要。但由于自然、历史、社会等原因，西部地区经济发展相对落后，人均国内生产总值仅相当于全国平均水平的 2/3，不到东部地区平均水平的 40%，迫切需要加快改革开放和现代化建设步伐。“西电东送”全面启动，并且在“十五”期间，从贵州、云南、广西和三峡将向广东输电 1 000 万千瓦。（居占杰，2010）

“一带一路”是“丝绸之路经济带”和“21 世纪海上丝绸之路”的简称。它将充分依靠中国与有关国家既有的双多边机制，借助既有的、行之有效的区域合作平台，“一带一路”旨在借用古代丝绸之路的历史符号，高举和平发展的旗帜，积极发展与沿线国家的经济合作伙伴关系，共同打造政治互信、经济融合、文化包容的利益共同体、命运共同体和责任共同体。“一带一路”经济区开放后，承包工程项目突破 3 000 个。2015 年，我国企业共对“一带一路”相关的 49 个国家进行了直接投资，投资额同比增长了 18.2%。2015 年，我国承接“一带一路”相关国家服务外包合同金额为 178.3 亿美元，执行金额为 121.5 亿美元，同比分别增长了 42.6% 和 23.45%。预测到 2020 年，广东省接待周边国家及广东市民去沿线国家旅游人数比 2014 年增长一倍。（李丹，2013）

广东省外贸受到了发达国家的介入和限制，贸易需求萎靡，广东省发展需要寻求另外一个发展方向，而西部大开发便是一个很好的寻求内需消耗的着力点，西部大开发能很好地吸收广东剩余的生产能力和经济发展能力。对于“一带一路”，便是另外一个拉动外需的着力点，广东应该抓住“一带一路”战略实施的重大契机，大力发展制造业、服务业，加快本地产业转移，提升广东本地企业的竞争力，共同推动广东形成新的优势，推动广东经济可持续健康发展。

四、经济发展“双引擎”，重视“全民创业、万众创新”

万众创新已成为新常态经济的必然选择。“中国的创新项目 95% 都不是创新的，都是拷贝的，真正的有含量的创新可能不到 1%。”全国政协委员、新东方集团董事长俞敏洪接受记者采访时指出，改革需要创新，只有创新才可以扭转“中国山寨”的尴尬。“我以前从不用国产手机，但现在我用华

为，以前中国手机被人诟病山寨，但现在里面不乏创新。”

自 2015 年 3 月，“两会”政府工作报告提出了“全民创业、万众创新”的理念后，广东省对此也做出了重大改革举措：广东以科技与金融相结合为手段，以建设“众创空间”和“孵化器 +”为载体，出台多项政策措施，努力营造有利于“全民创业、万众创新”的创新环境，“双创”工作形成了较为鲜明的广东特色。“双创”工作为广东企业发展带来了资金投资，构建省级科技金融大平台，形成面向创新创业全过程的金融服务链，积极采用股权投资、产业基金、引导性投资、融资风险补偿与补贴、创投联动等方式，实施了包括科技信贷专营机构补贴与补偿、科技金融创投联动与补偿、科技金融服务体系建设、设立科技再担保基金、重大科技专项创业投资引导基金等专题项目，带动风投、创投、信贷、保险等社会和金融资本共同投入科技产业。广东模式的“孵化器 +”如腾讯、金发科技、达安基因等大型企业围绕全产业链需求，有针对性地创办孵化器，孵化培育大量科技型中小企业并形成集聚效应。依托东莞华中科技大学制造工程研究院建设的松湖华科孵化器，短短 5 年培育了 80 多家科技型企业；依托中科院云计算育成中心建立的中科云智孵化器，成功孵化培育了 60 多家科技型企业。近两年，新升级为国家级的孵化器，有 23 家是由大型企业和新型研发机构建设的。广东一大批创业孵化载体正积极参与全球创业资源的整合，吸引了广大的创业投资者，带动广东的经济转型和发展。除此之外，更多惠民政策，如降低创业门槛、加大扶持力度、引导社会力量与创业服务等能很好地帮助创业者。

第四节　发达国家再工业化对广东经济影响的路径

在遇到发达国家如此之多的挑战之下，我们知道了广东省是如何应对挑战，抓住机遇，迎难而上，在发达国家的围击和不断冲击下，走出了一条不同的广东特色社会主义发展道路。

发达国家再工业化对广东经济的影响可从贸易保护、投资回流以及技术变革三个方面进行分析。

发达国家再工业化给予了我们一个重要警示，即对一国可持续发展而言，无论其身处工业化何种阶段，牢牢把握实体经济极为必要。当前，中国正处于经济发展方式转变的关键时期，工业转型迫在眉睫，通过发展现代工业体系，使各工业部门无论传统产业还是高技术产业都拥有世界先进水平，具备更强的国际竞争力。就战略目标而言，发达国家再工业化并非是传统制造的简单复兴，而是工业体系的全面重塑，即一方面依托高新技术改造传统产业，借助产业升级化解成本压力；另一方面大力发展先进制造业，借助工业基础引领世界创新。该战略的实施不仅对发达国家自身经济影响深远，而且对中国工业发展亦影响巨大。

广东省因毗邻香港而率先对外实行改革开放，吸收了大量的外商投资和港商投资，相对完善和自由流动的劳动力市场使广东能够大量雇用低廉的内地劳动力，从而使广东最大限度地利用比较优势积极主动地参与国际分工、合作和竞争，并通过国际贸易提高了生产效率和管理水平，最终实现了高速的经济增长，缩小了与发达国家的差距。广东依靠持续强劲的出口创汇能力加强了自身的资本积累能力和资本形成能力，提高了劳动人均资本，从而改善了生产装备，提高了劳动生产率。而资本积累和形成能力恰恰是一个国家或地区发挥比较优势的核心因素。原因在于推动经济发展的两大主要动力是资本积累和技术进步，无论是相对简单的技术引进，还是投入大量资本的自主开发研究，都需要大量资本的投入。因此，技术进步也受到资本积累程度的制约。发达国家再工业化所表现出来的贸易保护主义、投资回流、技术变革等行为将对广东经济产生不同程度的影响。

一、贸易保护方面

国际贸易环境存在着明显的不确定因素，发达国家在再工业化的过程中为了最大限度地保护国内的企业而对外实施贸易保护政策，提高关税的方法尤为常用。特别是在经济衰退时期，国家间的政策合作意愿减弱，协调难度加大；各经济体自顾性进一步增强，以解决国内就业、产业发展等问题优先，相继出台各种贸易限制措施和保护措施。

广东省的外向型经济比较明显，工业产品的销售中海外市场是很重要的组成部分，一旦遭遇外国政府贸易保护阻挠，出口将会严重受阻。主要表现为工业产品的出口成本大大提高，进而使商品价格大幅提升，这样一来在海外市场上与当地的同类产品相比就会处于劣势，加上部分发达国家在金融危机之后仍处于缓慢的经济复苏阶段，失业率仍占有一定比重，当地居民的购买能力有限，特别是对于不是生活必需品的产品可以选择不购买或者购买价格低廉的国内同类产品。广东沿海经济带的对外贸易作为广东省外贸的主体，不可避免地遭受贸易保护主义的严重冲击，特别是以出口为主的企业就会首当其冲。失去的部分主要市场极有可能会造成产品积压，生产停滞；没有了大批量订单带来的利润，企业会面临资金短缺，周转不灵；加上广东的大部分企业本身的结构并不完善，既难以在短期内实行市场多元化，也无法

使产品多元化，更无法开拓新的分销渠道，企业则会陷入经营困境，严重者亏损过度甚至倒闭，由此带来企业员工失业下岗，省内生产总值下降等不同程度的影响。

二、投资回流方面

近年来，中国劳动力成本的日益上涨、人民币的持续升值，以及国际运输、保险等费用的逐步攀升，大大削弱了中国劳动密集型制成品在北美市场上的低成本竞争优势，尤其是面对不断演变、多元化的消费需求，远离消费者市场也使得中国制造商的灵活度、适应性大大降低。与之相比，发达国家再工业化战略的大力实施，使其本土制造商的运行成本大幅削减，如税收的减免、劳工使用弹性的提升等，加之劳动生产率的快速提高、货币的持续贬值和能源成本的日趋下降等，致使“发达国家制造”与“中国制造”的成本差距不断缩小。例如，波士顿咨询公司（Boston Consulting Group）的报告指出，2010—2015 年中国长江三角洲地区的用工成本将以 17% 的速度持续上涨，预计 2015 年增加到每小时 6. 31 美元，为同期美国南部用工成本（每小时 24. 81 美元）的 25. 4%，而 2000 年中国该地区的用工平均工资只有每小时 0. 72 美元，仅为美国南部的 4. 6%。如果将中美劳动生产率的差异因素考虑进去，则两国制造成本的差距将进一步缩小。例如，2010 年经过生产率调整后的中国长江三角洲地区每小时平均工资为 8. 62 美元，而同期美国南部为 21. 25 美元。但到 2015 年，中国劳动成本预计增加到每小时 15. 03 美元，为美国南部平均工资（每小时 24. 81 美元）的 60. 1%。美国本土制造成本环境的改善吸引了大量立足北美市场的制造商“回流”美国，这势必对中国低技术制成品在北美市场的出口形成巨大挑战。（丁平，2014）

发达国家再工业化的投资回流对广东经济产生影响。近年来，随着广东人口红利递减，生产成本快速上升，一些以劳动密集型为主的低端制造业正在北上西进，加快向东南亚部分国家转移。据《2015 年世界投资报告》，东南亚的 FDI 金额自 2010 年起大幅增加，其中增加幅度最大的要数马来西亚，由 2009 年的 14. 53 亿美元增加到 2014 年的 107. 99 亿美元。部分发达国家召回部分中高端制造业，包括消费品巨头佳顿、工程机械制造商卡特彼勒、汽车巨头福特公司等。2012 年以来，已有主要生产高端产品的美国、日本、德国等制造强国的企业，陆续撤出中国，回流母国进行生产。

广东省作为我国经济第一大省，自改革开放以来，吸引了国内许多其他地区的人到此发展。广东省优越的地理位置，众多相对廉价的劳动力，国家的政策支持，吸引了众多外商到此投资。大量外商的投资和设厂成为广东省经济发展的一大支撑。近几年，发达国家提出“再工业化”的战略，导致发达国家的投资回流。不仅如此，我国劳动力成本提高、运输成本增加等原因，也导致了众多在我国投资设厂的外商纷纷撤出我国市场。在此举中，受影响最大的莫过于极其依赖进出口贸易及外商投资来发展经济的广东省。

三、技术变革方面

再工业化的重点在高科技产业，但其本质却是对技术创新，尤其是对技术“制高点”的不懈追求。技术作为一种生产要素，其在市场上的流动方式符合市场供求规律的安排。从供给角度分析，在“再工业化”战略的影响下，发达国家会强化对中高端技术输出的管理，从而改变国际技术市场的供给量。改革开放以来，我国技术引进一直有两个重要途径：一是以国家或企业为主体，从国外直接购买技术或技术设备；二是通过 FDI 引进国外技术。发达国家实施“再工业化”战略后，一方面会加大对中高端技术的直接管理，如限制中高端技术的出口贸易；另一方面也可能会凭借在技术、标准、专利、知识产权等方面的领先地位和雄厚实力，间接影响跨国公司的技术转让活动，对我国形成所谓的“技术封锁”，从而影响我国产业技术创新进程和产业升级的发展。

从需求角度分析，发达国家的再工业化战略会通过两种方式影响到发展中国家和地区的技术创新需求。一方面，发达国家会进一步强化产业控制方式，削弱发展中国家和地区制造业发展的自主性，减少对产业技术创新的内在需求。跨国公司会以投资自由化的名义，从市场、技术、股权、品牌等方面加强对发展中国家和地区制造业的控制程度，以削弱其制造业发展的自主性。如果丧失了国内产业发展的自主性，企业就更无心参与产业技术创新过程了，造成对国外高技术产品进口的长期依赖。另一方面，面对发达国家再工业化进程推进可能带来的“技术封锁”问题，发展中国家和地区也可能积极推进经济发展思路的转变和产业结构的升级，力图以自主创新方式推进产业技术的发展，实现产业国际竞争力的提升和出口增加。从这一角度上讲，发展中国家和地区又可能对产业技术创新产生更大的需求。

受经济全球化发展、信息与通信技术变革、技术与商业模式融合创新、资源和平台共享以及激烈市场竞争等各方合力推动，广东企业意识到技术规模的扩大是企业创新生存之道，技术是科技创新的突破口，谁抓准和抓住了先进的技术，谁就赢得了科技创新推动经济发展的先机。自改革开放以来，广东省经济发展呈现出典型的外向型特征，产业技术创新依赖对引进技术的消化吸收，进行再创新。技术变革或将阻碍广东省的技术创新和产业升级发

展。发达国家很可能将通过“再工业化”的技术变革浪潮再次占领制高点，在科技、信息、资本等方面的优势进一步加强，抢占全球产业链关键环节，主导新型装备、新材料的生产和供应。同时，为保持自身的竞争优势，发达国家必然限制中高端技术的出口，从而影响国际市场的技术供给量。广东是我国制造产业的大省，虽然近年来大力推行科技创新和产业升级，也取得了显著成就，但是广东省目前的技术水平与发达国家相比差距依然明显，在制造业的全球分工中，中国仍然属于第三梯队，广东制造还分别落后于美国的创新引领与欧洲日本的高端制造，对国外技术难免有所依赖，部分技术依靠直接购买或外商投资。在发达国家限制技术出口的情况下，可能形成技术封锁，将对广东提升产业竞争力形成挑战，对广东省的技术创新和产业升级产生阻碍作用，减缓广东技术创新和产业升级发展的步伐，这种情况对广东省的高新技术产业影响尤为明显。

发达国家“再工业化”技术变革的冲击和可能的技术封锁，可能会刺激发展中国家奋发图强，转变发展思路，着力发展科学技术，推动技术创新，由此对产业升级起到了推动作用。近年来，广东通过实施珠三角改革发展规划纲要、粤东西北振兴发展战略、战略性新兴产业发展战略等系列措施，坚定不移推动经济结构战略性调整，推进广东经济转型升级。

第九章　贸易保护冲击对广东经济的影响

发达国家提出的“再工业化”战略对发展中国家经济进出口环境产生的诸多影响中，贸易保护冲击是重要的表现形式。再工业化带来的贸易保护冲击主要是对贸易进出口产品的限制，即欧美国家通过贸易壁垒、技术壁垒、绿色壁垒等诸多限制，抑制国内市场对国外进口产品的需求市场，这不仅压低了广东经济的产能，也给广东贸易竞争力带来了巨大的冲击。有学者甚至认为，再工业化只是发达国家贸易保护的借口，尤其是美国在长期的贸易赤字压力下，为了实现国际收支平衡，弥补赤字，才决定实施再工业化。以下，我们将逐步剖析贸易保护对广东经济产生的影响。

第一节　贸易保护的内涵

贸易保护指的是在对外贸易中实行限制进口以保护本国商品在国内市场免受外国商品竞争，并向本国商品提供各种优惠以增强其国际竞争力的主张和政策。贸易保护的表现形式在限制进口方面，主要是采取关税壁垒和非关税壁垒两种措施。前者主要是通过征收高额进口关税阻止外国商品的大量进口；后者则包括采取进口许可证制、进口配额制等一系列非关税措施来限制外国商品自由进口。

一、传统贸易保护理论

（一）重商主义理论

“重商主义”（Mercantilism）产生于16世纪中叶，盛行于17—18世纪中叶，它是历史上第一种比较有系统的经济思想。这种思想的要点是，相信货币的重要，把贵金属看作是财富的标志，因为金银（特别是黄金）可以交换货物，为人所普遍接受与重视。重商主义者认为，一个国家拥有的金银越多，这个国家便越富有，因而千方百计要获得金银，所以重商主义亦称“重

金主义”。

重商主义者认为，一个国家本土或殖民地如果没有金银矿可开采，就得遵循其他途径获取金银，这主要是靠对外贸易，因为国内贸易无法使国外金银流入，只有从事对外贸易，争取贸易的有利差额，国外金银才能源源而来。而要维持贸易出超，就得奖励输出和限制输入，前者采用给出口提供补助金的办法，后者采用提高关税的办法。重商主义的发展有两个历史阶段，一是早期的“货币差额论”，二是晚期的“贸易差额论”。无论是早期还是晚期的重商主义，它们都强调货币是财富的唯一表现形式，一国可以从对外贸易差额中获得货币财富，而且对于国内的保护政策也一直没有改变。因此，重商主义追求贸易顺差，强调政府干预经济。

（二）关税保护理论

美国的第一任财政部长亚历山大·汉密尔顿（1757—1804）是关税保护理论的最早倡导者，关税保护理论对美国经济发展影响深远，因此在美国的金融、财政以及工业发展史上占有重要地位。汉密尔顿的关税保护论是由当时美国内外交困的国情催生出来的，18 世纪中后期，刚刚独立的美国百业待兴，亟待解决的问题就是经济发展问题。而建国前的美国是英属殖民地，一直充当英、法、荷等国的原料产地和工业品销售市场，国内工业起步晚、基础薄，生产技术落后，工业运作基本以工场手工业为主。在国外，受独立战争的影响，英国对美国实施封锁和禁运，使美国的经济和对外贸易遭受了沉重打击。亚历山大·汉密尔顿明白要想确保政治独立必须实现经济独立，对重商主义和亚当·斯密的经济理论都颇有研究的他认为，美国不适合实行自由贸易政策，而应该通过关税壁垒对国内的幼稚产业进行保护，大力发展工业和商业，特别是制造业。为此他在 1791 年向国会提交了著名的《制造业报告》，在报告中他阐述了有关关税保护的基本理论，他认为制造业在一国的经济发展中至关重要，为了发展国内制造业，政府需对经济进行一系列干预，在对外贸易中通过对外国工业品征收高关税以限制输入，同时限制重要原料的出口，而对本国需要的必需原料免税进口。在国内产业发展方面通过发放工业奖励金，给必需品工业发放津贴，提供政府信用借款等方法，着重发展具有比较优势的棉花加工业、纺织业、造船业和钢铁冶金业等。通过上述措施，美国经济迅速发展起来，并向以工业经济为主导的经济结构转变。

（三）幼稚产业保护理论

幼稚产业保护理论是由亚历山大·汉密尔顿提出的，后来由德国经济学家弗里德里希·李斯特进行了系统的阐述。汉密尔顿明确提出了征收保护关税的重要性，目的是保护本国处在成长过程中的产业。在汉密尔顿看来，制造业对国民经济的发展具有特别重要的意义，它不仅能够使特定的生产部门发展起来，还会产生连带效应，使相关部门也得到发展，从而给一个国家带来生产力，或生产能力和生产技术水平的提高。但是，保护不仅是有产业选择的，还有时间的限制。他认为，当某一特定的工业成长起来以后，就需要拆掉贸易保护的壁垒。

李斯特认为，生产力是决定一国兴衰存亡的关键，而保护民族工业就是保护本国生产力的发展。所以国家和政府需要作为民族工业发展强有力的后盾，而不是秉承古典学派的自由放任原则。其基本内容是：某个国家的一个新兴产业，当其还处于最适度规模的初创时期时，可能经不起外国的竞争，如果通过对该产业采取适当的保护政策，提高其竞争能力，将来可以具有比较优势，能够出口并对国民经济发展做出贡献的，就应采取过渡性的保护、扶植政策。主要运用关税保护之类的手段来实现。他在 1841 年出版的《政治经济学的国民体系》一书中，系统地提出了保护幼稚工业的贸易学说。幼稚产业保护理论的基本观点对世界各国的经济发展，都产生了积极的影响，尤其是对当今发展中国家的经济发展来说都具有很好的政策指导意义，但在幼稚工业的选择上却往往存在巨大的困难，因为对如何判断哪种是将来能够显示出比较优势的工业，何时消除保护以及消除保护后能否局限保持其优势等问题难以回答。

（四）凯恩斯贸易保护理论

凯恩斯的贸易保护是一种完全不同于处在经济发展过程中的国家建立在走向工业化基础上的贸易保护论，而是建立在已经实现了工业化的国家试图寻求经济稳定增长基础上的贸易保护理论。

凯恩斯认为，一国的国民收入水平决定于需求水平。然而私人的消费需求、私人的投资需求不足以维持经济资源的充分就业。边际消费倾向、资本之边际效率和货币的灵活偏好使需求不能达到充分就业的状态。基于这个出发点，凯恩斯认为政府不仅要利用宏观经济政策干预国内的经济，实现内部平衡，还要干预对外贸易，以便使进出口有利于国民收入水平的稳定提高。凯恩斯认为重商主义有其合理性，在于重商主义认为一国可以通过保护贸易增加国内的就业。

在凯恩斯的世界里，关税能使进口产品相对于国内产品更为昂贵，从而引导人们的需求从进口产品转向国内产品，在这样收入水平一定的条件下，收入将更多地花费在国内产品上。关税通过对外国产品的需求向国内产品的转移，使进口曲线向下移动，这样接着就能刺激对国内产品的需求，增加国

内的国民收入。可见，在凯恩斯经济中，关税变成了调节总需求的一个工具：关税增加，刺激经济；而关税的削减，会抑制经济；关税趋于增加国内收入与就业，而降低外国的收入与就业的水平。

（五）普雷维什的贸易保护理论

除了上述由资本主义国家经济学家提出的基于发达国家立场的贸易保护理论外，在20世纪60年代出现了一股从发展中国家利益出发考虑的理论力量，那便是阿根廷经济学家劳尔·普雷维什的贸易保护理论。普雷维什的理论基础主要由两部分组成："中心—外围"论和贸易条件恶化论。其中，贸易条件恶化是造成"中心—外围"这种世界局面的主要原因之一。

第二次世界大战结束后，大批在帝国主义压迫下的殖民地、半殖民国家纷纷走向独立，而它们发展民族经济、追求经济自主的美好愿望却受到了沉重的打击。普雷维什指出，旧的国际贸易体系和国际分工方式正是阻碍新独立国家发展经济的绊脚石。他把世界上的国家划分为中心国家和外围国家两种，中心国家主要指发达资本主义国家，外围国家则指发展中国家。这些中心国家拥有大量的资本，还拥有先进的管理技术和科学技术，因此在世界经济体系中处于主宰地位，他们以低价从外围国家进口原料、燃料等初级产品，然后又以成倍的价格把工业制成品销售给外围国家，从中获取了巨额的经济利益。在享受科技进步带来的利益时，中心国家几乎掠夺了所有好处，外围国家则只能拾人牙慧。利益驱使发达国家努力地维护这种"中心—外围"模式，任何想要改变它的外围力量都会遭到发达国家的打压和制裁。此外，外围国家在经济上长期处于从属地位还因为其本身贸易条件的恶化。普雷维什以英国1876—1938年间进出口产品的各项经济指标为研究对象，并与发展中国家的经济指标进行对比，首次提出了发展中国家贸易条件长期恶化的观点。基于上述理由，普雷维什认为旧的国际贸易方式只是适应于经济发展水平及技术结构具有相似性的中心国家之间，而不适应于中心与外围国家之间。因此，发展中国家只有通过实行贸易保护政策来实现工业化的发展目标，从而打破旧的经济格局，实现本国经济真正的大发展。

普雷维什的贸易保护理论提出了之后，受到了大多发展中国家的拥护，也遭受到来自发达国家一些经济学家的抨击。尽管他的理论存在局限性，有些还缺乏理论说服力，但是他却在有关发展中国家国际贸易理论研究上走出了开创性的第一步。

二、新型贸易保护理论

（一）内涵发展

20 世纪 80 年代初兴起的新贸易保护主义，又被称为“超贸易保护主义”或“新重商主义”，目的是想规避多边贸易制度的约束，通过贸易保护，达到保护本国就业，维持其在国际分工和国际交换中的支配地位的目的。它们在维护民族利益，保护资源与环境的旗帜下，借保护之名，具有名义上的合理性，形式上的隐蔽性，手段上的欺骗性和战略上的进攻性等特点。

新保护主义一方面对国际贸易结构和世界工业分布产生了影响，另一方面改变了贸易谈判机制，并增加歧视的范围，这违背无条件最惠国待遇原则。

（二）战略性贸易保护理论

在正统贸易理论描述的完全竞争世界中，行为主体多而且各自的规模小，因此无法决定经济的结果。在这种市场上，经济决策主要依据商品价格、质量和特点等变量。而在战略环境仅由少数几个大行为主体组成的卖方寡头（即不完全）的市场上，强有力的行为主体可以对市场结果产生重大的影响。只有几个重要参与者构成的战略环境，要求每一方十分重视其他各方的政策和反应。

战略性贸易理论向传统自由贸易理论发出了挑战，因为它断言“积极贸易政策”比自由贸易政策更有益于国家。首先，积极的国家政策可以攫取卖方寡头环境产生的“租金”，国家可以帮助本国公司获得规模效益或其他类似利益。其次，由于技术创新成为国际竞争的主要因素，比较利益基本上是人为的，以及从一个工业到另一个工业的外溢效应已经存在；同时，一个部门创造的知识可以使其他部门受益，并提高整个国家的技术水平，所以政府应当支持和保护这些产生租金、并被认为对国际竞争具有战略价值的工业部门。战略性关税政策有两个基本模型：

1. “夺取进口商垄断利润的关税政策”模型。

该模型由布兰德（Brander）和斯宾塞（Spencer）于 1981 年提出。他们认为，当本国市场由外国垄断厂商控制时，一国可以用关税政策限制外国厂商销售的垄断高价，迫使其自动吸收部分压低下来的价格；同时关税还可以激励本国潜在生产者进入已被占领的市场，打破外国垄断局面。此外，运用关税还可起到从外国垄断者手中提取垄断利润或租金，防止租金流失的作用。

2. “以进口保护促进出口的关税政策”模型。

该模型由克鲁格曼（Krugman）提出，他认为在寡头垄断和规模经济条件下，利用关税和其他贸易政策对市场的保护，不但可以夺取垄断租金，还可以充分发挥国内企业的“边干边学效应”，促进产业发展和壮大，最终“国内产品可潮水般涌向国外市场”。

第二节　贸易保护形成原因

贸易保护主义是指在国际贸易的过程中实行限制进口的政策以保护本国商品的国内市场。国际贸易保护主义通常出现在一国经济比较落后时候，或一国面临经济危机的时候，或一国原有的优势面临威胁或即将失去的时候，或爆发战争期间，而在一国经济竞争力上升的情况下则强调自由贸易。国家为了保护本国品牌产品不受外国品牌产品的冲击而降低了本国的竞争力，而对外来者实行的一种贸易门槛，通过贸易门槛来限制他们进入本国或者降低其在本国销售的利润。

次贷危机导致的全球金融危机爆发，美国、法国、德国等发达经济体受到严重冲击。为了降低本国的失业率、改善更加恶化的国际收支情况以及转移国内不利情绪，发达国家的政府部门纷纷推出贸易保护措施，导致危机后贸易摩擦不断。

如20世纪70年代中期以后，两次石油危机使发达国家陷入严重的经济衰退，高度的经济增长为滞胀所代替，经济危机频繁出现，失业率不断上升，国内市场规模相对萎缩，国际市场竞争空前激烈，市场矛盾日益突出。在这种情况下发达资本主义国家的对外贸易政策发生了明显的变化，战后开始的贸易自由化趋于停顿，贸易保护主义开始抬头。特别是美国随着西欧和日本经济的迅速赶超，美国的霸权地位受到了威胁，多方面的竞争优势开始削弱甚至消失，国际收支状况严重恶化。终于在20世纪70年代中期，美国率先采取了贸易保护政策，从而掀起了以美国为首的全球性的贸易保护浪潮。区别于以关税壁垒为主要特征的传统的贸易保护主义，这次贸易保护广泛采取和强化了种种非关税壁垒措施作为实行贸易保护主义的主要手段，强调所谓“公平贸易”，故称之为新贸易保护主义。

一、经济原因

（一）直接原因

金融危机引发的全球经济衰退是全球的贸易保护主义抬头的直接原因。根据历史经验，自由贸易主义居主导地位时，往往是经济较为健康繁荣发展的时候；而自由贸易主义被贸易保护主义取代，往往是经济处于倒退停滞的时候。可见，贸易保护主义总是与经济衰退捆绑出现的。尽管各国出台各类经济刺激方案，试图促进国内经济复苏，但全球经济依然陷入严重衰退。于是在严重的金融危机和经济衰退背景下，保护主义的出现也就成为必然。

（二）重要原因

“去全球化”思潮的泛起自 20 世纪末叶，随着“全球化”进程的推进，世界各国的产业格局逐渐进行重组，生产要素也在重新进行高效有序的分配，大多数国家经济呈现良好发展的趋势。然而，当金融危机的消极影响逐渐扩大，开始严重影响发达国家时，这些国家的政府开始重新思考和衡量。首先，他们认为“全球化”的推进客观上造成了本国的就业岗位锐减，致使国内矛盾加剧；其次还使国家与像中国这样的发展中国家进行竞争，但由于发展中国家普遍是低成本生产，从而对这些发达国家经济发展产生消极影响。所以，由此产生“去全球化思潮”，也导致了贸易保护主义的抬头。

（三）根本原因

世界经济发展不平衡。贸易保护主义之所以会产生，究其原因是由于各国各地区经济发展不平衡，从前各国之间的不平衡主要是在发达国家之间产生的，但在全球化进程的推进中，各国各地区产业及资源进行重组，客观上造成了比如以我国为代表的低成本产品逐渐蚕食发达国家原有的市场，同时，在生产链和销售链上，完成着由低端到高端的转变。所以，当前各国之间的不平衡演变成了发展中国家同发达国家的不平衡。

二、政治原因

（一）贸易保护主义反映了政党政治利益与选举的需要

根据历史经验，当经济低迷，国家贸易政策趋向保护性，而政府换届和选举等国内政治因素对贸易政策导向的影响也日益突出。2016 年的美国中期选举上，特朗普所在的共和党从前受凯恩斯主义影响，主张经济干预，保障国民福利，所以倾向于贸易保护主义。由此可见，特朗普政府实行贸易保护主义也有政治因素的影响。

（二）各种利益集团引发贸易保护主义的抬头

发达国家产业保护政策与国内利益集团具有微妙的关系。贸易保护主义措施往往是政府平衡国内各个利益集团的利益的产物。目前，发达国家国内矛盾严重加剧，甚至欧盟的希腊和爱尔兰政府陷入了濒临破产的境况，此时发达国家中，各利益集团对政府施加压力，催生出带有贸易保护主义色彩的政策。

（三）国家利益至上的政治原则影响贸易政策的制定

贸易政策是维护国家利益的工具，国家核心利益左右着国家贸易政策的走向。例如，由于美国在次贷危机以及其后的全球金融危机中损失惨重，美国当局意识到，美国的全球利益面临着中国这个新兴国家的严峻挑战，美国通过反倾销、反补贴、保障措施、人民币汇率等手段阻止中国产品的出口，战略上达到了阻止和延缓中国崛起的目的。

三、制度原因

在 WTO 规则中，有着一些模糊不清、定义不明的漏洞，为 WTO 成员利用制度漏洞，进行贸易保护主义提供了可能。例如，发达国家可以以反倾销、反补贴的名义对发展中国家实施贸易保护。例如 2009 年，美国就中国轮胎出口问题而展开了特保措施，以及其后我国遭遇类似的贸易摩擦案件产品涉及广泛，如钢铁、鞋、玩具、轮胎、铝制品、日用品、机电、矿产、养殖品等，我国遭受严重损失。

后金融危机时代，贸易保护主义的影响依然广泛，假若各个国家或地区的经济开始推行贸易保护主义，那么世界经济将会陷入一个严重的停滞困境，所以期待各政府组织从根本上扭转这种局面。

第三节　贸易保护的主要表现形式

以上两节对贸易保护主义理论的发展历史以及形成原因进行了一个全面的概括。世间万物存在必有其合理性，贸易保护主义理论也随着时代的发展被赋予新的定义。贸易保护产生于国家间日益密切的商贸往来，是各国应对全球化竞争，维护自身利益的一种手段。经济处于不同发展阶段的国家，贸易保护的表现形式也各不相同。本节我们将从不同角度对贸易保护的表现形式做出分析，了解其在国际贸易往来中的应用。例如表 9－1，表中数据所示即为2008—2015年这8年中，外国通过反倾销、反补贴、涉华保障措施以及特别保障措施等表现手段对中国进行制裁的贸易保护行为。

表9-1　2008—2015年外国对华贸易救济案件种类

（单位：种）

年份	反倾销	反补贴	涉华保障措施	特别保障措施	合计
2008	79	11	14	3	107
2009	73	13	23	7	116
2013	75	14	19	0	108
2014	57	14	24	0	95
2015	72	9	17	0	98

数据来源：根据商务部公平贸易局、海关的统计、中国贸易救济信息网数据整理。

除了以上几种具体的贸易保护表现，接下来我们概括性地总结出5种更为常见和主要的贸易保护表现形式，分别为信息不对称壁垒形式、技术性壁垒、关税贸易壁垒以及环境保护壁垒（也称为绿色壁垒）、政策保护壁垒。

一、信息不对称壁垒形式

对外贸易，本来就是互通有无，供需信息的交流，才能最终达成货物的交流。而信息不对称壁垒，是指在对外贸易过程当中，贸易双方受到地域、人文历史文化、地理环境等的影响而产生的贸易信息的不对称。而企业间长期的信息不对称，导致了贸易双方的在贸易过程中的误解加重。以及部分国家故意隐藏本国信息，导致贸易过程中产生贸易矛盾。利用信息不对称进行贸易保护的常见做法主要有以下几种。

（一）利用WTO规则，实行贸易保护

在WTO规则的约束下，大多数国家都在向自由贸易的方向迈进，但由于现行的多边贸易体制并非无懈可击，因而保护主义总是千方百计从中寻找“合法”的生存土壤。WTO允许成员国利用其有关协议保护本国的利益，反击遭到的不公平待遇。这就为各国以“公平贸易”为口实实行贸易保护留下了空间。WTO规则并不排斥各成员国的经济自主性，保留本国经济自主性的要求不仅来自发达国家，而且还来自发展中国家。因此，采取与WTO不直接冲突的各种保护措施，已成为经济全球化过程中贸易保护主义的普遍形态。另外，利用区域贸易组织来保护成员国的利益也是贸易保护的一种表现

形式。区域一体化组织具有的排他性特征被视为对成员国的一种贸易保护。通过“内外有别”的政策和集体谈判的方式，区域一体化协定在为成员国创造更有利贸易条件的同时，却往往对非成员构成了歧视。区域一体化组织具有的这种排他性特征，实际上起到了对成员国进行贸易保护的作用。

（二）依据国内法履行国际条约

一般意义上讲，国际条约高于国内法。但现阶段由于各国对如何处理国际条约与国内法的关系缺乏统一标准，因而，如何对待已承诺的国际条约及其在国内的适用程度，各国仍存在一定差异。一些国家只执行符合自己国家利益的国际条约，很多时候将国内法凌驾于国际条约之上。如根据美国贸易法案中的“301”条款，美国可以对来自国外的“不公平”和“不合理”的贸易活动采取单边贸易制裁。为维护本国的贸易利益，美国多次启动或威胁启动该条款处理贸易纠纷，公开向 WTO 的有关规则挑战，严重损害了 WTO 的权威性，并对其他国家处理国内法与国际条约的关系产生了负面影响。

二、技术性壁垒成为贸易保护的重要手段

技术性贸易壁垒是非关税壁垒的重要表现形式之一，指一国制定或采取的不合理或者歧视性的技术法规、标准以及合格评定程序，对外国进口产品进入本国起到限制作用。技术性贸易壁垒的表现形式可能是法律、法规、技术标准、认证认可制度等方式，内容可能涉及产品质量、包装和标签、产品安全、消费者保护、环境保护等各个方面。发达国家利用自身在环保和科技方面的优势，制定更高的环保、技术、商品和劳工标准，以削弱发展中国家凭借低廉的劳动力成本而获得的出口竞争力。由于这些新型贸易保护手段具有良好的定向性、隐蔽性和灵活性，其中一些技术和环保方面的要求以提升技术水平、维护消费者利益为出发点，甚至可以视为中性的贸易标准，加之 WTO 对这些贸易措施应用的限制并不统一，因而，其保护效果更为突出，进一步加剧了世界范围内的贸易摩擦。

近年来，欧盟颁布了大量的技术法规和标准，并制定了相应的合格评定程序，其中有的要求苛刻，有的缺乏充分的科学依据，直接或间接地构成了对进口产品的技术性贸易壁垒。例如，某国颁布技术法规，要求低于某一价格的打火机必须安装防止儿童开启的装置。这种将商品价格和技术标准联系起来的做法缺乏科学性和合理性，从而构成了贸易壁垒。

三、关税贸易壁垒

关税壁垒是贸易壁垒的主要形式之一，它是指一国（地区）政府所设置的海关对进出口本国（地区）关境的商品征收关税所形成的一种贸易障碍，常见的关税壁垒包括以下几种：关税高峰、关税升级、关税配额。关税作为传统的贸易壁垒，虽然其保护作用逐渐削弱，但还是有一些国家不断采用。

非关税贸易壁垒泛指在国际贸易中除关税壁垒以外，一切直接或间接影响或限制贸易自由流动的政府措施或做法。非关税壁垒种类繁多，有的会对进出口产生直接影响，有的则对进出口具有间接的限制作用或影响。实践中，非关税壁垒的主要形式有：禁止进口、配额管理、进出口许可证管理、通关环节壁垒、进出口的国家垄断、歧视性政府采购政策、歧视性国内税费、海关估价、数量型外汇管制、进口押金管理、技术性贸易壁垒、动植物检验检疫措施、原产地规则、补贴等。近年来，非关税壁垒在影响和限制贸易自由流动中的作用越来越明显，成为各国和一些国际组织关注的焦点。

四、环境保护壁垒

环境保护壁垒又称“绿色保护主义”，是利用加强全球环境保护的名义而出现的贸易保护主义新形式，指进口国政府以保护生态环境、自然资源以及人类和动植物的健康为由，以限制进口保护贸易为根本目的，通过颁布多样繁杂的环境环保法律法规条项，建立严格的环境技术标准，制定烦琐的检验、审批程序等方式对进口产品设置贸易障碍。绿色保护主义的主要表现形式有绿色关税制度、市场准入制度、绿色技术标准制度、绿色环境标志制度等，它是一种全新的非关税壁垒，对我国的产品和服务出口构成了壁垒。如欧盟一再将环境关税作为对环保水平比较低的国家的进口制裁手段。美国为了保护运输业和让更多的运输工人就业，以安全和环保为名签署了一个总额400 亿美元的支出法案，废止了允许墨西哥卡车在美国公路上进行长途货运的法案。而我国诸多产品在出口贸易中，环境制定标准和工艺流程与国际上的标准有诸多差距，导致我国产品在海外销售时往往在“绿色壁垒”前受挫。例如 2007 年，欧盟的“REACH”法规中，以“保护人类健康和环境”为口号，对所有进入欧盟市场的国外产品强制要求评估、许可、实施安全监控。此法规涉及中欧市场上的化工产品，使中国化工总值将下降 0.4%，并有可能导致中国 20 万人失业。

此外，发达国家利用气候、碳关税等实施贸易保护的意图也已开始显

现。2010 年 1 月 7 日，时任法国总统的萨科齐表示，他将努力推动在欧盟边境征收碳关税，以免受到“环境倾销”的不利影响。除法国外，美国也是积极推行碳关税的国家。因此，广东必须转变传统观念，强化环保意识，大力发展环保低碳产业；走标准化、规范化的发展道路，积极推行 ISO14000 系列认证；探索低碳经济的发展模式，实施低碳战略。

五、政策保护壁垒

贸易保护的政策保护壁垒是指一个或者多个国家通过立法的手段，实现贸易保护的手段，如指定商品的准入政策，以达到限制外来商品进入本地市场，从而保护本国工业和品牌的目的。克鲁格曼等学者提出的战略贸易理论认为，无论是在促进本国具有竞争优势的企业开拓国际市场方面，还是在维护本国企业免受国外竞争对手的冲击方面，都需要国家的贸易政策发挥作用。这一理论的提出为国家通过干预贸易，提高和维护本国产业的战略地位提供了强有力的理论支持，并由此形成了战略性贸易政策体系。这一政策体系强调了国际贸易中的国家利益，政府通过确立战略性产业（主要是高技术产业），并对这些产业实行适当的保护和促进，使其在较短时间内形成国际竞争力。随着国际竞争的加剧，特别是发达国家在高技术领域的较量不断升级，战略性贸易政策被越来越多的发达国家和新兴工业化国家的政府所接受，成为新贸易保护主义的核心政策。

目前，针对劳动力的劳动环境，新贸易保护中的“蓝色壁垒”是打着保障劳动者劳动环境与生存环境旗号的新贸易壁垒。在贸易自由化的进程当中，传统的关税壁垒与非关税壁垒开始逐步被规范或者削减，在这样的大背景下，“蓝色壁垒”逐渐成为新兴的和主流的新贸易壁垒。而“蓝色壁垒”的典型代表之一就是由美国经济优先权委员会牵头，根据《国际劳工公约组织》《联合国儿童福利公约》《世界人权宣言》所制定的 SA8000 国际标准。SA8000 标准对企业做了极为严格的要求：不得使用或者支持使用童工；不得使用或支持使用强迫性劳动，也不得要求员工在受雇起始时交纳“押金”或寄存身份证件；应尊重所有员工结社自由和集体谈判权；反歧视原则；不得从事或支持体罚，精神或肉体胁迫以及言语侮辱等等。最近几年，发达国家依靠他们所制定的“蓝色壁垒”制裁我国出口企业，使得我国出口企业受到了极大的损失。

第四节 贸易保护对广东贸易经济的冲击

金融危机爆发后，各国纷纷出台“救市”政策以减轻或避免经济衰退，导致新贸易保护主义的抬头和兴起，贸易争端频繁爆发。后金融危机时代，广东省的全球外贸订单由于外部需求的下降而锐减，作为全国第一外贸大省，广东省受到前所未有的冲击，各行各业面临着极大的挑战。

一、对微观经济层面的影响

微观经济（Microeconomics）是指个量经济活动，即单个经济单位的经济活动，如个别企业的生产、供销、个别交换的价格等。微观经济的运行，以价格和市场信号为诱导，通过竞争而自行调整与平衡。贸易保护对广东微观经济影响体现在以下几个方面。

（一）对贸易企业吸引外商投资的影响（FDI）

贸易保护使得广东大多数贸易企业在国际进出口贸易上受到极大的冲击。外部影响从产品的出口扩展到企业的海外投资，内部则直接制约着企业招商引资的能力。2008 年金融危机后，国内外市场疲软，外资从加工贸易企业撤离，发达国家实行的鼓励性政策及税收优惠，使在华投资的外商企业出现回流本土的现象。从表 9－2 可以看出，外商直接投资广东贸易企业的金额从 2007 年开始出现下降。

表 9－2 广东企业外商投资回流现象

（单位：万美元）

年份	外商投资广东项目/个	外商直接投资额	合同外资额	实际利用外资
2005	11 786	3 619 140	2 675 695	1 517 358
2006	11 276	3 916 337	2 838 923	1 780 780
2007	11 705	5 115 926	3 646 583	1 961 771
2008	8 980	4 787 693	3 071 447	2 126 657
2009	5 693	3 713 640	1 824 109	2 028 688
2010	6 022	4 491 814	2 516 987	2 102 646
2011	7 289	5 656 109	3 485 492	2 232 847

续上表

年份	外商投资广东项目/个	外商直接投资额	合同外资额	实际利用外资
2012	6 263	5 860 378	3 544 579	2 410 578
2013	5 740	6 132 073	3 666 273	2 532 719
2014	6 175	6 999 065	4 339 446	2 727 751
2015	7 033	8 305 575	5 614 566	2 702 512

数据来源：广东统计年鉴 2016。

（二）对企业进出口总额的影响

由表 9－3 广东省历年来进出口总额变化可知，广东在 2008 年经历了金融危机后，进出口方面的增速减缓，对于 2008—2009 年而言，出口额大量减少，并且低于 2007 年。这说明经济在倒退，这种现象说明了，在这个时期广东许多企业面临破产或者解体。经济在 10 年后才得到勉强的回升。

在 2008—2010 年这段时间，外贸对于广东企业的生产成本要求更是提高，贸易保护带来的生产成本的提高，要素成本上涨大大抵消实体利润，“税负重”极大挤压中小企业实体空间，从而抑制企业生产力的提高。与此同时，出口总额大幅度减少导致贸易逆差，阻碍广东生产总值的稳步提高。目前，广东是以传统密集型企业进出口支撑广东的整体经济水平，生产这些产品的大都是出口加工企业，其生产设施和劳工生活条件难以达到要求，这就给欧美发达国家大力引援社会责任标准“SA8000”制定相应的实施细则实行贸易保护提供了土壤。企业为达到“SA8000”的要求，必须投入大量的资金改造其生产设施和劳工生活条件。大幅度提高产品的生产和出口成本，阻碍了企业生产效率的提高。生产成本的提高，生产规模被压缩，失业增多，最终也会影响企业产品的再生产，最终导致企业破产或解体。

表 9－3　广东省历年来进出口总额变化

（单位：亿美元）

年份	进出口总额	出口	进口
2007	6 340.35	3 692.39	2 647.96
2008	6 834.92	4 041.88	2 793.04
2009	6 111.18	3 589.56	2 521.62
2010	7 848.96	4 531.91	3 317.05
2011	9 133.34	5 317.93	3 815.41

续上表

年份	进出口总额	出口	进口
2012	9 839.47	5 740.59	4 098.88
2013	10 915.70	6 364.04	4 551.66
2014	10 767.34	6 462.22	4 305.12

数据来源：广东统计年鉴 2015。

（三）对企业技术创新的影响

发达国家对广东的先进技术实行技术性贸易保护，无疑会增加企业的技术创新成本，随之而来的是应对壁垒所增加的成本负担，这使企业没有闲置的资金用于技术研发，技术创新能力提高缓慢。以深圳高新技术产业为例，对深圳的 LED 企业调查结果显示，2009—2010 年，有 17.12% 的受调查企业因产品未能符合进口国技术性贸易措施要求，而遭受货物扣留、销毁、拒绝进口等，直接经济损失总额达 987 万美元。2010 年，深圳地区出口产品被退货 1 145 批，货值 5 565.02 万美元。遭受技术性贸易壁垒影响最严重的是深圳的电子信息产业，2008、2009 年该行业遭受的国外技术性贸易措施次数在所有行业中排名第一，2009 年占深圳市遭受的全部国外技术性贸易措施次数的 25.4%，2010 年增加到 27%。随着史上最严的《欧盟新玩具安全指令》公布后，处于生产低端配件阶段的广东玩具生产企业也备受压力，各项严苛的玩具安全指标背后是昂贵的技术创新成本与近乎零的利润，这大大抑制了企业的技术创新的提高。

此外，由于近几年中国逐渐将新兴市场作为出口增长重要支撑力，而以印度、巴西、埃及等为代表的新兴经济体国家密集出台多项贸易壁垒及限制措施，中国毫无意外地成为新兴市场各国家贸易保护措施受害的“重灾区”。2014 年中国出口企业受东盟、拉美等新兴市场技术性贸易壁垒影响导致的直接损失额超 98 亿美元，其中机电仪器、矿物金属、纺织鞋帽、玩具家具、橡塑皮革等中国传统制造业受影响最大，占到全部产品的 86.7%。广东省主要出口产品包括服装、家具、电子产品等，这些产品的出口都受到不同程度上的技术性贸易壁垒的影响，对广东省传统产业的技术创新提出更大的挑战。

（四）对企业竞争力的影响

贸易保护在很多场合下，并不表现为对产品市场准入的直接限制，而是通过环境标准的设置或提高原有标准，从而提高产品成本，削弱出口国产品

的国际竞争力。对于一些大型企业而言，由于他们在平时的生产经营中比较重视战略管理，因而贸易保护对其影响不大。在贸易保护冲击面前，珠三角地区最令人担心的是中小企业。很多中小企业由于信息渠道和经济技术基础所限，对各国的贸易保护措施尚不完全了解，应对措施更无从谈起。对中小企业而言，限于其研发实力和低附加值出口能力，要应对各国提高门槛的指令，很可能面临企业生产成本急剧上升，从而丧失产品竞争力。一方面，企业为了达到进口国的环境标准，不得不从进口国进口大量昂贵的原材料，采用对方要求的生产工艺，或采用先进的生产技术设备，造成成本大幅上升。如欧盟的《报废电子电气设备指令》（WEEE）规定，欧盟国家公民在购买新的电子电气设备时，可以 1∶1 的比例将报废产品交给销售商，其回收成本将由制造商与销售商共同承担。据专家估计，要想达到新指令的要求，广东家电出口成本至少要提高 10%，这对主要靠价格优势占领欧洲市场的珠三角产品来说，无疑是个巨大的挑战。另一方面，为了满足一些国家苛刻的环保要求，许多中小企业不得不增加有关环境保护的检测、认证和鉴定手续，这势必会增加企业成本。如《欧盟报废电子电气设备指令》和《关于限制在电子电器设备中使用某些有害成分的指令》（RoHS）实施后，企业至少每个月要送检一次，光检测费一年就要上百万元。产品成本的提高，使我国中小企业在国际竞争中丧失了原有的价格优势，国际竞争力逐渐下降。不仅如此，贸易保护还使中小企业的产品竞争力从传统的价格、非价格因素，延伸到更多因素，例如环保因素。当前西方国家企业纷纷加大绿色环保投资，实施企业绿色化策略，提高产品环境竞争力。面对全球绿色浪潮的兴起和日渐提高的绿色贸易壁垒，国内中小企业传统的“高投入、高污染、低产出”的粗放式经营已经不再适应国际市场，产品竞争力大大降低。

据统计，2007—2012 年中国企业遭遇的美国“337 调查”占其全球调查总量的 1/3 左右。在 1972—2010 年美国发起的“337 调查”中，涉及广东省企业的“337 调查”案件共 26 起，仅 2010 年就有 7 起。从 2012 年上半年来看，在美国启动的“337 调查”中，涉及广东省企业的案件数为 3 起，比上年同期增加了 2 起，增幅为 200%，占上半年美国对华发起“337 调查”总数的 20%。这些涉及“377 调查”的产品，均为电子信息产品。对技术密集型产品进行疯狂的“377 调查”，势必会降低企业的国际市场占有率，影响企业的市场竞争力。据中国贸易救济信息网统计，2002—2010 年在全球对华的贸易救济案件中，涉及广东省企业应诉的案件共有 72 起，其中反倾销案件 63 起，反补贴案件 9 起。（刘伟，2010）各国对中国的贸易保护，严重影响了广东省的对外贸易，贸易摩擦更使广东省的海外贸易市场受到冲击。受贸易保护、金融危机、贸易摩擦的影响，广东省的市场竞争力不断下降，这间接影响了我国外贸经济的增长。

二、对中观经济层面的影响

中观经济是相对宏观经济和微观经济来说的，除宏观经济和微观经济以外，还有一些经济现象，比如说区域（城市）经济、部门经济、行业经济等，它们是国民经济活动在某一特定地域或部门行业的展开，它们是构成国民经济的重要子系统，但它们毕竟不等于整个国民经济，不能归之于宏观经济领域，同时，区域（城市）、部门和行业又是一个自成体系，又不能归于微观经济领域，所以便产生了中观经济。

（一）对区域经济的影响

发达国家贸易保护对广东一些经济区域也会造成巨大冲击，尤其是靠外贸为主的经济区域，如广东沿海经济带（广东沿海经济带位于祖国大陆东南部，由珠江三角洲、以汕头为中心的粤东和以湛江为中心的粤西三大城市群组成，东西两翼是环珠三角的重要组成部分，包括广州、深圳、汕头、汕尾、东莞、中山、佛山、阳江、湛江、潮州、惠州、茂名、揭阳、江门、珠海等15个城市在内）。由于发达国家再工业化过程中的贸易保护，广东省的全球外贸订单由于外部需求的下降而锐减，广东沿海经济带的对外贸易作为广东省外贸的主体，不可避免地遭受贸易保护主义的严重冲击。而且新贸易保护主义的主要形式有贸易救济措施、技术性贸易壁垒（含绿色贸易壁垒）和劳工壁垒（蓝色贸易壁垒）3种，其中贸易救济措施包括反倾销、反补贴、保障措施和特保措施（“两反两保”措施）。在后经济危机时代，这些新贸易保护主义行为方式对广东沿海经济带的外贸出口造成了极大危害，其具体影响表现在两方面：一是国际“两反两保”措施对广东沿海经济带的影响，比如，据中国贸易救济信息网统计，2002—2010年在全球对华的贸易救济案件中，涉及广东省企业应诉的案件共有72起，其中反倾销案件63起，反补贴案件9起。二是知识产权争端对广东沿海经济带的影响，比如在1972—2010年美国发起的“337调查”中，涉及广东省企业的“337调查”案件共26起，仅2010年就有7起。

（二）对产业结构的影响

广东省作为国际上的出口贸易大省，其加工贸易生产企业在广东企业中起着中流砥柱的作用，广东的第二、第三产业发展迅速，虽然广东的第三产业所占GDP早已超过第二产业，但第二产业尤其是工业一直都是拉动广东

经济增长的主要力量，其对广东经济发展的重要性不言而喻。发达国家再工业化过程中的贸易保护冲击，受影响最大的就是广东的第二产业，第二产业的出口（如东莞的第二产业）必将受到很大冲击，但这同时对于广东产业结构的改善起到了一定的推动力，能促使广东产业往更高层次的产业发展。如表9－4所示，由于金融危机以及贸易保护的冲击，广东省第二产业的贡献率从2008—2009年出现大幅度下降，在2012年回升后又开始下降，直到2013和2014年才有些许回升，而第三产业的贡献率基本上在逐年增加，这就说明广东省的产业逐渐向第三产业发展，产业结构渐趋优化。

表9－4　历年三大产业对广东生产总值贡献率

（单位：/%）

年份	国内（地区）生产总值	第一产业	第二产业	第三产业
2000	100.0	2.0	59.7	38.3
2001	100.0	2.0	47.3	50.7
2002	100.0	3.0	51.7	45.3
2003	100.0	1.2	64.5	34.3
2004	100.0	1.9	62.7	35.4
2005	100.0	2.3	55.0	42.7
2006	100.0	1.8	58.0	40.2
2007	100.0	1.2	59.1	39.7
2008	100.0	1.9	58.0	40.1
2009	100.0	2.5	48.1	49.4
2010	100.0	1.7	60.8	37.5
2011	100.0	2.1	50.9	47.0
2012	100.0	2.2	43.1	54.7
2013	100.0	1.3	44.2	54.5
2014	100.0	1.7	49.8	48.5
2015	100.0	1.7	42.5	55.9

数据来源：广东统计年鉴2016。

（三）对典型产业的影响

1. 制造业出口受损。

发达国家“再工业化”的核心目的是先进制造业，通过新能源等高新技术进行制造业的改造。而我国制造业的竞争优势主要在产品附加值低的加工贸易领域，比较优势是丰富的劳动力资源和廉价的人力成本。加之发达国家在先进制造业领域研发力度的不断加强，我国的人力资源优势终究会被弱化。广东作为进出口贸易大省，其制造业也会受到威胁。

“出口战略”是发达国家“再工业化”战略中的重要一环。为了提高其产品在国际市场上的占有率和竞争力，发达国家需要促进本土产品的出口，抑制外国商品的进口，以促进制造业出口的增长。但由于欧美国家普遍存在财政赤字的问题，他们将“再工业化”战略更多地诉诸贸易保护主义。发达国家的扶持政策往往能形成集聚效应，同时拉动产业链上下游制造业的发展。我国产品将会受到发达国家更加严峻的贸易保护措施，发达国家的贸易保护主义已从我国的传统制造业蔓延到先进制造业。国际金融危机爆发后，我国钢铁行业已经遭受欧盟、美国、澳大利亚、加拿大等多国发起的反倾销和反补贴调查。2012 年 5 月美国商务部初步裁定对从中国进口的光伏产品征收不低于 30% 的反倾销税，同年 9 月和 11 月欧盟正式对我国光伏产品发起反倾销调查与反补贴调查。作为贸易大省的广东，主要的制造支柱产业也会不可避免地遭到冲击，玩具、服装、家电、电子、化工、生物制药等上下游产业也会受一定影响。

2. 纺织品服装业受牵连。

中国纺织品服装业在国际上的地位非同一般，而广东作为纺织服装业的出口大省，至 2008 年金融危机后也面临着内外交困的处境。随着全球经济危机的不断加深，新一轮的贸易保护主义抬头。自 2009 年以来，广东纺织服装业遭遇更多的贸易摩擦，并呈现日趋多样化、综合化的特点。如 2009 年 6 月 1 日起正式实施的《欧盟关于化学品注册、评估、授权与限制的法规》进一步提高了欧盟化学品进口门槛，产品涉及纺织服装、化纤等。以欧美对我国发出召回通报为例，2009 年 1—9 月，欧盟委员会非食品类的快速预警系统（RAPEX）共发出对华纺织服装类产品通报警告 153 起，激增 6.29 倍，占全部对华通报比例的 20.84%，同期美国消费品安全委员会（CPSC）共对华发出召回纺织服装类产品案件 21 起，同比增长 10.53%。广东作为中国最大的纺织服装品出口省份，如果欧美等发达国家加紧对进口品的贸易保护壁垒，纺织服装业受牵连将更加严重。加之在华投资的外商企业回流本土增多，未来形势会更加严峻。

3. 对高新技术产业的影响。

正当传统产业忧心忡忡之时，高新技术产业也面临着发达国家贸易保护主义的威胁，最典型的应属光伏产业。2011 年，据美国光伏协会公布资料显示，有 28 家美国光伏企业当年收益较 2008 年下降了 46%，其中有数家大型光伏企业处于破产边缘，生存难以为继，整条光伏产业链上约 3.4 万人失业，美国将这一状况归结为是中国光伏产品低价出口，使美国光伏产业陷入萎缩低迷状态。

2011 年 10 月 19 日，美国 7 家光伏生产厂商向美国商务部和美国国际贸易委员会（ITC）提出贸易申诉，要求美国政府对从中国进口的太阳能电池启动“双反”调查程序。2012 年 5 月 17 日美国最终裁定：对中国光伏产品征收 18.32% ~249.96% 的反倾销税，对中国政府的“不公平”补贴征收 14.78% ~15.97% 的反补贴税。这对中国光伏产品的其他制造厂商来说，被征收 249.96% 的反倾销税和 15.97% 的反补贴税是一次重击，其所生产的光伏产品将会被关在美国市场大门之外。除了美国，欧盟在 2012 年也对中国的光伏产业提起了反倾销诉讼，其结果也是要求中国对出口的光伏产品缴纳 11.7% ~47.6% 的惩罚性税收。光伏产业的水深火热同样也要求着本国采取相应的保护措施。

三、对宏观经济层面的影响

宏观经济是指总量经济活动，即国民经济的总体活动；是指整个国民经济或国民经济总体及其经济活动和运行状态，如总供给与总需求，国民经济的总值及其增长速度，国民经济中的主要比例关系，物价的总水平，劳动就业的总水平与失业率，货币发行的总规模与增长速度，进出口贸易的总规模及其变动等。

国际贸易环境存在着明显的不确定因素，发达国家在再工业化的过程中为了最大限度地保护国内的企业而对外实施贸易保护政策。

（一）对经济增长的影响

随着广东经济的不断发展，对外贸易的规模越来越大，遭遇国外贸易壁垒而受到的损失也不断增大，技术性贸易壁垒成为制约广东外贸出口的重要因素。据有关方面调查，近几年，广东约有 2/3 的出口企业遭遇技术性贸易壁垒的限制，广东外贸出口所受的直接和间接影响每年超过亿美元。

反补贴方面，目前，广东遭遇反补贴调查形势尤为严峻。随着贸易保护的加剧，广东外贸企业遭遇贸易壁垒更加频繁；出口企业订单下降，出口增长困难，目前，广东外贸企业遇到最大的难题是国际订单萎缩。据广东省外经贸厅于2009年对全省11大出口行业中的50家大型企业所做的问卷调查显示：94%的企业认为国外购买力不足、需求下降是影响出口的主要原因；68%的企业出口订单同比下降，降幅在20%～30%。

利用外资明显放缓。随着全球经济环境的变化，外商来粤投资经历了一场大起大落。2008年以来来粤的外商投资企业增幅趋缓。合同外资下降预示我国利用外资状况不断恶化。2008年，在新批项目方面，各月始终呈同比下降趋势，月度降幅有时高达30%～40%，全年合计新批项目2.75万个，同比下降了27.35%。2009年1月，全国实际使用外资金额75.41亿美元，同比下降了32.67%。

广东在面对欧美国家的再工业化时，由于欧美国家实施贸易保护，如提高关税，扶持本土企业，对其他国家实施绿色堡垒和技术堡垒等，广东经济增长量持续减少，减缓了广东的经济发展速度。从图9－1可以了解到，从2005年开始，虽然广东每年经济收入总额持续增长，但是增长速度缓慢，特别是在2010年之后，经济增长速度尤为缓慢。

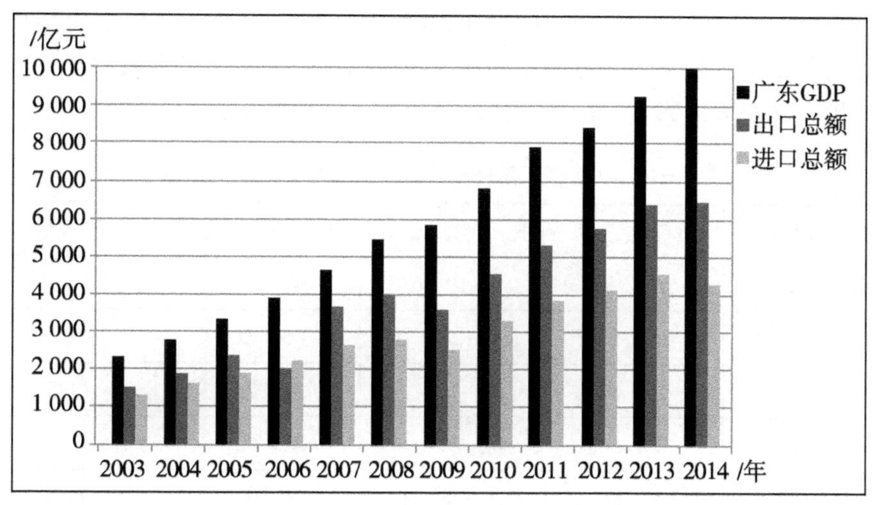

图9－1　广东GDP、广东出口贸易总额、广东进口贸易总额变动情况

数据来源：广东统计年鉴2016。

从图9－2可以明显看出，从2006年开始，特别是2008—2009年间，货物和服务的净流出对经济增长的贡献率和拉动力出现了严重的下降，呈现较高程度的负增长，严重阻碍了经济的增长。这说明，贸易保护对广东进出口贸易及经济的增长产生了极大冲击。

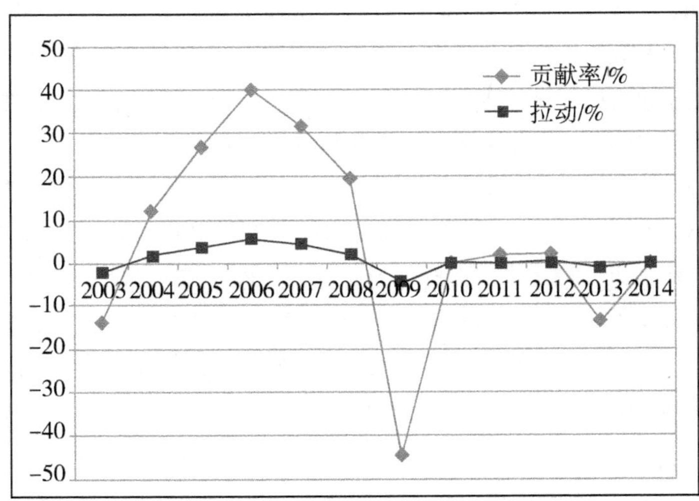

图 9－2　2003—2014 年货物和服务净流出对 GDP 的贡献率和拉动情况

数据来源：广东统计年鉴 2016。

与此同时，2015 年广东向主要国家和地区的进出口总额与上年同期相比，均呈现下降趋势。部分国家和地区向广东进口的数量都在减少，外国贸易保护主义极大地影响了广东的进出口贸易，详情参见表 9－5 数据。

表 9－5　2015 年广东向主要国家进出口额及增长速度

国家和地区	出口/亿美元	比上年增减/%	进口/亿美元	比上年增减/%
中国香港	2051.55	－10.56	46.24	－21.02
东盟	579.10	12.9	554.72	－9.1
日本	242.84	－6.4	379.75	－9.5
韩国	237.84	－7.6	411.65	－11.6
俄罗斯	52.22	－28.4	6.50	－11.9
欧盟	841.63	4.7	229.96	－8.9
美国	1 078.09	7.9	205.83	－6.0

数据来源：根据广东统计年鉴计算所得。

（二）对劳动就业的影响

贸易保护严重冲击了广东的加工贸易。加工贸易历来占据广东出口的半壁江山，广东加工贸易是为广东吸收外资投资和生产贸易顺差的重要渠道，同时是为广东提供和扩大就业的重要平台。由表 9－4 可知目前广东加工贸易企业从事的大部分都为第二产业，也就是我们所说的制造业。据表 9 - 6 可知，第二产业为劳动人口提供就业机会岗位的比重十分高，常年占据中流砥柱的位置。而加工贸易是吸纳就业，是增加广东省就业岗位的必要手段之一。但从 2008 年下半年以来，由于外贸保护的逐渐盛行，发达国家开始介入影响市场。广东制造业和建筑业新增失业分别为 1 980 万和 1 546 万，两者合计达 3 500 万人。在制造业当中，问题最严重的是外销部门，由于订单急剧萎缩，电子、玩具、纺织服装等出口部门受到的冲击最大，因此失业人数猛增。不仅如此，鉴于企业家对市场的反应有滞后期，预测未来还可能会有大规模的裁员、不招工和企业倒闭等现象发生。加上国有和集体企业每年正常的减员估计有 300 万，外资企业的大量回流等，以上种种，都将对广东的劳动就业造成影响。

表 9 - 6　广东省三大产业就业结构

年份	就业人数/万人	构成/万人			构成/%		
		第一产业	第二产业	第三产业	第一产业	第二产业	第三产业
2006	5 177.02	1 562.17	2 015.88	1 598.97	30.2	38.9	30.9
2007	5 341.51	1 562.19	2 102.28	1 677.04	29.2	39.4	31.4
2008	5 471.72	1 526.66	2 172.93	1 772.13	27.9	39.7	32.4
2009	5 688.62	1 514.04	2 292.05	1 882.53	26.6	40.3	33.1
2010	5 870.48	1 435.17	2 487.25	1 948.06	24.4	42.4	33.2
2011	5 960.74	1 427.34	2 526.48	2 006.92	23.9	42.4	33.7
2012	5 965.95	1 418.38	2 509.69	2 037.88	23.8	42.0	34.2
2013	6 117.68	1 405.06	2 563.5	2 149.12	23.0	41.9	35.1
2014	6 183.22	1 382.41	2 560.65	2 240.16	22.4	41.4	36.2
2015	6 219.30	1 375.15	2 546.57	2 297.58	22.1	41.0	36.9

资料来源：广东统计年鉴。

广东省出口的产品大部分是技术含量较低的产品，这类产品绝大多数属于第二产业所生产的产品。由表 9 - 6 可知，广东省的就业人数中第二产业所占的比例最大，就业人数最多，而由于发达国家的贸易保护冲击，第二产业出口会深受打击。第二产业深受国外贸易壁垒的冲击，从而导致企业缩小规模，造成一定人数失业。不过贸易保护的冲击会使更多的人往第三产业就业，第三产业的就业人数将逐渐增加。近年来受到发达国家再工业化的浪潮

和贸易保护政策的影响，仅广东的第一产业就业人数占比就从24.4%降到了22.1%，广东发展劳动力形势严峻，亟待解决。

（三）对国际贸易的影响

1. 加强地区间的合作，实施新型的地区经济主义。

新贸易保护论者认为，加强广东经济地区与发达国家间的经济合作是实现经济、公平和环境协调发展的重要途径，地区间的经济合作应优先于全球范围的自由贸易。新贸易保护主义者认为，实行地区经济主义的贸易保护政策：（1）可以充分利用广东与其他经济地区的经济资源，增加各地区的就业量，推动传统产业的技术创新，减少过度竞争，促进各地区的经济增长；（2）地区经济主义也有利于改变发展广东省以最低、最有竞争性的价格出口本国资源或低附加值的产品，从而导致低效益出口的状况，促进对资源的利用和生产加工。

2. 实现贸易平衡。

地区经济主义、新贸易保护主义论者主张，广东省应该根据预期的出口量控制进口量，并且要使二者严格相等，积极反对国家间贸易的不平衡。贸易平衡是商品国际公平交换的条件，一国与他国的贸易中存在大额顺差，就是对他国利益的损害，最轻的情况是使他人失业，最坏的情况是剥削他人，贸易保护应该尽量避免这种情况。

3. 有利于促进制定新的贸易规则。

作为受贸易保护影响极为严重的经济发展体，为了维护世界贸易的和平，广东外贸企业和其他发展中国家势必会对发达国家的贸易保护进行反抗，积极寻找解决问题的方法，争取与其他国家有更多的贸易合作，实现共赢。新贸易保护主义者认为，为使各国经济优先发展，促进实现贸易平衡和保护世界环境，必须要有一套新的贸易规则来保证。新的贸易规则既包括世界范围的贸易规则，也包括地区间的新贸易规则。新的贸易规则的目标不是最大限度地减少贸易壁垒，而是促使世界经济活动为环境和人类提供最大限度的保护。

第五节　贸易保护冲击对广东贸易竞争力影响

一、贸易竞争力的衡量

对外贸易竞争力是指建立在一国及地区国际竞争力基础上的保持对外贸

易持续增长并获取利润的能力，即一个国家或地区可进行贸易的本国产品、产业以及从事贸易的企业在向本国开放的外国市场上所具有的开拓、占据其他市场并获得利润的能力。

为了更好地分析贸易保护冲击对广东贸易竞争力的影响，本节引进了贸易竞争力这一名词。对于贸易竞争力的衡量，本书同时采用两类指标展开分析：一类是显示性指标，它说明贸易竞争力的结果；另一类是分析性指标，它解释具有贸易竞争力的原因。

（一）显示性指标

1. 贸易竞争力指数。

贸易竞争力指数，即 TC（Trade Competitiveness）指数，也称“贸易竞争优势指数”“贸易专业化指数”，是对国际竞争力分析时比较常用的测度指标之一，它表示一国进出口贸易的差额占进出口贸易总额的比重，即 TC 指数 =（出口额 - 进口额）/（出口额 + 进口额）。

该指标作为一个与贸易总额的相对值，剔除了经济膨胀、通货膨胀等宏观因素方面波动的影响，即无论进出口的绝对量是多少，该指标均在 -1 到 1 之间。其值越接近于 0 表示竞争力越接近于平均水平；该指数为 -1 时表示该产业只进口不出口，越接近于 -1 表示竞争力越薄弱；该指数为 1 时表示该产业只出口不进口，越接近于 1 则表示竞争力越大。如 TC 取值为（-1，-0.6）时有极大的竞争劣势，取值为（-0.6，-0.3）时有较大竞争劣势，取值为（-0.3，0）时有微弱竞争劣势，取值为（0，0.3）时有微弱竞争优势，取值为（0.3，0.6）时有较强竞争优势，取值为（0.6，1）时有极强竞争优势。

贸易竞争力指数是分析行业结构国际竞争力的有效工具，它能够反映相对于世界市场上由其他国家所供应的一种产品而言，本国生产的同种产品是否处于竞争优势及其程度的高低。

2. 出口市场占有率。

出口市场占有率也是经常用来测量一个国家或地区贸易竞争力的指标之一。出口市场占有率（Export Market Share）又称为“国际市场占有率”（International Market Share），是指一国出口总额占世界出口总额的比例。它包括在开放的国际市场上，某种国产品销售额占世界该类产品总销售额的比重、某种国产品出口额占世界该类产品总出口额的比重。一个产业的国际竞争力大小，最终将表现在该产业的产品在国际市场上的占有率。在自由、良好的市场条件下，本国市场和国际市场一样，都是对各国开放的。一种产品在国际市场的占有率，反映该产品所处产业的国际竞争力大小。

出口市场占有率反映一国出口的整体竞争力，比例提高说明竞争力增强，即：出口市场占有率＝一国出口总额/世界出口总额。其计算公式为：

$$MS_{ij} = \frac{X_{ij}}{X_{wj}}$$

式中：MS_{ij}表示 i 国家 j 产品的市场占有率指数；X_{ij}表示 i 国家 j 产品的出口总额；X_{wj}表示世界 j 产品的出口总额。MS_{ij}值越高，表示该产品所处的产业国际竞争力就越强，反之则越弱。

（二）隐性指标（分析性指标）

借助波特的“钻石模型”，我们就可以对影响贸易竞争力的要素或原因做出解释。

1．自然资源的丰裕程度。

一国自然资源的丰裕程度高低与该国对外国资源进出口的依赖程度成反比。以日本为例，日本是资源小国，随着经济的发展，对外依赖程度越来越高，日本从国外进口大量的原料、燃料，如煤、铁矿石等。又如中国对西亚石油、铁矿石和南美木材的依赖。自然资源作为先天优势要素，对贸易竞争力产生极大影响。

2．高科技和具有高技术能力的劳动力。

这一要素在“钻石模型”的要素条件中属于高级要素，高级要素依赖于良好的基础和连续的投资，如完备的教育系统。依赖高级要素建立的竞争优势不易被模仿，所具有的国际竞争力也更持久。如丹麦在家具业上所具有的贸易竞争力优势，得益于其拥有大量高素质的家具设计人员。

3．国内需求状况。

国内需求的特点往往会决定国内产品的形成、创新和质量，还会促进企业提高产品质量，加强技术创新来满足国内需求，从而促进企业贸易竞争力的提高。当国内需求大于供给时，企业需要通过进口来平衡供给，相反，当供给大于需求，就需要通过出口来打开销路。

4．机会因素。

机会因素也是影响贸易竞争力的又一重要因素。新发明的出现、成本的突然提高（如石油危机）、国际金融市场的突然变化、世界或地区需求的改变、外国的政治影响、战争等，这些都会影响到一国某一行业或某种商品在国际市场上的贸易竞争力，无论这种影响是积极抑或是消极。

二、再工业化的贸易保护冲击

根据以上对贸易竞争力衡量的显示性和分析性指标的阐述。以广东商品贸易为例，其近十年来的 TC 指数如表 9－7 所示。

表 9－7　广东商品贸易 TC 指数表

年份	出口额/亿美元	进口额/亿美元	TC 指数
2006	3 019.48	2 252.59	0.15
2007	3 692.39	2 647.96	0.16
2008	4 041.88	2 793.04	0.18
2009	3 589.56	2 521.62	0.17
2010	4 531.91	3 317.05	0.15
2011	5 317.93	3 815.41	0.16
2012	5 740.59	4 098.88	0.17
2013	6 363.64	4 554.58	0.17
2014	6 460.87	4 304.97	0.20
2015	6 434.68	3 793.28	0.26

数据来源：根据广东统计年鉴计算所得。

从表 9－7 数据可以看出，近十年来广东商品贸易总体维持在接近于平均水平，数值介于（0，0.3）之间，存在微弱竞争优势。但在 2008 年开始之后的两年间，数值下降明显，本已微弱的竞争优势还进一步被压制。这主要是受 2008 年金融危机后世界经济动荡，发达国家采取更强有力的贸易保护壁垒，限制国外商品进口的影响。

由于 2008 年的金融危机，很多国家的经济都受到了重创，特别是发达国家，这些国家为拉动本国经济，进而鼓励出口，保护本国市场，提高关税壁垒，实行了贸易保护。这对广东企业产品的出口造成了不利影响，使原本贸易竞争力指数小于零的产品（该类商品不具国际竞争力）的出口更加艰难，也可以说是广东的贸易条件有所恶化，贸易竞争力有所降低。

（一）外部需求仍然不稳定

企业订单普通周期短、金额不大，整体出口竞争力仍有待提升，出口增长仍存在不确定性。由于目前我国传统出口市场中的欧美地区失业率仍处于高位，其市场需求仍恢复较慢。

（二）珠三角地区出口成本明显提升

产业向中西部内地转移存在困难，近年来，作为传统产品出口主要聚集

地的珠三角地区，企业经营成本不断提高，2015 年以来占总成本约 1/4 的用工成本就上涨了 10% 左右，劳动密集型产品出口企业受到明显影响，加上“民工荒”“招工难”等现象时有发生，而传统产品出口仍主要走廉价路线，企业接单趋向谨慎。

（三）人民币实际有效汇率上升

出口产品竞争力下滑。2010 年以来欧元快速贬值，导致人民币对其升值超过 20%；2010 年 6 月 19 日，中国人民银行宣布，进一步推进人民币汇率形成机制改革，增强人民币汇率弹性，此后人民币兑美元跌破 6.80 关口并屡创新高。我国劳动密集型产品的主要竞争对手印度、印尼、越南和巴西等国的货币对美元均有一定幅度贬值。本国人民币升值虽然有利于降低进口原料成本，但出口产品的价格上扬，不利于参与国际市场竞争，加上主要竞争对手的货币贬值更是进一步削弱出口竞争能力。

第六节　应对贸易保护冲击的管理启示

一、政府层面策略

（一）政府干预策略，企业必须遵守世贸规则

不可因为一己之利而铤而走险，同时国家应该保护企业免受不正当贸易保护的影响。在 2008 年中国遭遇 10 起反补贴调查，占全球反补贴调查总量的 71%，单单广东省就涉案 7 起。2004 年加拿大第一个对中国发起反补贴调查，涉案产品烧烤架的主产区就在广东。从那开始，自 2008 年下半年以来，中国几乎是每月遇到 1 起反补贴官司，这些不正当的贸易保护政策，使广东近年来的外贸活动受到其他国家的限制和拒绝。对于广东各出口企业而言，应当积极采取应对措施，在 WTO 法律框架下通过积极应诉来保障自身权利。我们要以积极的态度面对：一是应组织专门的人力和物力，加强对西方国家贸易保护政策和法规的研究。二是加强对国外技术性贸易壁垒体系、“两反两保”体系的研究，建立健全的广东贸易机制。根据国际市场的新情况，做到有的放矢，泰然处之，及时突破国外新贸易保护主义的障碍。政府要认真研究国外技术性贸易信息不对称壁垒形式、技术性壁垒形式、环境保护壁垒、政策保护壁垒等，总结国内外有效处理贸易保护的优秀企业。广东省应该建立自己的大型数据库，及时分析和向相关企业传递有关信息和发布预警信息，并帮助和指导相关企业突破外国新贸易保护的阻碍。除此之外，广东省政府应该加强企业和政府间的交流，为企业发展出谋划策，提高广东本地经济水平，共建和谐富强社会。

（二）政策上保护和引导本国弱势工业，优化我国贸易结构

在经济全球化的今天，在发达国家的科学技术水平本来就很先进的情况下，实行贸易保护政策，使原本就很有优势的发达国家企业市场竞争力更加强大。而这时我国等发展中国家的落后产业的企业就可能面临着进行不下去的危险。此时，政府就应该在一个合理的限度内，对落后工业产业进行保护，使它们不至于被取缔。或者根据该企业自身的情况，引导和鼓励其进行产业转型升级，而产业转型升级的关键是技术进步。政府应当考虑出台多项优惠政策鼓励企业科技创新，以及设立专项基金用于科技人才的培养等。

（三）经济发展方式转型，推动自主创新

我国一直处于全球产业链条的低端环节，极易受到贸易壁垒的冲击。此次贸易保护主义迫使我国调整出口产品结构，进行产业升级。为此，政府应该转变经济发展方式，大力推进自主创新战略，鼓励企业向低碳、品质方向努力，实行差别化、多层次的出口政策导向，加大对中小企业出口的金融支持，引导企业加大研发投入和品牌建设。同时，企业也要充分利用政策扶持措施，扩大现有产品优势，加大科研投入，开发附加值高的产品，依靠技术领先占领市场；鼓励一般贸易发展，推动加工贸易转型升级，以便在更大的领域和更深层次上参与国际市场竞争。总之，着重提升企业自身的创新能力和核心竞争力，是提高抵御风险能力的根本。

（四）提升广东对外贸易的产业结构四步骤

1. 传统优势产业与高新技术结合。

广东省劳动密集型传统产业（如玩具、服装、灯饰、家具业和制鞋）具有一定优势。传统产业的出口产品技术附加值低，在质量、服务、差别等方面缺乏竞争力，只能凭借劳动力优势与国外产品展开价格竞争。而这些优势传统出口产业极易遭遇国外的反倾销调查。为此，要规避国外的反倾销贸易保护，广东省应积极投入研发高新技术，将传统产业和技术革命结合在一起，着眼于国际国内产业分工的大格局，以国内外市场的需求为取向，压缩过剩的生产能力，淘汰消耗大、污染严重的落后生产能力，以提高广东国际竞争力为核心，实行全面创新，带动产业结构的升级和优化。

2. 发展壮大高新技术产业。

广东省高新技术产业的发展一直较快，但与发达国家之间还有一定的差

距，这是广东出口产品被技术壁垒阻挡的重要原因之一。只有尽快提高广东省高新技术产业发展水平，才能从根本上提高全省出口贸易的质量和档次，有利于打破技术壁垒，更好地利用国际先进技术和资源，大力发展高新技术产业。广东省要重点发展电子信息、生物工程、新材料三大新兴产业群，对目前已初具规模和有一定竞争力的高新技术企业，要给予优惠政策，并在资金、技术上给予支持。

3．培植发展优势出口产业。

根据贸易保护主义及对广东出口贸易的影响，从实际出发，以结构调整和优化为主线，采取有效措施，培植发展优势出口产业，从整体上提高广东出口商品的国际竞争力，这是突破贸易壁垒的根本途径。此外，还应努力提高服装、制鞋和玩具出口业的技术创新能力，积极提高机电产品的技术水平和出口比重，大力发展创汇农业等。

4．加强国际协调，妥善解决贸易争端。

任何国家不能独立于其他国家而生存，任何形式的贸易保护主义和经济孤立主义，都将同时损害本国和其他国家人民的利益，是两败俱伤的短期行为。尤其是在全球化的背景下，一国实行贸易保护主义非但不能保护本地贸易市场，反而会引发市场贸易争端，同时损害国家间正常的贸易关系和多边贸易体制。我国作为 WTO 成员和联合国常任理事国之一，应充分利用争端机制，强势且积极地参加 WTO 的多边贸易谈判。

中国商务部部长陈德铭在接受《华盛顿邮报》记者专访时明确指出，美国实行保护主义，对美国、对中国，乃至对全球都是有害的。因为中国的出口企业中有大量美资企业，一旦两国贸易环境恶化，它们同样会受到影响。因此，各国只有加强合作、携手应对贸易危机才是唯一正确的选择。一是积极参与国际经济组织框架内的多边协调。我国作为 WTO 成员，应积极参与 WTO 的多边贸易谈判，推动多哈回合谈判早日取得全面、均衡的成果。二是加强区域集团内的多边与双边协调。在亚太经合组织、上海合作组织、中非合作论坛以及中国与东盟合作框架下，我国应加强与其他成员国的对话与协调，携手应对全球性挑战。三是利用政府首脑定期会晤机制，加强对话与协调。如通过中欧领导人定期会晤机制，中美战略对话、中美战略经济对话和中美战略与经济对话机制，东盟—中国领导人会议机制等，在政治、经贸、交通、科技、能源、环境等广泛领域加强对话与协调，从而达到增进互信、深化合作的目的。

二、企业层面策略

（一）调整经济结构并推进区域经济一体化进程

在西北大开发，“一带一路”的政策优势下，企业要调整经济结构，逐渐形成扩大内需，减少对外资的依赖性，实现内需外需均衡发展的新格局。第一，企业需要优化其产业结构，运用新技术改造传统产业，实现产业转型升级。第二，中国有一句：“一个篱笆三个桩，一个好汉三个帮。落篱之下独木成林焉能存？”广东可以建立起具有自己特色的经济组织，以团体的身份共同应对贸易保护带来的冲击，应对的最有效方法就是积极主动参与到与区域经济合作的组织当中。这也是中国加入 WTO 组织寻求贸易公平、贸易保护的原因。为了保证经济的持续增长，实现长期性目标，广东的企业必须积极回应贸易组织、主动参与到经济全球化的进程中，参与多边贸易活动，还要积极发展双边及多边自由贸易协定。企业在外贸过程中难免遇到的各种外贸保护问题，需积极应对。

（二）企业培养专业人才以应对国际贸易摩擦

企业应该积极培养专业人才，以应对国际贸易间摩擦，在企业内部设立专门的职能部门，培养一批熟悉国家贸易规则的专业法律人才，学习并善用 WTO 法律法规的人才，在 WTO 的框架内解决贸易摩擦，平时积极处理各国贸易变化、国家政策、市场和企业的动态信息，并及时进行深入研究。在可能发生贸易摩擦的第一时间内准备好应诉材料，保障企业利益和权利不受侵犯。将企业损失降至最低，以获得贸易最佳收益。同时企业积极建立属于企业的大数据库，及时高效率地对贸易问题进行反馈处理，提高企业效率。加强企业自我保护意识，从而有效减少贸易保护带来的冲击。

（三）企业发展市场多元化贸易战略

企业不应该只盯紧某国的某个市场，在面对发达国家贸易保护的时候，企业应发展多元化、多样化贸易战略，努力开拓发达国家市场的同时也应该关注发展中国家和国内的市场，减少贸易保护主义的威胁。广东的外贸实践证明，企业出口产品的批量越大、销售地区越集中，与保护主义的冲突就越严重。因此，我们应该尽量避免在一个短期内向某一个国家或地区大量出口同类产品，应继续推行出口市场多元化的贸易战略，积极拓展新的海外市场，改变以往集中只同少数几个国家和地区进行贸易的状况。在当今发达国家贸易保护主义盛行的情况下，我们应特别注意开拓发展中国家这块重要的海外市场，而“一带一路”与多个发展中国家形成的贸易组织便是一个解决

这个问题的泄压口。

广东还应提供各种便利条件，支持更多有能力的企业走出去，绕开贸易壁垒，建立本身的全球生产体系和营销体系，开辟新市场。因为，到发达国家设厂有利于提高企业的生产和管理技术、降低生产成本。此外，要化被动为主动，从“出口进入”转型到“投资进入”，鼓励企业或者由国企带头，在境外投资建厂，把投资的终点定位在经济一体化区域和出口产品的主要市场，就地生产就地销售，规避各种壁垒保护形式，把贸易保护的不利影响降到最低。

（四）加强技术创新，提高技术标准体系

广东企业通过自身的技术创新，可以建立起属于自身的技术性壁垒。利用其独特的沿海靠近香港等先天地理优势，投入资金培养人才或者吸引人才带动企业提升自主技术创新能力，抢占行业科技的制高点，从价值链的中低端位置逐步转型到中高端，致力生产更高附加值的产品。同时，从自身出发，培养技术贸易壁垒方面的专业人才，完善和提高我国的技术标准体系。企业要对自身进行严格的技术把关，提升总体商品的技术质量水平，建立起具有企业自身特色的技术贸易壁垒体系。

第十章　投资回流冲击对广东经济的影响

2008 年全球金融危机爆发以来，美国经济出现了诸多问题。为走出经济困境，在失业率居高不下的压力下，美国政府提出了“再工业化”战略。全球金融危机之后，国际经济环境开始悄然发生变化，美国“再工业化”战略的实施导致中国外商直接投资（Foreign Direct Investment，FDI）发生了显著变化，一些观点将其称为“回流”。

2012 年 12 月 7—11 日，习近平总书记到广东考察，对广东提出“三个定位、两个率先”的殷切期望，要求广东努力成为发展中国特色社会主义的排头兵、深化改革开放的先行地、探索科学发展的试验区，为率先全面建成小康社会、率先基本实现社会主义现代化而奋斗。目前，广东正处于现代化建设的关键时期，在资源、能源、环境等方面面临着比全国更大的矛盾和压力。发达国家的再工业化导致大规模的投资回流现象，可能预示着后金融危机时期全球竞争格局和产业分工的结构性变化，必将对经济外向型程度较高的广东的产业转型升级产生前所未有的冲击。因此，有必要深入分析“投资回流”可能给广东带来的冲击、挑战和机遇，认真思考适合广东的现代产业体系的构建问题，以保证广东经济实现可持续发展，进而为全国的产业转型升级提供经验借鉴。

第一节　投资回流及其特征

一、相关概念

联合国贸易会议在 2013 年的《世界投资报告》中将“投资回流”定义为：跨国公司将原来投资于海外，能够给公司带来附加值的生产过程全部或者部分回迁国内的行为。福特公司 2013 年初宣布，从 2014 年底起将在俄亥俄州组装 2.0 升 EcoBoost 引擎，原本由西班牙提供的发动机，现在美国本土生产，甚至供应整个北美地区。福特公司的这种行为，被学者们称为“投资回流”。

（一）回流与转移

回流一般是指跨国公司将投资和生产能力从海外向本国转移的一种现象。对于投资回流，一般界定于制造业回流，采用联合国贸易和发展会议的定义："制造业回流是指制造业跨国公司将原来设置在海外的，能够产生生产品附加值的全部或者部分生产过程，迁回国内的一种现象。它既包括把海外的工厂迁移回国，也包括在国内建设工厂，取代在海外建厂或采购的计划。"例如，2011 年通用电气公司耗资 3 800 万美元，在美国肯塔基州路易斯维尔投资了新型热水器工厂，按照原计划这些生产线本来要在中国建设的；全球著名的自动柜员机生产商 NCR 把在中国制造，然后出口到美国的生产线搬迁到美国的哥伦布市，市政府采取了税收优惠措施，帮助 NCR 建设了厂房，然后以租赁方式交给企业生产产品。2011 年，著名的机械设备生产厂商卡特彼勒花费 2 亿美元，在德克萨斯州开设了新的挖掘机生产线，把原本在中国生产的一些机械设备搬回到美国制造。（左跃荣，2013）

相对回流，转移的含义更为广泛，既包括向本土转移，也包括向其他国家转移。转移的原因包括利用地方优惠政策、接近市场、降低生产成本、保障产业链安全、优化产能布局等因素。目前，考虑到中国的用工成本、物流成本及汇率等影响，一些跨国公司将生产基地从中国转移到越南、老挝等东南亚国家。对于转移到第三方的制造业转移，严格意义上不能称为回流。

（二）回流与收缩

制造业投资收缩则意味着在全球经济低迷背景下，对制造业领域的投资减少。典型的收缩指标是采购经理人指数（Purchase Management Index，PMI），一般来说，当 PMI 超过 50% 表示制造业总体扩张；而当 PMI 低于 50% 的时候，说明制造业在收缩。由于国外投资规模收缩造成的投资额下降，不能简单认为是回流。

（三）总量与增量

外商直接投资的总量是指累计的外资投资总额，投资增量则是指年度内新增加的投资额。当外商投资总量增加，而投资增量下降的时候，只能表示有回流的可能性，但不能确认为回流。当外商投资总量下降，则可以直接认为发生了投资转移或回流。此外，投资的企业数量也是观察外商直接投资变化的一个重要指标。

（四）微观与宏观

从企业的微观经济活动来看，个别厂商退出在海外的制造基地，搬回国内进行生产，较难观察和判断。相对而言，大量企业或整个产业从一国回流到本土进行生产，或多国同类企业选择将投资撤回本土，这种宏观层面的变化才适合称为“回流”。

二、投资回流企业的特征

（一）劳动成本占总成本的比重低

“去工业化”时期的发达国家制造业大量外流，除了考虑本土资源的问题和环境污染问题，企业家们最关心的还是制造成本低。发展中国家人口密度大，劳动成本低，是发展劳动密集型制造业最有利的因素之一。虽然近年来中国的经济不断发展，劳动力成本持续上涨，但是相对发达国家而言，仍然是有相对优势的。例如，2016 年美国的劳动力成本是我国劳动力成本的 2.57 倍。如果是劳动密集型的企业迁回本土，那么给企业带来的劳动力成本压力是非常大的，企业不仅失去了原有的经济收益，还会打击到企业家的动力，所以，从海外回流的企业，主要集中在生产成本中劳动力占总成本比例较低的企业，这些企业更具备回迁的条件。

（二）主要集中于高附加值的制造业

发达国家的近几年从自身国情出发相继推出的工业化发展战略并不是单纯地振兴传统制造业，而是集中于发展战略性的新兴产业，实现信息化和工业化的跨界融合，推进信息化建设，建设支撑未来经济发展的高端制造业。发达国家本身具有现代的制造设备和高素质的工人，一直是世界上制造业领域的领跑者，同时拥有强大的教育支撑和人才研发优势，知识和技术的积累促使他们有强劲的创新能力。这些足以让他们可以生产更高质量和高附加值的产品，相对应地，发达国家一般不会把还处于低端生产的企业进行大规模的搬迁，会以高端制造业为主要的回流对象。

例如，美国的 3D 印刷公司所有的生产都在纽约完成，每年的生产目标是 3 万 ~5 万件。Crestron 家庭自动化产品，其可编程的气候控制系统和环绕声系统，设计和制造都在美国。苹果现任首席执行官蒂姆·库克已经承认，未来会有部分苹果产品转移到美国生产。这些都是美国高科技制造公司，他们都选择把大部分的生产留在本国而不在外投资，是因为这些都是高端的、附加值高的制造业，发达国家不可能会让它流向海外。例如耐克公司，我们都知道，制鞋是需要消耗大量的人工进行裁剪和拼接的，但在 2012 年，耐克采用 Flyknit 技术，不仅保证了鞋面该有的包裹、支撑等特性，而且，对消费者来说，更轻、更透气；对耐克来说，更省材料、更省人力、更环保。之后，耐克将技术横向扩展到各条产品线，把成本降下来，实现规模经济。阿

迪达斯在德国的工厂由自动化公司 Oechsler Motion GmbH 负责运营，以机器人自动生产为主，仅保留 160 个技术岗位，这些机器人工厂每年将生产 100 万双运动鞋，为企业减少了大量的人工成本。

（三）运输成本高

除了劳动力成本以外，产品的运输成本也是总成本中占比较大的一项。如果是从产品的原材料到加工成最终产品，都是在海外的其中一个国家集中生产，运输成本可能不会那么高，但很多产品都是将国内的原材料先运往海外进行加工，完工后再运回本国，这样就需要大量的运输费用，增加了产品的总成本，降低了利润。同时，由于能源价格的不断上升，导致了运输成本也水涨船高。快节奏的生活和快速发展的时代也意味着产品更新换代的周期变得越来越短，重复的运输不仅造成了运输成本的增加，还拉长了供应链，使产品的更新周期加长。对于企业来说，就失去了与竞争对手竞争的优势，甚至会因为竞争对手抢先一步进入市场而导致本企业的产品销售得不到预期的效果。所以，如果运输成本高的企业回流本国，从原材料到加工到销售都是集中在同一个地方，就能为企业减少大量的运输成本，从而增加利润。

综上所述，我们可以做出初步的判断，制造业回流在跨国公司的对外直接投资领域将成为一个重要现象，并对我国吸引对外直接投资和制造业发展产生重要影响。美国全国制造商协会首席经济学家查德·毛特雷所说："一些制造商把生产线从国外转移回来，这是制造商根据具体情况，在个案的基础上做出的决定。"他表示，美国制造业回流趋势肯定会继续，但并非所有的海外生产线或者已转移出去的制造业都会回流。制造商会对供应链及生产进行全盘再评估，比如考虑劳动力成本、运输成本和控制产品质量。

第二节　投资回流原因分析

中国劳动力成本的上升，美国劳动力成本的下降，人民币对美元汇率的升值，以及中美两国吸引对外直接投资政策的变化，都是影响在华美国制造业跨国公司投资回流的重要因素。

波士顿咨询公司（BCG）资深合伙人哈罗德·西尔金预测："对于许多劳动含量较低，运输成本又较高的商品，2015 年前后会是一个临界点。也就是说，到 2015 年，这些产品如果是要供应给美国市场，那么在美国制造就是'经济'的做法。"

一、中美两国劳动力成本变化

（一）中国劳动力成本上升

凭借数量庞大、价格低廉的劳动力，中国吸引了大量的外资企业到中国投资设厂。加上近几年中国的城镇化增长速度快，大量的农村劳动力纷纷涌进城镇，加大了雇佣团队。工人们的竞争激烈，雇主们有更多的选择，所以，劳动力长期处于一个被动的状态，也就导致了中国的劳动力长期维持在一个低水平的状态。

表 10－1　中国与主要发达国家 2010—2014 年的平均工资

（单位：美元）

国别	2010 年	2011 年	2012 年	2013 年	2014 年
中国	4 300	5 000	5 870	6 740	7 380
美国	48 950	50 450	52 540	54 070	55 200
英国	40 470	40 090	40 600	41 590	42 690
德国	44 780	46 410	46 700	47 250	47 640
法国	43 800	44 220	43 180	43 550	43 080
日本	42 980	45 190	47 830	46 330	42 000
韩国	21 320	22 620	24 640	25 870	27 090

数据来源：世界银行。

虽然中国的劳动力平均工资比较低，但随着经济的飞速发展，劳动力素质提高，人均产出率水平也大大的提高，劳动力工资的增长率比发达国家要快，2014 年中国的平均工资比 2012 年增长了 25. 72%，劳动力的优势逐渐减弱，对于外商而言，通过中国的低廉的劳动力成本来使企业获得高额利润的时代已经不复存在，加上运输成本的提高，把工厂迁回本国也可以得到同样的效果。

中国城镇人均的可支配收入越来越高（见表 10－2），相应的消费水平也跟着提高，没有较高的工资水平，企业无法长期留住人才。加上人们的生活水平质量的提高，保险意识和保障意识提高，企业不仅要给到员工比较满意的基本工资，还要在福利保障等方面留住员工，所以，企业的劳动力成本提高，导致了中国的劳动力成本优势逐渐减弱。

表 10－2　中国 2011—2016 年城镇人均可支配收入

（单位：年/元）

年份	2011	2012	2013	2014	2015	2016
可支配收入	21 810	24 565	26 955	28 844	31 195	33 616
增长率/%	14. 13	12. 63	9. 73	7. 01	8. 15	7. 76

数据来源：慈溪律师法律咨询网。

伴随着中国经济的高速发展和货币发行量的增加，消费物价指数除 2009 年和 2013 年出现下降以外（见表 10－3），近年来一直保持在较高水平（见图 10－1）。在消费物价指数不断攀升的背景下，企业职工为了保持原有的生活水平，企业也为了留住员工，必然导致劳动力工资水平不断上升。

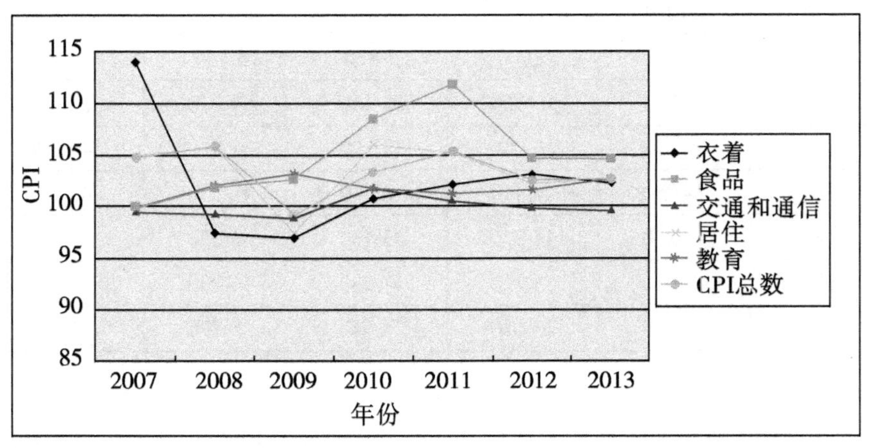

图 10－1　中国 2007—2013 年 CPI 分类指数

表 10－3　中国 2007—2013 年 CPI 分类指数

年份	2007	2008	2009	2010	2011	2012	2013
衣着	114	97. 5	97	100. 8	102. 1	103. 1	102. 3
食品	99. 8	102	102. 8	108. 5	111. 8	104. 8	104. 7
交通和通信	99. 6	99. 2	99	101. 8	100. 5	99. 9	99. 6
居住	105	105. 8	97. 5	106	105. 3	102. 1	102. 8
教育	100	102. 1	103. 2	101. 7	101. 3	101. 7	102. 7
CPI	104. 8	105. 9	99. 3	103. 3	105. 4	102. 6	102. 6

数据来源：中国统计年鉴。

（二）美国的劳动力成本低速增长

受金融危机和通货膨胀的影响，美国的劳动力成本一直以较低的速度增长，甚至出现负增长。2007 年住房贷款抵押市场的崩溃，以及由此而引发的金融危机，导致美国经济增长处于较低水平。美国人均税后工资水平从 2004 年到 2013 年一直处于较低的增长水平，在 2009 年和 2010 年甚至出现负增长，工资水平下降（见表 10－4）。

表 10－4 美国税后人均工资及增长率

年份	2004	2005	2006	2007	2008	2009	2010	2011	2012	2013
人均工资/美元	52 287	56 304	58 101	60 858	61 774	60 753	60 712	61 673	61 997	62 023
增长率/%	7.59	7.68	3.19	4.75	1.51	－1.65	－0.07	1.58	0.53	0.04

（三）中美两国劳动力成本变化的对比

目前中国工资是 2000 年时的 5 倍，它还将以每年 18% 的速度增长，与此相反，为了生存，美国工会正改变他们的优秀级选项。如 20 世纪七八十年代，电器公园以“罢工城”闻名遐迩，动不动就以罢工向公司“撒娇”，但今天工会已愿意接受一种区别 2005 年的分层薪资方案，其中 70% 工种将获更低报酬，每小时只能得到 13.50 美金左右的报酬，几乎比以前低了 8 美金。

换言之，全球最昂贵的美国人力资源在几年金融危机和经济衰退影响下，价格要求放低不少，甚至美国三大汽车公司的工人工会同意高达 35% ~ 45% 的整体薪资福利让步，已低于或相当于在美日系汽车工人的水准，这个整体让步的直接结果就是：美国汽车出厂价依然低于同类型的日本汽车，但利润率上接近日本同行。

而中国大陆情况与此相反，其薪资普遍上涨，富士康就是一个典型案例。自“跳楼门”后，富士康始终面临压榨员工的指控。据记者查阅资料，富士康从 2010 年起已陆续调整过几次薪资水平，2012 年 5 月，郭台铭又宣称要让大陆员工的 2 200 元薪资再调高一倍，这意味 2013 年 8 月富士康内地员工的工资将达到 4 400 元。

2011 年出炉的《美国生产复兴——为何制造业将返回美国》报告做了一个更透彻的对比，指出 2005 年中国劳动力平均成本是美国劳动力成本的 22%，但 2010 年这一数值达到了 31%。与此同时，中国工厂每小时生产力工资是 8.62 美金，美国南部为 21.25 美金，但预计 2015 年中国长三角沿海

地区会达到15.03美金，美国南部则是24.81美金，百分比发生了相当明显的变化。（彭红斌，2012）中国的劳动力成本升上，美国本土的劳动力成本下降，虽然两国之间的人均工资差距还是比较大，但是随着这种增长趋势，差距会越来越小。加上美国的劳动力的人均产出率比中国的高，所以，总体上的差距并不大。因此，跨国公司投资回流有利可图。

二、中美两国吸引投资政策变化

（一）中国对外商直接投资优惠减少

改革开放初时，中共中央、国务院同意创建深圳、珠海、汕头和厦门四个经济特区，之后又批准了上海浦东、天津滨海新区、成渝等综合配套改革试验区。2008年，国务院提出把广西北部湾经济区建设成为重要国际区域经济合作区。经济特区又叫出口特区，目的就是通过完善各种交通运输、网络通信、仓储等基础设施和在税收上提供优惠，来吸引外国投资者到特区内从事贸易和加工工业出口等。在经济特区内，对国外投资者在企业设备、原材料、元器件的进口和产品出口，公司所得税税率和减免，外汇结算和利润的汇出，土地使用，外商及其家属随员的居留和出入境手续等方面提供优惠条件。（周海荣，2016）

我国对直接投资的税收优惠政策可以分为三类：第一，区域性的税收优惠政策。这些优惠政策只局限在一定的区域内或者领域内，比如在指定的经济特区或者开发区进行投资才能享受优惠，而在规定区域以外的投资项目则无法享受该优惠；或者在某一特定的领域内，比如高科技领域企业可以享受优惠，而其他行业就被拒绝。第二，生产性外商投资企业的税收优惠。这种优惠政策主要是鼓励投资者从事农业、林业、牧业，或者到贫困落后的地方进行开发，提高贫困地区人民的生活水平和带动落后地区的发展。第三，产品出口企业和先进技术企业的税收优惠。鼓励外商在国内投资的产品进行出口，增强国家的国际竞争力。极富有吸引力的鼓励优惠政策，吸引了大量的海外投资者到国内投资设厂，合同利用外国直接投资，从1983—2002年达到8 280.91亿美元，年均增长率为21.92%。

随着国内的企业开始慢慢成长起来，国内企业与外资企业或者合资企业都形成了竞争关系，为了公平对待国内外企业，国家开始对曾经的大量税收优惠政策进行了改进，而且方向都是以增加本国企业利益为主，外资企业的投资成本增加，利润率下降，对国内企业是一个利好。虽然我国并未全部取消外商投资税收优惠政策，但是相比以前，外商投资企业所享受的税收优惠

正在减少。（赵儒煜，阎国来，关越佳，2015）

（二）美国鼓励投资政策

金融危机以前，美国极力实施“去工业化”，鼓励本土企业到落后的发展中国家去投资设厂，而本国却大力发展虚拟金融。金融危机后，美国的经济遭受到了严重的打击，并且逐渐认识到实体经济的重要性，于是开始鼓励在海外的企业迁回本国。2009 年，奥巴马就以实现“再工业化”为目的，提出了《重振美国制造业框架》，将制造业确定为美国的核心产业；2010 年，美国国会通过《制造业促进法案》，通过关税及国内税收减免，降低制造业成本和保持稳定就业。2011 年和 2012 年分别发布了《先进制造业伙伴计划》和《制造业创新中心网络发展规划》。这些制度都为美国制造业投资回流提供了有利的条件。

除了制定一系列的制度以外，美国还给回流的企业提供了大量的税收优惠政策，这些优惠政策包括：降低税率的税制改革，流转税减免优惠，所得税减免优惠，财产税减免优惠，行为税减免优惠，以及综合税收优惠。其中，实施税制改革的州有 4 个，实施流转税减免优惠的州有 22 个，实施所得税减免优惠的州有 26 个，11 个州采取了财产减免优惠，6 个州采取了行为税的减免优惠，几乎所有的州都采取了综合税优惠。（齐荣坤，2013）特朗普政府为了加快海外企业的回流，提出了大幅降税的政策，在企业税方面，税率一律由 15% ~35% 降低至 15%，降低境内企业经营成本；对回流美国的企业再减少 10%，取消企业海外保留利润延税的做法，以吸引企业回流美国和调回海外保留利润。

为了让商业巨头回归本土投资，美国还提供了巨额补贴。奥巴马推崇“刺激包”（Stimula Package），在各方面大力激励将工作机会带回美国。如支持 GE 使用美国劳动力建立一种新高效节能家电方面，美国联邦政府根据 2009 年的恢复和再投资法案向 GE 实施系列税收优惠和奖励。由于 GE 宣布将在电器公园投资 8 亿美金，它共获得 3 700 万美金的国家和地方奖励，这笔激励很大因素是因为 GE 的雇员计划（提供本土工作机会），而 GE 也被联邦政府奖励总额为 2 480 万美金的投资税收抵免。肯塔基州路易斯维尔市向通用电气公司提供了 1 700 万美元的激励措施；乔治亚州哥伦布市向 NCR 公司提供了优惠措施，为企业购置厂房，再以租赁的形式交给企业使用；德克萨斯州维多利亚市提供 1 000 万美元的激励措施，吸引卡特彼勒公司在当地建设挖掘机生产线。（齐荣坤，2013）

中国的优惠政策越来越少，提供的优惠程度也越来越低，所以外商在华投资的政策优势已经减弱，以致投资成本增加。同时，美国的各种税收优惠

政策和补贴向外商抛出了橄榄枝。两国在税收优惠政策力度上的变化对跨国公司的投资决策必然会产生一定影响，而这种影响更加有利于美国。

（三）人民币对美元的汇率变化

在国际贸易中，汇率的变化是影响两国进行贸易的重要因素。当本国货币对外币升值时，就意味着用外币表示的商品的价格上升了，也就是说，外国的消费者需要花比本币对外币升值之前更高的价格才能买到同样的商品。对本国而言产品的价格没有变化，但对外国消费者来说就是提高了价格，这会减弱本国产品在外国的国际竞争力，从而导致出口量减少。当本国货币对外币贬值时，就意味着用外币表示的商品价格降低了，外国消费者用同样的钱可以买到更多的本国产品，从而增加了对本国产品的需求，最终会促进出口的增长。

随着中国经济实力的不断增强，人民币对美元的汇率一直呈上升趋势。（见图 10－2）人民币对美元的汇率从 2004 年的 8.191 7 上升到 2015 年的 6.228 4，比 2004 年升值了 23.96%。人民币的升值对贸易的影响主要有三类：第一，增加进口。人民币升值，剔除通货膨胀因素，也就是说国内消费者同样的钱可以买到比以前更多的国外商品，从而增加了对国外商品的需求，进而增加进口。第二，减少出口。本国商品价格上升，外国对本国的商品需求就相对减少，最终导致出口量的减少。第三，外商投资减少。人民币升值，外币兑换成人民币的数量就会减少，这会直接增加投资者的投资成本，这样将削弱投资者的热情进而减少国内企业的资金来源，进而制约企业生产规模和生产能力的扩张。

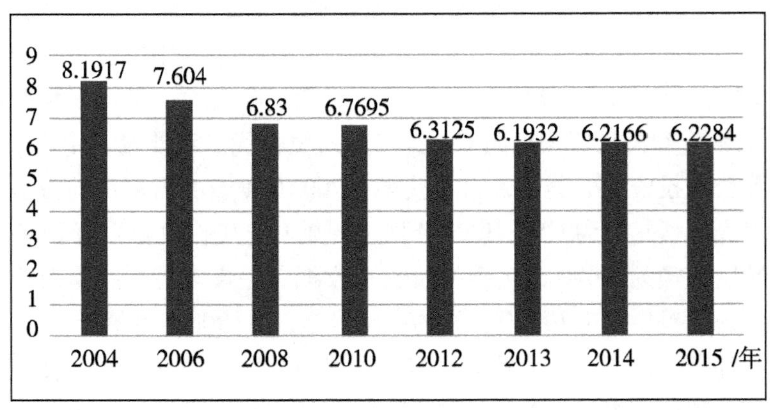

图 10－2　2004—2015 年人民币对美元的汇率

数据来源：国家统计局。

两国的劳动力成本的变化，各种的对外直接投资和投资回流的政策和优惠不同，和人民币对美元的汇率变化都是导致发达国家跨国公司投资回流的重要因素。虽然 2009 年来，我国实际利用外商直接投资金融呈上升趋势，但从 2011 年开始，增速变得非常缓慢。（见图 10－3）发达国家的实体经济回流是导致外商投资金额减少的一个重要原因。

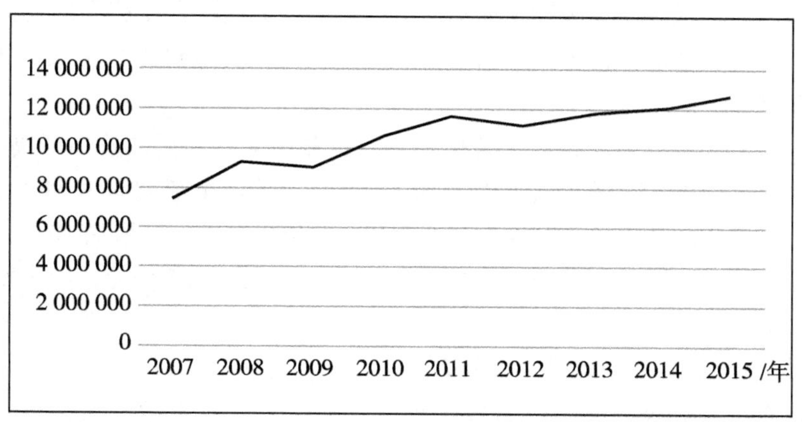

图 10－3　中国 2007—2015 年实际利用外商直接投资金额

数据来源：国家统计局。

（四）中美两国制造业部分成本的对比

1. 土地成本：中国是美国的 9 倍。

国内地价是美国地价的 9 倍，并且美国是永久性产权，我们是 50 年产权。例如，2000 年浙江省慈溪市工业用地价格是 18 万元/亩，目前美国地价仅为 2 万美元/英亩，相当于 2 万元人民币/亩，如果按照现在许多县城工业用地 100 万元/亩算，是美国的 50 倍。

2. 物流成本：中国是美国的 2 倍。

国内物流成本是美国物流成本的 2 倍。以油价为例，中国的油价是美国的 2 倍，油价高，物流成本也就高。何况中国还有全世界少有的过路费、过桥费，物流成本能不高么？

而美国的物流成本主要由三部分组成，一是库存费用，二是运输费用，三是管理费用。比较近 20 年来的变化可以看出，运输成本在 GDP 中比例大体保持不变，而导致美国物流总成本比例下降的最主要原因是库存费用的降低。

3. 银行借款成本：中国是美国的 2.4 倍。

最便宜的国内借款成本年利率为 6%，是美国成本年利率 2.5% 的 2.4 倍。按每吨 7 000 元人民币或美国 1 100 美元资金、4 个月一周转，国内借款

成本年利率为6%和美国成本年利率为2.5%分别计算公司运营资金财务成本：国内是7 000元×4×0.06/12≈140元，折合22.58美元。美国是1 100美元×4×0.025/12≈9美元，国内比美国高出1.5倍。

4. 电力/天然气成本：中国是美国的2倍以上。

国内能源成本是美国能源成本的2倍以上。美国除开夏威夷的电价特别贵外，其他州的电价都不贵，以德克萨斯州为例，其电价折合为人民币才2角钱每度。

由于我国对电力、天然气直接定价，企业用电用气用油价格居高不下。按国内每吨耗电450度、电价0.76元/度计算，单位生产成本为342元，折合55.16美元。美国设备自动化程度较高，单位用电量相应增加10%，每吨至500度，按照电价0.05美元/度计算，单位生产成本25美元，国内比美国高出1.2倍。

5. 蒸汽成本：中国是美国的2.1倍。

还有蒸汽部分，国内用热电厂蒸汽，按每吨消耗天然气1.6吨、单价190元/吨计算，单位生产成本为304元，折合49.0美元。美国用天然气锅炉自制蒸汽，按天然气价格为0.48美元/吨、单价14.52美元/吨计算，单位生产成本为23.23美元，国内比美国高出1.1倍。

6. 配件成本：中国是美国的3.2倍。

国内配件成本是美国配件成本的3.2倍。国内设备性能略差，工人操作习惯不良，每吨单位配件成本约100元，折合16.13美元，而美国生产线设备性能较好，工人操作习惯好，每吨单位配件成本为5美元，国内比美国高出2.2倍。

（五）美国本土比较优势渐显

尽管目前中国的劳动力成本低于美国，但其劳动生产率水平却只相当于美国的1/12。这意味着将部分产业从中国迁回美国，不但可以减少运输成本、库存损失等支出，在本国更高生产率的情况下，其毛利率还能得到提高。

以美国耳机生产商Sleek Audio为例。2009年，Sleek Audio东莞工厂生产的货品中有一万件产品出现焊接不牢固问题，导致其亏损数百万元。随后，2011年Sleek Audio迁回美国佛罗里达州。为保持售价不变，美企通过重新设计，使得所需零部件倍减，通过提高生产质量，使得残次品大幅下降，人工成本增量随之抵消。

杨明强在分析美资制造业回流时也指出，美国充裕的人力资本为其企业回国发展提供了人才保障。此外，随着市场发展趋势的变化，消费需求更趋细化，回归本土生产有利于提高企业市场敏感性，更能满足消费者的个性化需求，并根据客户反馈及时调整生产。另据美国埃森哲咨询公司调查，约有3/5的受访企业表示正在考虑回国生产，以便更好地匹配供应地和需求地。

（六）生产方式变革

2012年4月21日，英国《经济学人》杂志发表了一篇关于第三次工业革命的文章，指出继机器化代替手工纺织和大规模生产两次工业革命后，第三次工业革命正朝着数字化方向发展。主要表现为以机器人代替劳动者，改变现有的人工生产方式，向机器数控制造方向发展，劳动力成本占总成本的比例呈下降趋势。

尽管近20年间美国采取了“去工业化”措施，但并不影响其在科技方面的世界领先地位。现今，制造业的整体发展趋势从传统常规技术向数控、低耗、清洁生产等先进制造技术转变，劳动密集型产业将逐渐被机器操作、人工控制取代。美国拥有诸多世界先进技术知识产权，在自动化生产普及、机器人技术、人工智能、3D打印技术等迅速发展时期，将企业从国外迁回本土有利于制造技术的有效使用和提高。

另外，这种新型的生产方式也使企业摆脱了劳动力资源不足带来的困扰。将先进生产技术引入制造环节，会大大降低企业对劳动力数量的需求。以苹果公司为例，其自动化技术已被运用于部分MacBook的制造中，所以未来苹果将生产业务迁回美国后，生产制造环节不需要太多人力资本。（杨琳桦，2013）

第三节 投资回流对广东经济的影响

2008年国际金融危机爆发后，发达国家经济发展放缓，失业率上升，部分在华发达国家制造业企业开始将生产线迁回本土。而广东的经济结构是以制造业为主，且自我国改革开放以来，广东外商投资较为发达，广东经济发展的这两个主要特点决定了“再工业化”对广东经济发展必然产生重要的影响。

一、广东投资回流现象分析

广东作为中国改革开放的前沿，首先承接了大批外商投资，使得劳动密集型企业得到了空前的发展。改革开放30多年来，外商投资逐年增加，投

资领域有所扩大，但是，广东至今吸引外商投资的主体产业仍然以劳动密集型产业为主。承接国家间产业大转移仍是发展劳动密集型产业不可忽视的重要途径。20 世纪 70—80 年代初，是发达国家纺织服装等产业向发展中国家转移时期，紧接着 20 世纪 80 年代是家用电器、化学工业的转移。20 世纪 90 年代以来，美国向我国的产业转出明显增加。全球经济一体化的背景下，国际产业发展了显著变化，产业分工方式发生了改变。从外商合同投资上看，广东每年实际使用外资金额反映外商对广州投资金额累计总量，2002—2013 年广东外商合同投资额，如表 10 - 5 所示。

表 10 - 5　2002—2013 年广东外商合同投资额

年份	外商合同投资额/万美元	外商合同投资额增长率/%
2002	1 658 946	5. 29
2003	1 894 081	14. 17
2004	1 289 900	- 31. 90
2005	1 517 358	17. 63
2006	1 780 780	17. 36
2007	1 961 771	10. 16
2008	2 126 657	8. 40
2009	2 028 688	- 4. 61
2010	2 102 646	3. 65
2011	2 232 847	6. 19
2012	2 410 578	7. 96
2013	2 532 719	5. 07

资料来源：广东统计年鉴。

从外商合同投资额增长率上看，2002—2007 年广东实际使用外资金额快速增长，平均增长率为 12. 93% ，2008—2013 年广东每年实际使用外资金额急剧下降，平均增长率仅为 4. 44% ，下降了 8. 49% 。由此可见，受到金融危机的影响，发达国家提出“再工业化”后，使得外商直接投资减少，广东实际使用的外资急剧下降，广东深受投资回流的影响。（左跃荣，2013）

从外商合同投资额上看，2002—2013 年广东外商合同投资总额在不断上升，但 2008 年后，广东外商合同投资额有所减少，甚至出现了负增长，而后增长的速度也在不断减缓。这标志着广东遭受到外资回流的影响。

表 10－6　广东省出口依存度的变化情况

年份	出口额/亿美元	GDP/亿元	当年美元汇率	出口依存度/%
2005	2 381. 71	22 557. 37	8. 191 7	86. 49
2006	3 019. 48	26 587. 76	7. 971 8	90. 53
2007	3 692. 39	31 777. 01	7. 604 0	88. 36
2008	4 041. 88	36 796. 71	6. 945 1	76. 29
2009	3 589. 56	39 492. 52	6. 831 0	62. 09
2010	4 531. 91	46 036. 25	6. 769 5	66. 64
2011	5 317. 93	53 246. 18	6. 458 8	64. 51
2012	5 740. 59	57 147. 75	6. 312 5	63. 41
2013	6 363. 64	62 474. 79	6. 193 6	63. 09
2014	6 460. 87	67 809. 85	6. 142 8	58. 53
2015	6 434. 68	72 812. 55	6. 228 4	55. 04

数据来源：广东统计信息网（http://www. gdstats. gov. cn），国家统计局（http://www. stats. gov. cn/）。

广东省作为全国外向型经济的代表，其发展程度极其依赖于进出口贸易。表 10－6 列出了广东省出口依存度的变化路径。自 20 世纪 80—90 年代初以来，伴随着对外贸易规模的扩大，广东省的出口依存度不断增加，促进经济增长的作用也日益增加。2006 年达到最高峰 90. 53%。2008 年受到金融风暴的影响后，出口外贸增长放缓，出口依存度有下降的趋势。近几年来，广东省的对外贸易依存度一直保持在 60% 以上，在金融危机影响下仍然保持在 50% 以上，这说明出口贸易对广东的经济发展起到了至关重要的作用，有大部分的 GDP 是由出口贸易做出贡献的。

二、对微观经济的影响

（一）投资回流导致外商直接投资签订项目个数减少

发达国家提出"再工业化"后，许多厂商退出在海外的制造基地，搬回国内进行生产，导致了广东出现投资回流的现象，使得广东与外商直接投资签订的项目大大减少。如图 10－4 所示，在 2001—2007 年时，外商直接投资签订项目保持平稳数量，到 2008 年受国际金融危机的影响，外商直接投资签订项目数量直线下降，平均每年减少约 3 000 个。广东与外商直接投资签订项目的数量直接影响到广东经济的发展，签订项目个数的减少严重制约

了经济的发展，不利于经济的健康发展。2009—2015 年，每年外商直接投资签订项目的个数保持平稳，但却无法像 2007 年以前那样获得高数量的签订项目。

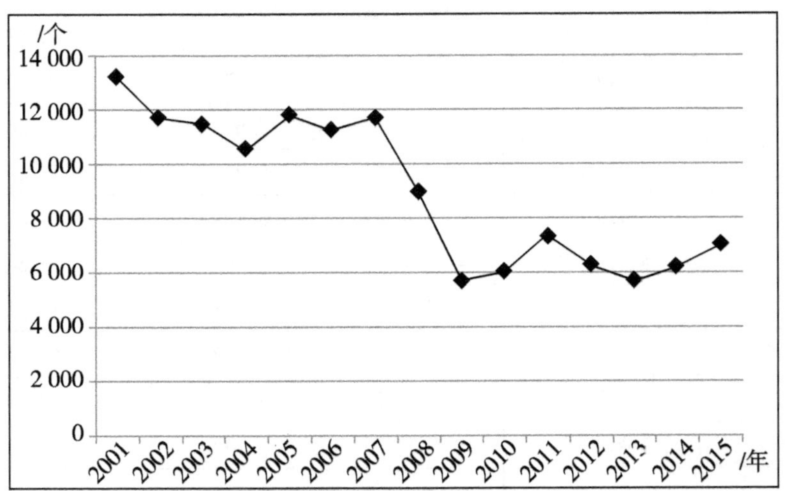

图 10－4　2001—2015 年广东外商直接投资签订项目个数

（二）投资回流导致规模以上工业增加值增长速度减缓

工业按经济类型分为国有控股工业和外商及港澳台投资工业，由图10－5 可知，国有控股工业与外商及港澳台投资工业的增加值增长速度成正相关关系，都受到投资回流影响，其增长速度大幅下跌，且外商及港澳台投资工业的变化趋势更为明显。在 2007—2009 年，国有控股工业增加值增长速度减少了 5.6%，外商及港澳台投资工业增加值增长速度减少了 14.8%，广东规模以上工业受到投资回流的影响颇大，利用外资的总额减少，经济发展减缓。

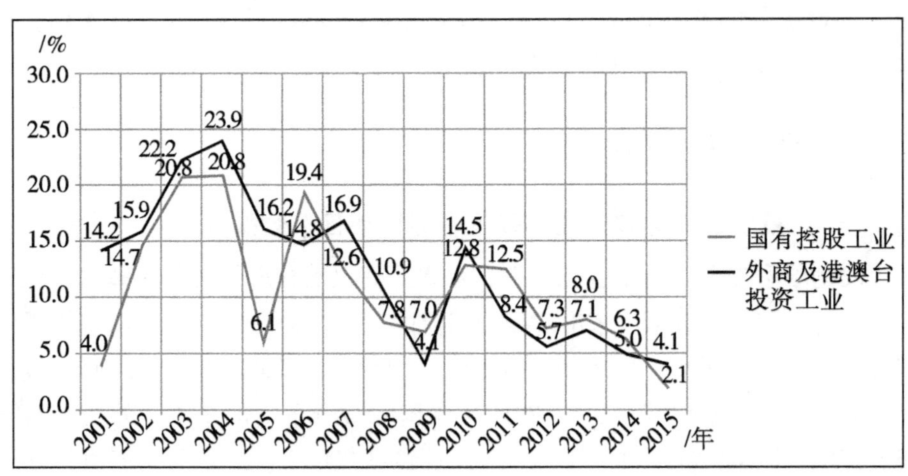

图 10－5　2001—2015 年国有控股工业和外商及港澳台商投资工业增长情况

数据来源：国家统计局。

（三）投资回流降低对广东当地企业的技术溢出

跨国公司可以通过技术转移和人员流动对东道国当地企业产生技术溢出，促进当地企业的技术进步。而先进的技术是制造业厂商在市场竞争中生存和发展的决定性因素，没有领先于市场的技术的企业，迟早会被市场淘汰。如果跨国公司撤回在广东的投资，转而回到母国投资，那么这将切断了广东当地企业学习先进技术的一个重要途径。

投资回流降低了对广东当地企业的技术溢出，相应地，也会减少技术溢出的效应，导致新技术传播速度和范围的减慢和缩小，这在很大程度上限制了广东当地企业的技术升级。

（四）投资回流会扩大广东企业的产品市场和利润空间

外资企业进入广东市场，既给当地企业带来了技术溢出，促进当地企业技术的升级和进步，同时也给广东当地企业带来前所未有的市场竞争压力。由于制造业市场往往呈现跨头垄断的特征，外资企业往往凭借其巨大的技术优势在其产品市场占据主导地位，这压缩了广东当地企业的市场空间和利润空间，甚至导致有的当地企业因为无法生存而不得不退出市场。

无论在国外还是在中国，都存在着外资企业对当地企业的技术溢出。这意味着存在外资企业撤离东道国从而有利于东道国企业发展的可能性。外资企业如果大规模地占据了原来属于当地企业的市场份额，就会对当地企业的生存和发展产生较为严重的影响。那么，随着外资企业的撤离，广东当地企业就会获得较大的市场和利润空间，继而保证当地企业有足够的资金用于技术研发，提高市场竞争力，从而提高产品的利润空间。

（五）投资回流使得广东制造企业规模和数量持续缩减

虽然广东的制造业的规模仍然较大，但是盈利能力持续低下，如果不能成功转型，制造风光将不再。对一些企业而言，“广东制造 VS 外国本土制造”的优势正在减少，外资将持续看空中国制造，规模化制造业将持续缩减规模及数量。除了欧美资本的回流，另外加上台资及港资对低端制造的资金撤回，外资的撤离带来的是配套企业的大量倒闭，这些无疑是投资回流对广东制造业的一次沉重打击。

投资回流的企业中其中包括了消费品巨头佳顿、工程机械制造商卡特彼勒、汽车巨头福特公司等。2015 年以来，已有主要生产高端产品的美国、日本、德国等制造强国的企业，陆续撤出中国，回流母国进行生产。2014 年 12 月 5 日，广东万事达公司和联胜公司相继倒闭；2015 年 1 月，手机零件制造商东莞市奥思睿德普科技老板欠债 1.35 亿元后失踪，400 名员工失业；

从事杂牌手机制造的兆信通讯因资金链断裂倒闭，1 000 多名员工失业，董事长高民自杀；在 2015 年 2 月，微软计划春节前关停诺基亚东莞工厂；约 10 家为沃尔玛供货的东莞制造企业因为美国的政策补贴等原因，转而到美国开设工厂。仅 2014—2015 年间这些企业的倒闭和回流，就可以看出投资回流使得广东制造企业的数量减少。（翟伟峰等，2016）

表 10－7　广东省规模以上制造业工业企业主要经济指标

项目	2010 年	2013 年	2014 年	2014 年比 2013 年增长/%
企业单位数/个	52 102	40 261	40 156	－0. 26
工业总产值/亿元	79 504. 12	101 623. 58	110 962. 87	9. 2
亏损企业亏损额/亿元	195. 53	357. 30	417. 14	16. 7
从业人员平均人数/万人	1 533. 72	1 423. 41	1 423. 93	0. 04
外商投资企业单位数/个	4 726	4 523	4 375	－3. 3
港澳台投资企业单位数/个	9 784	9 274	9 006	－2. 9

数据来源：广东统计年鉴。

从表 10－7 广东省规模以上制造业工业企业主要经济指标中我们可以看到，外商投资企业单位数 2014 年比 2013 年呈负值，回落 3. 3 个百分点，港澳台投资企业单位数的个数 2014 年比 2013 年的增长为－2. 9%，总的规模以上制造业工业企业 2014 年比 2013 年增长－0. 26%。可见，投资回流使得广东省制造业工业的企业规模和数量持续缩减。

三、对中观经济的影响

（一）对广东省产业结构的影响

产业结构演进的一般规律是：由“一二三”模式，经过“二一三”模式和“二三一”模式，转变为“三二一”模式。“三二一”模式则意味着第三产业占国民生产总值比重最大，其次才是第二、第一产业，该模式为经济处于高度发达阶段，第三产业发展迅速。广东工业化进程相对晚于发达国家，产业结构升级演变过程更多地表现出自己的特点。在由重工业化向高加工、高附加值再向资金技术密集化阶段演变的过程中，所经历的时间比发达国家要短。在经济增长的同时，广东省产业结构也不断优化升级，趋向合理化。产业结构逐步优化，第三产业比重首次超越第二产业。金融业、高新技术等知识技术含量高的产业成为经济的主导。（许爱瑜，2012）

1. 对高新技术产业与战略性新兴产业可能会形成较大冲击。

为促进经济增长、拉动就业和提高竞争力，英国、美国、日本、法国等发达国家以及印度、巴西等发展中国家都不约而同地将高新技术制造业作为本国的发展重点。“双向吸引”使得部分高新技术企业不断加大对外的产能转移，导致产业投资的回流和转移，有可能会危及以代工企业、外商投资为主的广东高新技术产业规模的持续扩张。例如，受各国促进高新技术制造业发展相关政策吸引，以及各国保护主义冲击的影响，富士康、苹果、英利、中电光伏等高新技术企业，为保证供应链的稳定和高效，正在或即将启动产能转移加护，这都预示着缺乏核心竞争力的广东高新技术制造业面临着不小的发展压力。

2. 对先进制造业会形成一定冲击。

“再工业化”的核心就是要抢占未来技术创新的制高点，引领新一轮的产业技术革命。从某种意义上来说，未来国家间的产业竞争就是国家间的技术竞争。因此，美国一方面加大对国内先进技术的投入，一方面严厉封锁核心技术外流，切断了我国以“引进—改造—创新”实现技术进步的重要渠道，先进制造业的发展对自主创新能力的要求空前提高，发展高精尖制造业的难度大大增加。

3. 对传统产业冲击较小。

广东拥有大量具有优势的传统产业，这些产业一般具有悠久的历史，依托本地优势资源，经过长期的发展演变，逐步形成专业化分工与协作格局，产业集群化发展趋势明显，具有较强的综合竞争力，发达国家很难替代。同时，美国再工业化不可能发展自己不具优势的传统制造业。因此对传统产业有影响的可能只有人力资源成本的问题了。

从图 10 - 6 可知，2012 年以前，广东省的产业结构模式为“二三一”，即以第二产业——制造业为主。2012 年以后，以服务业、高新技术产业为主的第三产业占 GDP 的比重超过第二产业，广东省的产业结构模式变成“三二一”模式。

由于发达国家具有较为先进的科学技术，所以外商在广东省的投资仍以制造业等第二产业居多。而对于主要依赖外商投资发展经济的广东省来说，广东省产业结构的改变，第二产业经济发展的缓慢下降，与广东省优化产业结构，支持第三产业发展的政策息息相关之外，也与外商投资回流的现象有着一定的关系。

（二）对广东区域经济的影响

由于高度依赖对外贸易，广东许多产业的主体是外商投资企业，部分本

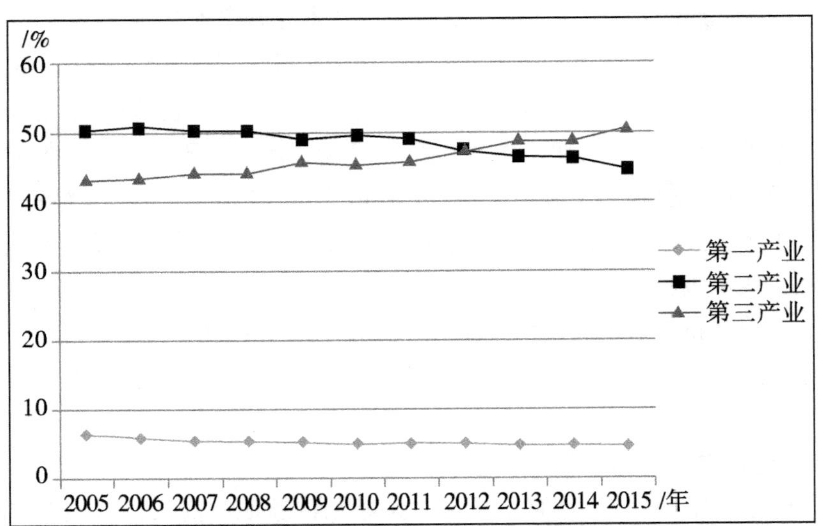

图 10－6　广东省第一、第二、第三产业占 GDP 比重/

数据来源：广东统计信息网。

地企业仍属加工装配的后段工序，资本和技术构成低，产品附加值低，实际处于整个世界产业链的末端，在全球地缘经济当中还属于边缘地带。同时临近香港、澳门、台湾的珠江三角洲地区一直是外商投资建厂的热门，而相对地理位置较远的广东东西两翼和粤北山区对外商吸引力低，经济状态相对落后，基本仍属于农业地区，因此也导致了广东区域经济发展不平衡，区域经济差异明显。在广东投资回流的压力下，广东珠三角等地吸收外资的能力减弱，能够利用的外资直接投资减少，产业转型困难，使得珠三角等地的经济开始下滑，竞争优势削弱，加剧了广东区域经济的不协调。面临着区域经济不协调的现象，广东需要突破发展的“瓶颈”，避免对外资和外来技术的过度依赖。

从表 10－8 可以看到，全省劳动密集型工业比重呈缓慢下降的趋势，2013 年全省劳动密集型工业占全部规模以上工业 34.7%，比 2007 年下降 1.0 个百分点。从珠三角和粤东西北两大区域看，变化截然相反。2013 年，珠三角劳动密集型工业比重 34.7%，比 2007 年下降 2.1 个百分点；而粤东西北地区劳动密集型工业比重上升到 32.8%，虽比 2011 年和 2012 年有所下降，但仍比 2007 年上升 3.3 个百分点。劳动密集型工业加快从珠三角向粤东西北地区流动。

表 10-8 主要年份劳动密集型工业占全部工业比重

（单位：%）

地区	2007 年	2011 年	2012 年	2013 年	2013 年比 2007 年增减
全省	35.7	35.4	34.6	34.7	-1.0
珠三角	36.8	35.4	34.6	34.7	-2.1
粤东西北	29.5	35.1	33.0	32.8	3.3

数据来源：广东统计局。

四、对宏观经济的影响

（一）整体经济发展缓慢

如图 10-7 所示，发达国家的再工业化的发展，加上投资回流对广东省工业的影响，2011 年工业增加值增长了 10.5%，2012 年受内外需减弱、生产成本上升双重压力的影响，广东工业生产增长速度大幅放缓，当年工业增加值增速下滑至 7.4%，比 2011 年回落 3.1 个百分点。随着经济发展进入新常态，广东工业经济增长从高速向中高速过渡，2015 年工业增加值增速回落至 7.0%，比金融危机后最困难的 2009 年还要低 1.4 个百分点。“十二五”时期，广东工业增加值年均增长 8.2%，增速比“十五”和“十一五”分别回落 8.4 个和 5.9 个百分点，从增速运行轨迹看，呈现缓中趋稳的态势。可以发现广东省工业增加值总体增长情况不容乐观，对广东省的经济拉动作用不强，投资回流影响广东省整体经济的发展。

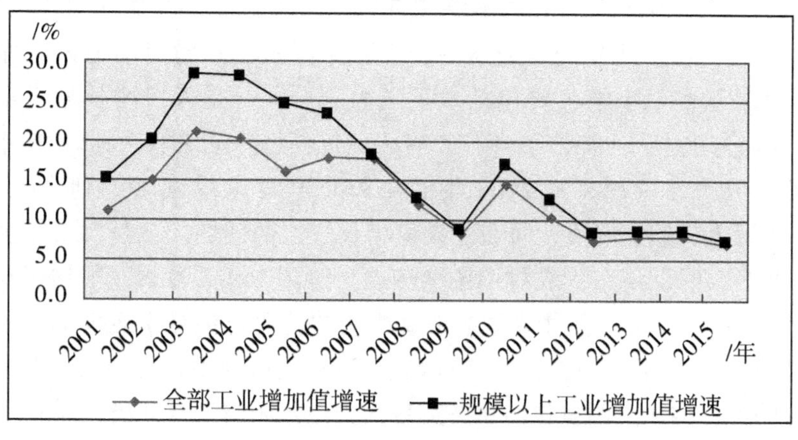

图 10-7 2001—2015 年广东工业增加值增长情况

数据来源：广东统计局。

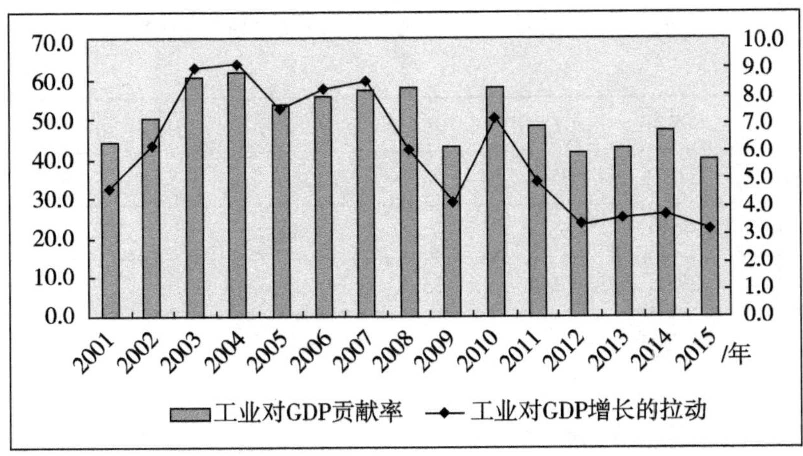

图 10－8　2001—2015 年广东省工业对 GDP 增长的贡献率和拉动

数据来源：广东统计局。

从图 10－8 的广东省 2001—2015 年广东工业对 GDP 增长的贡献率和拉动看，广东工业对 GDP 的增长拉动自 2008 年总体开始呈缓慢下降趋势（2010 年出现短暂回升），“十二五”以来，广东工业增速放缓的速度要快于广东 GDP 和第三产业发展速度，工业对 GDP 的贡献率及拉动作用明显减弱。“十二五”时期，广东工业增加值增长对 GDP 的贡献率下降至 40%～50% 的水平，明显低于“十一五”时期 50%～60% 的水平；对 GDP 增长的拉动回落至 3～4 个百分点的水平，明显低于“十一五”时期拉动 7～8 个百分点的水平。由此可见，再工业化的过程中，受投资回流的影响，广东省的工业发展受到约束，对 GDP 的拉动效果不明显。

（二）就业形势严峻，失业率提高

广东省面临着严重的就业压力，主要原因是广东省劳动力供给增长过快。广东省的劳动供给主要包括以下三大部分：一是人口增长型供给。据“广东人口蓝皮书”，未来 50 年广东省人口规模将持续增加，到 2040 年实现零增长。劳动力资源将从 2000 年的 4 933.89 万人继续增加到 2025 年的 6 316.72万人，达到峰值，面临着人口增长过快的问题。二是发展派生型供给。“十五”时期广东省农村中剩余劳动力达到 369.7 万人，平均每年需转移劳动力约 60 万人，会对城镇本来就严峻的就业形势带来更大的压力。三是外来劳动力供给型。此外，广东以省外流动人口为主，流动人口总量和占总人口的比重均居全国首位。从各类劳动力供给来看，广东省的就业形势严峻。每年平均 70 万劳动力的增量，20 万隐性失业，显性化富余职工，近 370 多万农村剩余劳动力，以及每年数以万计的外来劳动力，随时都有可能对广东省的就业形势产生强烈的冲击。由表 10-9 观察可知，外商投资单位在 2005—2013 年就业人员年末人数逐年上升，但 2013 年后由于投资回流导致外国企业撤离广东，外商投资单位和港澳台投资单位就业人员年末人数不断减少。自 2013 年至 2014 年末，与其他单位相比其减少幅度排名第二和第三。投资回流与广东就业人数有密不可分的关系，外资投资单位随着投资回流，缩小经营范围和减少技术投入，直接影响其就业岗位的数量。当企业削减就业岗位时，数以万计的工人将面临失业的威胁，这无疑增加了各行各业的失业率。（万欣荣，史卫，方小军，2005）

表 10-9 按登记注册类型分组的就业人员年末人数表

（单位：万人）

项目	2005 年	2010 年	2013 年	2014 年	2015 年
就业人员总数	5 022. 97	5 870. 48	6 117. 68	6 183. 23	6 219. 31
国有单位	380. 19	392. 84	401. 96	394. 98	393. 12
集体单位	2 037. 35	1 856. 34	1 679. 26	1 580. 25	1 572. 62
股份合作单位	20. 19	25. 51	25. 93	22. 60	22. 36
联营单位	16. 53	15. 99	11. 16	9. 58	8. 95
有限责任公司	205. 69	307. 64	433. 25	563. 47	593. 00
股份有限公司	52. 33	87. 29	147. 04	162. 31	168. 18
外商投资单位	216. 68	289. 61	383. 75	349. 40	340. 58
港澳台投资单位	602. 72	732. 06	682. 85	631. 56	613. 39
私营企业	666. 20	1 039. 69	1 189. 34	1 252. 54	1 291. 43
个体经济	732. 92	1 044. 11	1 084. 39	1 120. 28	1 126. 47

资料来源：广东统计年鉴 2016。

发达国家的厂商纷纷退出了海外市场，广东的失业人口增多，其中大多数失业人口是处于低端制造业领域的，这群人面临巨大的再就业压力。如表 10-10 所示，2006—2007 年广东失业人口增长率有所下降，由于广东投资回流，使得 2008—2012 年失业人口平均增长率为 1. 83%，失业人口增多，就业压力加重。

表 10－10　2006—2014 年广东城镇登记失业人口数

年份	本年末城镇登记失业人口数/人	失业率/%	增长率/%
2006	362 498	2.6	5.10
2007	362 227	2.5	-0.07
2008	380 722	2.6	5.11
2009	395 093	2.6	3.77
2010	392 274	2.5	-0.71
2011	388 345	2.5	-1.00
2012	396 062	2.5	1.99
2013	370 119	2.4	-6.55
2014	368 318	2.4	-0.49

资料来源：广东统计信息网。

（三）对广东进出口造成影响

一直以来，发达国家特别是美国都是我国制造业出口的主要市场，发达国家的“再工业化”的回流意味着我国一些出口美国等发达国家市场的产品将改由他们国家内部供给。近年来美国对我国的出口持续上涨，自国际金融危机后经过两年的经济恢复，2010 年以来美国对我国的出口额逐年提高，2011 年已经突破 1 000 亿美元大关。据美中贸易全国委员会公布的第八次美国各州向我国出口年度报告显示：2012 年，美国对中国的出口贸易达到将近 1 090亿美元，再创新高。从目前的出口产品来看，发达国家的“再工业化”回流势必对我国制造业出口造成不小的打击。对于外放型经济的广东省，自美国次贷危机后，经过一段时间的经济产业恢复，广东货物进出口贸易得到一定的发展。然而近两年在发达国家“再工业化”的回流影响下，根据广东统计局数据网数据统计，广东整体在 2015—2016 年的货物进出口贸易情形如图 10－9 所示。

从广东货物进出口贸易情况可知，近两年广东进出口贸易虽然在 2015 年有着大幅度上涨趋势，但自进入 2016 年以来进出口贸易开始走下坡路，尽管有着小趋势回升，但从总体上看，广东进出口贸易处于回缩状态。所以，发达国家的投资回流现象对广东的外贸经济发展产生了一定的影响。

如图 10－10 所示，2010 年广东规模以上工业出口交货值为 25 919.08 亿元，增长 24.6%。但随着国际市场环境变化，工业品出口受阻，出口交货值

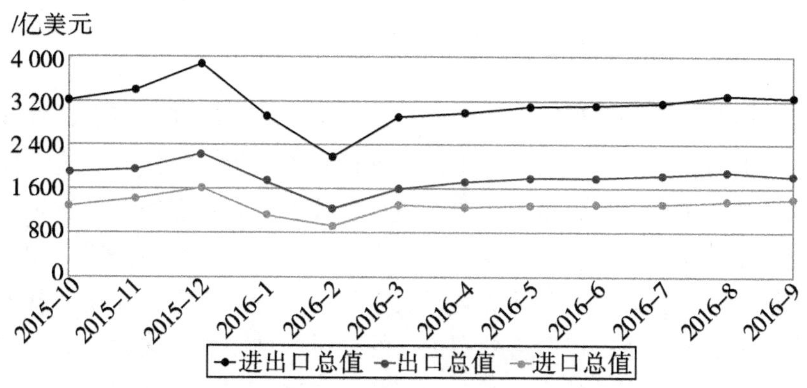

图 10－9　广东整体在 2015—2016 年的货物进出口情况

增长放缓，甚至出现下降。2015 年，广东工业出口交货值为 32 035.16 亿元，下降 2.4%，为 2001 年以来第二次出现下降（2009 年为第一次）。“十二五”时期，广东工业出口交货值年均增长 5.0%，比“十五”和“十一五”分别回落 18.4 个百分点和 6.3 个百分点，说明广东省在再工业化带来投资回流的过程中出口放缓。

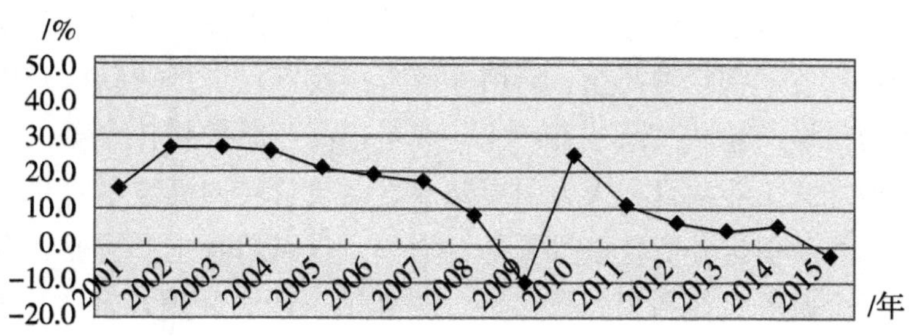

图 10－10　广东规模以上工业出口交货值增速

数据来源：广东统计局。

第四节　应对投资回流冲击的管理启示

2008 年金融危机以后，美国为了重新振兴制造业，减轻金融危机的冲击，降低失业率，联邦政府和州政府采取了一系列税收优惠政策，吸引外国直接投资和本国跨国公司回到本土投资，使得我国的外国直接投资总量减少，作为外贸第一大省的广东，其制造业受到的影响是不容置疑的。针对投资回流的冲击，广东省政府应该认清我国制造业的现状，并针对发达国家投资回流计划采取一系列应对发达国家保护本土制造业的措施。

一、转变政府职能，积极改善综合投资环境

面对吸收外资的新形势，我们要研究外资的新情况和新特点，做好外资政策调整的宣传、解释以及实施工作，保持外资政策的稳定性、连续性，以及可预见性、可操作性；提出法律、法规、政策的制定和修订的建议，完善外商投资企业法律、法规、政策；加快转变政府的职能，增强服务的意识；进一步推动政务公开，有效地提高行政效率以及行政水平；简化外资审批程序，增强透明度；进一步改善外商投资的投诉管理制度，加大知识产权保护力度，保护境外投资者的合法权益；创新外资宣传方式，加大正面宣传的力度，为提高吸收外资的质量和水平创造良好的舆论环境。（杨宝盈，2013）

广东省的经济增长主要依赖于进出口贸易。为了应对发达国家投资回流的冲击，广东省应着重发展本土企业，使广东省经济发展不至于受外商投资回流太大的冲击。对此，广东省政府应颁布关于本土企业发展的鼓励政策，如对刚建立的本土企业实行税收优惠政策、对在发展初期的本土企业实行相关支持政策等。鼓励本土企业的发展，也可缓解本地就业的压力。

广东省政府可制定优惠政策等相关政策，引导外商直接投资重点转向高新技术产业和技术密集型产业，利用外商直接投资促进产业结构升级，大力发展技术密集型产业和高新技术产业，着重提高产品的科技含量，大力引进深加工、精加工工业项目，大力引导外商直接投资转向高技术含量、高附加值的项目。今后引进外商直接投资的过程中，重点培育主要行业，有步骤地提高通信、金融等行业利用外资比重，提高第三产业利用外资的比例。（胡峰，王芳，2014）优化外资结构有利于将外商投资的资金从制造业转向第三产业，促进广东省第三产业的发展，从而实现产业结构的优化，促进广东省经济的发展。

二、优化产业结构，促进产业转型升级

近年来，加快产业转型升级是广东经济发展的主旋律，广东工业的产业转型升级对广东整体经济发展方式的转变至关重要。具体措施为：逐步扩大工业企业生产，不断提升工业效益；调整重工业所占比重，加快工业化进程；加大工业投资力度，推动企业技术改造和转型升级；以产业技术创新支撑和引领产业结构优化升级。

广东正处于工业化的中后期阶段，面对投资回流，以外向型经济为主导的性质决定了它需要加速调整经济结构，有效率地利用人力、财力、物力和

自然资源。由于第三产业的快速发展，更多的资源投入第三产业当中，但第二产业是我国的支柱产业，广东应该加大调整改造加工工业的力度，积极培育新的经济增长点。美国“再工业化”主要致力于最高端、最高附加值的制造业领域，导致将大量资金投资于其本国的高端制造业，因此广东也需要加快产业升级的步伐，将传统的工业发展成为高技术工业，减少投资回流对广东的冲击。

三、大力鼓励创新，加强研究与发展

提高自主创新能力，在传统制造业竞争优势和新兴产业优势之间寻求平衡。未来的制造业竞争，首先是自主创新能力的竞争。目前，广东甚至整个中国面临的问题是创新能力不足。在如今信息技术瞬息万变的时代，唯有不断创新，才能立足于不败之地。创新能力的提高能不断催生研发高科技产品，从而提高产品的竞争优势。政府应该颁布有关鼓励创新的政策，营造引导创新、保护创新、激励创新的制度环境，进一步加强知识产权保护力度。要想提高创新能力，可从以下两方面出发。

（一）加大科研投入，发展新兴产业

全球产业格局正在发生深刻的改革和调整，新兴产业是未来发展的一个趋势。从长期来看，加大对新兴产业领域的技术研发，推动新技术在传统制造业和高端制造中的广泛应用，能够在未来的竞争中保持领先优势；从短期来看，对新兴产业的投资也有利于扩大内需，拉动经济增长，克服金融危机带来的危害。（华广敏，2011）

由此看来，广东制造业应该向创新型方向发展，形成以自主创新为核心的竞争新优势。一是应当学习美国政府进一步加大科研投入，为先进制造业研究提供资金支持，尤其是加大对信息技术、生物技术、新材料技术、机器人技术和航天飞行器技术的研发力度。二是政府协调好企业、工会、贸易协会、大学和科研机构，使之共同进行新技术的研发和投资，进一步选准突破点，聚焦发展，加快培育发展成长空间大、能带动未来十年甚至二十年全省工业发展的汽车、高端新型电子信息等新兴主导产业。三是政府大力推荐大众创业、万众创新，开创广东创新驱动发展新局面，在政策上和资金上鼓励创新创业。

（二）鼓励企业创新，培养创新型人才

我国政府应该创造良好的机制大力支持企业进行自主创新，创造自己的品牌，促进加工贸易升级。但是，发展自己的品牌面临的风险是很大的，而

且要经过很长时间才能看到成效。所以，对于企业来说，在进行转型时必须确定好目标，在具体一方面实现突破，创造差异化的自主品牌，避免企业间的激烈竞争。

同时，应根据企业自身所处发展阶段和客观的消费环境来确定目标，避免研发投入过大，陷入高成本投入的困境。当然，企业也不可能一下子放弃原先低层次的产品生产和出口，可以通过将这些产业转移到我国中西部地区或成本更低的其他国家来增强在这些产品上的劳动力成本优势，促进这些产品的出口，但可以允许这些产品业务适度降低标准。

为了促进我国制造业劳动生产率的提高，在鼓励企业自主创新的同时，还应鼓励企业间相互学习和技术人员的流动，提高技术效率。如今，国际竞争的实质是人才的竞争，创新的根本是培养创新型人才。如何从理论转为实践，从模仿转为创新，这不得不引起我们的思考。首先，应加大对教育的投资。我国对教育的投资力度不强，普及度及投资额都远低于发达国家。加大教育投资不仅仅是加强教育的普及以及教育的基础设施，还要加大对创新学者的资助及奖励，提高其创新动力。其次，应加大对教育的改革力度。在加强人才培养的同时，我国还应建立创新保护和激励机制。

四、顺势引导和支持企业“走出去”

虽然很多发达国家实行“再工业化”，生产力和制造业的回流使得发达国家经济增长，虽然他们拥有人才、技术、信息、效率方面的强大优势，独具竞争优势的制造业体系建立指日可待，但是“再工业化”不可能一蹴而就。发达国家制造业“部分替代进口”的趋势，对“广东（中国）制造、世界消费”将构成重大影响。但同时，这对于进入国际化发展阶段的广东制造业而言也是重大机遇。广东省政府应当充分利用人民币升值和发达国家经济衰退的有利时机，鼓励、引导和支持企业“走出去”，通过投资、收购、兼并等方式，充分网罗吸收发达国家人才、技术和管理经验，加快实现“销地产”，分享发达国家“再工业化”带来的巨大发展机遇。

第十一章　技术变革冲击对广东经济的影响

从再工业化的技术变革影响上看，有两个主要途径：一是发达国家再工业化战略的实施，会通过国内政策、法规等形式，对本国高端制造业的技术发展起到实际的推动力量。二是发达国家再工业化战略的实施，还会通过产业竞争、技术竞争等形式，间接影响到其他国家，尤其是新兴国家的产业技术发展进程，敦促这些国家也重新审视本国的产业技术发展问题。综合来看，可以将这种由于发达国家再工业化战略，所引发的全球范围内的技术创新需求变动、创新活动增长，及其创新成果的产业化开发过程，称为再工业化的技术变革冲击。（周海荣，2016）

第一节　技术变革的状况

“去工业化”战略的实施使发达国家的大量制造业转移海外，发达国家主要发展金融经济，但最终引起房地产市场泡沫破灭、金融市场过度扩张及金融资产过度升值、商业银行和投资银行混业经营风险无法控制等现象。同时还伴随着工业产品在国际上的竞争力越来越低，失业人口日益增长等恶性循环的局面，因此，20 世纪 70 年代发达国家逐渐实施“再工业化”战略。

发达国家的再工业化进程将世界各国带入“工业 4.0”时代，工业的发展伴随着工业革命，工业革命中最为关键的一环就是技术变革。从工业革命的发展机制来看，技术变革始终是工业革命的核心动力。第一次技术变革是以纺织机械为代表的工具机革命和以蒸汽机为代表的动力机革命（1860—1900）；第二次技术变革是以电力广泛应用所引起的传动装置和机器构造革新为代表的传动机革命（1900—1945）；第三次技术变革是以计算机广泛应用为代表的控制机革命（1945—1990）；目前，正在进行的第四次技术变革是以数字技术、网络技术为代表的信息革命。（雷仲敏，2006）每次技术变革都伴随着新的产业革命的出现和全球产业结构的大调整。

如今，发达国家的再工业化浪潮通过两个主要的途径引起了新一轮的技

术变革。

（1）发达国家实施再工业化战略，通过制定相关的政策、法规来推动本国工业发展，尤其是极大地刺激了高端制造业、先进制造业的技术变革。技术变革成为发达国家维持高端制造业优势的必然选择。

以美国为例，20 世纪 70 年代日本凭借在汽车、电子计算机、机器人和家用电器等技术领域的快速发展，西欧国家也通过发展高技术化的制造业，不断增强了产业的竞争力，对美国相关产业构成直接威胁。在此情况下，美国开始了第一轮再工业化战略，通过增加对信息产业的投资，实现了以信息产业为龙头的产业转型和升级，从工业经济时代跃进知识经济时代。由此可以看出，第一轮再工业化战略的核心不是单纯地把劳动密集型的产业转移回本土，而是通过产业技术发展，带动新型产业形态的发展，实现产业国际竞争力的提升。

21 世纪初期，美国爆发了严重的次贷危机和金融危机，并引发大危机以来最严重的全球性金融冲击和经济衰退。在此背景下，美国开始了第二轮再工业化战略，核心主要是发展高新技术、高附加值的制造业，包括先进制造技术、新能源的开发、绿色产业的发展等。除持续发展信息产业外，还加快发展在生物医药、医疗设备、航空航天等产业领域的技术创新。由此看出，第二轮再工业化战略的实施重点是通过制造业进一步的技术变革，利用制造业数学化领先技术，使美国继续保持在制造业价值链上的高端位置和全球控制者的地位，解决第三产业服务业的虚拟化、实体经济与以金融业为主的虚拟经济之间的脱节问题，并不断创造新的产业形态和商业模式。

（2）发达国家实施再工业化战略，通过调整产业结构、技术变革来提高国际竞争力，加剧了国际上的产业竞争、技术竞争，进而间接地影响到其他国家尤其是新兴国家的产业技术发展，敦促这些国家重新审视本国的产业技术发展问题。技术变革成为发展中国家适应国际制造业发展趋势的客观要求。

从全球范围来看，制造业的发展趋势主要表现为以下三个方面：一是生产智能化，即信息技术向生产过程渗透并成为主要的技术支撑手段；二是制造业的服务化，生产型服务业成为产业价值链增值的主体；三是组织网络化的持续深化发展。也就是说，即使没有发达国家再工业化的冲击，发展中国家也必然走向通过产业技术变革，谋求产业持续发展之路。而发达国家大范围推行“再工业化”战略，只是进一步明确了发展中国家推行技术创新的取向，并在一定程度上改变了人们对发展中国家产业技术创新的外部环境判断。

以美国和中国为例。首先，中美制造业之间的互补关系正转变为竞争关系，其实质就是产业技术竞争关系。美国的制造业主要集中于高端产业产品的制造与生产，而自改革开放以来，中国通过承接国际产业转移发展起来的制造业主要集中在中低端产品。所以，在过去近 30 年时间中，中美制造业之间形成比较明显的互补关系，在产业技术上的竞争关系并不十分明显。美国通过推行“再工业化”战略，通过创新来全面发展先进制造业，其中以重点发展清洁能源、生物工程、医疗信息、节能环保等新兴产业为突破口，试图保持美国制造业在国际上的领先地位。而中国在经历国际社会金融危机的冲击后，也逐渐加大了在经济增长方式转型和产业结构升级方面的工作力度，通过科技创新的突破积极改造传统产业，重点发展节能环保、新兴信息产业、生物产业、新能源、新能源汽车、高端装备制造业和新材料等战略新兴产业，以新的产业革命来引领新型产业的快速发展，逐步提升中国制造的国际竞争力。例如，中国的京东物流基地以及顺丰物流基地成功实现了机器人分拣、机器人配送等技术。中科院上海硅酸盐研究所的科学家们成功研制出一种高性能超级电容器电极材料——氮掺杂有序介孔石墨烯。国土资源部地质调查局在南海北部神狐海域成功试采获得可燃冰，这标志着中国成为全球第一个实现了在海域可燃冰试开采中获得连续稳定产气的国家。以上所述的这些先进技术的发展，表明了中国已经不再是一个仅仅依靠生产低端产业来维持发展的国家，而是能够在技术上不断取得进步，在高新技术产业方面不断获得新进展的国家。因此，中美两国的制造业之间的互补关系逐渐转变为越来越明显的竞争关系，这种逐渐微妙的竞争关系敲响了两国在技术产业发展方面的警钟。

在两国重点发展的产业领域、发展目标具有很大相似性的情况下，以美国为代表的发达国家就会在技术转移与输出、对外直接投资、对外贸易的技术壁垒等方面加大对与中国类似的发展中国家的限制，而发展中国家就必须清醒地认识到发达国家实行再工业化给本国产业技术发展所带来的负面影响，并竭力加快本国的技术创新发展。美国“再工业化”战略的实施，旨在重振制造业，其结果必然是加剧制造业的国际竞争，推动新一轮全球产业结构调整和科技革新。美国等发达国家为维持技术上的领先优势，必然继续在制造业基础研究方面加大投入。

在经济全球化的作用下，发达国家再工业化所获得的先进技术成果也会按照市场规律在国际市场上流动，从而为发展中国家分享这些先进技术成果提供了绝好的机会。中国应紧紧抓住这个机会，采取引进技术和自主研发相结合的政策，充分利用全球化条件下创新要素与成果在全球范围内加速流动

的条件，引进、消化和应用先进技术，发挥本国制造业规模大和消费市场广阔的优势，把引进创新、集成创新、局部创新、原始创新有机结合，发挥中国企业较强的市场定位和市场销售能力，巩固和提升自身的竞争力。

第二节　技术变革的特征

一、再工业化技术变革的特点

（1）再工业化引发的技术变革冲击，对不同产业的影响并不相同。从美国等发达国家制造业的要素集聚情况来看，大体分为三种类型：第一类是以飞机、计算机、成套设备为代表的高技术含量、高附加值的技术密集型制造业；第二类是以机械、零部件制造为代表的资本密集型制造业，技术含量相对较高；第三类则是大量附加值较低的劳动力密集型制造业，一般由发达国家控制研发、品牌和营销，而将生产加工环节转移到国外。发达国家再工业化引发的技术变革，对上述三类制造业的技术冲击影响并不相同。

对于以高新技术为依托的先进制造业而言，当前各发达国家在先进制造业方面的技术差距并不大，大都处于研发和创新阶段。因此，以美国为首的发达国家希望通过“再工业化”战略，对高新技术研发进行大力支持，以推进自身科技创新的速度，在先进制造业方面占据领先地位。为此，在先进制造业领域，必将加强对中国等发展中国家的压制，主要表现为设置严格的技术转让障碍，甚至实施技术封锁，通过技术因素削弱中国在相关制造业领域的国际竞争实力。

在中高端技术和资本密集型制造业方面，以美国为首的发达国家具有较强的技术和资本优势。在金融危机发生前，出于节约劳动力成本和自身经济结构调整的考虑，多数国家选择向国外进行产业转移。再工业化战略实施后，这部分产业出现了较为明显的回流趋势。而这些产业在承接国际产业转移的国家中，恰恰又是发展趋势较为明显的产业。这就造成中美之间在中高端技术和资本密集型制造业上的关系，由互补向竞争发生转变。为适应这种关系的转变，我国必须重点加强这类产业的技术创新工作，力图通过自主创新和品牌打造，增加相关产品的国际竞争力。

而针对低端劳动密集型制造业而言，更多的不是体现为再工业化带来的技术创新冲击，而是来自中国周边国家的低成本冲击。

（2）再工业化引发的技术变革冲击，并不特指某一技术领域的创新活动，或依托某一技术领域的突破所实现的新产业的异军突起，而是体现为多种新技术手段的融合与多种新产业的发展。因此，有学者认为再工业化带来的技术冲击，应包括信息技术、生物技术和新能源技术进一步融合的内容。美国趋势学家宾夕法尼亚大学教授杰里米·里夫金甚至认为新的工业革命就是目前新兴的可再生能源技术与互联网技术的出现、使用和不断融合后，所引起人类生产方式和生活方式的再次巨大改变。

（3）再工业化引发的技术变革冲击，以新能源技术的突破与新能源产业的发展为重点。以美国再工业化战略为例，鉴于经济快速发展所带来的能源危机，美国贸易委员会官员表示，奥巴马政府想把新能源技术作为未来美国新产业发展的引擎。也就是说，再工业化将带动美国掀起一场以新能源技术为主导的工业革命。通过对新能源技术的研发与运用，实现能源结构的调整、能源多样化和节能减排，实现人与自然、人与环境的和谐可持续发展。

二、再工业化技术变革的形式

从发达国家再工业化技术变革冲击的产生背景与特点来看，再工业化引发的技术变革冲击，不仅仅深刻改变了发达国家的产业技术发展方向，更对发展中国家的科技创新发展进程产生了一定影响。此处，主要立足于以中国为代表的发展中国家，讨论发达国家实施再工业化战略引发的技术变革冲击，以何种形式对发展中国家产生影响。

先进的技术已经成为影响一国经济增长和发展的关键因素。技术作为一种生产要素，其在市场上流动方式符合市场供求规律的安排。因此，可以从供求两个角度，对再工业化引发的技术变革冲击的形式进行分析。

1．从供给角度分析，在再工业化战略的影响下，发达国家会强化对中高端技术输出的管理，从而改变国际技术市场的供给量。以中国为例，改革开放以来，我国技术引进一直有两个重要途径：一是以国家或企业为主体，从国外直接购买技术或技术设备；二是通过 FDI 引进国外技术。尤其是在 20 世纪 90 年代“以市场换技术”战略的推动下，国内企业大多通过与跨国公司合作实现技术转让，获得知识扩散和技术溢出的好处。发达国家实施再工业化战略后，一方面会加大对中高端技术的直接管理，如限制中高端技术的出口贸易；另一方面也可能会凭借技术、标准、专利、知识产权的先发优势和领先地位，间接影响跨国公司的技术转让活动，对我国形成所谓的“技术封锁”，从而影响我国产业技术创新进程和产业升级的发展。

2．从需求角度分析，发达国家的再工业化战略会通过两种方式影响到发展中国家和地区的技术创新需求。一方面，发达国家可能会进一步强化产

业控制方式，削弱我国制造业发展的自主性，减少对产业技术创新的内在需求。积极引进外资是我国经济对外开放的基本方针，2008—2012 年我国制造业实际利用外资分别为 498.9 亿美元、467.7 亿美元、495.9 亿美元、521.0 亿美元和 488.7 亿美元，占我国实际利用外资总量的比重分别为 54.0%、52.0%、46.9%、44.9% 和 43.7%。这一比重虽然逐渐下降，但占比仍然很大。这说明外资一方面成为我国制造业发展的重要力量，另一方面也为外资控制我国制造业提供了必要的条件。尤其是在再工业化的影响下，跨国公司会以投资自由化的名义，从市场、技术、股权、品牌等方面来提升对我国制造业的控制程度，以削弱我国制造业发展的自主性。（佚名，2012）

例如，我国原来最大的石油钻机生产基地——兰州石油化工机器厂把石油钻机制造部分与美国国民油井公司合资成立兰州国民油井石油工程有限公司，美方占 60% 的股份，合资后，该厂只剩下单一的加工业务，失去了原有的研发、设计和销售等业务，成为跨国公司的加工厂。产业发展若失去自主性，就更无心参与产业技术创新过程了。

在全球产业发展加速和产业国际竞争加剧的形势下，面对发达国家再工业化进程推进可能带来的“技术封锁”问题，发展中国家和地区必将积极推进经济发展思路的转变和产业结构的升级，力图以自主创新方式推进产业技术的发展。所以，从这一角度上讲，发展中国家和地区又可能对产业技术创新产生更大的需求。

第三节　技术变革冲击对广东经济产生的影响

在再工业化引发的技术变革的冲击下，广东渐渐地重拾主动性和自主性，重新审视了本省的产业技术发展，特别是再工业化的核心——高端制造业的技术发展。广东瞄准世界前沿技术，依托现有装备制造业基础，努力在高端装备制造业关键领域取得突破。总的来说，再工业化的技术变革冲击对广东经济产生了深刻的影响，促使广东在某些经济生产领域进行转型，推动生产智能化、制造业服务化、组织网络化的持续发展，发展创新科技，推进产业结构转型升级，最终把影响转化为发展的动力。面对发达国家发展方式转变及其带来的国际经济格局变化，广东经济的发展将不可避免地面临更多挑战。

一、产业转移发生转向，延缓产业升级

当前，调整优化产业结构，推动产业转型升级，既是应对国际金融危机的重大举措，也是保持国民经济平稳健康可持续发展的重要保证，更是转变经济发展方式、提高经济增长质量和效益、应对各种经济风险的根本之策，是践行科学发展观的主旨所在。从历史角度看，任何一次经济危机都是全球产业布局的“洗牌”过程：落后产能被淘汰，新型产业脱颖而出，成为引领新一轮经济增长的“引擎”。因此，主动调整经济结构，促进产业转型升级，是应对国际金融危机、转变经济发展方式的关键所在。（关越佳，阎国来，赵儒煜，2015）

但是，广东在进行技术变革的过程中，出现了产业转移发生转向，延缓产业升级这一现象。一是发达国家为重新确立先进制造业在国内的地位，开始回流资本，加大吸引外资的力度，促进了中高端产业向本国转移，导致国家间发生产业的“逆转移”。二是发达国家为腾挪国内资源、拓展新兴产业发展空间和占领他国市场，将继续推动低附加值、高耗能和高成本的产业继续向外转移，导致国际产业转移的“低端化”。

以美国为例，再工业化政策会对产业转移产生两个方面的影响：一是可能吸纳国外的一些产业向美国转移，这是由于美国在吸引外资方面加大力度，特别是一些州政府为解决就业压力、提高经济活力，采取了一系列的优惠政策吸引外资；二是美国产业发展为拓展空间，占领他国市场，因此还要继续进行产业转移，而不是将产业收缩国内。（齐荣坤，2003）实行改革开放这么多年以来，广东的外向型经济和出口贸易发达，发达国家的产业转移和占领他国市场必然会把先进的技术和管理经验带走，缩小广东经济的发展规模，延缓产业升级，给产业升级带来一定的挑战。

二、国际贸易摩擦加剧，产品出口受阻

发达国家要实现再工业化政策，最大的挑战来源于市场需求，所以必须要在更广泛的领域参与国际市场的争夺。在高端装备制造、高端电子产品和新能源技术产品等高科技含量产品的市场竞争上，发达国家拥有传统的技术优势；而在汽车、家电产品和特殊材料等中端产品的竞争上，发达国家则可能采取贸易保护等手段来争夺市场。（齐荣坤，2003）制造贸易摩擦是发达国家控制国际市场、取得贸易主动权的主要手段之一。自从我国加入世贸组织以来，中国与发达国家的贸易摩擦日益加剧，从贸易不平衡到反倾销，从

反补贴再到知识产权保护，发达国家越来越频繁地对我国发起各种贸易挑战。而广东是我国出口大省，出口在GDP份额所占比重较大，发达国家的贸易保护必然会影响广东出口贸易，广东经济会面临新一轮萎缩。

中美两国的贸易摩擦一直存在并日益加剧，呈现出多样化特征。随着中美制造业竞争的日益激烈，美国将频繁制造贸易摩擦，以打压广东产品出口，受冲击最严重的将是高端产品。例如，2009年美国对广东钢铁产业高端产品（无缝钢管、油井管）进行了“双反”调查；2010年美国对广东企业发起了19起调查，涉案产品大多为机电产品。广东制造业已疲于应对各种贸易摩擦，而美国则在利用内外在优势大力扩展世界市场，压缩广东制造业产品出口空间。(贺靖媛，2012)

此外，广东多数重点产业的核心技术依靠外商投资的支持，而缺乏产品技术标准的制定权。现发达国家推行再工业化，将部分技术含量高的技术密集型制造业重返发达国家，使得该类产业在当地发展。为保护本国生产者的利益，发达国家利用自身科技技术水平高的优势，对于国外的同类型产品进口提出更高的技术标准要求。技术标准具有灵活性，发达国家再工业化过程中，会不断制定、修改和完善其技术标准，使技术标准常常处于变化和升级中，使得广东制造业难以适应。且发达国家和发展中国家存在着较大的差异，发达国家的技术水平明显高于发展中国家，对于广东制造业出口贸易增加难度。

三、技术竞争加剧，阻碍广东海外并购，影响跨国企业的壮大

实施再工业化战略后，为了保证其在激烈的技术竞争中处于优势地位，发达国家对内和对外都采取了各种措施。对内，加大教育和研发的投入，进一步巩固了在先进制造业领域的领先地位；对外，在生产技术方面对发展中国家设置了各种的障碍，比如通过阻止我国的海外并购、限制高技术设备的出口，甚至是实施技术封锁等手段，削弱我国制造业的竞争力。（李萍，2006）发达国家通过对我国企业进行的“技术封锁”，能够直接影响广东省企业的技术环境。发达国家为了让自己领先在世界的前列，在再工业化的战略安排中会对中国、对广东省的经济和资本的输出做出一定的限制，以防止我们超越，影响他们占据世界的顶端的目标。尤其是在针对广东省未来重点发展的高技术、新兴产业上，有可能会实施严格的限制和封锁，这将会对广东省的经济发展造成一定的阻碍，

广东制造业大部分处于“微笑曲线”低端，目前正处于产业升级时期，必须要进行科学技术的创新，而国家间技术竞争的进一步加剧将大大增加我

国海外并购和获取国外先进技术的难度，发达国家会用各种手段来阻碍我国企业的海外并购，影响跨国企业的壮大。

四、外资提高控制，削弱企业创新能力

外资一方面是我国产业发展的一支重要力量，另一方面也是发达国家控制我国产业的重要工具。近年来我国 FDI 呈下滑的趋势，发达国家通过减少 FDI，削弱对广东省企业的技术输出，间接对广东省经济的发展进行限制。FDI，即外商直接投资，是一国的投资者（自然人或法人）跨国境投入资本或其他生产要素，以获取或控制相应的企业经营管理权为核心，以获得利润或稀缺生产要素为目的的投资活动。而 FDI 与进出口贸易通常被看作是发展中国家经济增长与发展的催化剂。广东省作为最早的沿海开放地区之一，在引进外商投资和进口贸易方面一直占据全国领先的位置，而发达国家通过减少 FDI，削弱对广东省企业的技术溢出，从而限制广东省经济的发展。广东省如果不采取任何应对措施，就将长期被产业链的低端生产环节所“俘获”，使其不能与发达国家的企业形成竞争态势。

但是发达国家为了保证实体经济复兴所需各类资源的供应和开拓市场，他们会在部分领域加大对外投资，借此提高对发展中国家关键产业的控制，保证本国关键资源的供应和抢夺发展中国家市场。（关越佳，阎国来，赵儒煜，2015）历史对此提供了很好的警示，如我国原来最大的石油钻机生产基地兰州石油化工机器厂与美国国民油井公司合资，我国唯一能生产大型联合收割机的企业佳木斯联合收割机厂与美国约翰迪尔公司合资，这两个企业由于外资的控制，在合资后失去了发展的主动性，最终失去了产品研发和设计的能力，成为发达国家企业的加工厂。（陈军，梁振锋，2010）广东近年来科技研发能力有所提高，应更加坚定企业科技创新的决定，预防欧美发达国家对广东企业进行核心科技的控制。

第四节　应对技术变革冲击的管理启示

一、优化技术变革的法律法规和制度环境

（一）要完善技术变革的法律法规体系

在原有的法律基础上，对变革的法律进行细化和改善，让企业单位、研

究院等组织在进行技术变革的时候能够有法可依。国内的企业和个人的知识产权意识都不强，重要的一方面就是没有一套完整的知识产权保护体系。只有国家把相关的法律法规完善，能够充分保护企业单位和个人的知识产权，才能让他们更加有信心和动力去实施变革，才能激发他们进行创新的潜力。

（二）加强优化标准化的政策环境

要制定一系列的政策制度和鼓励措施，激励研究院、高校等科研单位积极进行科技研究，加大科研的投入和对科研人员的奖励。鼓励支持科研院（所）和高校与企业高度合作，把研究成果尽快转化为有效的生产力、把新发现的能源转化为动力。鼓励企业尝试新技术，对率先使用最新设备、最新能源的企业进行奖励等。

二、坚持以创新驱动发展为核心战略和总抓手

创新是当今时代的重要特征，也是经济增长的主要动力。要进一步研究和认识工业经济进入新常态的新形势、新特点，坚持以创新驱动发展为突破点和切入点，深入分析和查找工业投资减缓根源，找准供给侧结构性改革方向，相应加大工业投资力度。特别是加强对高新技术产业和先进装备制造业的指导和扶持力度，积极发展“三新”经济，努力培育新的经济成长点和新的利润增长源。

当前，依靠资源、资金等生产要素的传统搭配方式难以推动经济快速发展，知识、核心技术和创意越来越明显地成为引爆经济增长的导火线。国务院于 2015 年 6 月发布的《关于大力推进大众创业万众创新若干政策措施的意见》是富民之道、公平之计、强国之策，对于推动工业结构转型升级、打造发展新引擎、增强发展新动力、走创新驱动发展道路具有重要意义。广东完全可以以制造业大省、强省的姿态积极主动融入大众创业、万众创新的潮流中，搭建创新发展平台，引导企业、科研机构和科技工作者发挥创新骨干带头作用，最大限度地激发群众的智慧和创造力，勇攀科技高峰，率先在重点行业、主要领域、关键环节，实现核心技术突破。

积极实施“互联网 +”行动，进一步提高产品竞争力。充分利用大数据资源，以信息化为指引，加大市场研究力度，坚持市场多元化，实现国内外市场同步发展。要扎实推进珠江三角洲国家大数据综合试验区建设，以超高速无线局域网技术应用为重点，高标准建设信息基础设施，广泛应用信息技术，在产业发展、政务服务、社会治理等方面培育壮大新动能。进一步深化制造业与互联网融合发展，催生新技术、新业态、新产业、新经济。加快新

旧发展动能和生产体系转换，围绕制造业与互联网融合关键环节，强化信息技术产业支撑，以示范应用牵引“一硬一软一云一网”产业发展，深入推进智能制造发展，实施机器人产业发展专项行动计划，大力发展新经济。通过积极实施“互联网+”行动，创新新的市场需求，增强产品竞争力，抢占市场制高点。

三、进一步巩固发展具有比较优势的传统产业

广东是一个人口大省，拥有大量劳动力密集型的制造企业，虽然现在面临着发达国家实体经济的回流，高端技术型制造业跟不上发达国家的步伐，但是我们可以继续发挥我们已有的优势。虽然是在供应链的最低端，但是我们有低廉的劳动力和成熟的发展经历，在技术上跟不上，我们可以转向提高质量，创造属于自己的品牌。只要质量提高了，就能获得消费者的好评，品牌知名度也就提高了。虽然是处于“微笑曲线”的低端，也能实现自己的优势。富士康就是一个典型的例子，它能成为世界著名的代工公司，就是因为它能够提供优质的产品。

此外，广东还可以通过技术创新、市场创新、管理创新改造传统产业，提升传统产业的内涵和生命力。坚持以“去库存、调结构、强管理、降成本、提效益”为抓手，通过兼并联合，完善产业链，提高产业集中度；积极推动和引导不符合产业发展方向、不适合发展的行业向其他地区转移；坚决淘汰落后产能及高耗能、高污染行业；进一步提高企业自主创新能力，争创新的市场需求，增强核心竞争力。

由于中国已在高速发展，研究中端的制造业和资本密集型制造业成为目前的主流，加上劳动力成本逐年上升，劳动力成本的优势在逐渐减弱，广东地区可以适当地把劳动密集型的低端产业转移到东南亚地区，或者把珠三角地区或者广东沿海地区的产业转移到北翼、西翼等欠发达地区，甚至把工厂转移到西部劳动力成本低的地区。例如，金仁宝集团旗下的子公司泰金宝电子在2015年春节前全面停产，在同一厂区的泰金宝光电（内部称之CE）也将结业，并将相关的设备材料转出到泰国、巴西、波兰等国。

四、提升中高端技术和资本密集型制造业发展质量

当前，美国实施的再工业化战略对我国制造业的最大的影响表现在中高端技术和资本密集型产业层面。再工业化战略实施仅3年的时间，美国制造业回流趋势明显，并形成了与我国制造业竞争和对抗的态势。但是同时，美

国再工业化针对中高端制造业发展和回流的政策也为我国提供了难得的战略机遇。(许爱瑜，2011)

(一) 加强对美国中高端技术和资本密集型制造业的投资力度

美国正在实施实体经济回归，政策上大力支持本国跨国公司回归本土，并且提供税收优惠、补贴等吸引外国投资者到美国投资。中国可以借此机会扩大对美国的中高端制造业的投资或者并购，间接提高本国的技术。例如，天保重装募集资金总额不超过10亿元，用于收购美国圣骑士公司80%股权及圣骑士房地产公司100%股权、专项偿还银行贷款和融资租赁款、补充流动资金。通过此次收购，天保重装取得污水污泥处理处置方面的全套先进技术，使公司产品可以直接进入欧美发达国家市场，全方位参与国际、国内环保市场开拓，公司将快速发展成为国际一流的固废处理系统解决方案及环境治理服务提供商。

(二) 加大对美国高新技术的引进力度

美国再工业化战略推出了五年内实现出口倍增的目标，其中高技术和资本密集型制造业产品和技术出口是关键。美国国防部部长罗伯特·盖茨也指出美国基于冷战背景的出口管制体系难以匹配日益变化的经济环境和科技形势，美国应建立分层次的出口管制体系，保护其最敏感的高端和新技术，放松对其他技术的出口管制。因此，我国应时刻关注美国再工业化战略的动向，适时扩大对美国的先进技术进口，提高我国中高技术密集型制造业的发展层次。(余洹，2016)

五、强力推进高新技术密集型的制造业发展

高新科技制造业是发达国家实施再工业化战略的核心，作为世界第二大经济体的中国也应该积极主动地去研究和发展高新技术产业，降低在先进技术上对发达国家的依赖程度，提高中国在世界上的话语权。所以，中国必须采取有效措施强力推进高新技术密集型制造业的发展。

(一) 加大高新技术的研发力度

自主创新首要的就是科技创新，再工业化的技术变革首要也是创新。这影响了广东企业对经济结构和创新的认识，影响企业更加明确和强化自主创新主体地位。国家应进一步创造条件、优化环境、深化改革，切实增强企业技术创新的动力和活力，如完善创新激励机制，制定政策，引导和鼓励企业加大创新投入等。国家应该为科研院（所）和高校等研究基地提供更加完善的研究环境，提供充足的人力、物力、财力等资源。完善对科研人员的教育

培训制度，吸引更多的人才加入科研队伍中。鼓励企业和个人进行自主研发，对获得显著科研成果的企业和个人进行奖励，并且对其科研成果进行有效的保护，以提高其积极性。另外要大力推进产学研合作，充分发挥高校和科研院（所）的作用，继续支持基础研究和应用基础研究，突出加强应用技术研究，使高校研究和市场结合起来，促进高新技术产业化。此外，要走开放型自主创新之路，充分利用广东在吸引国外先进技术资源方面的优势，发挥国际合作在自主创新中的作用，依托重大工程项目，开发核心技术。（许爱瑜，2012）

（二）加强与美国在高新制造业的技术研究合作

无论是在计算机、飞机等领域还是在新能源开发的领域，美国都处于世界的前端，我们可以通过与美国的高新技术研发部门进行合作，以降低前期的研发投入，还可以让中国在自主研发过程中少走很多弯路。2008 年，中国科学院电工研究所与美国可再生能源国家实验室签署谅解备忘录，双方将在光伏发电技术领域开展实质性合作。这项合作将有助于中国太阳能光伏产业的发展。中国企业与美国 GE 联合推出了 COGES 船舶，将造船业的发展推上了一个新的台阶。

应对策略篇

第十二章　应对战略之一：加速推进广东经济转型

第一节　广东技术发展状况

自改革开放以来，随着对外开放程度的不断加深以及对外文化与技术的有效学习，我国的经济得到了飞跃性发展，获得了举世瞩目的成就。在这样的大环境下，广东省的技术经济也获得了飞速的发展。

广东高新技术产业起步于20世纪80年代末期，90年代持续高速发展，产值年均增长30%以上，高新技术产品产值连续多年居全国首位。高新技术产业的蓬勃发展也为广东经济注入了新鲜的活力，有力地推动了产业结构的调整升级和优化，对省内经济的发展和经济质量的提高产生了日益明显的拉动和示范作用，极大地促进着广东经济的健康发展。据《2004—2005年中国区域创新报告》显示，广东省在全国的创新能力排名第三，属于创新能力较强的省份。广东省高新技术产品产值连续多年居全国各省首位，已经成为广东第一经济增长点。广东省高新技术产业取得如此巨大的成就得益于广东施行“科技兴粤”的战略、日益完善的技术创新体系和促进科技创新的良好环境。广东高新技术产业发展的特点主要有以下五个方面。

一、高新技术产业发展迅速，成为广东经济支柱

广东通过组织实施“863”“火炬”等计划，自主研究开发一批科技成果和高新技术产品，电子与信息、生物医药、新材料和光机电一体化四大领域构成了四大高新技术产业。高新区支柱产业主要是以高新技术产业为主。从所属技术领域来看，国家级高新区企业有73.6%属于广东四大高新技术产业，此外，非高技术领域的企业只占17.7%。四大高新科技领域的企业总收入占高新区总收入的87.2%，高新技术产品销售收入占92.6%，出口创汇

占92.2%，R&D经费支出占91.7%。其中，电子信息领域的企业数占高新区全部企业数的近一半，而且总收入占全区的65.4%，出口创汇占全区的72.5%。由此可见，四大高新技术领域的企业是国家级高新区的支柱力量，同时也是高新区经济的主要来源。广东省在1991—2003年期间，先后建立了16个国家级和省级高新技术产业开发区，成为全国高新区最多的省份，广东重点发展的16个高新区也成为广东经济的支柱。

二、先进技术制造业占工业比重上升，高技术蓬勃发展

表12－1　2007—2014年广东现代产业主要指标比重变化情况

年份	先进制造业增加值占规模以上工业比值/%	高技术制造业增加值占规模以上工业比重/%	战略性新兴产业增加值占规模以上工业比重/%	高技术服务业收入占部分规模以上服务业比重/%
2007	45.1	20.5	11.1	—
2008	46.7	19.6	11.3	—
2009	47.1	20.7	11.5	—
2010	47.0	21.1	11.7	—
2011	47.7	21.9	11.9	—
2012	48.1	24.1	12.1	27.5
2013	47.9	25.1	12.4	28.5
2014	47.6	25.1	13.0	28.6

数据来源：广东统计信息网。

根据表12－1，2007—2014年广东现代产业主要指标比重变化情况来看，一方面，2007—2014年间先进制造业增加值、高技术制造业增加值和战略性新兴产业增加值占规模以上工业的比重不断上升，其中以先进制造业增加值所占的比例最高，将近占规模以上工业的50%，其次是高技术制造业和战略性新兴产业的增加值。另一方面，根据2012—2014年的数据显示，高技术服务业收入占部分规模以上服务业的比重逐年上升，到了2014年，广东省部分规模以上服务业中高技术服务业营业收入占比达到28.6%，比2013年提高了0.1个百分点。这足以说明，高技术服务业是逐年蓬勃发展的。近几年来，以金融保险、信息服务、科技服务和文化创意等为代表的高

技术服务业迅速发展，为制造业发展和升级提供了技术支撑，同时也拉动了广东省的服务业增长。

三、高新技术产业出口占比逐年提高

2009 年，广东省高新技术产业出口额为 9 520.6 亿元，占外贸出口总额的 38.83%，出口额比 2000 年增加了 7.19 倍，高新技术产品占出口贸易的比例比 2000 年提高了 20.31%。高新技术产业出口主要以计算机与通信技术、电子技术及光电技术产品为主，占全部出口额的 97.92%。高新技术产业分布在广东省高新技术产业中，电子信息、先进制造、新材料、生物医药、能源环保等五大领域的比重不断加大，有力地推动了广东产业结构的优化升级。从产业布局来看，形成了以广州、深圳为核心，以中山、珠海、惠州、佛山、东莞等高新区为重点，以肇庆、汕头、河源、梅州等东西两翼和山区高新区为支撑的经纬布局图。

广东省的国家级高新区与全省高新技术产业格局具有高度的吻合性，拥有国家级高新区的广州、深圳、惠州、珠海、中山和佛山六个城市是广东省的高新技术产业重心。这些高新区有效地引导发展各具特色的优势产业，逐步形成了日益明显的产业特色。如广州的电子信息、生物制药、新材料，深圳的通信设备制造、软件产业、生物制药，珠海的集成电路、软件产业，惠州的手机、高清电视，中山的健康产业，佛山的数码光学产业等，这些产业高新技术相对密集，具有一定的规模，逐步形成具有地方特色的创新产业集群，成为当地经济重要的增长点。

四、广东技术市场活跃，技术市场成交额增长明显

技术市场交易可简单概括为科技技术成果通过技术市场的转移，技术市场成交额高低则间接表明了技术市场交易的活跃程度。随着科技与社会的发展，现阶段的技术市场交易从传统的技术开发、转让、入股、咨询和服务，向科技企业股权交易、企业并购、交钥匙工程、技术投融资等多样化方向发展。技术交易主要集中在电子信息、生物医药以及医疗器械、新能源、先进制造以及高效节能等技术领域，技术市场成交额指标包括技术合同成交额，技术领域统计，先进制造技术、农业技术、电子信息技术成交金额等。

如图 12－1 所示，从 2006 年开始，广东技术市场成交额除了 2009 年和 2014 年出现回落，整体上呈上升趋势。2009 年的技术市场成交额出现回落，同比下降了 15%，但在 2010 年又开始增长，成交额超过了 2008 年，而且在

2010—2013 年呈现逐步稳定增长的趋势，在 2013 年一度达到 529.39 亿元。

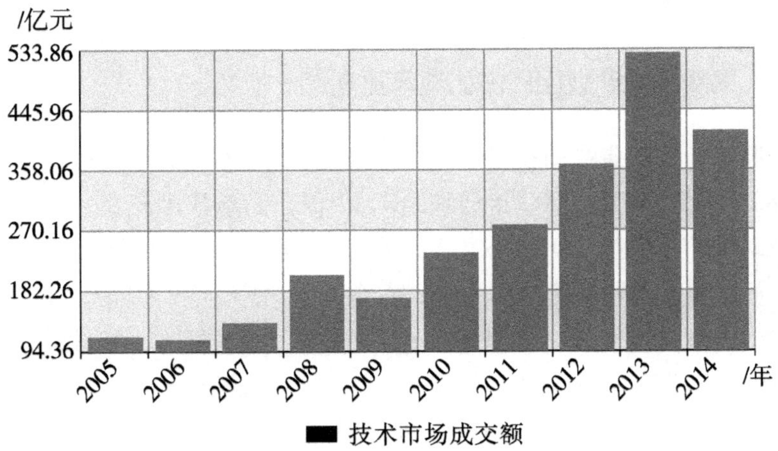

图 12－1　2005—2014 年广东技术市场成交额

数据来源：国家统计局。

总体来说，技术市场成交额呈上升趋势和技术市场活跃以及技术市场成交额的增长都意味着技术市场繁荣发展，技术市场繁荣发展必定带来经济上的效益，同时也是提高广东省科技竞争力的表现之一。技术市场成交额的增长同时反映了广东的技术经济发展现状良好，科技技术推动明显，这也有利于广东的经济转型。

总而言之，2005—2014 年广东技术市场成交额的总体发展概况也说明了广东技术经济的不断推动发展，无论是市场交易中的技术开发、转让、入股，还是向科技企业股权交易、技术投融资等，都给广东带来了巨大的经济效益。

五、R&D 经费及 R&D 项目逐年上升，投资经济效益增长

R&D 通常称为研究与开发、研究与发展或者是研究与试验性发展，是指在科学技术领域通过运用知识去创造新的应用，进行的系统的创造性的活动，包括了基础研究、应用研究以及试验发展三种。R&D 对一个企业甚至是一个国家的重要性是不言而喻的，因为 R&D 的投资所带来的社会效益和私人收益高达 20% ~40%。一个企业的 R&D 水平代表着一个企业的竞争力，一个国家的 R&D 水平代表一个国家的政治经济实力。图 12－2、12－3 是广东在 2008—2014 年的企业 R&D 经费投入以及企业 R&D 项目数的数据显示。

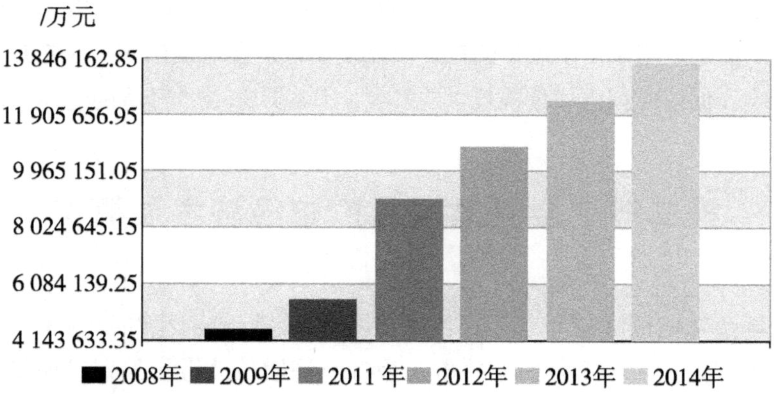

图 12－2　2008—2014 年规模以上企业 R&D 经费投入

数据来源：国家统计局。

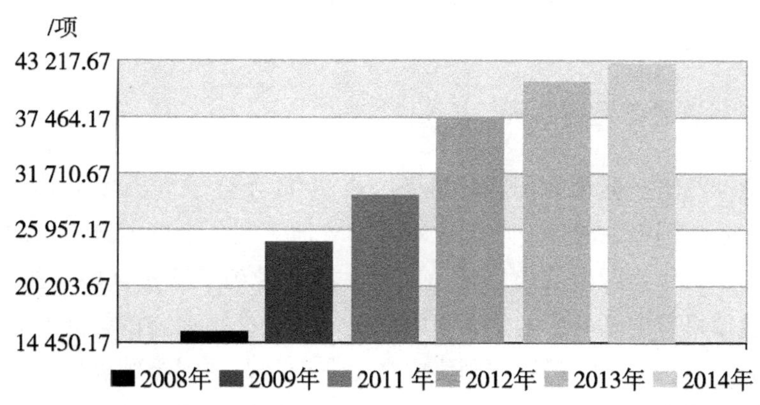

图 12－3　2008—2014 年规模以上企业 R&D 项目数

数据来源：国家统计局。

首先，规模以上工业企业 R&D 经费在 2008—2014 年的投资呈上升趋势。2009 年的 R&D 经费投入同 2008 年相比同比增长 24.8%，2012 年比 2011 年同比增长 19.8%。R&D 经费投入每年都在持续增长当中，但增长速度有所减缓。但总的来说，近几年的 R&D 经费投入较 2008 年来说，增长还是很快的，2014 年比 2008 年的 R&D 经费投入增加了 9 329 355 万元，是 2008 年的 3 倍之多，同比增长率达到了 210%。可见，广东的技术经济发展在 R&D 的投资上还是较为重视的。

其次，规模以上企业 R&D 项目数在 2008—2014 年间的数量也不断在增长，2009 年对比 2008 年，2012 年对比 2011 年的增长趋势较为明显，2012—2014 年间的增长趋势较缓，但总体处于上升趋势。

无论是 R&D 经费投入还是 R&D 项目数的增长都意味着广东的经济在投

资上得到了发展，经济效益得到增长的同时也是广东省地区竞争力提高的一个表现。而且近年来由于国外的投资回流现象，也会对国内和广东造成技术冲击的影响，促使广东更加重视技术的发展，刺激广东技术经济的进一步发展。

第二节　金融危机后广东经济发展概况

全球金融危机席卷全球，自改革开放以来，以外向型经济为主要经济发展方式的广东也受到了空前的冲击，全省经济增长放缓，外贸迅速滑坡，投资与消费增势趋缓，财政收入增幅急剧下降，企业效益显著下滑，中小企业关停倒闭现象严重，失业问题日益突出。危机过后，广东致力于经济转型，推动产业经济创新性发展，转变经济增长的动力结构，积极改善民生，从而促进经济逐渐回暖。

一、经济总体运行状况

在全球经济一体化的国际环境下，在2008年金融危机爆发而且危机席卷到全球各个国家的时候，中国也不可避免地受到了全球金融危机的冲击和影响。而广东作为国内的出口外贸大省，同样受到了这次金融危机的影响。而且金融危机对中国的影响主要集中在出口领域，因为经济的低迷必定会导致出口的下降，对出口的影响则集中在工业产品，受到金融危机影响的大部分是以加工工业为主的沿海地区。珠江三角洲地区出现工厂倒闭、出口滞销受阻、失业剧增的现象，甚至开始出现经济下滑。虽然广东经济发展受到金融危机的影响颇大，但是金融危机过后经济还是保持稳中有升，稳中有质量的发展状况。金融危机后广东经济总体运行状况如下。

（一）广东省年GDP呈波动性变化，出现几年的适应期

1. 如表12－2所示，即使受到危机的影响，广东省GDP在与全国其他几个主要省份相比较时，仍然具较大优势。但是随着时间推移优势慢慢减退，在2009—2013年中虽然广东的绝对产量要高于其他省份，但从相对产量而言，广东平均增长率为9.7%，比江苏、山东要低，仅比浙江略高0.5%。数据显示2013年实际完成率略高于2013年广东GDP的要求，但是比2012年实际完成的增速略低。同样受到金融危机的影响，广东在生产总值中的弱势增长对比中体现出了其受到的冲击比其他两个省份更为严重，需要一段过渡期来适应。

表 12－2　2008—2013 年广东与主要省份 GDP 比较

（单位：亿元）

省份	总量/亿元				2009—2013年均增长/%
	2008 年	2013 年	广东比较相差		
			2008 年	2013 年	
广东	36 796.71	62 474.79	—	—	9.7
江苏	30 981.98	59 753.37	5 814.73	2 721.42	11.2
浙江	21 462.69	37 756.58	15 334.02	24 718.21	9.2
山东	30 933.28	55 230.32	5 863.43	7 244.47	11.0

2. 在 2015 年初，有两组数据值得广东人注意：第一，2014 年广东人均 GDP 已经超过 1 万美元，按照通常的说法，这显示广东已迈入中等发达经济体的梯度；第二，2015 年第一季度，广东省的 GDP 出现往后一年高于全国 GDP，这可以看出 2014 年间经济处于大调整、大变革爬坡越坎的发展阶段，如图 12－4 所示。

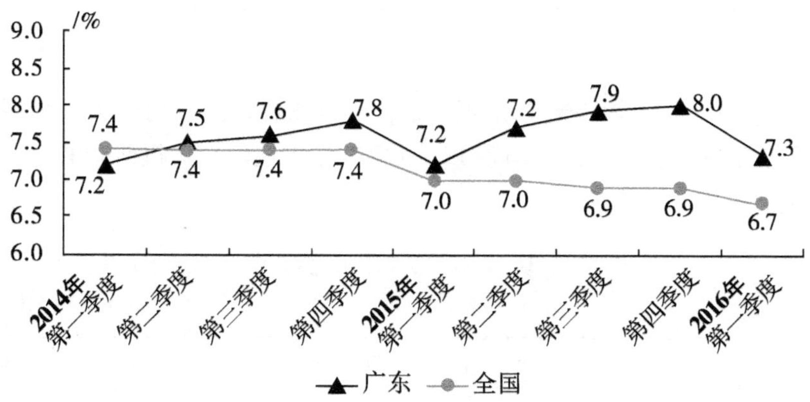

图 12－4　2014—2016 年第一季度全国与广东 GDP 逐季累计增速

数据来源：广东统计局。

（二）外贸出口受到刺激，随后增长势头迅猛

1. 从表 12－3 可以看出，金融危机前，广东省进出口总额是逐年递增，2009 年出现下降，贸易出口受到金融危机的影响出现缩水情况。贸易顺差额度也是从 2008—2009 年有一定的回落，2009 年以后稳步上升。经济危机对于广东省的贸易出口影响时间短，持续性不强。其次我们对照进口和出口总额后发现，广东省进口是比出口的总额要低得多，这也再次说明广东省在对外

贸易中占据主要优势，尤其是制造业对外贸易对整个贸易顺差的贡献更大。

表 12－3　2005—2015 年广东省进出口总额

（单位：亿元）

年份	进出口总额	出口	进口	差额
2005	4 280.02	2 381.71	1 898.31	483.40
2006	5 272.07	3 019.48	2 252.59	766.89
2007	6 340.35	3 692.39	2 647.96	1 044.43
2008	6 834.92	4 041.88	2 793.04	1 248.84
2009	6 111.18	3 589.56	2 521.62	1 067.94
2010	7 848.96	4 531.91	3 317.05	1 214.86
2011	9 133.34	5 317.93	3 815.41	1 502.52
2012	9 839.47	5 740.59	4 098.88	1 641.71
2013	10 918.22	6 363.64	4 554.58	1 809.06
2014	10 765.84	6 460.87	4 304.97	2 155.90
2015	10 227.96	6 434.68	3 793.28	2 641.40

数据来源：广东统计年鉴 2016。

2. 表 12－4 是 2010—2014 年广东省各市在金融危机前后出口总额的变化。2010 年后稳步上升，这与表 12－3 中广东省在经济危机前后的变化情况趋势一致。

表 12－4　各市出口总额

（单位：亿美元）

市别	2010 年	2011 年	2012 年	2013 年	2014 年
合计	4 531.91	5 317.93	5 740.59	6 363.64	6 460.87
广州	483.79	564.68	589.15	628.07	727.07
深圳	2 041.80	2 453.99	2 713.56	3 057.02	2 843.62
珠海	208.62	239.77	216.37	265.81	290.15
汕头	49.35	59.53	61.63	66.02	69.66
佛山	330.38	390.91	401.5	425.23	467.17
顺德	144.30	169.27	171.47	186.77	206.41
韶关	6.59	7.22	8.70	9.20	12.20

续上表

市别	2010 年	2011 年	2012 年	2013 年	2014 年
河源	17.15	19.16	19.53	22.47	26.49
梅州	9.51	10.96	12.70	15.44	18.87
惠州	202.32	231.22	292.04	333.20	363.31
汕尾	11.12	12.77	14.69	19.51	18.32
东莞	696.03	783.26	850.53	908.61	970.67
中山	225.04	245.46	246.44	264.75	278.78
江门	104.09	122.52	129.70	139.99	150.87
阳江	16.06	19.19	19.64	20.92	23.21
湛江	16.84	20.96	22.09	26.23	29.41
茂名	5.59	5.99	6.29	8.06	9.76

数据来源：广东统计年鉴2016。

（三）外商投资越来越集中比较优势的领域，促使生产专业化

从表12－5可见，全省外商投资总额从2000年开始到2005年增加了2.5倍，随后在2010—2014年间出现比较平稳的增长。深圳和东莞主要从事高新技术研发、电子信息技术、服装纺织、贴牌生产等对外贸易活动，靠近沿海，地理位置优越，充足的高质量人才涌入，海运交通发达，同时兼具国家自贸区等政策支持优势，各种经济形态发展活跃，因此是外商投资的着重区域。（杨水星，2006）

结论分析，金融危机后广东省经济整体运行状况并没有我们想象中受影响这么大，这是因为没有通过金融体系传到实体经济上去。它是对广东省有影响，体现在出口贸易、外商投资、GDP等方面上来。可是广东省更多的是以小见大，积极应对，抓紧发展机遇，不断完善产业体系，生产更加专业化，从2008年以来经济虽然说有波动，但是不至于跌回原始。

表12－5　广东省各市外商投资总额

（单位：亿美元）

市别	2000 年	2005 年	2010 年	2011 年	2012 年	2013 年	2014 年
合计	425.27	1 240.07	2 026.45	2 250.96	2 306.43	2 347.78	2 327.71
广州	57.91	154.94	308.54	336.84	326.89	314.39	333.78

续上表

市别	2000 年	2005 年	2010 年	2011 年	2012 年	2013 年	2014 年
深圳	162.17	565.67	907.10	961.33	946.24	944.01	955.93
珠海	25.19	87.45	126.75	146.43	118.16	117.35	88.83
汕头	7.20	11.35	11.11	11.48	9.84	9.75	8.61
佛山	34.02	62.50	96.17	102.20	102.62	93.13	88.86
顺德	—	32.76	30.62	31.49	27.98	27.54	28.93
韶关	0.93	1.30	1.24	2.08	1.52	1.91	1.70
河源	0.46	2.17	9.02	7.76	7.25	8.95	10.39
梅州	0.47	0.40	1.62	1.59	1.68	1.51	1.65
惠州	24.37	68.30	118.95	140.70	185.41	224.43	211.43
汕尾	0.61	4.82	7.48	9.67	11.18	18.15	17.77
东莞	70.59	188.21	302.97	365.15	434.17	484.63	444.62
中山	15.61	48.98	66.98	75.14	70.57	72.65	70.50
江门	12.09	18.99	25.64	39.28	40.57	39.39	36.09
阳江	0.21	0.18	0.65	0.69	0.28	1.28	2.91
湛江	6.60	6.86	9.61	13.94	17.34	16.17	21.63
茂名	0.29	0.39	0.34	0.34	0.68	0.41	0.60
肇庆	2.97	5.52	12.89	15.32	12.94	12.04	14.49
清远	1.12	5.56	12.02	13.71	12.71	11.82	10.46
潮州	0.55	2.71	2.68	2.54	3.30	2.28	2.94

数据来源：广东统计年鉴 2016。

（四）经济增长缓慢，经济发展质量和效益整体逐渐提升

2003—2007 年广东省年均增长率是 14.7%，2008—2014 年的年均增长率为 9.6%，经济的增速有所降低。不过从整体趋势看，广东省经济发展质量和效益整体呈上升趋势。虽然从 2008 年以来，国际金融危机以及经济发展周期的叠加使得广东经济增速比前几年有明显的下行，但经济发展的质量效益却稳步提升，经济效益的提升使得经济发展的内在动力变得强劲而且更具有可持续性，广东整体经济的下行情况要比全国的经济下行慢，这也说明

了广东在经历金融危机的抗风险以及自我调剂的能力比较强。广东经济增长质量和效益综合指数从 2000 年的 59.8% 提升至 2014 年的 85.2%，14 年来总共提升了 25.4 个百分点，年均提升 1.8 个百分点（见图 12－5）。这说明虽然广东省经济增长的速度较为缓慢，但是广东整体的经济增长质量和效益方面还是有很大的进步的。

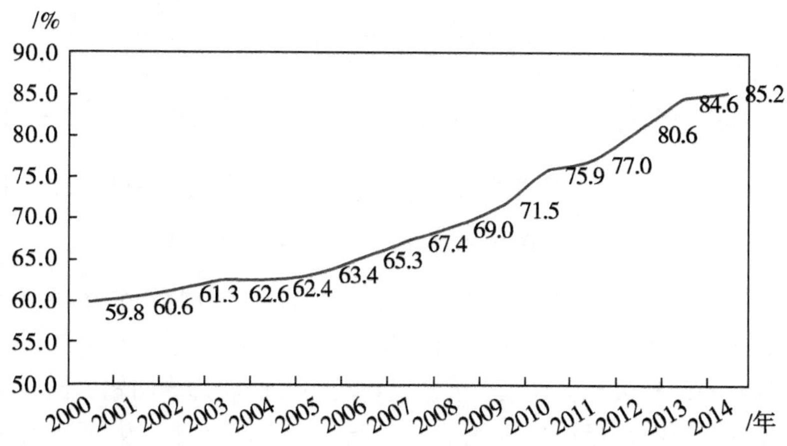

图 12－5　2000—2014 年广东经济增长质量和效益综合指数

数据来源：广东统计信息网。

二、产业经济发展特点

（一）工业生产调速换挡，拉动作用减弱

1.“工业增加值”是指工业企业全部生产活动的总成果扣除了在生产过程中被消耗或转移的物质产品和劳务价值后的余额，亦即是工业企业生产过程中新增加的价值。从图 12－6 可以看出 2001—2007 年间广东省工业增加值基本稳步上涨，2007—2009 年骤降，随后除了 2010 年出现了小幅上升，其余年份无论是全部工业增加值还是规模以上工业增加值都是呈折线下滑趋势。后来随着经济发展进入新常态，广东工业经济增长从高速向中高速过渡，2015 年工业增加值增速回落至 5%～10%之间，比金融危机后最困难的 2009 年还要低。

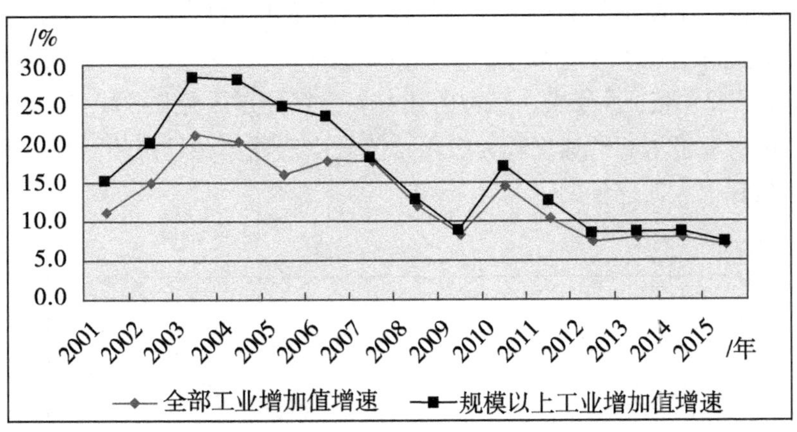

图 12－6　2001—2015 年广东工业增加值增长情况

2. 从图 12－7 可以看出 2009 年金融危机后，工业对广东省 GDP 的贡献率骤降，2009—2010 年出现了小幅回升，而后工业对 GDP 的贡献率继续减弱。整体经济结构失衡，导致发展缺乏内动力；产能过剩问题突出，某些行业需要重建，进行落后产能的淘汰；从低端到高端产能，从内需到外需产能，从传统到新兴产能不同程度面临的过剩问题是工业对 GDP 拉动减弱的原因。

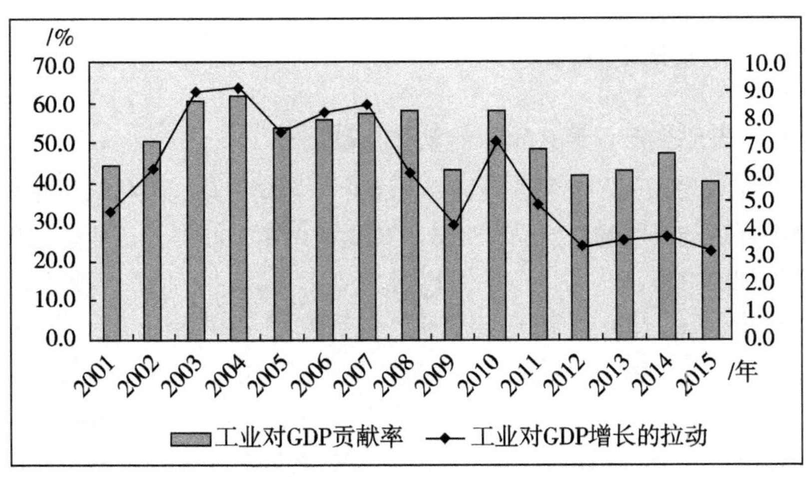

图 12－7　2001—2015 年广东工业 GDP 增长的贡献率

（二）第三产业增长稳定，抗危机能力较强

广东三大产业增加值在 GDP 中的比重，1949 年为 60：12.9：27.1，1978 年为 29.8：46.6：23.6，2008 年是 5.5：51.6：42.9。除北京、上海等直辖市外，与其他省区相比，广东第一产业比重最低，第三产业比重最高。

广东抗危机能力的增强，得益于第三产业比重的上升。2009 年前三季度三大产业增长率分别为 4.3%、6.5%、11.7%，而同期全省地区生产总值增长了 8.6%（见图 12－8）。可见，全省经济增长能够“保 8”甚至“超 8”，最重要的支撑力来自第三产业，第三产业的抗危机能力在三大产业中表现最为突出。

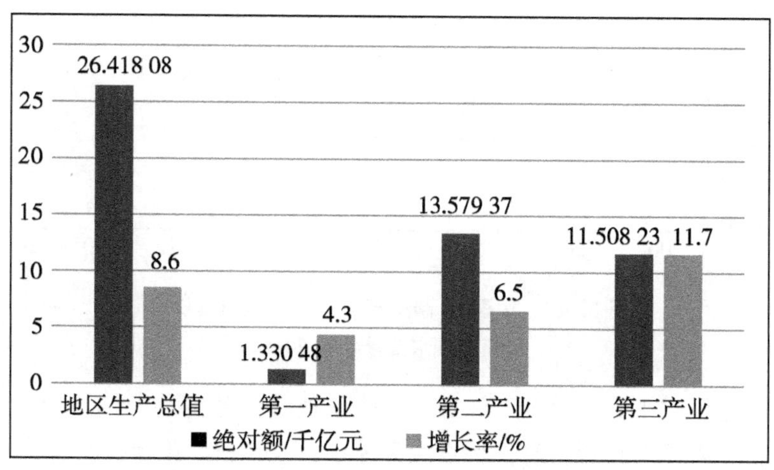

图 12－8　广东省 2009 年第一至第三季度地区生产总值及其构成和增长率

广东三大产业增速的不同，体现了两方面的原因：一是广东自 2000 年以来，第二产业比重已经在 10 年里基本稳定，这表明广东已经进入工业化中期转向后期的过渡阶段，第二产业增速与整个 GDP 的增速基本同步，而第一产业比重继续下降，其增长的空间主要由第三产业弥补。二是在金融危机冲击下，由于广东的加工工业在国际分工中介入程度深，受影响大，但其国际服务贸易出口份额很小，第三产业以内需为主，因而受外部需求减弱的影响相对较小。但今后必须注意在扩大服务贸易的时候增强自身竞争力，才能保持第三产业持续的增长优势。（周训清，2016）

（三）信息产业作为重要支柱受到的影响颇深

广东的经济发展具有双重任务：既要向工业化后期转变，又要向信息社会迈进。

“IC”意为集成电路，英文为 Integrated Circuit，顾名思义，就是把一定数量的常用电子元件，如电阻、电容、晶体管等，以及这些元件之间的连线，通过半导体工艺集成在一起的具有特定功能的电路。

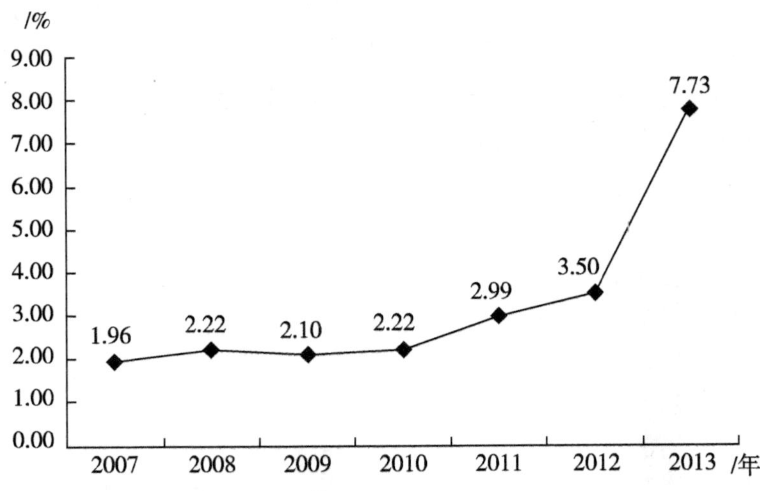

图 12－9　中国 IC 制造产值占全球总产值份额

来源：广东统计年鉴 2016。

金融危机以来，信息产业经历了一个从放缓到猛增的时期，由于国内投资和基金更谨慎的投资，软件行业业务缩小，2007—2010 年是信息行业的思考期，我国 IC 制造业在全球的比重处于缓慢发展时期。广东省作为 IC 制造业的大省，在经济危机中也受挫严重。

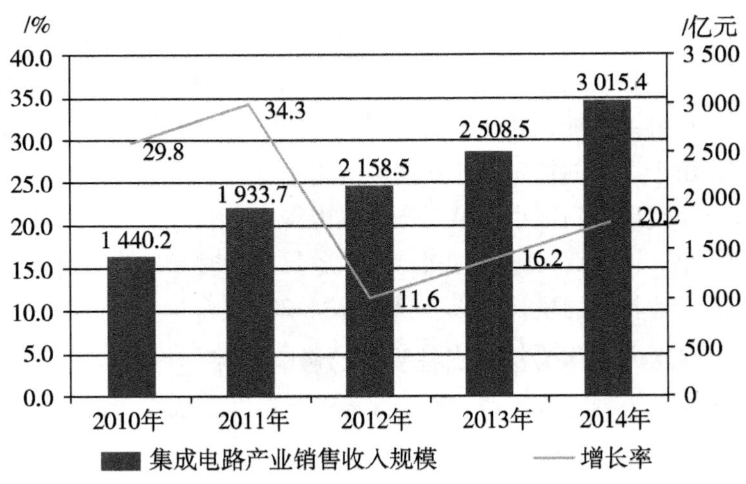

图 12－10　集成电路产业销售收入规模

来源：广东统计数据 2016。

广东省 2015 年成果：传统产业信息技术改造深度和广度有较大提高，作用效果明显，工业产品信息技术含量大幅提升，信息技术在工业技术领域普及应用，生产控制中的信息化、智能化全面提升。由此可见，信息产业在近几年发展尤受重视。从图 12 – 9 和 12 – 10 可以看出广东省从金融危机中过渡后电子信息产业收入总额呈现逐年上升趋势，2010—2011 年呈高速增长阶段，年增长率达到 34.3%，2011—2012 年增长率有所回落，2012 年后保持稳速增长。集成电路产业销售在 2010 年出现一个好的态势，但其增长率成“Z”形。对于未来，电子信息产业为我国的信息化、工业化和现代化建设做出了突出贡献，在国民经济中的作用不断提升，现代电子技术装备为国民经济各部门提供了先进的技术用于远程教育、远程医疗、电子娱乐、电子商务等各类新业务，促进了社会进步。(罗百辉，2015)

(四) 农业发展总体稳定

根据表 12 – 6 数据显示，排除受到不可抗的自然灾害影响，金融危机下农业的生产总体保持平稳发展。从 2000—2015 年广东省的农业生产率维持在水平变动之上。2015—2016 年农业贡献率有 1.6% 的增加，说明从农、林、牧和渔业产值比例有所变动，与农业结构优化有关。由于发展较为封闭，因此没有受到金融危机过多影响。

表 12 – 6　农村经济主要比例关系和效益指标

项目	2000 年	2010 年	2013 年	2014 年	2015 年
农林牧渔业	41.2	39.1	38.4	38.1	37.9
农业	31.6	30.2	30.2	30.2	30.2
林业	24.7	25.5	25.5	25.5	25.5
牧业	54.6	54.7	54.6	54.6	54.6
渔业	41.4	40.2	40.2	40.2	40.2
农林牧渔服务业	58.7	58.7	58.7	58.7	58.7
园地/（元/亩）	914	2 206	3 107	3 363	3 542.1
淡水养殖水面/（元/亩）	3 643	6 930	8 665	9 782	9 874.74
生猪出栏率	146	156	166	166	171.98

数据来源：广东统计年鉴 2016。

(五) 产业结构优化升级

综上所述，危机也是产业升级良机。改革开放 30 多年，广东一直是中国经济发展的排头兵。这其中，劳动密集型的出口加工产业为广东立下了汗马功劳。然而，随着广东实力的增强和金融危机的蔓延，广东顺应时势，开始进行产业结构升级，如今的广东正在轰轰烈烈地开展一场产业结构升级运动，如表 12 – 7 所示。

表 12－7 产业结构升级特点

形态类型	低级形态	高级形态
生产要素角度	用简单劳动力、自然资源	利用先进设备、高素质人才和知识技术
产出角度	技术进步	高生产率，高附加价值产业比重

面对经济新阶段的新形势、新情况和新任务，面对国内外的激烈竞争和挑战，面对政策优势、地缘优势、先行优势等逐步弱化，综合发展成本逐步上升，全省可持续发展根基还比较脆弱，尤其是“土地告急、资源短缺、人口超负、环境透支”成为广州、深圳、佛山、东莞等整个珠三角地区面临的共同压力；而区域发展不均衡、城乡差距扩大、社会矛盾频发等问题则进一步凸显。广东传统的经济增长模式难以为继。

三、经济增长动力特征

对于广东省而言重要的是资本积累、劳动力投入的增长和全要素生产率的提高，这也是经济增长的三大动力，具体来讲，可以分为：需求、出口、技术进步、制度转型等很多方面。

1．从外延式经济增长转变为内涵式经济发展。

很长一段时间，广东的经济增长是拼资源、拼体力、拼人多力量大，而转变后的发展方式是拼技术、拼劳动者素质、拼组织管理、拼文化（组织文化、大众文化），切实把经济增长从粗放型转变为集约型，从劳动密集生产方式转变为资本密集与技术密集的生产方式，从外延式发展转变为内涵式发展，从主要依靠外生型推动转变为主要依靠内生型拓展。

过去，广东省出现的现象是遍地都是大厂房，大量的生产环节、流水线车间。然而，在近几年，大规模包装的生产制造业逐渐被淘汰，考虑到环境污染，占地过大，这些生产制造型工业逐渐被驱逐到广东边缘地带，如韶关、清远等地。今天，从传统的“产地销”模式到现在实行“销地产”，新兴的制造业重新回到珠三角、佛山等发达地区。

上面简单的例子明显地说明了一点：这样的变化，需要更高的技术。实现内涵式的经济发展，必然要求劳动者大力提升科技能力和人文素质。没有劳动者的现代科学技能与人文素养，不可能建设现代产业体系。众所周知，要进行核心技术创新或自主技术创新，一方面需要研究者全身心的投入，另一方面现代技术创新已成为一个系统创新，整体的创新，而不是简单的某个单项技术的创新，更需要有创新团队的加入，需要管理创新和协同创新。广东省在这方面不断创新举措，在各级、各个层次实行大规模的培训计划行动，在企业、学校、科研院所、社会团体和党政机关实行创新战略行动，内涵式经济发展不断取得新成效。

2. 从单纯追求 GDP 转变为追求以生态文明为基础的绿色 GDP。

（1）GDP 不能正确反映经济发展对资源、环境所造成的负面影响。生产总值会随着自然资源开采量的增加而增加，而未反映出环境的破坏和自然资源的过量消耗甚至枯竭情况。

（2）GDP 不能准确地反映财富的变化。财富的有效增长与否，不仅取决于 GDP 中固定的资本形成总额大小，还取决于质量。

“能源消费弹性系数”是反映能源消费增长速度与国民经济增长速度之间比例关系的指标，通常用两者年平均增长率间的比值表示。从表 12－8 可以看出，2002—2007 年间，能源消耗逐年增加，生产总值体现为牺牲能源，增长势头猛烈。这些数据都让我们意识到要正确处理经济增长、资源利用和环境保护三者关系，政府和企业要树立科学的发展观和绩效观，推动粗放型经济增长向集约型经济增长转变。据《中国绿色国民经济核算研究报告2004》指出，绿色国民经济核算是从传统 GDP 中扣除自然资源耗减成本和环境退化成本得出来的，它能够真实地衡量经济发展成果。

表 12－8　广东省 2000—2015 年能源消费弹性系数

年份	能源消费比上年增长/%	电力消费比上年增长/%	本省生产总值比上年增长/%	能源消费弹性系数	电力消费弹性系数
2000	8.2	22.9	11.5	0.71	1.99
2001	7.7	9.3	10.5	0.74	0.88
2002	11.6	15.7	12.4	0.93	1.27
2003	15.4	20.3	14.8	1.04	1.37
2004	16.1	17.5	14.8	1.09	1.16
2005	16.8	12	13.8	1.22	0.87
2006	11.2	12.4	14.6	0.77	0.85
2007	10.9	13	14.7	0.74	0.88
2008	5.3	3.3	10.1	0.52	0.32
2009	6.9	2.9	9.7	0.71	0.3

续上表

年份	能源消费比上年增长/%	电力消费比上年增长/%	本省生产总值比上年增长/%	能源消费弹性系数	电力消费弹性系数
2010	8.9	12.5	12.4	0.72	1
2011	5.8	8.3	10	0.58	0.83
2012	2.3	5	8.2	0.28	0.61
2013	3.6	4.5	8.5	0.42	0.53
2014	3.9	8.4	7.8	0.5	1.08
2015	1.9	1.4	8	0.24	0.18

数据来源：广东统计年鉴2016。

3．从缺乏核心技术转变为具有主导核心技术的产业体系。

所谓核心技术，是指在一个技术体系中，该技术决定技术体系或技术产品的质量，具有中枢控制作用。

主导核心技术，核心技术可以出现在传统产业技术中，也可以出现在现代产业技术中，是能够影响一个时期或某一产业技术发展主流与趋势的技术。

广东能否掌握和创造核心技术特别是主导核心技术，从技术的源头来看，取决于广东的科学研究、技术开发水平和现代化组织管理程度。

表12－9　技术发展各阶段特点

阶段	特征	风险	资金需求	融资策略	政府行为
种子期	仅有创意和思路	高	较小	私人直接投资	培育 扶持 引导
创业期	样品开发和推广	高	显著上升	天使投资 风险投资	
扩展期	生产扩大	相对较高	较大	风险投资	服务 规范
成熟期	业绩突出 知名度打响	得到控制	充足	银行贷款公开 资本市场	

根据表12－9看来，现阶段广东省处于种子期到创业时期的过渡，这时候政府的培育扶持还有引导显得特别重要。据2010年国务院颁布的《关于加快培育和发展战略性新兴产业的决定》中提到：

（1）抓住机遇，加快培育和发展战略性新兴产业；

（2）坚持创新发展，将战略性新兴产业加快培育成为先导产业和支柱产业；

（3）立足国情，努力实现重点领域快速健康发展；

（4）强化科技创新，提升产业核心竞争力；

（5）积极培育市场，营造良好市场环境；

（6）深化国际合作，提高国际化发展水平；

（7）加大财税金融政策扶持力度，引导和鼓励社会投入；

（8）推进体制机制创新，加强组织领导。

以上八点是广东省今后在发展技术的基本思想，即使广东省在乡镇经济和国际制造业商品链接转移的基础上发展起来的科技创新具有“先天不足”的弱点，但是广东省认真落实、引进、吸收，在创新不断出现新的实体型形态，也有知识型形态，逐渐地强化龙头企业创新能力建设。广东省更多时候是倾向于模仿、复制其他企业技术和产品的，而不是自主研发，明白这一点后更应该加大技术的引进培养力度，强化产业研究工作，推动经济增长从低端要素驱动向创新驱动转变，深化产业联盟建设，加强国际科技和产业合作。（洪凯，2012）

除了上面谈到的内涵式经济、绿色 GDP 以及主导型核心技术以外，还有如表 12 – 10 所示的经济增长的其他各类特点。

表 12 – 10　经济增长的其他特点

市场化	工业化	城市化	信息化	国际化
市场经济体制的建立激活广东省的活力	提高劳动生产率	提高资源配置效率	提高产业升级动力	弥补资源，填补技术缺口

总的来说，金融危机后广东省经济增长主要在要素投入、技术引进和体制改革等方面。主要的做法就是扩大国内消费需求、自主科技创新、制度创新和深化市场改革。在要素投资方面，投资还是广东省经济未来持续平稳增长的重要动力之一，不过投资效率需要特别注意。

四、民生发展状况

民生就是指人们最基本的生活，从人权的角度看，就是人的全部生存权和普遍发展权。从需求角度看，民生是指与人的生存权利有关的全部需求和

与实现人的发展权利有关的普遍需求。了解民生发展状况，应该从以下几方面着手。

1. 健全就业机制体制是体现出民生的关键。

表 12－11　2005—2015 年广东省各市年末就业人数

（单位：万人）

市别	2005 年	2010 年	2014 年	2015 年
合计	5 022. 97	5 870. 48	6 183. 23	6 219. 31
广州	574. 46	711. 07	784. 84	810. 99
深圳	576. 26	758. 14	899. 66	906. 14
珠海	94. 01	103. 02	108. 79	108. 92
汕头	179. 81	237. 91	238. 26	238. 5
佛山	348. 69	443. 46	438. 09	438. 41
顺德	90. 31	159. 07	152. 67	151. 64
韶关	138. 44	142. 51	144. 13	144. 17
河源	118. 2	133. 15	134. 63	136. 52
梅州	211. 98	208. 07	213. 01	213. 52
惠州	222. 62	264. 14	280. 62	281. 51
汕尾	117. 78	119. 15	119. 36	119. 86
东莞	388. 13	626. 26	660. 46	653. 41
中山	188. 85	207. 34	211. 76	210. 51
江门	214. 53	249. 55	243. 23	242. 92
阳江	146. 63	131. 34	128. 35	128. 79
湛江	305	319. 78	340. 76	340. 85
茂名	287. 36	273. 18	281	281. 78

数据来源：广东统计年鉴 2016。

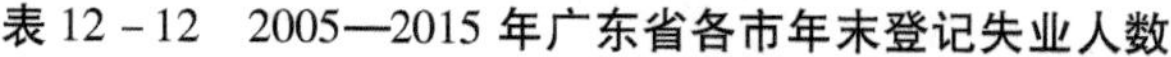

表 12－12　2005—2015 年广东省各市年末登记失业人数

（单位：人）

市别	2005 年	2010 年	2014 年	2015 年
合计	297 379	392 274	368 318	369 667
广州	54 162	76 485	57 597	53 090
深圳	26 746	35 302	38 752	41 697
珠海	11 453	12 501	11 077	11 095
汕头	17 731	16 127	15 475	14 778
佛山	26 062	19 628	21 917	22 389
韶关	18 831	16 928	13 641	13 031
河源	14 096	13 951	8 992	9 504
梅州	14 510	14 200	13 955	14 013
惠州	14 001	15 696	18 772	19 705
汕尾	9 436	11 314	122 881	12 621
东莞	4 473	8 655	12 026	12 893
中山	6 593	9 246	9 444	9 276
江门	19 639	21 380	24 833	24 972
阳江	14 608	15 012	12 302	12 506
湛江	22 835	23 882	20 700	20 885
茂名	22 203	30 504	26 396	27 832

数据来源：广东统计年鉴 2016。

表 12－11 与表 12－12 相比较，我们可以看出同年失业人数大概占就业人数的 1%，还要特别提到的是，在广东省一些比较重要的市区中就业比较集中，大部分务工人员会选择在较重要的市区工作。

同时单独比较中也可以发现就业人数逐年增加，但是年末统计的失业人数依然占据不变，这样的原因分析可能有两个：一是基本人口增加；二是人们随意对待工作，离职率大。

“就业是民生之本”，要大力解决下岗职工再就业，引导农村富余劳动力向非农产业转移，抓好高校毕业生、复转军人、新增劳动力的就业问题，实行“劳动者自主择业，市场调节就业，政府促进就业”的方针，使人人有活

干、有饭吃。

2. 发展教育更多与完善民生相接近。

胡锦涛同志曾在全国教育工作会上的讲话中，明确提出：教育是国计也是民生。教育不仅关乎国家发展大计，更关乎百姓的切身利益，教育政策措施的一举一动，都牵动着千家万户，可以这样说“教育是民生之基”，是强国富民的基础，要努力提高国民素质，把教育放在优先发展的战略地位，加大投入，加强农村义务教育，实行“两免一补”，解决进城务工人员子女上学难等问题。

由表 12－13 我们可以发现，广东省小学和中等学校就读人数较高，说明我国基础教育制度比较完善，但高等学校还有极大的提升空间。越是往高等学校，就读人数就越少，小学、初中、技校辍学现象很普遍。或许导致这些的原因有政策不全面、落实不到位，又或许是我们自身思想不正确，基于种种考虑，但总的来说，广东省每年就读人数是年年增加的，由此可以说明，人们逐渐意识到学习的重要性。

表 12－13　广东省各级各类学校在校学生数

（单位：万人）

年份	高等学校	中等学校			小学
		中等职业教育学校	技工学校	普通中学	
2004	72.69	65.54	28.11	580.86	1 049.62
2005	87.47	71.02	32.81	611.69	1 067.03
2006	100.86	80.84	38.16	639.29	1 056.99
2007	111.97	90.76	45.81	655.38	1 017.62
2008	121.64	100.08	53.54	679.65	956.47
2009	133.41	120.46	64.11	696.11	887.65
2010	142.66	154.78	75.56	956.47	848.55
2011	152.73	152.02	85.12	887.65	822.06
2012	161.68	149.57	88.52	848.55	808.24
2013	170.99	140.89	87.62	822.06	807.94
2014	179.42	128.22	62.26	808.24	831.91
2015	185.64	117.21	58.86	807.94	868.88

数据来源：广东统计年鉴 2016。

3. 居民收入，消费水平是不可缺少的一部分。

从表 12 – 14 可以看出，从 2005 年以来广东省人均可支配收入都是呈增长的趋势，先不考虑人民币是否贬值，人均消费支出也是正比的模式，但总的来衡量的话，恩格尔系数最能反映问题，其中 2007 年名义增长速度和实际增长速度最大，分别为 10. 5% 和 6. 6% ，说明居民生活水平正在逐渐提高。

表 12 – 14　城镇常住居民人均可支配收入及生活消费支出

年份	人均支配收入/元	名义增长（上年为 100）/%	实际增长（上年为 100）/%	人均消费支出/元	恩格尔系数/%
2005	14 769. 94	8. 4	6. 3	11 809. 87	36. 1
2006	16 015. 58	8. 4	6. 5	12 432. 22	36. 2
2007	17 699. 3	10. 5	6. 6	14 336. 87	35. 3
2008	19 732. 86	11. 5	5. 7	15 527. 97	37. 8
2009	21 574. 72	9. 3	12	16 857. 51	36. 9
2010	23 897. 8	10. 8	7. 5	18 489. 53	36. 5
2011	26 897. 48	12. 6	6. 9	20 251. 82	36. 9
2012	30 226. 71	12. 4	9. 3	22 396. 35	36. 9
2013	29 537. 29	9. 5	6. 9	21 621. 46	33. 6
2014	32 148. 11	8. 8	6. 4	23 611. 74	33. 2
2015	34 757. 16	8. 1	6. 4	25 673. 08	33. 2

数据来源：广东统计年鉴 2016。

4. 社会保障是发展民生的重中之重。

“社保是民生之依”，就是说“社保”是人民生存和发展的依托。就是要把老百姓都装进“保险箱”，完善和健全养老、失业、医疗等社会保障机制，落实城镇居民最低生活保障；探索建立农村养老、医疗保险和最低生活保障制度；大力加强对特殊困难群众的救助，确保弱势群体的生活底线，使人民群众老有所养、病有所医、居有其屋、衣食无忧。

表 12－15　2015 年广东省部分市社会保险基金征缴收入

（单位：万元）

市别	城乡基本养老保险基金征缴收入	失业保险基金征缴收入	城乡基本医疗保险基金征缴收入	工伤保险基金征缴收入	生育保险基金征缴收入
合计	23 345 304	1 460 799	12 179 086	611261	690 247
广州	396 627	326 496	3 254 068	97 948	211 148
深圳	6 162 967	576 275	2 066 269	128 363	267 940
珠海	863 906	43 105	325 247	17 838	21 993
汕头	392 123	30 921	349 491	7 660	15 055
佛山	1 896 718	63 726	998 309	64 038	86 707
韶关	253 213	16 337	268 847	8 960	4 382
河源	176 249	9 605	223 769	4 476	6 873
梅州	254 759	12 719	319 002	5 814	4 475
惠州	816 449	25 426	490 263	29 231	25
汕尾	117 220	5 668	164 064	2 653	1 603
东莞	2 881 681	180 387	626 356	126 442	6 166
中山	1 097 055	43 257	315 107	42 953	2 932
江门	633 439	32 928	452 054	12 168	13 012
阳江	151 797	2 618	178 281	2 722	3 912
湛江	360 431	20 120	466 556	7 583	8 727
茂名	324 946	18 544	421 763	10 123	7 729
肇庆	313 706	17 434	301 034	8 761	9 447
清远	271 347	15 241	293 857	6 592	8 862

数据来源：广东统计年鉴 2016。

从表 12－15 看到参与就业的养老保险、工伤保险、失业保险、生育保险还有医疗保险的征缴收入来看都是全面而普遍的现象，除主要市区广州、深圳外，其余市区在数据上看都比较均衡。

国民收入分配不均衡等社会矛盾突出，贫富差距大、就业问题、社会法制建设不健全等一系民生问题有待改善。我们应该在现有的经济政策基础上，不断完善并及时出台符合国际形势和适合广东省情况的政策，保增长，调整结构，促进改革和优惠民生。

第三节　广东经济转型阶段的主要问题

一、广东产业结构存在的主要问题

随着全国性城市的崛起、国际经济形势的变化，广东省的“内功”已经不能满足其发展的需求，与周边省份相比，广东省呈现出产业结构不优化、各地区发展水平良莠不齐、产能开发效率低等状况。

（一）产业结构不优化，产业化程度不高

1. 从表 12－16 可以看出，2015 年广东省规模以上重工业完成增加值为 18 058.71亿元，轻工业完成增加值为 11 387.5 亿元，很明显，广东省第二产业重型化特征明显。产业发展的重型化趋势是由广东省经济受国内消费层次升级和出口需要直接推动的，适度的重型化有利于产业实现协调化，但是近年来广东省经济持续发展，产业重型化导致产业结构出现过重偏轻的状况，直接会影响广东省的经济增长模式。

表 12－16　2015 年规模以上工业企业主要经济指标

（单位：亿元）

项目	企业单位数/个	工业总产值	工业增加值
全省统计	42 134	124 649.16	29 446.21
轻工业	21 746	47 604.61	11 387.5
重工业	20 388	77 044.55	18 058.71

数据来源：广东统计年鉴 2016。

2. 从表 12－17 可以看出，第一产业占比从 1979—2015 年是呈下降趋势的；第二产业占比从 1979—2007 年是呈上升趋势的，2008—2015 年呈下降趋势，前者是由于 1978 年广东省迎着改革开放的热潮，大力发展工业，经济快速增长，后者是由于全球金融危机的影响，广东省调整产业结构的成果。第三产业占比近年来是呈上升趋势的，但是工业的占比一直是在三大产业中占大比重，第三产业总体上发展还不够充分，说明广东省产业结构化程

度不高，产业结构与发展能力不协调。近6年内广东省第三产业增加值占GDP的55.9%，与发达国家的平均水平（70%）有一定的差距，且2014年有一定的下滑程度。要跟上发达国家的步伐，仍需要一定的努力。

表12-17　1979—2015年广东省三大产业占比

（单位：亿元）

年份	地区生产总值	第一产业	第二产业	第三产业
1979	100	30	16.6	53.4
2005	100	2.3	55	42.7
2006	100	1.8	58	40.2
2007	100	1.2	59.1	39.7
2008	100	1.9	58	40.1
2009	100	2.5	48.1	49.4
2010	100	1.7	60.8	37.5
2011	100	2.1	50.9	47
2012	100	2.2	43.1	54.7
2013	100	1.3	44.2	54.5
2014	100	1.7	49.8	48.5
2015	100	1.7	42.5	55.8

数据来源：广东统计年鉴2016。

（二）第三产业中各行业发展不平衡，与整体经济增速不协调

1. 从表12-18可以看出，金融业的生产总值在2015年比交通运输、仓储和邮政业的生产总值要高；从表12-9可以看出，在第三产业中，广东省传统服务业中交通运输、仓储和邮政业占第三产业比重有下降的趋势，而金融服务业2006—2015年呈上升趋势，很明显可以看出，金融服务业的上升速度比传统服务业的上升速度要快一些，这与广东省经济整体增速不协调。

表 12－18 地区生产总值指数

（单位：亿元）

年份	地区生产总值	建筑业	批发和零售业	交通运输、仓储和邮政业	金融业	房地产业
2006	3 719.4	1 895.3	3 055.7	4 808.1	3 260.9	24 097
2007	4 272.3	2 038.1	3 301.6	5 335.4	4 625.3	27 255.5
2008	4 718.1	2 048.6	3 718	5 781	5 043.4	25 488.8
2009	5 175.8	2 364.4	4 349.6	6 095.9	5 945.3	30 718.6
2010	5 820	2 646.9	4 997.5	6 793.6	6 740.4	32 077.8
2011	6 402	2 839.3	5 689.6	7 611.8	7 121	33 855.8
2012	6 925.7	2 930.7	6 265.6	8 587.8	7 830	36 759
2013	7 511.7	3 045	6 904.9	9 329.5	9 057.2	41 539.1
2014	8 094.8	3 234	7 401.7	10 341.6	9 809.4	42 638.4
2015	8 742.1	3 427.9	7 888.3	10 915.1	11 677.4	46 533.9

数据来源：广东统计年鉴 2016。

表 12－19 地区生产总值指数

（单位：亿元）

年份	第三产业总值	交通运输、仓储和邮政业	比例	金融业	比例
2006	4 656.3	1 895.3	0.40	3 260.9	0.70
2007	5 296.7	2 938.1	0.55	4 625.3	0.87
2008	5 817.7	2 048.6	0.35	5 043.4	0.86
2009	6 477.2	2 364.4	0.36	5 945.3	0.91
2010	7 181.2	2 646.9	0.37	6 740.4	0.93
2011	7 923.2	7 611.8	0.96	7 121	0.89
2012	8 700.4	8 587.8	0.98	7 830	0.899
2013	9 564	9 329.5	0.97	9 057.2	0.94
2014	10 328.3	10 341.6	1.00	9 809.4	0.94
2015	11 305.9	10 915.1	0.96	11 677.4	1.03

数据来源：广东统计年鉴 2016。

2. 广东省第三产业内部结构水平低，产业结构还处于“三高”状态，第三产业较第二产业比重有所上升，但增速缓慢而不明显，就第三产业占GDP比重来看，广东省远远低于发达国家的水平，也大大低于一般的发展中国家。同时，水利环境、公共设施、教育文化等公共服务性行业比重下降，未能充分满足人民日益增长的公共性服务需求。

（三）各地区发展水平良莠不齐，部分地区产业发展方式跟不上

1. 从表12－20可以看出2015年广东省珠三角地区的生产总值远高于东翼、西翼、北部山区地区的生产总值，这体现出广东省地区发展水平良莠不齐，两极分化。珠三角地区经济发展迅速，但以富带贫、以工业带动农业的优势却没有完全体现出来，而且在很多落后地区，生产组织化程度较低、产业化程度低、生产装备低等因素，严重拖慢了其发展速度，还处于“二三一”的产业结构，使珠三角地区与东西两翼及北部山区地区的差距越来越大，造成了广东省在经济快速发展的情况下呈现出了地区发展水平良莠不齐，呈两极分化现象。

表12－20　2015年广东省各市地区生产总值

（单位：亿元）

按经济区域划分	地区生产总值	第一产业	第二产业	第三产业	农、林、牧、渔业	工业
珠三角	62 267.78	1 116.89	27 136.63	34 014.26	1 152.73	25 482.89
东翼	5 430.21	446.7	2 921.19	2 062.32	457.74	2 713.51
西翼	6 075.66	1 047.41	2 472.3	2 555.96	1 071.78	2 207.18
北部山区	4 910.84	775.82	1 941.51	2 193.5	787.99	1 686.28

数据来源：广东统计年鉴2016。

2. 从表12－21可以看出珠三角地区的进出口总额、外商直接投资额、规模以上工业增加值及人均生产总值都比东翼、西翼及北部山区地区要高，相差的数额还比较大，东翼、西翼及北部山区地区第二产业占GDP比值比第三产业占GDP比值要高，还处于“二三一”的产业结构，从一定程度上表明东翼、西翼及北部山区地区的产业发展方式跟不上，总体来看远远落后于珠三角地区。珠三角的产业结构在不断地优化升级，却没有因此推动了落后地区的产业转型，这也是造成其地区产业发展方式跟不上的原因之一。

表 12－21　区域主要经济指标

指标	珠三角	东翼	西翼	北部山区
出口总额/亿美元	6 087.57	178.02	63.1	106
进口总额/亿美元	3 664.49	48.7	33.26	46.83
实际外商直接投资/亿美元	256.24	3.77	4.14	4.6
规模以上工业增加值/亿元	23 680.1	2 346.69	1 930.57	1 488.84
人均生产总值/元	107 010.91	31 425.57	38 460.5	29 583.44

数据来源：广东统计年鉴 2016。

（四）产能开发效率低

随着经济的发展，环境问题也随之严峻起来，严峻的环境问题意味着大量的污染排放物，而污染排放物的居高不下又意味着资源效率不高和浪费现象的存在。

1．能源消费弹性系数＝能源消费量平均增长速度/国民经济年平均增长速度。当国民经济中耗能高的部门（如重工业）比重大，科学技术水平还很低的情况下，能源消费增长速度总是比国民生产总值的增长速度快，即能源消费弹性系数＞1。

2．广东省的能源消费弹性系数在近 6 年内很不稳定，如表 12－22 和表 12－23 所示，在 2010 年的时候达到 0.72，虽然在 2013 年的时候能源消费弹性系数比国家能源消费弹性系数要小，但比 2012 年要高 0.14。在 2014 年的时候广东省的能源消费弹性系数比国家能源消费弹性系数高 0.21，然而发达国家的能源消费弹性系数一般不超过 0.5。说明广东省随着科学技术的进步，能源利用效率不高，与全国相比还处于劣势。

表 12－22　2006—2015 年广东省能源消费弹性系数

年份	能源消费比上年增长/%	能源消费弹性系数	电力消费弹性系数
2006	11.2	0.77	0.85
2007	10.9	0.74	0.88
2008	5.3	0.52	0.32
2009	6.9	0.71	0.3
2010	8.9	0.72	1

续上表

年份	能源消费比上年增长/%	能源消费弹性系数	电力消费弹性系数
2011	5.8	0.58	0.83
2012	2.3	0.28	0.61
2013	3.6	0.42	0.53
2014	3.9	0.5	1.08
2015	1.9	0.24	0.18

数据来源：广东统计年鉴2016。

表12－23 国家能源消费弹性系数

年份	能源消费弹性系数	电力消费弹性系数
2013	0.48	1.16
2014	0.29	0.55

数据来源：广东统计年鉴2016。

3. 电力消费弹性系数：$b = AY/AX$，b 为电力消费弹性系数，AY 为电力消费平均增长率，AX 为国民经济年平均增长率。国际上通常用电力消费弹性系数来考察一个国家能源发展与经济发展的匹配程度。广东省近6年内电力弹性系数不稳定，在2014年电力弹性系数 >1，比国家电力消费弹性系数高0.53，表明与上一阶段相比，本阶段单位产出的用电水平上升，用电效率却在下降。从这可以看出广东省的能源发展与经济发展的匹配度不高，一定程度上体现着广东省产业结构不合理，产能开发效率低下的问题。

4. 产业技术进步速度慢，缺乏推动产业结构升级的内在支持。产业技术进步是指一定时期内国民经济各产业总体技术水平的提升情况，尤其是指生产中实际发挥效益的技术总体水平的提升情况。目前广东省产业技术进步中存在的各种问题，极大地影响了广东产业结构的升级。

从表12－24可以看出，广东技术进步在经济增长中的贡献度明显偏低。20世纪90年代，广东技术进步对经济增长的贡献率比以前有显著提高，但与发达国家平均60%的贡献率相比差距仍很大。产业技术进步慢的原因：一是由于技术研究开发投入少，经费来源不合理。近两年这一指标虽有较大提高，但与发达国家比较差距明显。科技经费投入少，不仅影响科学研究的发展，而且影响科技成果的转化。二是推动产业技术进步的主体不能很好地发挥作用。产业技术进步总体上应该靠企业、科研单位及政府共同推动，但目前这三者之间的关系尚没有很好理顺。政府作为宏观管理者还没有很好地从原来计划经济体制下的直接介入式的管理，转化为市场经济条件下的间接宏观管理，造成政府参与技术进步的效率很低；大多数科研单位依然是政府的附属物，还无法真正地走向市场，成为经费独立的单位；政企不能真正分开，企业没有真正成为市场竞争主体，使企业技术进步内部动力和外部市场压力都不大。

表 12－24　广东省与美国、日本经济增长因素比较

国家或地区	年份	资金增长作用/%	劳动增长作用/%	技术进步作用/%
美国	1946—1956	17	12	71
日本	1952—1966	15	20	65
广东省	1992—1997	64.31	0.02	34.11

总的来说，广东省存在着产业结构不优化、各地区发展水平良莠不齐、产能开发效率低等状况，要促进经济转型，首先要解决产业结构这方面的问题，提高广东省核心技术，并且加大科技创新力度，促进产业结构的优化升级，缩小地区间、城乡间的差距，最终促进经济社会的整体进步。

二、广东产业增长动力主要问题

拉动产业和经济增长主要依靠投资、出口和消费这“三驾马车”，近几年来，广东进行经济转型时，这“三驾马车”也随之出现了一些问题。

（一）投资拉动方面

1. 从表 12－25 可以看出，广东的投资力度较国家投资力度要小一些，这表明广东省的投资需求对广东省 GDP 的拉动较国家来说拉动力度要小。近年来，广东省的产业增长相对较慢，与全国相比还有一段距离，与发达国家相比更是相差巨大。

表 12－25　固定资产投资

地区	总投资/亿元	农林牧渔业/亿元	采矿业/亿元	制造业/亿元
全国	512 020.65	16 573.81	14 538.89	167 025.29
广东省	30 013.2	501.09	162	8 783.3

数据来源：国家统计年鉴 2016。

2. 从表 12－26 可以看出近 5 年来广东省投资对经济拉动的贡献率呈下

降趋势，消费对经济拉动的贡献率呈上升趋势，表明近5年来广东省消费对拉动经济增长的作用较大些，投资、出口贡献率较低，“三驾马车”不平衡，缺少了投资互动方面的产业增长动力。

表12－26 “三驾马车”对经济拉动贡献率

（单位:%）

年份	投资	消费	出口
2010	29.82	40.91	29.27
2011	28.18	43.29	28.53
2012	27.96	44.47	27.57
2013	29.37	45.38	25.26
2014	28.70	45.18	26.12

数据来源：广东统计年鉴2016。

（二）出口拉动方面

1. 从表12－27可以看出，广东省各地区在出口方面不平衡，珠三角地区比东西两翼及北部山区地区出口总额要高很多，这表明广东省地区发展不平衡，产业经济增长依靠珠三角地区拉动，没能在出口拉动方面形成很大一股力量，从而使广东省在出口拉动方面欠缺了一股动力。

表12－27 各市出口总额

（单位：亿美元）

市别		2011年	2012年	2013年	2014年	2015年
全省		5 317.93	5 740.58	6 363.64	6 460.87	6 434.69
广州		564.68	589.15	628.07	727.07	811.7
深圳		2 453.99	2 713.56	3 057.02	2 843.62	2 630.4
珠海		239.77	216.37	265.81	290.15	288.11
佛山		390.91	401.5	425.23	467.17	482.05
按经济区分	珠三角	5 064.89	5 477.09	6 070.93	6 137.68	6 087.57
	东翼	137.3	141.38	157.17	167.29	178.02
	西翼	46.13	48.02	55.21	62.38	63.1
	北部山区	69.61	74.09	80.33	93.52	106

数据来源：广东统计年鉴2016。

2. 从表 12 - 28 可以看出，广州市出口总额明显落后于其他地区，广东省是一个外向型经济大省，经济增长主要依靠投资、出口方面拉动，但很显然广东省在出口拉动方面存在一个大缺口，出口拉动方面对广东省产业增长动力不明显。

表 12 - 28 货物进出口总额

（单位：百万美元）

地区	2010 年	2011 年	2012 年	2013 年	2014 年
广州	103 767. 56	116 171. 00	117 141. 05	118 888. 48	130 589. 80
北京	301 621. 64	389 583. 14	408 107. 35	4 029 941. 70	415 538. 10
天津	82 200. 78	103 991. 07	115 622. 82	128 528. 18	160 846. 57
上海	368 869. 44	437 435. 85	436 758. 03	441 398. 09	466 622. 26
杭州	52 355. 48	63 971. 80	61 683. 24	65 071. 02	67 997. 75

数据来源：国家数据网。

（三）消费拉动方面

1. 从表 12 - 29 可以看出，广东省消费支出贡献率从 2009 年的 64. 5% 下降到 2015 年的 48. 5%，在一定程度上表明广东省的人均消费力不足，对 GDP 的拉动不大，且有下降趋势。广东省地区的消费支出不平衡，居民消费和政府消费、农村居民消费和城镇居民消费存在一定的差距，这也是消费对广东省地区生产总值拉动不大的原因之一。

表 12 - 29 三大需求对地区生产总值增长的贡献率和拉动

年份	最终消费支出/%		资本形成总额/%		货物和服务净流出/%	
	贡献率	拉动	贡献率	拉动	贡献率	拉动
2009	64. 5	6. 3	80	7. 8	- 44. 5	- 4. 3
2010	53. 5	6. 7	46. 2	5. 8	0. 3	0
2011	49. 1	4. 9	48. 8	4. 9	2	0. 2
2012	54. 2	4. 4	43. 6	3. 6	2. 2	0. 2
2013	44. 3	3. 8	69. 2	5. 9	- 13. 5	- 1. 1
2014	50. 4	3. 9	49. 3	3. 8	0. 3	0
2015	48. 5	3. 9	47. 8	3. 8	3. 7	0. 3

数据来源：广东统计年鉴 2016。

2. 消费拉动经济的本质是，需求带动供给，消费成为拉动经济增长的有效手段。国家对于消费的刺激日益加剧，然而近5年来广东省的消费支出贡献率呈下降趋势，从一定程度上反映了广东省的物价总体水平在上升，导致消费增速在放缓。产业增长动力存在着这些问题，不利于广东省产业经济的发展。

三、广东自主创新面临的主要问题

时任广东省委书记汪洋在广东代表团大会讨论政府工作报告中指出，广东在经济转型中遇到的最大困难就是自主创新能力不足，要加快广东经济转型就必须把问题解剖。广东自主创新面临的主要问题有以下几方面。

（一）科技创新投入不够

1. 基础研究和应用研究投入不足，科技活动有待加强。广东率先响应党十八届五中全会明确提出的全面实施创新驱动发展战略，制定了鼓励企业进行创新的政策，并加大对基础研究和应用研究的投入，但与全国其他省市相比，广东科技创新投入的强度仍显不足，2013 年 R&D 经费占 GDP 的比例为 2.32%，明显低于北京、上海，也低于江苏等创新能力较强省份，如表 12－30、表12－31 所示。

表 12－30　2014 年全国及部分地区工业企业 R&D 经费按活动类型分类情况

地区	工业企业 R&D 经费内部支出/元	基础研究和应用研究/元	试验发展/元	基础研究和应用研究所占比重/%
全国	92 542 587.0	2 568 331.2	89 974 255.8	2.78
北京	2 335 010.1	27 994.0	2 307 016.1	1.20
天津	3 228 056.5	100 643.0	3 127 413.5	3.12
上海	4 492 192.0	25 086.8	4 467 105.2	0.56
江苏	13 765 378.2	96 910.6	13 668 467.6	0.70
浙江	7 681 473.0	15 846.1	7 665 626.9	0.21
山东	11 755 481.8	408 131.2	11 347 350.6	3.47
广东	13 752 868.9	741 137.3	13 011 731.6	5.39

2. 科研经费投入不足且不均衡。

对于技术引进消化吸收影响最重要的就是经费的投入，一个地区的科研经费投入不足，可以表明这地区的自主创新面临着严峻的问题。

表 12－31　广东省 R&D 投入情况

指标	2000 年	2010 年	2013 年	2014 年	2015 年
R&D 经费/亿元	107.12	808.75	1 443.45	1 605.45	1 789.17
R&D 经费占本省生产总值比/%	1.11	1.76	2.32	2.37	2.47

数据来源：广东统计年鉴 2016。

从表 12－31 广东省 R&D 投入情况表来看：

其一，广东省 2000—2010 年 R&D 投入经费增加，占本省生产总值比例大幅度上升，但在 2013—2015 年，R&D 的投入经费增加不明显，且生产总值的比例增长不大，虽然广东省的科研投入经费占 GDP 比例全国最高，但是投入不稳定，且增长速度较慢，随着全球经济的快速增长，科研投入不稳定为广东省自主创新提供了一道难题。

其二，全省创新科研投入的 94% 来自珠三角地区，这也是广东省实施创新战略中存在的问题，广东在科技创新的投入方面存在不协调、不均衡和不可持续的状况。如 2013 年广东省全社会 R&D 经费 1 443.45 亿元，仅占全省 GDP 比例 2.32%，略高于全国平均水平 0.24 个百分点，与广东省经济总量的排头兵地位不相称；2013 年珠三角地区 R&D 经费投入达 1 357.2 亿元，占全省的比重为 94%；而 GDP 占全省近 20% 的粤东西北地区的 R&D 投入仅为 86.03 亿元，仅占全省 R&D 经费投入的 6%，占 GDP 比例的 0.7%，创新格局失衡。

（二）创新人才缺乏

广东创新人才缺乏主要表现在以下方面。

1. 广东省 R&D 发展人员相对于全国来说较少，尽管目前广东省的创新型人才规模在全国居于首位，但科技创新人才密度低，与全国相比较还有一段距离。在新的技术革命中，创新型人才成为主要的竞争方面，广东省创新型人才层次还属于低层次，创新型人才缺乏，从而导致广东省自主创新进程延慢，如表 12－32 所示。

表 12－32　研究与实验发展人员比较

（单位：万人）

地区	2010 年	2013 年	2014 年
广东	44.66	65.24	67.52
全国	255.4	353.3	371.1

数据来源：广东统计年鉴 2016。

2. 广东省各地区 R&D 发展人员不平衡，导致地区发展不平衡，从而导致广东省地区经济发展水平落后于发达国家。要加快地区间的产业结构调整，对落后的地区要加快经济发展步伐，促进地区间产业的平衡发展。

3. 高尖端人才缺乏，创新人才素质不高。从全国各地区来看，广东省虽然拥有最多 R&D 人员，居全国之首，但高素质创新人才供给明显不足，其中拥有高学历的人数却不多。相反，北京拥有 R&D 人员并不多，但博士和硕士毕业的人员占比大，高尖人才众多。主要省份 R&D 人员学历构成情况如表 12－33 所示。

表 12－33　主要省份 R&D 人员学历构成情况

（单位：万人）

地区	人员	其中				
		全时人员	博士毕业	硕士毕业	本科毕业	其他学历
全国	535.15	336.36	31.73	69.93	142.88	290.60
北京	34.32	24.43	6.54	8.14	8.49	11.15
天津	16.41	9.55	0.94	2.08	3.72	9.66
上海	23.68	15.93	2.36	3.71	5.24	12.37
江苏	67.65	44.26	2.88	7.17	22.48	35.12
浙江	44.47	27.66	1.53	3.44	11.50	28.00
山东	43.24	28.59	1.64	4.98	13.10	23.52
广东	67.52	45.60	1.99	6.70	14.78	44.05

（三）技术创新的法律体系不完善

1. 在创新法律法规体系方面，广东省先后制定并通过了《广东省促进科学进步条例》《广东省专利保护条例》《广东省技术秘密保护条例》《广东省技术市场条例》《广东省科学技术奖励办法》等，但法律体系还存在着许多问题。有关配套法律之间没有形成协调关系，某些领域还存在着法律空白，比如在规则技术垄断方面、界定和保护技术秘密方面等。

2. 在科技创新中层次低、立法错位、政策规范较多、法律法规较少，导致整体效力层次偏低。法律法规的可操作性不强，不便于实施、检查和监督，存在法律法规过于原则而不便于实施，从而影响了法律的实效。

（四）创新环境和服务体系不能为企业科技自主创新提供有效的支持

1. 在科技进步环境方面，根据《2007 年全国及地区科技进步基本状况评价》，广东科技进步环境在全国排第十名，而2006年为第五名，明显可以看出广东的创新环境建设在滞后。

2. 在服务体系方面，广东为科研创新服务的中介机构大多是一般性的中介机构，大多缺乏专业性。大部分的中介机构规模小，缺乏所谓的行业龙头，而且中介机构服务质量和人员素质参差不齐，如会计师事务所、律师事务所等缺乏相应的高素质人才队伍。

（五）技术引进消化吸收不足

广东省技术引进中存在着相当程度的重引进、轻消化的问题。如表12－34所示，2010年广东省大中型工业企业技术引进的支出与消化吸收的经费支出之比为（7.1：1），远高于上海（2.1：1）、天津（3.3：1）、重庆（6.8：1）。技术引进后及时有效地消化吸收与再创新，从而形成具有本地特色的技术成果和技术优势，是推动本地区技术水平迅速提升的重要标志。

表12－34　2010年广东省与国内城市技术引进与消化吸收支出比较

项目	广东	上海	天津	重庆	全国
技术引进经费支出/亿元	556 612	61.09	23.31	14.2	3 861
消化吸收经费支出/亿元	77 690	28.68	7.02	2.1	1 652
技术引进与消化吸收经费支出之比	7.1：1	2.1：1	3.3：1	6.8：1	2.3：1

数据来源：广东统计年鉴2016。

上述分析表明，多年来广东省企业由于自主创新的不确定性和高投入、高风险等特点，许多企业只注重引进技术，却忽略消化吸收和自主研发创新，对引进技术的消化吸收和自主创新方面的投入严重不足，陷入了“引进—落伍—再引进”和对国外技术过度依赖的恶性循环之中。

第四节　广东经济转型阶段的主要举措

一、加大力度调整产业结构

要根据产业特点对产业进行分类指导，制定相应的产业政策以推动技术创新和产业升级，促进经济平稳发展。

（一）农业方面

为了降低农业生产和农产品加工成本，扩大经营单位规模，有效拉伸或

接通产业链条，实现农业产业升级，应从以下几个方面来调整。

1. 全面优化各种配套的基础设施。必须对农业的水利、电力、燃气、信息网络（电视、电话与互联网）、交通运输等公共基础设施的状况开展摸底立项，按照城乡统一标准对其进行全面的规范化建设和改造，彻底改善农业产业链发展所需要的硬件。

2. 逐步建立都市循环型现代农业综合系统。实现农业的高产、优质、高效和低耗。

3. 从根本上调整科学扶持的办法。从角色来看，政府是科研引导者和出资方，农户、企业是直接受益方和科研成果的需求方，要转换角色才能让农业更好地发展。

4. 提高农业支出占财政总支出的比重。整合财政农业资金，调整财政农业资金支出结构，使财政支农资金社会效益最大化。

5. 减免农业税，实行城乡统一税制。根据发达国家农业税收的经验，我国应实行城乡统一税制，这是降低农产品生产成本最有效的措施。

（二）制造业方面

要发展“先进制造业”，优化产业结构、加大技术的创新和调整市场结构。

1. 加大扶持力度，强化企业自主创新能力建设。以企业为主体，鼓励产学研战略合作，通过“引进—消化—吸收—再创新”模式，争取在一定时间内优先突破。

2. 突出行业发展重点和差异化发展战略，大力发展总部经济。突出发展重点，以规划为导向，政策为动力，通过大力引进跨国优秀技术，培育一批拥有自主核心技术的行业重点企业。同时大力发展总部经济，鼓励各地区结合本地资源，推进产业配套和产业群发展，打造特色制造业基地。

3. 推进信息化与制造业相融合、推进制造业与现代服务业相融合，发展先进制造服务业。加快发展产品设计服务、信息系统服务、现代物流配送、电子商务等非核心业务外包模式，吸收发达国家先进经验、技术和管理，促进制造业由生产制造业向服务型制造业转型升级。

4. 鼓励企业并购重组，培育具有国际竞争力的大型企业。紧紧抓住国际产业转移的有利时机，积极扩大对外开放，坚持“引进来”和“走出去”相结合，鼓励企业与世界 500 强企业进行合作或合资，积极参与国际竞争，开拓制造业市场。

5. 加快政府职能转变，充分发挥中介机构作用。各地政府加快转变职能，将促进当地制造业发展重点放在宏观调控、规划引导及重点扶持上。完善行业自律机制，建立行业预警机制，指导企业采取相应的措施积极应对危机，引导广东省制造业向良性化发展。

（三）服务业方面

1. 将高技术服务业培养成为主导产品。服务业通过渗透工业部门，推动工业部门的 R&D 力度不断提高，促使企业的创新能力不断增强，有助于促进企业生产经营的可持续发展。

2. 发挥区域产业集群优势，以高新技术服务业提升产业的核心竞争能力。产业集群的发展模式是提高区域产业竞争力，促进区域产业持续发展的有效模式。以产业集群的模式发展现代服务业可以形成规模效应和集群效应，从而最终形成适应国际经济发展的多层次服务体系。

3. 优化发展环境，促进跨越发展。良好的制度与政策环境，是实现广东省现代服务业跨越式发展的重要条件，最根本的就是完善和推进“四化”的实现。一是市场化，推进部分现代服务行业资源配置由以政府为主导向市场转变。二是产业化，培育一批具有国际竞争力，有信用、有知名品牌，具有核心技术的现代服务业企业。三是社会化，引导工业企业将其核心竞争力以外的附属服务剥离成为社会化的专业服务。四是国际化，充分利用珠三角外向型经济的特色，大力吸引外商投资现代服务业，进一步引导和优化外资在珠三角现代服务业的内部投向，提升国际化形象。

4. 注重人才培养，建设服务业人才的配套体系。要高度重视人才的培养和引进，多渠道、多形式地吸引国内外现代服务业方面的优秀人才，另外，要加强教育培训工作，与服务业发达国家进行地区合作，提高服务业人员的从业水平。同时，服务业自身发展要贯彻循环经济理论，降低资源消耗和污染排放。

（四）高新技术产业方面

高新技术企业的发展程度决定着一个国家或一个地区将来的经济实力和产业竞争力，加快高新技术产业化，是实现产业升级的重大举措，广东省已经明确要把高新技术产业作为产业结构高级化的主导产业。未来广东省高新技术产业化的主要任务在于：

第一，以电子信息业、生物技术、新材料、新能源、机电一体化产业及新兴海洋产业、环保新技术产业等作为发展重点。尤其是广东电子信息业在全国具有重要地位。

第二，办好广东高新技术开发区，使其成为广东省高新技术产业化的火车头。支持办好一批高新技术研究开发基地，主要包括省高新技术产业研究

开发中心、珠江三角洲计算机软件、通信和超大规模集成电路设计中心与封装基地、新型电子元器件基地。同时要健全创业风险投资机制，发展创业板资本市场，支持高新技术产业化。

第三，开发一批关键技术，为高新技术产业发展提供后劲。特别应发挥高等院校和专业科研机构基础研究和应用基础研究的作用，为广东技术进步和创新不断提供技术储备。加强它们和企业的联系，开发出一些适用的、有市场前途的高科技成果，使科研、生产和市场紧密结合，加快科技成果的商品化和产业化。

二、以“大众创业、万众创新”激活企业活力

（一）增强广东企业家的创新意识

一个企业创新能力的强弱取决于企业家创新意识的高低，所以抓好企业家的创新意识是提高企业创新能力的关键。广东省政府应联合一些高等院校、行政培训机构等，加之政府的大力宣传并制定一些优惠政策，积极开展企业家创新思维的培训，引领企业家树立较强的创新意识，从而提升企业创新能力。

（二）积极推动企业和高校与研究机构的创新合作

产学研是创新资源有效的整合方法。广东各级政府相关部门要积极搭建企业和高校与科研机构的创新合作平台，为三者的创新合作牵桥搭线。政府教育部门及相关部门应把高校和科研机构与企业的合作创新纳入考核项目，推动高校和科研机构积极与企业合作项目，切实把高校及科研机构人才资源与企业创新有机结合，不断增强企业自主创新能力，并在合作中创新产学研合作方式。

（三）改善 R&D 科研投入结构，培养高端人才

要加大政府的投入和引导，采取多种形式，激发科研院所和高校的科研积极性，加大对纳米技术、生物技术、材料科学与工程、先进制造、信息通信技术等属于前沿领域的基础研究。加强应用研究，提高研发投入的经济效益。政府要鼓励企业进行科研创新，特别是对企业未来发展有帮助的科研创新，例如进行新能源开发，信息技术的开发应用。另外，政府要加大对高端人才培养的投入，为企业自主创新提供人才资源，同时为以后企业招聘人才提供渠道，为企业注入创新的新鲜血液，提高企业自主创新能力。

（四）营造良好的技术创新融资环境

科技创新型企业融资难是一个长期存在的问题，为企业技术创新营造良

好的融资环境是非常必要的，这有利于企业进行技术引进、消化、吸收和再创新。

首先，贯彻落实相关的金融政策。政府落实国家相关的金融政策，及时通知相关部门，引导政策性银行在企业技术创新、引进先进技术和设备的过程中提供贷款、融资。

其次，建立完善创业风险投资机制。利用社会资金支持企业重大科技成果产业化和大众创业，推动企业自主创新能力的提升。

三、建设完善的产业生态系统

一个地区的产业发展依赖于这一地区的产业生态系统，产业生态系统关乎于产业发展是否合理，广东省要建设完善的产业生态系统，才能促进产业结构的优化升级。

1. 政府进行干预，建立产业生态系统的法律法规，对破坏产业生态的企业进行惩罚，并且不断完善产业生态系统，建设环境友好型企业。

2. 重点建设四大产业体系：一是以资源能源节约、产品对人和生态环境损害轻和废气物多层次利用为特征的生态工业；二是运用系统工程方法和现代科学方法建立集约化经营的生态农业；三是运用环保、健康、安全理念，坚持绿色管理和清洁生产，倡导绿色消费，保护生态环境和合理使用资源的绿色服务业；四是废弃物回收、再资源化的静脉产业。

3. 要使支柱产业成为工业链条中的主导链，以此为基础将其他类别的产业与之衔接，组成生态化的工业网络体系。如电子产品方面，延长其电子产品使用寿命，加强对废旧电子元件器件的回收和再利用。

4. 在全社会上倡导，可以利用多媒体、广告等方式来传播产业生态系统理念，使之深入人心。

四、以市场需求为导向布局战略性新兴产业

《“十二五”国家战略性新兴产业发展规划》确定了节能环保、新一代信息技术产业、生物产业、高端装备制造业、新能源汽车、新材料和新能源七大重点发展产业。“十三五”再次肯定了“十二五”的新兴产业规划重点。由此，广东的经济转型需要寻求新的经济增长点作为支持点。为此，一方面，广东战略性新兴产业应该依托“科技资本 + 人力资本 + 产业资本 + 金融资本融合”“科技企业路线图计划”等模式做大做强，形成一批战略性新兴产业集群，以智能机器人、LED 创新的市场导向为发展方向，建立新兴产

业自贸区及研发基地，以带动新兴产业发展。如以珠三角城市群为中心，在广州、深圳、东莞、佛山等城市探索并建立智能“生活社区”体验基地，推动智慧、低碳技术在社区率先示范应用。另一方面，广东应当充分发挥市场配置资源的基础性作用，注重优化政策环境，并且密切地跟踪世界科学技术和产业发展的方向，加强产业关键核心技术和前沿技术研究，强化企业技术创新能力，同时建立技术引进信息共享系统，掌握关键设备、关键领域，有目的、有需求地为各地企业新兴产业发展提供智力和技术支持，加快形成先导性、技术性、战略性的新兴产业支柱。（罗青兰，赖晓燕，杨少浪，2016）

五、产业政策战略部署整体化、层次化、多元化

1. 目前，广东省正处于工业化中期，并且正在加速阶段，同时，西方发达国家已经开始全面向信息化社会推进。世界经济的信息化代表了现代经济发展的潮流，所以广东省作为经济大省，在产业结构调整中既要考虑传统产业的调整问题，还要考虑产业结构升级问题。因此，产业结构调整目标不能单一，要多层次、多元化。

2. 在产业调整方面要将世界各国经济发展的一般经验、国际经济发展的最新趋势与广东省的基本省情相结合，采取多目标、多层次、多途径的整体战略，多方合作，共同升级，最终促进经济社会的整体进步。

六、提升企业创新能力

企业技术创新战略的选择决定了企业具体的战略行为、未来的创新受益和企业的竞争地位，如何正确地选择技术创新战略更是涉及企业生产和发展的根本前提。

（一）激发以企业为主体的创新活力

不断提高企业的自主创新能力对工业经济发展有着重大的现实意义，在国际竞争日益激烈的今天，自主创新能力已经成为企业市场竞争成败的决定性因素。企业只有掌握自主创新能力，才能掌握市场竞争的主动权，才能在激烈的市场竞争中立于不败之地。重点支持广东省企业引进、消化、吸收、再创新的各个创新环节，充分利用全球经济一体化进程中，在产业价值链的不同位置存在着不同的“价值高地”，实现技术引进、消化、吸收、再创新的发展目标。

加快培育企业自主品牌，促进经济结构的战略性调整。

加大技术开发中心建设，加大对研究开发活动的投入。形成自己的核心

技术和专有技术，打造知名品牌，增强核心竞争力。

强化企业对引进技术的消化吸收和创新能力。

加强企业技术中心的建设，使其拥有自主知识产权。

提升企业集成各种技术的能力。鼓励大型企业发展多项技术集成的产品，实现集成创新，大力促进高新技术产业化。

（二）实施技术内生化战略，实现大型企业技术结构升级

长期以来，广东省大型企业的核心技术或主要设备都属于外生型技术，要加强企业自身技术的开发，大型企业必须实施技术内生化战略。

注重实用性和开发性技术人才的培养。大型企业在生产过程中对那些外生型技术不断进行适用性开发和技术人才的培养，实现引进技术和设备的第二次开发和升级，使外生型及时向内生化转变。经过及时的整合，在大型企业内将逐渐形成二次或多开大基础上的自主知识产权和技术内生系统，从而为大型企业自主创新提供强力的技术支持。

大型企业以自主知识产权技术的商业化，形成自主研发技术—产品开发—经济效益互相依赖的良性机制，从而为企业自主持续创新提供保障。技术内生化战略的实施，可促进大型企业技术结构的升级，提高大型企业自主开发技术的能力。

（三）不断扩展企业技术创新经费来源，鼓励各种融资渠道的运用

建立政策性金融渠道。积极发展企业直接融资，并积极建立地方性小证券市场。发展和支持融资租赁，鼓励中外融资租赁公司面向广东省企业拓展市场，引导和鼓励有条件的高科技企业到国内创业上市。

尽力加快国有银行向商业银行转变的步伐。解决间接融资渠道不畅的问题，促使银行更加面向企业，使不同类型、规模的企业能受到平等对待，减少金融机构对企业的歧视。另外可以设立多种形式的风险投资资金，鼓励各类风险投资基金面向中型企业投资。

（四）强化企业技术创新服务体系的建设

1. 建立企业信息网络，利用互联网向企业及时提供行政政策及法律支持，同时建立行业性的中小型企业网络、大型企业与相关中小型企业网络以及科研机构与中小型企业网络等。

2. 建立科技共享机制，推动企业与科研机构和大学成立研究开发机构、市场调研和开拓机构等，鼓励成立科技中介机构，设立高新技术专项资金，并加强企业间科技合作，推动企业的国际化。

3. 加强生产力促进中心的建设，不断为中型企业培育科技创新人才。

企业要充分利用现有条件和资源，进行优化配置和整合，逐步形成符合市场经济规律、开放式、网络式的技术服务体系。

（五）加大研发经费投入的力度

1. 引导企业增加研发投入。企业创新能力和技术实力的基础，来自于其研发能力和研发投入水平，通常国内外创新型城市的研发投入有70%来自企业，创新型国家知识产权的80%以上产生于企业，因此政府要引导企业加大研发投入，努力转变经济发展方式。

2. 加快制定实行行业龙头企业集团发展战略。着力发展拥有知识产权、竞争力和带动力强的核心骨干企业，形成骨干企业强有力的技术支撑和系统集成能力，建立起以拥有核心技术、产业链衔接紧密、带动优势产业突破的骨干企业为主的关键技术创新体系。

3. 落实现有财政政策。要进一步优化投入方式，通过财政贴息、投资补贴、项目补助、前期公共性开发投入等方式，引导社会资金，逐步形成多元化、多渠道的消化吸收再创新体系，完善财政科技资金绩效评价制度。

（六）加强国际技术合作

紧紧围绕自主创新目标，有步骤、有选择、有重点地与国外高水平的科技研发机构和高技术企业开展联合实际、联合制造和联合投标，通过国际合作提高广东省的引进技术的消化吸收再创新能力。

1. 加大对境外高水平专业技术人才和技术管理专家的智力引进力度，降低技术引进成本，提高技术引进的成功率。

2. 充分利用海外华人众多、科技人才密集的优势，积极争取海外华裔工程技术专家参与我国重大技术引进和智力项目建设。

3. 多开一些交流会、座谈会等，跟国外优秀企业家、技术人员进行交流与经验交谈。

（七）做好科技政策和经济政策的相互协调

引导企业成为研究开发投入的主体、技术创新活动的主体、创新成果集成应用的主体；改革科技管理方式，面向应用的科技计划，要逐步建立起企业牵头、高等院校和科研机构共同参与的机制，支持企业承担国家和地方的研究开发任务；完善技术转移机制，促进企业之间、企业与大学和科研院所之间的知识流动和技术转移，促进企业的技术集成与应用；要以支持科技型中小企业技术创新为重点，建立健全科技型中小企业服务体系，积极发展面向中小企业的投融资体系，创造有利于中小企业创新的政策环境。

鼓励大中型企业建立研究开发中心和加大研发投入，有条件的企业承担国家研发任务，努力形成一批集研发、设计、制造于一体，并能有效整合内部与外部技术资源提供系统集成服务的大型企业。哪些要完全引进，哪些要与别人合作研发，哪些主要依靠自己独立研发，哪些采取几种方式不同类型的组合，将由企业依据市场前景、自身能力和合作条件，经过成本收益分析后做出选择。

经过多年竞争和积累，国内企业集成国内外技术资源的能力在提高，从而为以我国为主的组合技术资源进行技术创新和开发新产品打下了一定基础。

第十三章　应对战略之二：快速提升先进制造业竞争力

制造业是国民经济的主体，是立国之本、兴国之器、强国之基。先进制造业作为引领科技革命新潮流的新兴产业，必然代表国家或地区制造业发展的方向，也已经成为各国竞相发展的重心。美、日、德作为世界制造业最发达的国家都在大力推进先进制造业。先进制造业是相对于传统制造业而言，是指不断吸收电子信息、机械、材料以及现代管理技术等方面的高新技术成果，并将这些先进的制造技术综合应用于制造业产品的研发设计、生产制造、在线检测、营销、服务和管理的各个环节和全过程，实现优质、高效、低耗、清洁、灵活生产，即实现信息化、自动化、智能化、柔性化、生态化生产，从而取得很好的经济、社会和市场效益的制造业总称。

美国政府曾推出一系列促进先进制造业发展的计划。先后于 1990 年、1993 年和 1997 年分别实施了“先进技术计划”“先进制造技术计划”和“下一代制造行动框架”。1998 年进一步制定“集成制造技术路线图计划”。2004 年 5 月美国国会通过《2004 年制造技术竞争能力法》，强调要通过财政支持发展新的制造技术。日本政府早在 1980 年就颁布了《推进创造性科学技术规划》；1985 年制定《促进基础技术开发税制》，实行税金扶持政策；1995 年颁布日本科技根本大法，即《科学技术基本法》；1998 年又通过《科学技术基本计划》，这一切都使得日本政府和地方机构依靠法律的强制性和激励性来推动先进制造业的发展。德国政府于2000 年出台名为“生产 2000”的制造业战略计划，以促进先进制造业发展。（沈坤荣，徐礼伯，2013）

改革开放以来，广东省经济在全球化和开放政策的共同作用下得以迅猛发展，广东省经济在短短 30 多年里取得了过去几千年才能取得的成就。广东省凭借毗邻港澳台的地理优势、低廉的劳动力成本，紧抓港澳台及日本等地区进行国际产业转移的机遇，大力发展加工制造业，成为国内最大的制造业基地之一。1978 年，广东省工业总产值仅为 206. 6 亿元，到 2014 年增长到了130 081. 02亿元。由此可见从 1978 年至今，广东省制造业经历了从无到有、从少到多、从小到大，发展速度可谓迅猛。

第一节 广东制造业发展概况

广东省是制造业大省，中华人民共和国成立后尤其是改革开放以来，其制造业持续快速发展，建成了门类齐全、独立完整的产业体系，有力推动省内的工业化和现代化进程。然而，与世界先进水平相比，广东先进制造业的发展仍然有诸多不足，在自主创新能力、资源利用效率、产业结构水平、信息化程度、质量效益等方面差距明显，转型升级和跨越发展的任务紧迫而艰巨。目前，广东经济80%是实体经济，传统产业占有相当比重，存在着巨大的创新空间。先进制造业可以创造出具有高度关联性的产业链，它们不仅可以吸纳很多传统职业（如会计和职业培训），还能造就很多全新的就业机会（如电子商务）。鉴于此，广东坚持稳中求进，主动适应经济新常态，加快发展先进制造业、大力发展高技术产业和装备制造业、改造提升优势传统产业，积极部署节能减排、去能降耗，推动广东工业经济质量提升和产业结构持续优化，有力克服工业经济下行压力，保证了工业经济的稳定增长。

一、广东制造业的发展历程

1．缓慢发展阶段（1949—1978）。在这期间，由于我国实行的是中央集权的计划经济管理体制，当时国家的战略重点在内地，再加上国家出于对沿海的政治战略考量，作为沿海地区的广东，国家对其制造业的投资相对较小，发展相对迟缓，1978 年工业总产值仅为 206. 6 亿元，工业增加值仅为 76 亿元。

2．以发展食品、纺织、服装等轻工产品为主的日用消费品工业阶段（1979—1990）。利用改革开放政策和毗邻港澳优势，广东采取“三来一补”方式和“前店后厂”模式，发展了纺织、服装、鞋帽、玩具、日用品等技术含量低的劳动密集型产业，加快了广东的工业化进程。其中，食品、饮料、纺织服装、轻工业迅速发展并成为支柱工业。

3．以耐用消费品为主体和高加工度工业为主的发展阶段（1990—2000）。进入 20 世纪 90 年代，大力发展家电产业，使广东成为家电大省，1996 年人均 GDP 突破 1 000 美元，居民消费结构开始从生存型向享受、发展型转变，以彩电、冰箱、空调三大家电产品为代表的耐用消费品工业迅速成长为主导产业。1998 年，中共广东省委、省政府出台《关于依靠科技进步推动产业结构优化升级的决定》，提出实施“科教兴粤”战略，推动经济结

构和经济增长方式的战略性调整。其中电子信息、电器机械、石油化工工业成为经济增长的龙头产业，进入以高加工度工业为主的发展阶段。

4. 以高技术产业和现代重化工业为主导的发展阶段（2000 年至今）。进入 2000 年后，广东开始大力发展汽车、石油、化学原料及化学制品、冶金、医药、电子通信设备制造业等新支柱产业，特别是以计算机、电子工业等为代表的高新技术产业成为支撑国民经济高速增长的最重要支柱产业。2000 年重工业增加值比重（52. 4%）首次超过轻工业（47. 6%），2002 年重工业总产值比重（50. 2%）也超过轻工业（49. 8%），开启了广东工业适度重型化之旅。广东规模以上工业的轻重工业增加值的比例已由 2000 年的 47. 6 : 52. 4 调整为 2010 年的 39. 9 : 60. 1，重工业提高了 7. 7 个百分点（根据 2001—2011 年《广东统计年鉴》计算而得）。

随着全球金融危机逐步蔓延以及后工业化时代的来临，广东以制造业为代表的实体经济开始暴露出结构的局限性，长期以专业化分工和低价格竞争的制造业开始陷入低迷状态，也因此凸显了实体经济的经济结构和增长方式的不足。（赵云峰，2015）而先进制造业广泛应用先进的生产技术，采用先进的生产模式，而且推崇集约型、生态友好型的发展模式，鼓励发展环境友好型的循环经济，从长远来看，经济效益比更高，鉴于此，先进制造业被提上广东经济转型的重要议程。

二、广东先进制造业的发展现状

先进制造业作为采用先进技术和设备、现代管理手段和制造模式的科技含量较高的制造业形态，是一个国家和地区发展实力的重要表现。（陈鸿宇，2010）装备制造、汽车、钢铁、石化、船舶制造等先进制造业在广东具有良好的产业基础，成为广东利用外资和出口的重点行业。2015 年广东规模以上重工业增加值 18 058. 71 亿元，重工业增加值比重提高至 60. 1%，比 2010 年提高了 1. 2 个百分点。重工业的高速发展从侧面表明，作为广东制造业支柱产业的先进制造业仍然保持着迅猛的发展势头。先进制造业的加快发展，使广东成为承接国际资金技术密集型重化工业转移的重点地区之一，推动着跨国公司在中国设立地区总部或研发中心。广东省作为我国的制造业大省，其外向型经济比较明显，工业产品的销售中海外市场是很重要的组成部分，因此先进制造业是广东省制造业转型升级的重要途径，将成为广东省参与国际竞争的先导力量。广东先进制造业的发展目前呈现以下四个特点。

（一）高技术制造业快速发展

随着电子、通信的快速发展，高技术制造业规模不断壮大。2015 年，广东规模以上高技术制造业企业数达到 6 194 个，比 2010 年增加 365 个，占规模以上工业的比重提升至 14.7%，比 2010 年提高 3.8 个百分点；实现工业增加值 7 537.34 亿元，占规模以上工业的 25.6%，比 2010 年提高 4.5 个百分点；资产总额比 2010 年增长了 64.8%；利润总额比 2010 年增长了 64.1%；上缴税金总额为 919.64 亿元，比 2010 年翻了一番。智能制造发展初见成效，2015 年全省机器人制造企业 159 家，工业机器人保有量 4.1 万台、增长了 78.4%，占全国 18.8%。

（二）装备制造业蓬勃发展，重工业化持续推进

广东省的先进制造业在发展上采用层次累进的思想，目前加“重”（即重型化）广东的制造业，装备制造业蓬勃发展和重工业化持续推进正凸显这一思想。装备制造业是广东制造业中最重要的主导产业之一。《广东装备制造业发展规划（2009—2013）》曾提出，通过加大财政支持力度，制定税收优惠政策，重点扶持一批企业和技术改造等方式，大力发展装备制造业。“十二五”时期，广东装备制造业完成投资总额 10 140.81 亿元，为“十一五”时期的近 2 倍，投资年均增速高达 18.8%。在一系列政策措施刺激下，投入资金大量，广东装备制造业发展速度逐步加快，综合实力快速提升。2015 年，广东规模以上装备制造业企业数达到 12 547 个，实现工业增加值 10 957.93亿元，占规模以上工业增加值的比重为 37.2%，比 2010 年提高了 3.2 个百分点；实现利润总额 2 988.90 亿元，占规模以上工业利润的 38.7%，比 2010 年提高了 3.3 个百分点。装备制造业中，汽车制造业表现较好，汽车整车和零部件制造快速增长。2011—2015 年，汽车制造业增加值年均增长 8.4%，其中 2013—2015 年增速均高于全省规模以上工业增加值增速。

“十二五”时期，广东加大对重工业投资力度，重工业发展较快，规模以上重工业增加值年均增速高达 9.6%，高出同期轻工业 1.4 个百分点，高出同期全部规模以上工业增加值增速 0.6 个百分点。2015 年广东规模以上重工业增加值为 18 058.71 亿元，重工业增加值比重提高至 61.3%，比 2010 年提高了 0.8 个百分点。“十二五”中后期，广东重工业发展速度明显快于轻工业，重工业化持续推进的趋势较为明显。（刘佳，2012）

（三）产业园区和产业集群发展趋势明显

目前广东拥有众多国家级经济技术开发区和工业园区，如广州经济技术开发区、松山湖工业园、增城经济技术开发区、天河经济技术开发区、肇庆高新区、南沙开发区和江门市高新区等，对利用内资、吸收外资以及扩大广

东先进制造业经济影响作用巨大，成为广东先进制造业经济可持续发展的亮点，也是未来产业布局的主体空间载体。

广东各地区结合本地资源禀赋，实施差异发展战略，着力打造先进制造业基地，形成了以广州、深圳、佛山为核心的珠三角地区先进制造业产业群，其他地区配套发展的格局。广州建立了以汽车、核电、燃气轮车、造船等为核心的先进制造业产业基地；深圳发展成为通信设备、医疗器械和民族品牌电动汽车和混合动力汽车制造基地；佛山拥有精密制造产业基地、自动化机械及设备产业基地等10个国家级特色产业基地。

（四）基础设施日益完善

截至2016年，广东省高速公路通车总里程达到7 673千米，2016年货物吞吐量为5.44亿吨，广东西电东送最大输电能力达4 000多万千瓦，清洁能源占总装机容量约52%，核电装机容量居全国首位，城乡水利防灾减灾工程、饮水安全工程深入实施。目前，全省已基本形成与经济社会发展相适应的综合交通网络、能源供应保障体系和水利基础设施。此外，为完善基础设施建设，广东省在人才培养、法律建设、政策扶持、质量检测、标准制定、信息、金融、会展等软环境方面不断加大投入力度。

三、广东先进制造业面临形势

（一）从全球角度看

一方面，国际金融危机后，欧美等发达国家大力实施“再工业化”战略，吸引高端制造业回流本土，如美国制定“先进制造业国家战略”、德国推出“工业4.0”战略、法国实施“新工业法国”战略、日本发布“制造业竞争策略”等，其实质都是以先进制造业为代表重构实体经济，占领世界制造业发展制高点。与此同时，新兴经济体国家依靠其竞争性货币贬值和低廉的要素价格优势，加快承接中低端制造业转移，泰国、越南、印度、印尼等国逐渐替代广东成为劳动密集型等产业的投资地，广东制造正面临“前有围堵，后有追兵”的双重夹击。另一方面，新一轮科技和产业变革特别是制造业与信息技术的深度融合，催生了大数据、云计算、物联网、移动互联网等新一代信息技术，以3D打印增量技术为代表的数字制造技术、以工业机器人为代表的智能制造技术、以碳纤维复合材料为代表的新材料技术等发展迅猛，引发制造业发展理念、技术体系、制造模式和价值链等发生重大变革，推动智能制造、网络制造、柔性制造等日益成为主流生产方式，这将重塑全球制造业的发展格局。

（二）从国内角度看

我国经济发展进入“新常态”，从高速增长转向中高速增长，经济发展方式从规模速度型粗放增长转向质量效率型集约增长，经济结构从增量扩能为主转向调整存量、做优增量并存的调结构、保持定力与防范风险的关系，加快转型升级，深度调整，经济增长动力从传统增长点转向新的增长点。国家将充分利用当前制造业平稳运行的时机，坚持稳中求进工作总基调，处理好经济增长动力。为推动我国由制造大国向制造强国转变，国务院印发《中国制造 2025》和《关于积极推进“互联网+”行动的指导意见》，明确了未来一个时期实施“互联网+先进制造”的战略定位和主攻方向，拿出了有力有效的保障措施，将制造强国的目标上升为国家战略，为广东省加快发展先进制造业，建设制造业强省提供了战略机遇。

（三）从广东自身角度看

广东省仍处于工业化进程中，与先进国家或地区相比仍有较大差距。一是产业核心技术少。全省拥有自主核心技术的制造业企业不足 10%，关键技术和零部件 90% 以上依赖进口，机器人和高端自动控制系统、高端数控机床、高端数控系统 80% 以上市场份额被国外产品占领。二是产业层次不高。广东省制造业整体仍处于全球产业价值链中低端，全省高新技术产业产品技术水平达到国际水平的仅占 20% 多。“买装备造产品”仍是主要的生产模式，装备制造业仍是短板。三是产业链条不完善。重大产业上下游和关联产业发展仍不匹配，如汽车产业中零部件与整车产值之比仅为 0.12∶1，远远落后于发达国家的 1.7∶1。珠江西岸新引进的海洋工程装备企业面临周边产业链配套不足的问题，与全球先进海洋工程装备基地配套能力相比差距甚远。与此同时，资源环境要素约束趋紧，企业综合成本不断上升，部分行业产能过剩，国际国内竞争日益加剧等，都迫切要去加快发展先进制造业，推动制造业结构调整和转型升级。（陈鸿宇，2010）

第二节　广东制造业面临的主要发展问题

广东先进制造业的发展已有一定基础，但与美国等国家的先进水平相比仍有较大差距，其持续发展无可避免地面临诸多问题。例如，资源环境的制约异常突出，产业发展乏力，产业技术创新能力薄弱，产业结构调整的任务非常艰巨，发展方式转变十分困难，等等。

一、缺乏自主核心技术和品牌，处于国际价值链的低端

根据国际分工理论和现代产业价值链的实证研究，产业链利润呈一条微笑嘴型的曲线，即“微笑”曲线。在这条曲线中，两端朝上，一端是研发、设计，另一端是销售、服务，中间是加工生产。在产业链中，附加值更多体现在两端，即研发设计和销售服务，处于中间环节的制造加工的附加值最低。

广东传统产业的技术主要靠20世纪80年代后大量引进设备形成，但没能对引进技术消化吸收，形成自主开发和技术创新能力，目前大多数企业仍靠技术引进维持增长，技术对外依存度达50%以上。如通信设备、计算机及其他电子设备制造业、电气机械及器材制造业两大行业的增加值占广东比重超过30.0%，产值占广东比重在35.0%以上。但长期以来，三大行业缺乏核心技术的支撑，产品的生产以加工装配为主，生产处于该产业链的终端，产品附加值相对较低。传统产业中大中型企业建有研发机构的比例为16.8%，低于全国23.2%的平均水平；开发项目数、研发人员和科技人员的比例都低于全国平均水平；在广东各类企业中，90%以上的小企业基本上没有自己的技术研发机构，拥有自主核心技术的企业不足10%。特别是科技投入不足，大中型企业研发投入仅占销售额的0.75%。以企业为主体的技术创新体系尚未建立，自主创新能力不强，尤其对于能够推动结构升级的共性技术、关键技术和配套技术的开发力度不足。此外，广东进出口总额超过六成是加工贸易，比重过大，在一定程度上造成技术、品牌和营销网络的对外依赖，制约了先进制造、高新技术和现代服务业等高端产业发展，使产业层次总体偏低，核心竞争力和抗风险能力不强。

总之，广东的制造业中大部分属于劳动密集型的加工制造，外商转让的技术大多是非核心技术，对核心技术转移严格控制。与此相应的是，广东制造业处于“微笑”曲线的中间，产品附加值低，竞争优势不明显，利润几乎被外商攫取。另外，广东制造业企业大多数对研发投入不足，研发费用占销售收入的比重严重偏低，且不注重自身品牌的开发培育，结果导致制造业企业缺乏自主核心技术和品牌，对外商依赖过度，盈利能力低下。

二、产业同构现象突出，产业配套与协作有待加强

由于缺乏区域功能定位和统一规划，广东产业同构现象仍存在，从不同城市看，广州、深圳、珠海、佛山、江门、肇庆、惠州7市排在前4位的大

体都是电器、服装、纺织、食品加工等四大产业。特别是在珠三角地区，城市产业同质化程度高达80%。深圳与惠州的相似系数最大，为0.991；同时东莞与深圳（0.949），惠州与东莞（0.943），珠海与东莞（0.893），珠海与中山（0.875），珠海与惠州（0.867）都表明出明显的产业结构相似。（林先扬，2011）这使得地方之间和行业内部竞争同构化，过度竞争，造成社会资源大量浪费和利润空间相对缩小，不利于发挥专业化分工协作效应，削弱了地方生产系统的整体效率和竞争能力。

广东装备制造产业链中缺乏高端优势企业的支撑和带动，整体产业链竞争力和抗风险能力不强，在全球金融危机中下游企业受冲击严重。广东在先进制造业发展中，尽管建设了技术创新服务平台，但相关的职业培训、信息咨询、法律服务、市场体系等公共服务平台配套设施建设不足，特别是与产业集群发展相配套的专业市场和大型会展建设更是滞后，制约了产业的创新能力的提高。（林先扬，2011）

三、区域发展不平衡凸显，空间结构失衡

一方面，由于经济发展的基础性自然条件不同，以及市场机制的“马太效应”，广东制造业区域发展极不平衡，珠三角地区一枝独秀，集中了广东80%以上的工业产能，而东西两翼及北部山区经济发展相对滞后。另一方面，由于缺乏区域功能定位和统一规划，广东尤其是珠三角地区的产业结构相似，同质化竞争严重，造成资源较大的浪费。

广东珠江三角洲、东西两翼和粤北山区四大区域间经济差距巨大，产业结构水平亦呈现出巨大落差。从空间分布看，传统支柱产业主要集中于珠江三角洲地区，三大传统产业产值占全省90%以上，其他地区所占比重很低，而粤西和粤北山区增加值中第一产业所占比重仍在20%以上，传统产业发展极其缓慢。粤东西北仍然存在工业底子薄，大中型企业少，带动力不足，发展慢的问题。相当部分的企业规模较小，生产方式落后，生产工艺简单，产品质量有待改进，市场竞争能力较弱，创新能力不足，改造成本高，转型难度较大。在珠三角人均GDP超过1万美元之际，土地占全省70%、人口占全省50%的粤东西北地区人均GDP仍低于全国平均水平。

四、高投入、高能耗、高污染、低效益制约产业的可持续发展

有关调查表明，现在的中国每日耗水量排世界第一，污水排放量排世界第一，能源消费和二氧化碳排放量排世界第二。著名的环保问题专家梁从诫

有一个形象的比喻，他说："中国在成为世界工厂的同时，也成了世界的厨房，成了世界的浴水桶。"我们把做好的美味端上世界餐桌，让外国人享用，但是，做饭过程中产生的垃圾，却留在了自己的厨房里，留在了自己的水桶里。广东制造业，作为世界工厂的核心地区，在此方面的问题更加严重。

作为中国制造业不可或缺的一部分，广东制造业对外部资源的依赖十分严重，而能源却尤其匮乏。在承接世界制造业转移中，日益扩大的广东制造业生产能力对资源、能源的消耗极其巨大。对资源和能源的高消耗以及对环境的高污染换来的只是极低的加工费，广东在成为世界工厂的同时，却付出惨重的环境代价。广东制造业确实给广东地区的 GDP 甚至我国 GDP 做出了不可磨灭的贡献，但是能耗和环境污染却与 GDP 基本同步增长。高能耗、高污染不但对生态环境造成严重影响，而且也制约了广东经济的可持续发展，更是给民众的生活品质带来巨大的影响，甚至威胁他们的健康和生命。

五、劳动力、能源、原材料和土地资源等成本问题凸显

首先，劳动力成本问题。作为中国内地经济最活跃、用工量最大的地区之一，改革开放 30 多年来，广东以其巨大的吸纳量吸引了来自全国各省市地区的劳动者前来打工谋生。以往广东劳工市场处于供大于求的状态，工厂门口一贴出招工广告即挤满了求职者的情形仍然记忆犹新。"广东制造"的崛起和迅速发展离不开"低工资成本优势"，成本竞争战略也顺理成章地成了广东制造业的主要竞争战略。低成本低价格的战略成就了广东制造业今天的辉煌，使得广东省成了世界瞩目的制造业产品的生产地和出口地。成本竞争的背后是来自全国各省市地区大量的廉价劳动力供给。然而，持续多年高速增长之后，这个制造业重地最近几年却接连遭遇"劳工荒"。2004 年至今，广东地区遭遇了大范围的用工困难。昔日源源不断的劳工潮不再，取而代之的是工厂老板面临因招工困难而耽误订单工期甚至关门的困境，特别是技术工人的紧缺使很多劳动密集型企业束手无策。据有关方面估算，如今仅珠三角地区的生产工缺口量就达几百万名以上，缺口主要集中于制鞋、制衣、玩具、电子、塑胶等七大类劳动密集型企业。珠三角情况如此，整个广东地区的用工情况可见一斑。

广东制造业产业的"价格战"也使本地区的产业陷入了一系列的麻烦，比如成了国际"反倾销"调查的对象。成本竞争优势给广东制造业带来生存机会的同时也带来很多的社会和经济问题，在某种程度上扰乱了正常的经济生产经营秩序。此外，也给该地区产业的用工带来困难。20 世纪 80 年代末以来，广东制造业获得了廉价劳动力的"无限供给"，而到了 2004 年，广东

制造企业遭遇了前所未有的“劳工短缺”瓶颈，“劳工荒”一词频频出现在经济领域，廉价劳动力开始转向“有限剩余”。2009 年 8 月以来，据多家媒体报道，在中国的珠三角、长三角等地，很多中小企业的订单大量增加，但是却招不到工人。据来自广州、深圳、东莞、佛山等珠三角城市劳动力市场的信息显示，这个接纳全国近 1/3 农民工的地区，劳动力市场求人倍率在 1∶1.14到1∶1.51之间，也就是说每个求职的人对应有 1 个以上岗位虚位以待。据广州市政府部门调查，2005 年广州市外来工月度工资一般只有 700～800 元，而2008 年上涨到 980～1 200 元，劳工成本提高了 34%之多。而国外媒体也纷纷报道，1998—2008 年，中国的平均工资年增长率为 8%～14%，远远高于越南、马来西亚、印度尼西亚及菲律宾的同期水平。（苏星海，赵藜炯，张国华，2016）

此外，新《劳动合同法》中的“无固定期限劳动合同”、加班工资加倍、带薪婚假病假年假等规定，让广东制造业的劳动力成本徒增。靠挤压劳动力的方法（如工资收入、福利、工作时间等这些方式）来提高企业的竞争力已经不太容易实现了，或者说已经是非法了。广东制造业长期以来依靠廉价劳动力的弊端暴露无遗，“广东制造”劳动成本在不断上升，原有的低成本劳动力的优势正逐渐褪去。

其次，能源、原材料和土地资源成本问题。广东能源资源缺乏，供需矛盾突出，保障能力不足。“电荒”、“油荒”、能源价格等的大幅上涨，能源和原材料威胁日甚，企业支付成本不断攀高。进入 2007 年以来，油价一路“高歌猛进”，2008 年 6 月突破了 125 美元/桶，再加上美国次贷危机影响，世界经济一片惊恐，中国等新兴工业国家感觉到前所未有的压力。能源、粮食和原材料全球性涨价，2010 年 1—2 月，原材料工业增加值同比增长 20.7%，比 12 月份加快 0.6 个百分点。2010 年 2 月，原材料工业增加值增长 14%，同比加快 6 个百分点。原材料价格的迅速攀升，给一贯依靠低成本竞争的广东制造业，带来了空前的危机。另外，土地资源的紧缺和严峻的环保问题也令广东制造企业成本飞涨，使得此类企业的经营雪上加霜。土地资源紧缺导致土地成本大幅攀升，高能耗、高污染制造业为环保支付的成本也在呈逐年上升趋势。

六、贸易困境——人民币升值、国内外贸易政策的影响

首先，人民币升值对广东制造业的影响。自 2005 年我国实行汇率制度改革以来，人民币对美元有了较大幅度的升值。人民币升值使以劳动密集型为主的广东制造业整个行业生产成本上升，产品竞争力下降，利润空间受到

挤压。据测算，人民币每升值1%，纺织行业销售利润率下降2~6个百分点。利润的锐减使得广东地区制造企业的经营陷入艰难，有些企业面临关门的困境甚至已经关门。

不仅如此，人民币升值还使有出口业务的企业面临了较大的汇兑损失。以美元报价的出口产品利润很快因人民币对美元汇率的上升而缩水。广东制造企业大部分为外向型企业，这些企业通过接收国外订单的方式进行生产，从而获得微薄的加工利润。在此过程中，广东很多出口企业与国外进口方签署交易合同中的交易价格多以美元计算，并且没有锁定远期支付的汇率。举一个简单的例子：假设交易合同签署时，人民币对美元的汇率是7：1，对于一单位的某出口商品，人民币定价为7.1元，那么广东出口方给国外进口商的美元报价为1美元。但是，到了商品交易结算时，人民币对美元的汇率上升为6.8，那么对于广东出口方来说，实际获得的结算价格换成人民币为6.8元，比之前合同签署中的价格7.1元缩水0.3元。由此例子看出，由于人民币的升值，以美元报价的出口商品利润很快缩水。而微薄的加工利润是广东制造企业赖以生存和发展的生命线，这样一来，这些制造企业所承受的压力可想而知。

其次，国内外贸易政策的调整给广东制造业带来的影响。20世纪80年代初期，为了促进经济的全面发展，国家鼓励来料加工，提出了既免税又免台账的鼓励政策，当时的企业毛利率可达50%。1987年以后，国家招商力度更大，土地开始可以买卖，因此给广东制造业带来了更多的外资。但是，2003年国家开始收紧此方面的政策。从2004年开始多次调整退税，以玩具为例，从2006年9月开始，出口退税率就从17%改成13%，最后改成11%。一般企业纯利润观估计可以做到4%，但由于人民币升值、工人工资上升、政府费用增加，再加上退税减少，出口企业的利润大打折扣。

国外实施的贸易政策也对广东制造业带来极其不利的影响。近期“中国制造”在国际上遭遇的“质量门”和“安全门”事件，以及有些国家不断利用技术壁垒与绿色标准等贸易壁垒抬高市场准入门槛，这些都进一步压缩了中国制造业尤其是广东制造业的发展和利润空间。欧盟等推出的政策不断抬高准入门槛，使得我国制造业生产成本不断攀高，从低端产品到高端产品，成本都有不同程度的上浮，很多企业面临难以应对的状况。

七、竞争力困境——长三角崛起，环渤海经济圈的崛起

广东制造业面临世界其他发展中国家或地区竞争的同时，也面临着来自国内其他地区的有力竞争。长江三角洲、环渤海经济圈、东北老工业基地等

的蓬勃发展，给广东带来了严重的威胁。其中，长江三角洲投资环境优良、产业配套完善、第三产业发达，吸引了大量外资，甚至吸引了部分外资从珠江三角洲转移到长江三角洲。环渤海经济圈的人才优势明显，技术研发领先，发展后劲十足。东北老工业基地重工业基础好，工业体系完备，技术力量雄厚。无论是从产品的市场占有率、贸易竞争力指数，还是从现实性比较优势的指数均可看出广东制造业早已风光不再。（梁萍珍，2016）

第三节　快速提升广东先进制造业竞争力的策略

广东是制造业大省，但还不是制造业强省。广东拥有较雄厚的产业基础，是国内制造业大省和全球重要制造业基地，在制造业强国战略中的地位也举足轻重。当前全省规模以上制造业增加值近 3 万亿元，其中高技术及先进制造业贡献率达到 75.5%，如果以单独经济体计算，广东制造业产值规模排名世界第 5 位。2015 年，全省高技术及先进制造业完成工业增加值 2.3 万亿元，总体规模继续位居全国第一，增速常年高于工业平均水平。但随着发达国家回归制造业与其他发展中国家低成本竞争的加剧，人口“红利”、低成本等优势逐渐减弱，企业利润遭到挤压，产业转型升级迫在眉睫。为此，广东制定实施了《广东省工业转型升级攻坚战三年行动计划（2015—2017 年）》《新一代人工智能规划发展规划》《珠江西岸先进装备制造业带布局和项目规划》等政策文件，着力推动制造业的自主创新和新一轮的技术改造，大力发展先进制造业和战略性新兴产业，积极发展生产性服务业，同时也在加快推进“互联网 + 行动”和制造业的智能化，旨在变“广东制造”为“广东创造”，变“传统制造”为“智能制造”。可以说，新一轮的工业革命，对于广东，尤其是对于广东的制造业，是极为严峻的挑战，但更是一个技术上赶超发展、结构上加快升级的重大机遇。（李妍，2017）

广东省政府和各类企业要充分利用新一轮国际产业转移带来的发展机遇以及《广东省智能制造发展规划（2015—2025 年）》《广东省工业转型升级发展工作方案》《广东省工业转型升级攻坚战三年行动计划（2015—2017 年）》《广东省先进制造业发展“十三五”规划》的政策契机，大力推进“中国制造 2025”战略，加快传统制造业转型升级，推动先进制造业智能化发展，增强工业自主创新能力，提高资源利用效率、优化产业结构，对先进制造业发展过程中出现的诸多问题加以解决，进一步提高工业企业质量效益，从而占领制造业制高点，实现制造业强省的目标。

一、政府层面

政府要顺应“十三五”时期信息技术、新能源、新材料、生物技术等重要领域发展趋势，着力构建先进制造业产业体系，打造具有国际竞争力的世界先进制造业基地，引领全省制造业结构调整和转型升级，完成由制造业大省向制造业强省转变。在制造业产业转型的过程中，政府应充分发挥其行政和服务职能，规范市场竞争秩序，为企业营造良好的外部环境，从宏观上对产业布局进行调整和优化，通过适当的优惠政策和搭建信息服务平台，对企业的技术创新给予扶持和帮助，促进产业转型。具体可从如下途径进行：

（一）加快实施创新驱动发展战略

当前，依靠资源、资金等生产要素的传统搭配方式难以推动经济快速发展，知识、核心技术和创意越来越明显地成为引爆经济增长的导火线。要发展先进制造业，有效创新是赢得竞争的关键，也是应对“再工业化”的基本策略，所以目前政府工作的重大任务是提升先进制造业的创新能力。政府要统筹先进制造业发展的顶层设计，强化核心关键技术和共性技术攻关，以创新中心为核心载体，以公共服务平台与工程数据中心为重要支撑，构造先进制造业的创新网络，建立市场化的风险分担与利益共享机制。大力推进大众创业，万众创新，开创广东创新驱动发展新局面。国务院于 2015 年 6 月发布的《关于大力推进大众创业万众创新若干政策措施的意见》对于广东推动工业结构转型升级、打造发展新引擎、增强发展新动力、走创新驱动发展道路具有重要意义。

首先，政府应努力围绕先进制造业领域创新发展的重大共性需求，建设一批国家级和省级制造业创新中心，开展技术研究和产业化发展的协同创新，重点发展行业基础和共性技术研发、成果产业化、人才培训等工作，以提高先进制造业的系统集成能力并向价值链高端延伸。其次，鼓励先进制造业大型龙头企业发挥创新骨干作用，加快企业信息化进程，创建省级以上企业技术中心、重点实验室、工程中心、工程实验室、协同创新中心等创新平台，牵头组建产业共性技术研发基地，重点在先进制造业领域突破一批关键核心技术。此外，组织科技成果产业对接活动，支持先进制造业企业推进重大科技成果产业化应用。再次，支持以先进制造业企业为主导建立产业科技创新战略联盟，促进先进制造业企业、高校、科技研究所、创新平台联合产业化需求方建立“产学研用”协同创新平台，增强产业链高端环节的自主研发能力，共同开发新产品、新技术，提升集成创新能力。同时加强先进制造业领域知识产权的运用和保护。最后，支持先进制造企业实施技术改造，引进更新信息化、智能化生产设备和技术设备，改进生产工艺和业务流程，支持各地利用园区或闲置厂房、楼宇等建设先进制造业众创空间。

广东完全可以以制造业大省、强省的姿态积极主动融入大众创业、万众创新的潮流中，搭建创新发展平台，引导企业、科研机构和科技工作者发挥创新骨干带头作用，最大限度地激发群众的智慧和创造力，勇攀科技高峰，率先在重点行业、主要领域、关键环节，实现核心技术突破。

（二）加快推动战略性新兴产业发展，力推绿色循环低碳工业

实现由制造业大省向制造业强省的迈进，必须加快推动先进制造业和战略性新兴产业发展。先进制造业并非当前出现的一个新行业或行业群体，而是通过不断吸收国内外高新技术成果，综合应用于产品价值链的全过程，高技术含量、高附加价值及低碳发展是其最基本特征。（沈坤荣，徐礼伯，2013）事实证明，任何产业都可以经过改造后转变为先进制造业。

为此，一方面，要大力发展具有内生性竞争优势的战略性新兴产业，通过自主创新争取在若干关键技术领域取得重大突破，抢占新一轮产业发展的技术制高点。要加强统筹规划，实施国家科技重大专项，针对高端装备和制造过程智能化等领域的薄弱环节，集中力量突破高端装备、系统软件、关键材料等重点领域的关键核心技术和核心部件，着力提升关键基础零部件、基础工艺、基础材料、基础制造装备（“四基”）的研发和系统集成水平。以珠江西岸先进装备制造产业带为重点，加强广州、深圳、东莞等珠三角其他城市和有关粤东西北地市的协作，明确各地主攻方向，推动全省先进装备制造业大发展，推动形成完善的沿海先进材料制造产业链。推动珠三角与港澳台产业合作，引导港澳台优秀科技资源与广东高端装备制造业对接，加强与长三角、环渤海、京津唐等地区间的合作交流。围绕智能制造、机器人等相关战略性新兴产业需求和布局，研究制定重点工业行业智能制造单元、智能生产线、智能工厂核心技术路线图，充分调动各方资源和力量，重点突破智能测控、数控机床、机器人、新型传感器、3D 打印等战略性产业领域核心技术，加快推动全省战略性新兴产业发展，提升全省制造业的品质和质量，力争将“智能制造”打造成广东先进制造业发展的新优势。（李妍，2017）

另一方面，要健全激励约束机制，探索绿色发展新机制、新模式，加快构建资源节约型、环境友好型工业体系，促进工业文明和生态文明协调发展。首先，应在传统产业中鼓励发展低能耗、低污染的产业，开发和应用节能降耗技术和设备。对造纸、纺织、食品、皮革、陶瓷、洗涤剂、电池等主要传统产业应采用先进的清洁生产工艺技术及设备进行改造，以降低能耗和

环境负荷，提高能效，实现工业环境和经济效益双赢。同时加快高耗能、高污染，破坏环境企业的退出步伐。其次，大力发展循环经济。按循环经济"资源—产品—废弃物—资源"的模式，围绕核心资源发展相关产业，努力建立资源在企业内部的循环利用和企业间的代谢交换系统，形成资源高效循环利用的产业链，提高资源综合利用和循环利用率。最后，用集约型、生态型经济发展理念指导传统产业转移和原有工业基地改造。珠三角传统产业在向粤东西北转移以及对转移后腾出的基地的使用，都必须摒弃原有的粗放型和资源消耗型发展模式，要集约用地，进行清洁生产、二次创业，粤东西北山区对资源消耗低的产业转移项目则应给予重点扶持。（张海梅，2009）

（三）升级改造传统产业

广东先进制造业的创新发展，不能以牺牲传统优势产业为代价，而应对传统产业升级改造，提升其竞争力。要推进信息化与工业化的深度融合，推进制造业向高端转型升级。坚持利用信息技术和先进适用技术改造传统优势产业，培育自主创新体系，深化信息技术在各行业的集成应用，提高研发设计、生产过程、生产装备、经营管理信息化水平，提高传统产业创新发展能力，增强传统产业整体竞争力。有观点认为，应用高新技术改造传统产业的主要途径有研发传统产业的核心技术和关键技术；应用高新技术特别是信息技术改造落后的生产工艺设备；按市场需求改造传统产品，提高产品技术含量和档次；加速孵化转型，淘汰落后企业等。（苏植权，2007）其中，应用高新技术特别是信息技术、先进适用技术改造落后的生产工艺设备更为适合广东。广东传统产业层级较低，企业技术承接能力不强，因此，在改造传统产业时，必须立足实际，对现代高新技术的采用应以适用为基本取向，采用先进适用技术、公知公用专利技术，以原有的技术装备为基础进行改造，才能防止一味追求高科技，与原有的技术水平脱节。（张海梅，2009）广东具有相当生产规模、市场前景尚好的传统优势产业主要包括纺织、服装、食品、饮料、玩具、陶瓷、建材、塑料、轻型机械等。所以还需用现代技术、设备和先进适用的工艺流程嫁接、装备传统企业，以提高产品的技术含量和档次。必须改变过去依赖政府投入进行技术革新的传统科技开发机制，尽快构建以企业为主体的技术创新体系，增强自主创新能力。

企业与市场、产品和技术的关系最直接，既享受技术进步和产业升级的利益，也承担失败的风险，特别是有一定实力的大型企业，要鼓励其将原始创新、集成创新、引进消化吸收再创新相结合，逐步实现广东传统产业由"加工"到"制造"甚至到"创造"的转变。

（四）积极培养和引进创新型人才和高科技人才

高素质人才紧缺是广东制造业产业转型的软肋所在。广东要摆脱产业转型的尴尬，真正走出困境、迈向国际，就必须转变经济增长方式，跨越外源型企业单纯的来料加工生产模式，引进高新技术在本地孵化，让新的产业集群加速生成，形成数十甚至数百家企业的群落，进而形成产业分工或市场竞争，带来巨量的产业规模。解决这一问题的关键是通过引进高素质人才、高科技产品，将研发技术、制造技术和管理技术有机结合起来。通过有效的应用，带动产品研发模式和设计理念的创新、产品制造模式和制造方法的创新，从而全面推动广东产业转型进程。

技术的较量归根结底是人才的竞争，国际市场的竞争同样是人才的竞争。因此，有必要积极培养先进制造业各行各业的创新型和高科技型人才。广东应以高层次、亟须紧缺的专业技术人才和创新型人才为重点，实施专业技术人才知识更新工程和先进制造卓越工程师培养计划，在高等学校建设一批工程创新训练中心，打造高素质专业技术人才队伍。建立健全多层次人才培养体系。一是充分利用广东的高校资源，推动先进制造业与高校的互动与合作。加大教育投入，重点扶持电子信息、生物工程、新材料、新能源等与先进制造业技术相关的重点学科的建设，培养先进制造业发展所需要的高新技术人才。二是通过宣传、培训等方式提高先进制造业企业家的整体素质，增强企业家的创新意识。三是加快职业教育布局结构调整，建立与先进制造业发展相适应的现代职业教育体系，强化职业教育和技能培训，引导一批普通本科高等学校向应用技术类高等学校转型，建立一批实训基地，开展现代学徒制试点示范，形成一支门类齐全、技艺精湛的技术技能人才队伍。注重在职技术工人的培训和后备技术工人的培养，为先进制造业的发展提供人才储备。（刘佳，2012）

（五）加快实施“走出去”战略

实施“走出去”发展战略的基本目标是，通过对外投资，跨国经营，适应经济全球化和加入世贸组织的新形势，广泛深入参与国际经济技术合作和竞争，充分利用国内、国外两种资源和两个市场，更有效地为发展广东经济、提高人民生活水平服务。在广东内需不足，部分行业产能过剩，企业开工不足的情况下，形成以技术、品牌、质量、服务为核心的出口竞争新优势，积极融入“一带一路”战略，深入推进“一带一路”战略，推进广东企业走出去，对于广东工业企业发展是千载难逢的良机。

跨国公司是推动经济全球化的重要载体，面对发达国家强大跨国公司的

竞争，在现代国际分工体系下，广东省先进制造业要抢占全球产业价值链的高端环节，必须强力扶持并全力推进省内先进制造业跨国公司的发展，在参与经济全球化竞争中，要善于借用跨国公司的力量来强化企业创新并鼓励制造企业实施“走出去”发展战略，才能彻底摆脱世界工厂的尴尬格局。为此，一要清醒把握世界形势，以国家力量为强大后盾，充分利用外交手段，帮助广东省制造企业走出国门，进行海外投资和市场扩展。（周春山，刘毅，2013）在拓展海外投资和海外市场时，必须着眼核心技术并购，实现在国际竞争中不断壮大自己。二要有选择地承接国际产业转移。发达国家实施“再工业化”的目的并非产业价值链环节的全部回归，而是价值链中高端制造业的部分回归，对发达国家而言，居于价值链低端的加工组装环节仍是要彻底淘汰的，由此决定了广东在继续承接国际产业转移的同时，应该摒弃传统的思维方式，不能片面追求 GDP。要密切结合广东省先进制造业发展实际，把改变广东省制造业内部结构、实现向制造业强省迈进作为招商的重点，选择性地承接发达国家中高端制造业的转移。三要充分利用我国成为全球第二大经济体的地位，积极参与国际经济秩序的制定，发挥广东省制造业跨国公司的带动作用，争取在国际市场上获得大宗商品的定价权和支配权，降低企业的成本，提高企业的收益和竞争力。（杨书群，汪跃平，2014）

最后，需要有足以胜任和善于从事国际经营管理的人才。这种人才不仅要有丰富的经营管理一般企业的经验，而且要熟谙东道国经济、文化、历史等人文知识和风土人情，善于处理异国人际关系，了解当地居民消费习惯和市场变化规律，以便能及时做出正确的经营决策。国际市场的竞争，归根结底是人才的竞争，也包括经营管理人才的竞争。我们只有切实地培养出一大批优秀的世界级经营管理人才，才可望在实施“走出去”的发展战略中取得成功。（丁冰，2006）

（六）政府为产业转型提供扶持政策及配套服务

政府应大力扶持公共技术平台建设，支持企业技术创新。广东制造企业是该地区产业转型的活动主体。制造企业应以设计技术、控制技术与关键技术为重点，增加研发投入，加快提高企业的自主创新和研发能力。政府在推进制造产业转型时，应大力进行制度创新，打破原有不利于企业转型的政策束缚，尊重市场的发展规律，为低端企业的转型，尤其是对企业的技术开发提供更多的金融和人才方面的扶持。政府应通过一系列的政策完善基础设施，健全创新补偿、风险分摊和创新合作等制度扶持企业发展核心技术产业。通过健全创新利益补偿机制，提高对中小企业创新资助力度，解决企业不想创新的问题。

完善风险分担制度，加大对自主知识产权的保护与激励，保护创新者的利益，营造良好的市场氛围。

进一步建设高效的服务型政府。增加公共产品供给，解决外来人口与户籍人口比例过高带来的治安、教育、医疗、公共交通等难题。政府要创新社会管理模式，鼓励社会资金进入公共领域，多渠道筹集经费，拓展城市界限，完善城市功能。进一步完善市场外部环境，提供规划、严格执法，创造良好法制环境，促进企业转型。

（七）调整区域产业布局，推进产业转移

积极开拓国内市场，适度进行海外投资，加大向中西部地区的生产转移力度。处于发展阶段的中国，工业化、市场化进程和居民消费升级尚未完成，城市和农村、东中西部地区存在较大差距。这就决定了我国国内需求仍有极大的潜力。近年来政府为了改变经济的增长方式，也明确了扩大内需，尤其是消费需求的发展战略。所以，广东出口制造企业在国际市场上竞争力日益弱化时，可以积极寻求拓展庞大的国内市场。广东出口企业除了选择向海外转移生产的同时，还可以向国内欠发达地区转移生产，在“走出去”的同时，还可以走向潜力无限的中西部地区。

广东的加工制造型企业在丧失了低成本的优势以后，首先应该做的事情就是提高技术含量，同时迁址至湖南、江西、越南、印度、缅甸等地区或国家设厂。广东制造企业要学习20世纪90年代港台老板手拿出口订单来广东组织生产的做法，手拿订单到周边地区组织生产，向劳动力成本更低的其他地区如湖南、江西等邻省转移。广东可以借鉴20世纪90年代日本在亚洲推行的产业结构调整的“雁行模式”（即广东地区作为领头雁，将已经成熟的制造业转移到中西部地区进行生产，从而降低劳动力、土地等成本，原有企业则集中广东资源在开发新产品和开拓国际市场上下功夫）。如此进行制造业结构调整及转型，不仅可以降低人工成本、土地成本，从一定程度上解决“劳工荒”“油荒”及“电荒”等问题，同时降低使用能源的价格，提高企业利润，而且正好配合当前汇率制度转换和发展观念转变，使优质经济资源集中到高新技术产业上来，同时将劳动密集型出口制造行业转移到广东省东西两翼甚至是亚洲的其他国家。

（八）大力发展优势产业，促进产业结构升级

大力发展广东优势产业，促进劳动密集型产业向资本技术密集型产业转型。

优势产业能够测量一个地区经济的综合实力，也能反映一个地区是否具

备后备发展潜力，更是提高某一地区核心竞争力的关键所在。所以我们要大力发展优势产业，科学合理地选择优势产业，重点培育优势产业，使其发展成地区的龙头企业。因此，根据广东省产业综合竞争力排名，广东应构建起以通信设备、计算机及其他电子设备制造业、电气机械及器材制造业、汽车制造业、医疗制造业、石油加工、炼焦及核燃料加工业、金属制品业、交通运输设备制造业、通用、专用设备制造业为主导的产业结构，加大对优势产业的科技资源投入，坚持资源效用最大化的原则，以推进产业结构的优化升级和调整。同时政府也要尽快制定一些政策和措施，进一步加大对技术密集型优势产业的扶持，以促进其快速发展。

二、企业层面策略

企业作为产业创新的主体，应在技术创新、企业组织形式创新、市场创新、产业组织创新等方面发挥主导作用，以积极主动的姿态促进产业转型。

（一）积极引进新技术，培育企业自主核心技术

企业可以通过委托开发、专利授权、众包众创等方式引进先进技术和高端人才，推动利用外资由重点引进技术、资金、设备向合资合作开发、对外并购及引进领军人才转变。近年来，传统制造企业利润不断被压缩，人口红利的消失使得劳动密集型企业面临着前所未有的压力。加强设备自动化改造，提高生产自动化程度，减小劳动强度，改善作业环境，已经成为制造业的普遍共识。智能装备正在快速有效地拉动传统制造业的转型升级。企业要想获得高额的利润，必须积极引进新技术，对企业原有的旧技术、落后工艺进行改造，加强对新材料、高端信息科技、新能源、生物科技、机器人以及智能高效生产流程等领域的研发和技术应用，争取从纯粹依靠成本竞争转向顾客定制、高性能产品等高附加值领域。

此外，可以通过加大对基础设施的投资，加速固定资产的更新换代，提供某些能提高新能源效率的新设备等来提升企业的生产效率。要不断加快推动新一代信息技术与制造技术融合发展，把智能制造作为两化深度融合的主攻方向；着力发展智能装备和智能产品，推进生产过程智能化，培育新型生产方式，全面提升企业研发、生产、管理和服务的智能化和信息化水平。同时，企业要积极培育开发属于自己的产业核心技术，并不断更新升级，加速培育自主知识产权，走出以往制造业发展中“产业先进、环节低端”的老路。只有拥有核心竞争力的企业才能不被市场所淘汰。

（二）建立多层次人才培养体系

人才是企业永远稀缺的资源。一方面，企业可以积极推进产学研结合、

校企合作，不断建立和完善人才激励机制。加大对优秀人才的表彰和奖励力度，在能力允许的条件下高薪聘请引进企业所缺乏的创新型、高技术型人才，也可以积极与学校合作，培养制造业亟须的科研人员、技术技能人才与复合型人才，强化产学研结合。另一方面，也要不断培训提高企业现有员工的技能水平和专业素质，给员工灌输先进制造业的先进理念和未来发展前景以及提出符合企业自身的先进制造业要求的基础技能及新技能，并在实践中不断评估和监督。也可以采取多种形式选拔各类优秀人才特别是专业技术人才到国外学习培训，探索建立国际培训基地，加大制造业引智力度，引进领军人才和紧缺人才。

（三）向服务型制造转型

服务型制造是制造与服务相融合的新产业形态，是当前全新的先进制造模式。它是为了实现制造价值链中各利益相关者的价值增值，通过产品和服务的融合、客户全程参与、企业相互提供生产性服务和服务性生产，实现分散化制造资源的整合和各自核心竞争力的高度协同，达到高效创新的一种制造模式。（何哲，2010）依据其内涵可知，制造并非仅仅指简单的生产、加工，制造过程实际还包含多种服务，是生产和服务的综合统一体。制造企业走服务型制造转型之路，既是制造本身的应有之义，也是当今国际制造企业发展的趋势。对于广东制造企业而言，应该结合制造企业发展本身分门别类地推进。一般来说，对于广东装备制造业，可以依托原有制造业价值链向上、下游生产性服务业延伸，使得服务环节在制造业价值链中的作用越来越大，服务产值占比越来越高，并通过核心技术服务化来实现向服务企业全面转型；对于大型企业集团，可以通过不断发展新兴服务业务来增加产品的服务比重，最终实现企业由制造中心向服务中心转型；对于绝大多数中小制造企业，可以积极鼓励其将内置在制造业中的服务环节如研发设计、物流、售后服务等进行外包或剥离，并把主要优势资源集中于制造业的核心竞争力。（杨书群，汪跃平，2014）

（四）进一步扩大海外市场

在“丝绸之路经济带”和“21 世纪海上丝绸之路”（“一带一路”）等重大战略推动下，我国企业的海外投资计划越来越受到全世界的瞩目。广东外向型经济依赖较高，省内的工业企业可以借助沿海开放优势紧抓出口的极大契机，通过产品出口、技术输出和资本输出等多种方式推动工业生产能力和生产技术向周边国家和地区转移，推动广东工业企业国际化发展步伐。为了更好地扩大海外市场，企业要进一步坚持自主创新精神，自主研究、开发

出高质量的自主品牌，大大地增强企业和产品的国际竞争能力，为此还必须高度重视企业经营人才和科技人才的培养与管理。企业应探索利用产业基金、国有资本收益等渠道支持高铁、电力装备、汽车、工程施工等先进装备和优势产能走出去，实施海外投资并购。同时，要追求产品卓越品质，形成具有自主知识产权的名牌产品，不断提升企业品牌价值和中国制造整体形象，深化产业国际合作，加快企业走出去。企业间不断加强产业合作由以加工制造环节为主向合作研发、联合设计、市场营销、品牌培育等高端环节延伸，提高国际合作水平。创新加工贸易模式，延长加工贸易国内增值链条，推动加工贸易转型升级。

（五）积极推进企业战略转型

1. 从“低成本竞争”转向“差异化竞争”。

广东制造业的国际竞争力主要来源于低成本优势，如低廉的劳动力、相对较低的环境和能源成本等。在当前的经济形势下，广东制造企业应该充分认识到这种竞争战略的不可持续性，改变原有的低成本竞争战略，通过自主创新，提高自身的技术水平，培养企业的产品研发能力，拓展品牌价值与服务，走“差异化竞争”的发展道路。

2. 从“多元化”转向“归核化”。

广东制造企业必须充分认识到，盲目的多元化发展，不但不能迅速积累资本，壮大企业实力，而且对企业的成长相当不利。过度多元化最容易对没有核心竞争能力的企业产生消极影响。因此，制造企业应该通过培育自身的核心能力发展业务，集聚力量发展自身最具优势的核心产业，从“多元化战略”转向“归核化战略”。

3. 从“出口导向型”转向“内外销结合型”。

当前的广东制造业企业绝大部分以出口导向型为主。国际货币市场以及国际金融环境稍有变化，广东制造业立刻受到影响。而随着我国国民经济的稳步发展，居民消费能力日益提高，对制造业产品的消费能力，尤其是对中高档产品的消费能力也迅速提升。在此情况下，广东制造企业应该适时调整产品市场结构，从出口转向内销，积极开拓国内市场以及欧美以外的国际市场，分散市场的集中度，通过转变市场结构增强自身的竞争力。

4. 从“卖产品”转向“卖服务”。

随着传统制造产品收入逐渐减缓，广东制造企业盈利模式的转型迫在眉睫。广东制造企业应该通过改变产品价值和定价策略，提高产值和收益。企业应逐步转变当前“卖产品”的盈利模式，通过“卖服务”获取经营利润；从销售产品转向租赁产品；从卖单一制造产品转向为客户提供成套产品或解决方案；从自产自销转向建立行业产品的贸易枢纽；从自主制造转向制造外包；等等。

5．从“自主制造”转向“制造外包”。

在资源和能源日益缺乏的现状下，广东制造业应改变以往资源型的发展战略，从自主制造转向制造外包。通过产业转移将工厂迁移至资源条件优越的其他国家或地区。通过发挥地区互补性和比较优势，壮大自身实力。

6．从“跨越式发展”转向“可持续发展”。

广东制造企业应克服当前的浮躁心理，摒弃之前通过超常规获得跨越发展心态，逐步积累滚动，不急于投入，不急于盲目做大企业，坚持实行可持续发展战略，一步一个脚印稳步向前。

三、行业协会层面策略

广东制造业产业转型，除了依靠企业的主体力量和政府的引导与促进作用之外，行业协会在其中发挥的作用也不能忽略。随着政府职能的转变和行业协会的发展壮大，行业协会在招商引资和发展当地经济中扮演的角色越来越重要，作用越来越突出。在促进产业转型中，行业协会有其独特的优势，可以对产业转型起到引领作用，对生产要素的整合凝聚、对区域统筹和区域发展的辐射带动起显著的作用。

广东制造业行业协会虽然经历了过去一段时间的探索和实践，取得了一定的成效，但整体仍处于比较初级的阶段，仍有很多待完善的空间，行业协会的作用还没有被充分发挥出来。要充分发挥行业协会在广东省制造业产业转型中的作用，首先，必须明确行业协会作为企业利益代言人为企业争权利谋利益的定位。要使行业协会摆脱其政府从属地位的认识，实现其为企业服务的职能作用，利用其掌握的行业知识和行业信息优势，为企业提供行业最新动态和发展方向等信息。其次，要发挥行业协会在国内外贸易中对企业利益的维护作用。行业协会利用自身的专业知识优势，通过分析国内外贸易政策的调整、专利和技术标准的变化，及时发布行业预警信号。通过加强对外经济洽谈联系，为企业创造良好的贸易环境。此外，加强行业协会的管理职能，规范行业竞争规则，制定行业技术标准，规范企业的生产和贸易行为。行业协会通过一系列的措施提高广东地区制造业发展水平。

第十四章　应对战略之三：强力实施创新驱动发展战略

随着发达国家纷纷实行再工业化战略以及经济全球化的发展，新一轮的技术革命正在进行，推动了高新技术产业、新能源产业等新兴战略性产业的发展，给传统的以低成本为优势的产业发展带来了挑战，也使国际竞争日趋激烈。广东经济社会发展不仅面临发达国家创新能力整体优势的竞争压力，还面临着金融危机爆发之后，长期以来支撑广东经济快速发展的土地、空间、资源、环境等方面已经难以为继，广东传统的经济发展方式已经不适应时代的发展，亟须进行经济转型的压力。此外，党的十八大以来，创新驱动发展战略成为我国经济社会发展的核心战略。习近平总书记多次强调，创新驱动是大势所趋，也是形势所迫，实施创新驱动发展战略决定着中华民族的前途命运。

创新是产业经济发展的重要动力源泉，在经济发展面临多重压力以及国家未来经济发展影响的情况下，广东省必须要强力实施创新驱动发展战略，从而推动技术产业创新，优化产业结构，加速经济转型，促进经济又好又快发展。

第一节　创新驱动发展战略的内涵和特征

一、创新驱动发展战略的内涵

对创新驱动发展内涵的阐述主要来自政府相关政策和学术研究两个领域。政府的政策文件和重要领导人讲话中对创新驱动的阐述以《国家创新驱动发展战略纲要》为代表，指出创新驱动发展就是“创新成为引领发展的第一动力，科技创新与制度创新、管理创新、商业模式创新、业态创新和文化创新相结合，推动发展方式向依靠持续的知识积累、技术进步和劳动力素质提升转变，促进经济向形态更高级、分工更精细、结构更合理的阶段演进”。

学术研究领域关于创新驱动发展内涵的阐述可总结为三个方面：一是创新驱动发展将创新作为经济发展的主要动力；二是创新驱动发展依靠知识、信息等创新要素投入打造经济发展优势；三是创新驱动发展的目标是实现内生的可持续的经济发展。例如，洪银兴（2013）认为创新驱动发展就是利用知识、技术、制度、商业模式等创新要素对现有的有形资源进行重组，提升创新能力以实现内生性增长，其中，科技创新是创新驱动的本质；张来武（2013）认为创新驱动发展是以知识、信息等为主要投入要素，依靠企业家的市场选择，打造先发优势而增强综合国力和全面提高民生福祉；刘刚（2014）认为创新驱动发展是强调先发优势和创新政策以实现经济的可持续发展，以新知识的创造及其商业化为导向的创新型创业是创新驱动经济发展的具体表现。

综合政策层面和学术研究层面关于创新驱动发展内涵的理解，可以总结得出，创新驱动发展战略的内涵主要如下。

1. 创新驱动发展是通过知识、技术等要素的引入突破资源要素的瓶颈。依靠传统生产要素的投入可以实现经济的发展，但是，资源、劳动等传统生产要素总量有限，且在生产过程中存在边际报酬递减趋势，这使得传统经济发展方式很难持续。创新驱动发展，是指创新活动通过知识、技术等要素的引入，成为驱动经济发展的主要因素，突出强调了知识、技术等要素在经济发展过程中的重要性。其实质是通过知识、技术等要素的引入，在有限的传统生产要素的基础上，实现生产方式的优化、劳动者素质的提升、资源的重新分配，通过提高传统生产要素的使用效率，促进经济的可持续发展。与传统生产要素的报酬递减规律相比，知识、技术要素的投入使用具有循环递增效应。知识、技术要素的投入促进经济发展，反过来经济的发展会进一步带来知识、技术要素投入的增加，在学习、使用的过程中通过“用中学”“干中学”等方式不断积累、完善与改进，形成持续循环的增长方式。而且，知识在不同组织、不同区域间具有溢出效应，打破了区域限制，实现资源利用的最大化。

2. 创新驱动发展是对各类创新资源的整合与盘活。熊彼特将创新视为对现有均衡的打破与扰乱，是对现有资源的重新组合，因此由创新驱动的发展应该是通过资源重组与整合，产生新的产品、新的生产方式、新的市场、新的供应源或新的组织结构推动的发展。创新驱动发展一方面需要促进创新资源的增量，另一方面需要激活创新资源的存量。经过多年的创新投入，目前我国已积累了大量的知识、人才、资本等创新资源，而创新能力未达到预期目标的主要原因在于各创新资源之间、创新环节之间呈现条块化、分割

化，创新的供需不匹配等问题。创新驱动发展应关注创新的全链条，从创意的产生到产品流入市场发挥经济社会效益，涉及创新机制、创新活动、创新成果、产业化等多个方面，创新驱动发展就是在关注创新的每一方面的同时，从系统的角度出发，整合与盘活各类创新资源和创新链条的各个环节，实现全面可持续发展。

3. 创新驱动发展是传统经济发展动力的优化与升级。长期以来，消费、投资、出口"三驾马车"被视为拉动我国经济发展的主要动力，消费、投资和出口三者以产品、项目为基础带动经济发展，传统经济发展方式的产品和项目是传统生产方式作用下的成果。创新驱动发展战略提出以后，有学者提出"'三驾马车'难以成为经济发展动力"、"淡化'三驾马车'的观念"等观点，认为新常态下经济发展新动力应是城镇化、资本化、金融化、新实业、"一带一路"等，但是这些新经济发展动力的本质依旧未离消费、投资、出口。事实上，转变传统经济发展方式实现创新驱动发展，并不是摒弃消费、投资、出口"三驾马车"，而是通过创新引领新的生产方式，带来高品质、高附加值的产品与项目，从根本上改变"三驾马车"所装载的内容，驱动经济增长方式发生质的改变。（钟荣丙，欧阳一漪，2016）

二、创新驱动发展战略的特征

（一）创新驱动发展战略坚持"以人为本"的理念

"以人为本"的发展即是"依靠人、为了人"的发展。创新驱动发展首先是依靠人的发展。与"生产要素驱动""投资驱动"不同，"创新驱动"强调通过智力资源去开发丰富的、尚待利用的自然资源，逐步取代已经面临枯竭的自然资源，节约并更合理地利用已开发的现有自然资源。因而，在创新驱动发展阶段，"人的智力"成为第一生产要素，知识、信息等无形资产成为主要的要素投入。这类要素投入具有非稀缺性、非排他性与非消耗性等特点，其生产率远远高于资本、自然资源和劳动力。不少经济学家指出，"自然"在生产中的作用可以归结为收益递减，但"人"的作用是收益递增的。

（二）创新驱动发展战略具有可持续性

经济发展，既包括经济量的增长，还包括社会经济结构的转换和人民生活水平的提高及质量改善。如果一味追求物质的提升，而不把关注重心重新移回到人本身，发展是不可持续的，也很可能是舍本求末的。人的全面发展就是人的综合素质的全面提升和社会责任的真正实现。因此，着眼于人的全面发展，就要关切人民的利益诉求、价值实现等等。这就需要通过制度创新来保障人民群众对社会事务、民主法治建设等事务的广泛参与和深度介入，创造出一个人们安居乐业、生活美好的社会，让每个人共享社会发展的成果，从而实现自身的发展。而制度创新，也是创新驱动发展的应有之意。所以说，创新驱动发展不仅改变了过去那种以生态破坏和环境污染为代价的经济发展模式，也改变了过去那种以人民生活水平不能得到同步提高为代价的经济发展模式。也就是说，创新驱动发展不仅仅是为了 GDP 数位的攀升，不仅仅是为了综合国力的增强，更是为了“民生”福祉。

（三）创新驱动发展战略打造“先发优势”

中国作为欠发达国家对西方发达国家的追赶者，采取的也是“后发优势”的战略。这一战略的特征是通过引进、学习、模仿和利用先发国家已有的先进技术，避开自行探索和自行研发过程中的高昂成本，利用别人的经验绕开发展过程中可能遇到的障碍和弯路，节省追赶时间。这一战略无疑是成功的，要不也不会有所谓的“中国奇迹”。但是，完全凭借后发优势是很难追赶上先发国家的，这是因为后发优势具有递减性。也就是说，当后发国家在发展上逐渐趋同于先发国家时，后发国家借助于后发优势所获得的利益将呈现出边际收益递减状态。在追赶末期，后发国家与先发国家总是存在“最后最小差距”，因此，后发国家想借助后发优势追赶上先发国家的难度非常大。后发国家在追赶末期必须打造“先发优势”，通过科技创新，在关键产业、支柱产业、主导产业领域实施技术赶超和创新，实现“后发优势”转变为“先发优势”。

（四）创新驱动发展战略中企业是创新发展的主体

创新驱动并不是说就不需要土地、自然资源、资本的投入，而是说要投入什么要素，投入多少，由企业家来决定。市场的运作并不像古典经济理论所假设的那样，存在既定的需求曲线、供给曲线，它充满了不确定性。企业家凭借其敏锐的感觉，发现市场中存在的未被认识的、无法预料的机会，以及未被开发或被误用的资源，并且先人一步付诸利用。乔布斯就是这样的企业家，他的创新体现出了发现并利用新市场机会的企业家精神。Apple Ⅱ、Pixar、iPod、iPhone 分别重新定义了人们对个人电脑、电影、音乐、手机的看法，是对人们生活方式的颠覆。与 Apple Ⅱ、Pixar 相比，iPod、iPhone 则更多地体现了乔布斯作为一个企业家能够成功地组织和配备创新资源，成功地将创新引入市场，赢得市场直至引领市场。可以说，经济发展是企业家不断开发新产品、引入新生产方式、开辟新市场、获取新原料和建立新组织结构的一个创造性破坏过程。经济的增长是来自创新而非科学发现或技术发

明。企业家的作用正是选择和测试那些市场上需要的科学发现或技术发明，把它们从科技成果变成产业创新。因此，可以说，创新驱动发展是由企业家驱动的发展，企业在创新发展中占据主体地位。（张来武，2013）

第二节　广东现阶段创新驱动发展情况

一、广东实施创新驱动发展战略的背景

党的十八大以来，创新驱动发展战略成为我国经济社会发展的核心战略。广东作为全国改革开放先行省份，率先进入经济发展新常态，转型升级的形势更加紧迫，更加迫切需要实施创新驱动发展战略，依靠科技创新加快由要素驱动向创新驱动转变。在此大背景之下，广东省强力实施创新驱动发展战略的基本背景是满足现时广东经济发展的四个基本的战略需求。

（一）全面适应新一轮科技革命和产业变革的战略需求

进入21世纪以来，新一轮科技革命和产业变革正在孕育兴起，全球科技创新呈现出新的发展态势和特征。传统意义上的基础研究、应用研究、技术开发和产业化的边界日趋模糊，科技创新链条更加灵巧，技术更新和成果转化更加快捷，产业更新换代不断加快。科技创新活动不断突破地域、组织、技术的界限，演化为创新体系的竞争，创新战略竞争在综合国力竞争中的地位日益重要。面对科技创新发展新趋势，世界主要国家都在寻找科技创新的突破口，抢占未来经济科技发展的先机。这对于我们来说是机遇更是挑战，我们必须紧紧把握机遇迎接挑战，在新一轮科技革命和产业变革浪潮下积极主动地前瞻部署、优化布局，加快实施创新驱动发展战略，力争在日趋激烈的综合竞争中主动变革、抢占先机、顺应趋势、赢得主动。

（二）深入贯彻落实中央关于实施创新驱动发展战略一系列重大部署的战略需求

当前，我国已经进入经济增长从高速到中高速的“换挡期”，步入更多依靠科技创新支撑引领经济发展和社会进步的新阶段。党的十八大做出了实施创新驱动发展战略的重大部署，强调科技创新是提高社会生产力和综合国力的战略支撑，必须摆在国家发展全局的核心位置。习近平总书记进一步指出，实施创新驱动发展战略是一项系统工程，最为紧迫的是要进一步解放思想，加快科技体制改革步伐，破除一切束缚创新驱动发展的观念和体制机制

障碍。党的十八届三中全会把深化科技体制改革作为全面深化改革的重要内容，为今后一个时期科技改革发展指明了前进方向。结合广东实际，加快实施创新驱动发展战略，全面深化科技体制改革，成为广东省贯彻落实中央实施创新驱动发展战略和全面深化改革重大部署的具体行动。

（三）着力破解发展瓶颈，增创发展新优势的战略需求

当前，广东经济社会发展既面临发达国家创新能力整体优势的竞争压力，又要避免陷入“有增长无发展”的中等收入陷阱，长期以来支撑广东经济快速发展的土地、空间、资源、环境等方面已经难以为继，广东迫切需要加快构建新的发展动力系统，实现从要素驱动向创新驱动的战略转变。广东省委第十一次全会上提出，要深化科技体制改革，构建科技创新驱动机制，提高科技自主创新能力。因此，我们必须牢牢抓住广东第三次发展重大机遇期，大力实施创新驱动发展战略，全面深化科技体制改革，加快建立有利于创新发展的体制机制，把市场作为创新导向和动力的作用发挥出来，紧紧依靠科技创新支撑引领经济社会发展，增创广东发展新优势。

（四）实现“三个定位、两个率先”目标的战略需求

“三个定位、两个率先”是习近平总书记在2012年末视察广东时提出的殷切期望：广东要努力成为发展中国特色社会主义的排头兵、深化改革开放的先行地、探索科学发展的实验区，为率先全面建成小康社会、率先基本实现社会主义现代化而奋斗。这“三个定位、两个率先”，是广东省当前及今后一段时期工作的前进方向、行动指南和总目标，它将落实党的十八大精神与党中央对广东的要求具体化有机地结合在了一起。当前，广东已经没有了改革开放初期的政策优势和市场优势，我们必须坚定不移地走改革开放和科技创新的道路，我们必须以深化科技体制改革为动力，大力实施创新驱动发展战略，充分发挥市场对各类创新要素配置的决定性作用，发挥政府的引导与服务作用，强化企业创新主体地位，加强创新链与产业链、资金链融合，加快推进知识创新、技术创新、协同创新、转化应用和环境建设，全面提升广东省科技创新能力与产业竞争力，为实现“三个定位、两个率先”的目标提供坚强有力的科技支撑。（广东省科技厅文件起草小组，2014）

以上四个战略需求构成了广东省强力实施创新驱动发展战略的基本背景。总的来说，广东实施创新驱动发展战略的背景是其经济发展受到内外需求推动。从外部看，广东实施创新驱动发展战略是顺应国际发展潮流和国家政策的要求；从内部看，广东实施创新驱动发展战略是适应经济发展新常态的必然选择。

二、广东实施创新驱动的主要措施

（一）政策体系，为创新营造黄金环境

营造创新的环境，需铺起政策的阳光大道。广东在促进创新驱动发展顶层设计上首开先河，2012 年 3 月，广东推出了中国第一部促进自主创新地方性法规——《广东省自主创新促进条例》。

2014 年 6 月，广东出台《关于全面深化科技体制改革　加快创新驱动发展的决定》，这是全国第一个深化科技体制改革、实施创新驱动发展战略的顶层设计和纲领性文件。广东将高新技术企业作为实施创新驱动发展战略的“牛鼻子”，着力提升高新技术企业的规模和质量。

2015 年 2 月，广东省政府出台《关于加快科技创新的若干政策意见》及系列配套实施细则。省有关部门出台了 8 个配套文件，其中，支持企业建立研发准备金制度、科技企业孵化器创业投资及信贷风险补偿、创新产品与服务远期约定政府购买、经营性领域技术入股改革等政策措施均属国内首创。

2016 年，政策创新红利逐渐释放。2016 年珠三角地区高新技术企业数量达到 18 880 家，比 2015 年增长了 78.8%。其中，深圳、广州数量领先，分别达到 8 037 和 4 744 家；广州、东莞、中山等市高新技术企业存量实现 100% 以上快速增长。（戴艳燕，2000）

（二）法律监督保障创新成果

广东省检察院检察长郑红强调，作为国家法律监督机关，检察机关在促进创新强省建设特别是在实施创新驱动发展核心战略实施中担负重要职责。全省检察机关要把服务保障创新驱动发展战略摆在更加重要的位置，综合运用打击、预防、监督、教育、保护等措施，依法为科技创新撑起法治“保护伞”。

一是突出对知识产权的司法保护，为科研单位和科研人员创新创业营造平安稳定的社会环境；二是注重惩治危害创新发展的职务犯罪，依法查办在创新领域跑冒漏滴、雁过拔毛的职务犯罪，为创新驱动、转型发展营造廉洁高效的政务环境；三是强化对创新领域诉讼和执法活动的法律监督，真正营造公平公正的法治环境；四是推进创新领域行政执法与刑事司法衔接建设，建立行政执法与司法优势互补、有机衔接的保护创新发展体系；五是结合办案加强法制教育和犯罪预防。

近年来，广东省检察机关高度重视对科技创新特别是在知识产权方面的司法保护。据了解，2016 年全省检察机关共批准逮捕侵犯知识产权犯罪类案件 1 049 件 1 973 人，起诉 1 596 件 2 367 人，案件量约占全国总数一半。

（三）区域布局共推广东创新发展

从区域布局着手，同步推进广东创新发展。从区域分布看，珠三角地区创新型（试点）企业的培育和发展速度较快，东西两翼和粤北地区发展速度相对缓慢但已逐步得到重视和推进。广东省各地市创新型（试点）企业数量见表 14－1。企业创新队伍不断壮大，2006 年以来，广东省始终着力建设从省级创新型试点企业、省级创新型企业到国家级创新型试点企业、国家级创新型企业逐级上升的创新型企业队伍，打造科技型企业，使创新型企业发展成为提升广东省自主创新能力和建设创新型广东的主体力量和“王牌军”。

表 14－1　广东省创新型企业的地理分布

区域	地区	创新型企业批次						创新型试点企业批次						
		一	二	三	四	五	合计	一	二	三	四	五	六	合计
珠三角	省直	1	2	1	0	1	5	2	0	0	0	3	1	6
	广州市	7	9	10	10	12	48	1	0	2	0	4	17	24
	深圳市	5	3	1	6	3	18	1	2	9	1	12	7	32
	珠海市	3	4	6	5	1	19	0	0	1	0	0	3	4
	惠州市	2	2	3	5	8	20	0	0	0	0	0	6	6
	佛山市	0	4	1	5	4	14	0	1	2	0	4	6	13
	东莞市	2	3	2	3	4	14	0	1	2	1	1	6	11
	中山市	1	1	4	3	2	11	0	1	1	0	3	4	9
	肇庆市	1	1	1	3	1	7	0	0	0	0	0	0	0
	江门市	0	1	2	2	1	6	0	0	0	3	1	2	6
	顺德区	2	1	1	1	1	6	0	0	1	2	1	3	7
粤东	汕头市	2	4	4	2	3	15	0	0	2	2	2	6	12
	潮州市	1	2	2	1	1	7	1	0	2	0	1	2	6
	揭阳市	0	1	3	4	2	10	1	0	0	0	1	4	6
	汕尾市	0	1	0	0	0	1	0	0	0	0	0	0	0

续上表

区域	地区	创新型企业批次						创新型试点企业批次						
		一	二	三	四	五	合计	一	二	三	四	五	六	合计
粤西	湛江市	0	2	1	3	0	6	0	0	0	2	0	2	4
	阳江市	0	2	1	0	0	3	0	0	0	0	0	1	1
	茂名市	0	1	0	1	0	2	0	0	0	0	0	0	0
粤北	韶关市	1	2	0	0	0	3	0	1	0	0	0	0	1
	河源市	0	1	0	1	0	2	0	0	0	0	0	1	1
	梅州市	0	2	0	1	1	4	0	0	0	1	1	2	4
	云浮市	1	0	2	0	1	4	0	1	0	0	0	0	1
	清远市	0	0	0	2	3	5	0	1	2	0	1	4	8
总计		29	49	45	58	49	230	6	8	24	12	33	77	160

目前形成了以深圳、广州为龙头，以珠三角7个国家级高新技术产业开发区为支撑，辐射带动粤东西北协同发展的“1+1+7”创新格局。

深圳重点实施新兴产业培育等“三大培育计划”，先后出台生物、互联网等七大战略性新兴产业规划和政策，前瞻布局航空航天、生命健康等未来产业，规划建设23个战略性新兴产业基地和十大未来产业集聚区，累计投入资金约200亿元，扶持项目1万多个。2016年，新兴产业产值近2.9万亿元，增加值占GDP比重超过40%。

广州作为“广东创新TOP100（2016）榜”上榜机构大户，在产业优势方面具有其自身特点。在广州上榜机构中，计算机、通信和其他电子设备制造业机构占比最大，共有6家机构上榜；有5家通用设备制造业机构上榜，其中广州占4家，具有绝对优势。同时，医药制造业和涉及基因检测的科学研究和技术服务业同属于生物医药行业范畴，共有5家机构上榜，广州医药制造业有1家机构上榜，在基因检测领域有2家机构上榜，表明广州生物医药领域在广东也有较强竞争力。

广州知识城以获批全国首个知识产权运用和保护综合改革试验区为契机，广州开发区着力打造知识产权服务、保护、交易和运营的全产业生态链，聚集了国家知识产权局审协广东中心、广州知识产权法院、广州知识产权交易中心等机构。2016年，全区国际专利申请量达到1 010件，增长2.8倍，占全市61.5%。

佛山以创建珠江西岸“中国制造2025”试点示范城市群为抓手，突出智能制造主攻方向，大力实施“百企智能制造提升工程”和“机器人领跑”专项行动，促进机器人和智能装备应用推广，做强做大先进装备制造业集群。去年，全市先进装备制造业完成工业总产值6 628.8亿元，同比增长11.7%。

广东省政府发布了《促进粤东西北地区振兴发展2015年重点工作任务》，提出了推进全面深化改革扩大开放、大力推进经济跨越式发展、提升科技创新能力、继续加强交通基础设施建设、科学有序推进新型城镇化、努力实现绿色发展等九个方面35项重点工作任务，从而实现粤东西北地区今年生产总值增长8%、固定资产投资增长21.6%、规模以上工业增加值增长15.4%等目标。要以跨区域重大基础设施建设和衔接为突破口，将地理距离上靠近珠三角的环珠三角地区纳入珠三角发展范畴，构建“广佛肇+清远、云浮”“深莞惠+汕尾、河源”“珠中江+阳江”三个新型城镇群，嫁接珠三角的辐射带动能力，实现珠三角“扩容”及腹地延伸。同时，顺应市场化的需求，推动汕潮揭同城化、广清一体化，实现高水平的区域融合发展，充分发挥区域协调辐射带动作用。

（四）“互联网+”助力广东智能制造

2016年，由广东省网信办指导，广东省网络文化协会组织省内专家、企业研究编写的《2016广东省“互联网+”现状与发展大数据分析报告》（以下简称《报告》）在广州正式发布。数据显示，广东省信息化发展水平处于全国领先位置，互联网基础设施建设成就显著，截至2016年底，广东省互联网普及率达68%，移动宽带普及率达98.3%。

《报告》显示，“互联网+”的浪潮已然席卷社会各个领域。在政府政务层面，据统计，广东省已开通政务微博12 240个，成为政务微博第一大省。广东省政务微信公众号也有1 772个，规模同样位列全国第一。

在智能制造领域上，2016年广东省新增应用机器人2.2万台，总量超过6万。另外，广东省跨境电商2016年的进出口规模达228亿元，规模居全国首位。值得一提的是，“互联网+”更捧红了共享经济，尤其是“网红”共享单车。根据艾媒咨询的数据，2016年中国共享单车市场规模达到12.3亿元，用户规模超过1 700万人。

2016年，广东首批“互联网+”小镇评选结果的出炉吹响了全省“互联网+”发展的集结号和冲锋号。《报告》显示，广东力争用3年左右的时间在全省建设10个“互联网+”产业型小镇和50个“互联网+”应用型小镇。2016年，经地市推荐、专家评审、现场考察、网站公示等流程，共选出

首批10个“互联网+”创建小镇。通过推行“互联网+”小镇，创造新的产业集群模式以及新的就业方向，增强信息化对制造业方面的改善作用。

（五）高新技术企业引领创新发展

据广东省经信委的数据显示，广东工业技术改造投资从2014年的1 867.6亿元增长到2016年的3 891.7亿元，年均增长35.6%，已有上万家规模以上企业实施技术改造。截至2015年底，广东已有国家级高新技术企业11 000家，2016年广东高新技术企业数量达到19 857家，总量居全国第一，这个数字是2012年的3.64倍。作为创新与产业结合密切的主体，广东高新技术企业亦迎来空前增长。据广东政府工作报告披露，2016年广东新增高新技术企业8 000家，全省高新技术企业总量达1.9万家。2016年，从“量”的变化上来看，广东的经济总量已逼近8万亿元的关口，继续巩固其作为全国经济第一大省的地位；从“质”的提升上来看，广东也已走过创新驱动发展的第三个年头，效用初显。2016年广东政府工作报告披露，2016年广东的先进制造业增加值、高技术制造业增加值占规模以上工业比重分别提至49.3%、27.6%。此外，传统产业转型升级加快，工业技术改造投资增长高达32.8%。

广州日报数据和数字化研究院（GDI）发布“广东创新TOP100（2016）榜”，榜单显示，广东高新技术企业数量跃居全国首位，在通用设备制造、生物医药领域中广州占绝对优势。“广东创新TOP100（2016）榜”评价基于5个维度：专利总量、专利授权率、全球化、影响力和成长性。从统计数据上看，广东区域创新能力综合排名连续8年位居全国第二，关键核心技术自给率达71%，科技进步贡献率达57%，基本达到创新型国家和地区水平，发展动力加快转换。2016年广东全省研发经费支出占比提高到2.58%，有效发明专利量和PCT国际专利申请受理量分别增长21%和55%，广东有效发明专利量和PCT国际专利申请量保持全国第一，全省研发人员规模保持全国第一。

另外，高新技术企业越来越重视品牌驱动创新，数据显示，近3年来，广东名牌企业研发投入占主营业务收入的平均比例为2.8%，是广东省普通企业的4倍，达到世界发达国家（地区）平均水平。广东卓越质量品牌研究院院长陈权说，名牌是企业品牌建设的终极目标，为了引导企业注重创新投入，广东名牌评价从过去重市场占有率、企业规模向“重创新评价”转变，将创新指标提升至评价权重的1/4，这也从侧面体现出高新技术企业面临着双重的创新挑战。

在广东东莞举办的2017中国加工贸易产品博览会（以下简称“加博

会”）上，《21世纪经济报道》的记者发现，打造自主品牌，加强产品或技术创新，成为诸多加工贸易企业寻求突破的两大方向。根据加博会组委会提供的数据，该展会举办至今的8年来，参展加工贸易的企业中，拥有自主品牌和自主技术的企业占比从53%提升至70%。数据显示，截至2015年，广东加工贸易企业累计设立研发中心3 753个，同比增长3.9%，平均每百家企业拥有14.7个研发中心；全省加工贸易企业累计拥有品牌达21 799个，同比增长6.2%，平均每家企业拥有1个品牌。

（六）人才、技术、智库等软实力支撑广东创新发展

广东各地都在积极引进国际创新人才与技术，目前已与40多个国家建立起科技交流与合作关系，签署50多项合作协议。截至2016年底，广东共建立204家产学研创新联盟、2 651家省级工程中心、121家院士工作站、195家企业科技特派员工作站。全省发明专利授权量超过3.8万件，同比增长15.38%；国际专利申请量达4.31万件，连续15年保持全国第一。

截至2015年底，广东省级新型智库已超过400家，其中高校智库、科技创新智库和民间智库数量最多，占全省比重超过95%，未来将为广东实施创新驱动发展战略持续提供智力支持。作为中国新型智库发展的先行地，广东智库建设起步早、发展快，已经初步形成了以官方智库、学术智库为主导，社会智库为补充，影响力与公信力共同提高的新型智库体系。据广东省社会科学界联合会党组书记王晓介绍，以党政机关智库、党校行政学院智库、参事室为代表的官方智库为例，其发展特点，一是人才水平较高，据调研显示，专职人员中硕士研究生以上学历比例在50%以上的官方智库超过38%；二是承担课题项目主要以市级为主，服务地方经济社会发展，调查结果显示，81%的智库主要以承担市级课题为主，省级和国家级项目较少。学术智库包括科研机构、社科院等，近年来越来越多地由基础研究转向应用研究，广泛地参与到政府实际政策制定的过程中。民间智库主要包括企业智库、民办社科研究机构和学术社团等。由于具备越来越强的独立性和专业性，这类智库的研究成果在广东越来越受到政府的重视，对政策的影响力也逐步扩大。

中共广东省委、省政府实施创新驱动发展战略部署，为了大力引进海内外高层次人才来粤创新创业，出台了《关于加快吸引培养高层次人才的意见》（粤发〔2008〕15号）、《广东省中长期人才发展规划纲要（2010—2020年）》（粤发〔2010〕17号）等系列文件。广东省“珠江人才计划”引进创新创业团队和领军人才资助方案如下：

1．技术研发产业化类。

第一档次：世界一流，资助 8 000 万元。

第二档次：国内顶尖、世界先进，资助 3 000 万 ~5 000 万元。

第三档次：国内先进，资助 1 000 万 ~2 000 万元。

2．应用基础研究类。

定额资助 2 000 万元，根据评审规则，达到资助标准的择优资助。

3．领军人才。

每名资助 600 万元，包括 500 万元专项工作经费和 100 万元（税后）住房补贴。入选国家“千人计划”顶尖人才与创新团队项目或全职来粤工作的诺贝尔奖获得者的团队和领军人才，按一事一议的方式，免评确定资助档次及额度。团队资助经费中 100 万元（税后）为住房补贴，由团队带头人支配使用。

（七）创新研发机构推动广东创新发展

广东省自 1991 年第一家孵化器成立以来，孵化育成体系建设从默默无闻，到突飞猛进。近年来全省科技孵化育成体系建设进入高速发展阶段，各项指标规模和增速居全国前列，成效显著。截至 2016 年底，全省纳入创新驱动考核统计的科技企业孵化器达 634 家，数量位居全国第一，较上年同比增长 59%；其中国家级孵化器 83 家，数量跃居全国第二，国家级孵化器培育单位 64 家；全省众创空间共 500 家，纳入国家级孵化器管理体系的众创空间共 178 家，各项指标居全国第一。

2015 年 2 月，重组广东省科学院。时任广东省省长朱小丹说，重新组建广东省科学院是广东省实施创新驱动发展战略的重要举措。新的广东省科学院优化设置的 18 个骨干院所是广东省提升自主创新能力的坚实基础和骨干力量，将对广东省适应和引领经济新常态、推进发展方式转变和发展动力转换、加快实现中高端发展发挥重要促进作用。科技部党组书记王志刚说，新的广东省科学院与在粤科研机构、高校、企业一起，构成广东创新驱动体系，通过与全国、全球创新体系对接，将为广东创新驱动发展提供新的支撑。

2016 年广东国家重点实验室、工程技术研究中心、工程实验室、企业技术中心等国家级创新平台达 213 家，新型研发机构达 180 家，开放型创新体系日趋完善。据广东省社科院日前发布的《广东科技发展报告 2017》分析，广东的创新驱动发展面临着龙头骨干企业数量仍相对较少、企业研发机构设置率仍较低等诸多问题，亟待进一步提升。2017 年广东省政府工作报告也明确，2017 年广东将以提高发展质量和效益为中心，包括将深入实施创新驱动

发展战略，并明确 2017 年全省研发经费支出占地区生产总值比重达 2.65%。（林燕，2016）

（八）建设示范性区域促进驱动创新

充分发挥广东自贸试验区示范带动作用。加快广州南沙、深圳前海蛇口、珠海横琴等重大平台建设，推进投资、贸易、金融、综合监管等领域制度创新，营造市场化、国际化、法治化营商环境，为泛珠区域改革开放提供可复制、可推广的经验。发挥广东对外开放先行优势，联手泛珠省区加强国际经贸合作和支持企业“走出去”，推进电子口岸互联互通和区域通关一体化，促进泛珠区域在陆海内外联动、东西双向开放的全面开放新格局中发挥重要作用。

加强产业合作，积极共建跨省区产业转移园。推动广东优势产业向泛珠区域有序转移，整合延伸产业链条，推动区域产业转型升级。推动珠江—西江经济带、粤桂黔高铁经济带合作试验区、粤桂合作特别试验区、闽粤经济合作区等跨省区重大平台建设，创新合作机制，提升互利合作水平。与此同时，积极推进重大基础设施互联互通，进一步夯实区域协调发展的基础。

融入“一带一路”，为打造“一带一路”建设重要区域提供支撑。认真落实中央赋予广东建设“一带一路”战略枢纽和经贸合作中心、21 世纪海上丝绸之路建设重要引擎的战略定位，充分发挥外贸总量大、对外开放度高、沿海港口密集等优势和条件，科学谋划参与“一带一路”建设。与泛珠各方联手推动与“一带一路”沿线国家和地区基础设施互联互通，加快建立沿线港口城市联盟。依托江海联运、铁海联运等多种方式，与泛珠省区共同拓展参与“一带一路”建设的范围和深度。加快广东（石龙）铁路国际物流中心和中俄贸易产业园建设，拓展粤新欧、粤满俄国际货运班列。推进与东盟国家共建境外产业园，加强国际产能和装备制造合作。加快与“一带一路”沿线国家建立招商引资重点项目库，加强对先进装备制造业、现代高端服务业的招商引资，支持企业建设境外加工基地和营销网络以及开展跨国并购。

2017 年 6 月的深汕合作区建设。据统计合作区建设项目总计 134 个，其中，引进产业项目 64 个，总投资 316.31 亿元。这批产业项目中来源于深圳的有 56 个，占 87.5%，体现出探索“总部 + 基地”“研发 + 生产”的发展模式取得了一定的成果，并已初步形成包括大数据、新材料、新能源、绿色建筑、先进装备制造、食品药品、港口物流、滨海旅游等众多产业的集群。

2017 年 7 月 1 日，《深化粤港澳合作推进大湾区建设框架协议》在香港签署。按照协议，粤港澳三地将在中央有关部门支持下，打造国际一流湾区

和世界级城市群。

驱动创新能力突出。国家级高新技术企业总数超过1.89万家，居全国第一位，PCT国际专利申请量占全国56%，深圳市R&D比重超过4%，有华为、腾讯等世界级创新企业。

三、广东强力实施创新驱动发展战略的主要成果

“十二五”时期，广东始终坚持把创新驱动发展战略作为经济发展的总战略和总抓手，深入推进科学技术创新，并取得了较好的进展，为优化产业结构和促进经济转型提供了有力支撑。

总的来看，2016年全省R&D/GDP达到2.58%，比2012年提高了0.41个百分点；全省财政科技投入742亿元，比2012年增长了3倍；发明专利申请量155 581件，比2012年翻了一番多；PCT国际专利申请量23 574件，是2012年的2.56倍；高新技术企业数量达到19 857家，是2012年的近3倍，总量跃居全国首位；成功申建国家自主创新示范区，区域创新能力居国内前列，产业自主创新能力和国际竞争力不断提高。

（一）开放型区域创新体系建设获得新发展，创新平台的规模庞大

一是推进“1+1+7”国家自主创新示范区建设。编制了《珠三角国家自主创新示范区建设实施方案（2016—2020年）》《珠三角国家自主创新示范区规划纲要（2016—2025年）》等重要文件，以广州、深圳为龙头，以珠三角7个地市国家级高新区为主体，打造全省创新型经济发展的新引擎。同时全力推动河源、清远、汕头、湛江、茂名、顺德等省级高新区建设为国家级高新区，其中河源、清远高新区已成功升级，汕头国家级高新区有望近期获批。目前，全省拥有11个国家级高新区、12个省级高新区，全省高新区实现营业总收入从2012年的1.9万亿元增长至2016年的2.8万亿元，在区内形成了7个产值超千亿元的创新型产业集群。

二是加快专业镇协同创新发展步伐。全省出台了促进专业镇协同创新的系列政策措施，着力推动传统优势产业转型升级。到2016年，已建成399个省级专业镇，实现地区生产总值2.9万亿元，占全省GDP的36.5%，比2012年提高6个百分点。涌现出中山小榄、中山古镇、东莞大朗、东莞横沥等一批转型升级和创新创业的典型代表。

三是深化省部院产学研合作。在全国率先与教育部、科技部、工信部、中科院和工程院等部委深入开展省部院产学研合作，近期又面向“十三五”与各部院签署了新一轮战略合作协议，进一步深化双方合作。目前，全省产

学研合作累计财政投入超 250 亿元，带动社会及企业投入 1 000 多亿元。全省通过产学研合作建立产业技术联盟 200 多家、省部级以上合作平台 300 多个，承担省部级以上科技项目 2 000 多项，攻克产业关键共性技术 4 000 多项，申请专利超过 2 万件，为企业培养高层次技术和管理人才 10 000 多名。

四是建立起多层次的国际和区域科技合作机制。不断加强与以色列经济科技部、荷兰国家科学基金会、加拿大国家研究理事会、德国弗劳恩协会、俄罗斯科学院、乌克兰科学院等创新机构的常态化合作，深化与“一带一路”特别是海上丝绸之路沿线国家的科技交流合作。加快广州中新知识城、中乌巴顿焊接研究院、佛山中德工业园区、东莞中以水处理产业园、揭阳中德生态金属园区、汕头中以创新产业园区等重大平台建设发展。推进粤港澳台、泛珠三角地区等科技合作，深入实施“粤港创新走廊三年行动计划”，发挥南沙、前海、横琴等重大合作平台作用，着力构建粤港澳创新圈。

（二）企业在科技创新方面的主体地位得到了显著提升

一是实现高新技术企业跨越式发展。紧紧抓住高新技术企业培育这一为全国高企工作树立标杆，受到国家高企认定办和兄弟省市的高度评价。2016 年全省高新技术企业净增 8 752 家，总量达 19 857 家，比 2012 年（6 698 家）增长了近 2 倍。2016 年高新技术企业培育库入库企业约 7 500 家，累计入库培育企业超 1.1 万家。

二是推动工业企业建设研发机构。支持骨干企业建设工程中心、企业研究院、院士工作站、企业科技特派员工作站等研发机构。全省开展 R&D 活动的规模以上工业企业数由 2012 年的 5 082 家增至 9 000 多家，增幅超过 77%，有研发机构的规模以上工业企业数同期由 2 601 家快速增至 5 500 家，总量实现翻番。

三是持续推进企业技术改造。推进两化融合贯标试点，大力推广应用自动化、数字化、网络化、智能化等先进工艺技术装备，重点推进有色、化工、建材、轻工、印染等传统制造业绿色改造，产业质量效益明显提高。2014—2016 年，全省工业技术改造投资年均增长 36.8%，带动全省工业投资年均增长 15.5%，2016 年全省工业技术改造投资 3 892 亿元，同比增长 32.8%，全省工业技术改造投资占工业投资比重为 35.2%，比 2012 年提高了 12 个百分点。

四是推动科技型中小企业加速发展。深入实施科技企业孵化器倍增计划，建设“众创空间—孵化器—加速器”全孵化链条，实现对企业成长全周期的服务。全省科技企业孵化器数量从 2012 年的 56 家增至 634 家，孵化器总数跃居全国第一，其中国家级孵化器达 83 家。通过中小企业创新基金等

专项资金，以及孵化育成体系等公共服务平台，大力扶持科技型小微企业创新创业。

（三）科技创新成果不断涌现，产业技术不断优化升级

一是重大科技专项顺利实施。近年来广东部署实施了计算机与通信集成芯片、移动互联关键技术与器件等9个重大科技专项，已取得53项国际“领跑”技术和181项国内领先技术，形成了一批自主核心技术和科技成果，产生了109件重点创新产品。

二是专利产出和获奖项目大幅增长。2016年发明专利申请量和PCT国际专利申请量增速均超过50%；获得专利授权23万多件，跃居全国第一位；PCT国际专利申请量2.36万件，占全国总量的52.4%，长期保持国内领先地位。近3年广东共获得国家科学技术奖111项，获得中国专利奖金奖12项、优秀奖196项。

三是高新技术产业快速发展。全省以科技成果产业化为动力，以高新技术产业发展为龙头，带动产业持续健康快速发展。2016年全省技术成果交易额达789.7亿元，是2012年的2.1倍，科技成果加快转化为现实生产力。2016年全省高技术制造业增加值8 600亿元，占规模以上工业增加值的27.6%，比2012年提高4.3个百分点；高新技术产品产值超过5.8万亿元，占工业总产值的39%，比2012年提高1.8个百分点。

四是科技金融产业加快融合。全省逐步建立起科技信贷、创业投资和科技多层次资本市场体系，带动大批科技成果转化和创新创业活动开展。以广佛莞和深圳国家科技金融结合试点地区为示范，引导各地级市高新区与中行、建行等金融机构不断深化合作，建立起各具特色的科技信贷服务模式。组建科技金融综合服务中心29家，形成了覆盖各地市的科技金融服务网络。省财政设立广东省科技创新基金，出资50亿元引入大量社会资本共同组建重大科技成果产业化母基金。目前珠三角创业投资机构数量达1 881家，创业投资基金规模达3 137.2亿元，上市企业达1 500多家。目前广东在新三板挂牌企业累计达1 517家，总量跃居全国第一，其中科技型企业占比近80%。

（四）创新创业政策体制不断完善，创新型人才力量强大

一是创新创业政策体系不断完善。2012年以来，全省出台了创新驱动发展的有关法规文件30多份，包括《广东省自主创新促进条例（修订）》《广东省促进科技成果转化条例》《关于加快科技创新的若干意见》等地方性法规和重大政策。率先全面实施一批普惠性科技扶持政策，全省企业研发加计扣除减免费用从2012年的30多亿元提升至2016年的150亿元，高新技术企业所得税减免额从2012年的80多亿元提升至2016年的约250亿元。在全国首创建立研发准备金制度支持企业创新的政策，近两年来共有5 264家企业获得35.26亿元研发费财政补助，引导企业投入研发经费1 047.55亿元，财政资金引导放大作用达到1∶30。全面开展经营性领域技术入股等试点改革，目前全省已有37家省属应用研究型科研院所、24所高校开展了经营性领域技术入股改革工作，共促成45项技术入股成功转化案例，产生股份收益3.26亿元。

二是加快引进高端创新人才。在全国率先探索实行"海外人才绿卡制度"，实施"珠江人才计划""扬帆计划""特支计划"等重大人才工程，培育引进一批产业发展亟须的创新型人才和科研团队。前五批"珠江人才计划"共引进创新创业团队117个，聚集高端人才850多人，吸引各类科技人才6 000多人，第六批"珠江人才计划"引进团队正在积极实施。2016年还首次启动引进"海外青年英才团队"，47个团队共271位海外博士参与申报。

三是充分运用省部院产学研合作机制引进人才。已在全省建成企业科技特派员工作站198个，企业科技特派员超过4 600名，共实施了650余项产学研结合项目，实现总产值超过500亿元。建设院士工作站121家，吸引全国115名院士来广东开展产学研合作工作，累计为企业、地方或行业制定技术及产业规划40多项，突破核心技术260多项，培养各类科技人才近1 000人，转化科技成果300多项，实现经济效益60多亿元。

第三节　广东创新驱动中存在的问题

广东省深入贯彻实施创新驱动发展战略，在取得了一系列鼓舞人心的发展成果的同时，仍然存在着一些阻碍创新驱动经济快速发展的问题。此时，只有对这些问题进行清楚的界定之后，才能够使得广东在实行创新驱动发展战略的进程中不断地扫清障碍，不断地取得新突破。以下将对广东实施创新驱动发展战略所亟待解决的问题进行分析。

一、科技创新投入仍显不足，分布不均衡

广东省实施创新驱动战略，尽管取得了不少的成就，但是仍然存在创新投入不足，创新发展在地区上不平衡的问题。

据广东省科技厅的数据显示，2014 年广东全年 R&D 经费支出超 1 627 亿元，占 GDP 比重提高至 2.4%；技术自给率达到 71%，接近创新国家（地区）水平；有效发明专利量和 PCT 国际专利申请量保持全国第一，其中后者占全国比重超过 50%。尽管已经取得了相当的成就，但广东省在创新投入上仍有待提高。广东省预计到 2020 年，全社会研究与开发（R&D）投入占地区生产总值（GDP）的比重达 2.8%，技术自给率达 78%，每百名 R&D 人员发明专利申请量达 10.7 件以上，每万人发明专利拥有量达 19 件以上。高技术制造业增加值占工业增加值比重达 28%，战略性新兴产业增加值占 GDP 比重达 16% 左右。广东省距离自身发展的目标仍有一段距离，此外，广东省的创新发展与国内先进省份和发达国家有一定的差距。2013 年，江苏省 R&D 支出总量为 1 487.4 亿元，高居全国之首。广东只能以 1 443.5 亿元位居第二。在 R&D 经费投入占 GDP 比重方面，北京、上海、天津、江苏领先广东。（廖晓东，郑秋生，2017）

全省科技资源约 70% 在广州，30% 的科技企业集中在深圳。企业科技研发经费投入过度集中在部分发展较好的地区，企业科技研发活动覆盖面还不够大，有碍于在全省形成活跃的创新局面。据统计，2015 年珠三角地区规模以上工业企业研发经费支出占全省的 94.3%，而粤东西北地区企业研发经费支出甚少；2015 年广州、深圳企业研发经费支出分别占全省的 14.0% 和 44.2%，而梅州、河源所占则不到 2%。此外，全民多的企业中，拥有自身研发部门的都是大型或有实力的小部分企业。由此可见，在粤东西北地区的科技资源和科技企业并不多，而且大部分的中小企业研发能力并不突出。然而，创新驱动不只是少数精英的事，不只是少数企业的事，需要不同层次的人才、不同的企业参与。只有各个地区协调发展，各类型企业协调发展，才能实现广东创新驱动发展战略。

二、与科技创新的相关政策法规建设滞后

创新政策是指一个国家或地区的政府为了促进创新活动的大规模涌现，提高创新效率，增强创新能力而采取的公共政策的总和，其最终目标是通过创新提高竞争力以实现持续的经济增长。创新政策体系是一个涉及科技、金融、财政、税收、知识产权、人才、政府采购等多种政策工具的政策系统。

目前广东的创新政策体系不完善，仍存在以下问题。

（一）广东创新政策欠缺顶层设计，长远规划不足

广东创新政策的重点还放在解决广东工业在开放条件下迅速发展、扩大

规模的“量”的问题上，很多政策仍是以计划经济的思维制定的，以“短期、急需”为原则，“头痛医头、脚痛医脚”，政策设计缺乏长远、稳定、连贯的顶层宏观设计，不重视供给型政策工具与需求型政策工具的协同应用。如产学研合作政策，由于侧重对企业、高校和科研机构各个主体的扶持，缺乏对包括产学研三方之间的联系互动、利益保障、技术创新战略联盟等相应的制度安排。

（二）政策工具的使用单一

由于缺乏国际视野，对美国、日本等发达国家的自主创新政策发展状况和趋势研究不够，缺乏对国际上一些有效政策实践经验的借鉴，这使得政策工具的使用单一，政策工具之间的配合缺乏科学性。同时对于日本、韩国等典型技术追赶—跨越型国家的创新阶段各个转型时期政策工具变迁的特点，以及政策实践的经验教训缺少深入的典型案例分析。截至 2006 年，广东当前创新政策工具使用还存在单一化的倾向，以政策工具之间的配合来达到共同政策目标还远远不足。如在风险投资政策方面，经济合作与发展组织（OECD）许多国家从 20 世纪 90 年代就开始设立了政府基金、社会基金共同合股的“杂交基金”，以发挥政府资金对社会资金的引导作用与提高其投资的积极性，实践证明这具有显著效果，但在广东此类政策直到 2016 年才开始出台，足足晚了发达国家 20 年。

（三）缺乏灵活多样性

在对企业技术创新资助政策方面灵活性不够，缺少对不同创新主体有针对性的激励。目前广东对技术创新的资助较多偏向于财政补贴、贷款贴息以及研发经费所得税扣除上，从政策实践上来看，这种政策以研究开发经费总量而不是以增量为基础，客观上使大型企业研究开发要比中小企业更容易获得更大政府补助总量，而对广东大量的中小企业、民营科技企业来说，从现有的技术创新政府资助政策中获得的支持相当有限。因此如何在一般性企业研究开发资助政策的框架原则下，设计出并采取各种有针对性的、灵活的、多样性的政策措施来全面推进广东企业研究开发投入就成为我们所面临的一个紧迫问题。

三、被动的转型

基于产业转型的创新是个比较漫长的过程。欧洲、美日的转型始于 20 世纪八九十年代，创新转型都是至少 20 年才完成的。而且这些发达经济体当时还碰上了产业转型的契机，比如“亚洲四小龙”是借中国东南沿海的崛

起为契机转型的，得以创新迅速发展。当时中国内陆正值改革开放时期，东南沿海作为对外开放特区，不仅在政策上给予外资投资设厂的优惠，同时低成本的劳动力也恰好降低了他们产业转移的成本，以此为契机，“亚洲四小龙”顺利完成转型发展，将低端工业转移到中国等刚刚起步发展的国家，而将高新技术研发工业留在本国，以促进国内产业的创新升级。但广东的转型是以 2008 年金融危机为契机，金融危机使中国从发达国家的动作中意识到危险信号，广东省作为外贸大省，对外经济依赖性强，其转型发展至今还不到 10 年，时间还不够；另外，外部条件也不太好，“亚洲四小龙”的转型得益于比较好的条件，我们的转型背景是全球金融危机，面临着全球性的资金缩水以及需求减退，因此从某种程度上来说，我们是被动转型。

四、创新转型下区域发展不均衡

粤东西北地区是广东创新发展的短板。广东现状仍然是以珠三角的发展为主，对于粤东西北的带动作用仍然动力缺乏。在做大做强的同时，自创区将通过企业扩张、园区共建、协同创新等方式，加强对粤东西北的辐射带动。其中的重要抓手就是工业园区建设，自创区将积极向粤东西北地区推广科技园区建设、创新创业、人才集聚、产城融合发展等先进经验，但是在这个产业转移的过程中存在诸多问题。（陈晨，2012）

（一）部分产业转移工业园主导产业不突出

一些产业转移工业园在承接珠三角转移来的产业时，没有充分考虑本地的资源优势和本地适宜发展的主导产业，而是一味地抢资金、抢项目，这导致部分产业转移工业园没有明确的主导产业且承接的产业间没有密切的分工联系。如中山火炬（阳西）产业转移工业园主要发展轻纺、五金、电子、医药、食品加工五大产业，中山大涌（怀集）产业转移工业园主要发展板材家具、金属加工、服装鞋业、汽车配件、电子装配、农副产品加工六大产业，东莞大朗（信宜）产业转移工业园主要发展毛纺织、电子电器、皮具、服装、纸制品五大产业。这些产业转移工业园发展的产业种类过多，没有形成自己专有的主导产业，从而导致产业的专业化、集聚化程度很低，进而使得以后的招商引资更为困难。

（二）承接相同的产业，造成恶性竞争

截至 2006 年，广东 36 个省级产业转移工业园中有 25 个省级产业转移工业园以电子产业为主导产业；有 8 个省级产业转移工业园以服装产业为主导产业；有 10 个省级产业转移工业园以机械制造产业为主导产业；有 5 个省

级产业转移工业园以医药产业为主导产业；等等。这些产业转移工业园产业同质化，一方面会造成这些产业转移工业园的恶性竞争，另一方面不利于形成产业集聚。

（三）产业转移承接地区位不合理

有些产业转移工业园所在地交通不便利，从而影响珠三角企业向这些产业转移工业园转移的积极性。如东莞（惠州）产业转移工业园位于省道119线和省道244线之间，但园区附近尚未有建好的高速公路和铁路；中山大涌（怀集）产业转移工业园位于省道263线西侧，但园区附近尚未有建好的高速公路。

（四）承接地资金短缺、招商难、用地难

目前，广东已经建立了36个省级产业转移工业园，导致“僧多粥少”，产业转移工业园在建设时往往存在资金缺口大的困难，由于资金缺口大，产业转移工业园的基础设施建设不尽如人意，这进一步导致了招商难的现象。由于珠三角政府和珠三角企业推动产业转移的积极性不高，部分产业转移工业园出现了招商难的情况。如东莞长安（阳春）产业转移工业园内仅有6家入驻企业，深圳龙岗（吴川）产业转移工业园内仅有5家入驻企业，深圳南山（龙川）产业转移工业园内仅有6家入驻企业，东莞石碣（兴宁）产业转移工业园内仅有3家入驻企业，东莞东坑（乐昌）产业转移工业园内仅有9家入驻企业，东莞石龙（始兴）产业转移工业园内仅有9家入驻企业。另外，粤东、粤西、粤北地区人民经济来源较单一，非常珍惜土地，这使得土地征收困难。

（五）产业承接地缺乏完善的法律法规

完善的法律法规能有效地规范政府和企业的行为，避免恶性竞争和不正当行为。目前，产业转移工业园尚未建立一部完善的法律法规来规范管委会和企业的行为，各部门和领导间的权限划分不清，这使得在进行项目建设时要花费大量的时间和精力来打通各部门及领导间的关系。

五、产业转移中，环境问题被忽视

随着产业布局的重新调整及各地重工业化进程的持续推进，高耗能、高污染行业逐渐转出相对集中的珠江三角洲地区，向东西两翼和北部山区推进。石油加工炼焦及核燃料加工业的布局从高度集中于广州和粤西向在珠江东西两面增加生产基地转变。部分产业承接地为了吸引企业入园，过多地考虑本地的经济利益，而忽视了对本地生态环境的破坏，引入了一些高耗能、

高污染的企业，对本地的生态环境造成巨大的影响。

广东的成品油、乙烯等重要的石油加工产品一直集中在广州、茂名和湛江，但近年的布局发生明显变化，佛山和惠州也成为石油产品的主要生产基地。黑色金属冶炼及压延加工业产业布局调整，从珠江三角洲地区向省内其他地区扩散。广东的冶炼业在国家钢铁产业宏观调控政策引导下，近年实现了兼并重组，组建了广东钢铁集团，形成广州、韶关和湛江三大钢铁基地，将炼钢主要基地转移到湛江，同时淘汰了部分落后的钢铁产能。

毗邻珠江三角洲地区的清远市成为承接珠江三角洲高耗能、高污染产业转移的最直接地区。该市非金属矿物制品业产值的比重从2003年的1.9%上升至2009年的12.8%，其中陶瓷行业从1.1%上升至6.6%；化学原料及化学制品制造业的比重从0.2%上升至1.3%；黑色金属冶炼从无到有，2009年的产值比重达到3.4%；有色金属冶炼及压延加工业的比重从2.3%上升至18.4%。河源市的高耗能、高污染行业发展速度也有所加快。（方秀文等，2008）

六、企业内部创新驱动动力不足

（一）缺乏高素质创新人才

自主创新竞争的实质是创新人才的竞争，创新人才资源特别是高层次人才是自主创新最宝贵的资源。尽管目前广东的创新人才规模在全国居于首位，然而科技创新人才密度低，高层次人才缺乏的状况未有扭转，创新人才的缺乏已成为影响企业自主创新的主要制约因素。2006年，广东省从事科技活动人员总规模达到36.88万人，依然位居全国第三。但是，从人才密度看，广东每万人中有科技活动人员40.11人，而北京为248.89人，上海为112.82人。科学家或工程师在科技活动人员的比例是反映人才结构质量的一个重要指标。2006年，广东省这一指标为70.31%，比北京的80.06%和上海的74.93%都低。从人才密度和人才质量方面来看，广东省的创新人才供需缺口是很大的，创新人才特别是高层次的创新人才的缺乏已成为制约广东省企业创新发展的一大障碍。

（二）缺乏核心技术，依赖外国

广东省核心技术严重缺乏，重大创新成果极少。首先在专利的发明创新方面，广东省无论与发达国家或者国内其他省市相比，都有较大的差距。2008年广东省的发明专利相对较低，只占全部授权专利的6.58%，在全国省市中居于第26位，相对靠后。与发达国家相比，庞大的专利授权数量与相对较低的发明专利比重更形成鲜明对比：广东省的专利授权量是日本的

2.67 倍，是美国的 5.81 倍，但发明专利只有日本的 23%，美国的 54%。可见，虽然近年来广东专利申请的质量在逐步上升，但有自主知识产权的高新技术产业核心技术并不多。通过引进技术的消化吸收推动自主创新是广东提升自主创新能力的重要手段。“重引进、轻消化吸收”是广东引进技术消化吸收再创新中面临的主要问题。企业把过多的科技投入用于引进技术知识，却在自主创新活动上投入较少，这样就对外部的技术依赖太大，没有自己的核心技术和能力，在市场的竞争中不能处于领先地位。2010 年广东企业消化吸收经费与技术引进经费比例为 100∶7，仅列全国第 12 名；高新技术产业领域消化吸收经费占引进技术经费比为 3.4%，低于全国 6% 的平均水平，明显低于浙江 22.8%、山东 10.75% 的水平。

（三）历史性创新投入滞后，不稳定

从横向来看，2004—2007 年广东的科技活动投入指数在全国的排位上，2004 年为第 3 位，2005 年为第 4 位，2006 年和 2007 年为第 5 位。可见，与国内其他省市比较，广东的科研投入在相对减少。广东目前的创新投入水平与发达国家相比差距是很大的。发达国家研发经费占 GDP 的比重是 2% ~ 3%，新型工业国占 1.5% ~ 2%，广东的科技投入经费在 2006 年只有 1.19%，在 2004 年较高的水平亦只有 1.34%。同时广东多数企业属于中小企业，其中高新技术企业的发展前期需要花费巨资用于占领市场，抢占用户。若不能有效赢得市场份额，这些企业将难以继续经营。因此，资金链很不稳定，这也是导致用于创新投入的资金不稳定的因素之一。

（四）创新人才培养成本高，知识产权保护弱

在众多大型企业负责人看来，长期以来的“短平快”发展模式和无序竞争，使得国内传统行业技术匠人不断流失，产品价值回归困难，初创型的高新技术企业更是人才缺乏，从国内科研院校也难以快速找到适用的专业技术和人才。很多企业只能立足于实践中自身培养人才，辛苦培养起来之后还面临着人才的稳定问题，国内外大公司运用高薪水不断地从中小企业挖人，导致人才成本越来越高。而投入巨大成本获取的新技术和专利又很容易被快速模仿替代，再加上知识产权保护方面的欠缺，维权成本非常高，使得企业的创新热情往往停留在表层，很难有进一步的具体行动。

（五）创新成果推广困难

相比成功的大企业，中小企业有着更为强烈的创新热情。少数创新企业克服了资金、技术、人才、管理等重重困难，经过数年时间的潜心研发推出了可供产业化的产品和技术，又不可避免地面临国内外大企业的竞争，在竞

标过程中，往往受限于规模、资质，失去投标的机会或处于劣势。比如云宏公司虽然在虚拟化软件 CNware 和云操作系统 WinCloud 等方面拥有了超越国际厂家的成熟技术，但是在参与政府、国企的一些大项目时，招标方往往倾向于选择国际厂家或者大企业，品牌、规模、资质等门槛要求导致其很难获得成果推广的机会，其创新产品和技术只能去依附于大企业，从而损失掉很多应有的利润和财富，这对渴望创新发展的中小企业来说无疑是一大打击。

（六）组织管理形式落后

文化因素与组织惯性制约组织创新的顺利开展。我国的传统文化对于不确定性的规避较强，认同集权的管理方式，同时在企业中存在较强的组织惯性。在强调灵活应变、分权管理和不断创新的知识经济时代，这将严重阻碍组织创新活动的顺利开展，增加组织创新活动的成本，甚至往往使组织创新活动面临失败的危险。企业的内部人障碍突出，组织创新成本过高。

内部人障碍指组织成员在预期组织创新影响自身的利益时所采取的各种对抗行为。组织创新必然伴随着组织中的部门的利益调整，组织的成员因此会采取各种手段对抗组织创新。随着企业改革的推进，我国企业中员工的角色困惑日益突出，这种困惑带来的角色冲突会导致组织创新的成本大大高于事先的预期，导致创新成本的失控。组织创新缺乏技术上的支持。企业的组织创新经常意味着管理方法和管理手段的变化，许多企业的组织创新往往缺乏相应的技术手段的支持。（林如海，彭维湘，2010）

七、产学研技术创新联盟运行问题

（一）联盟内部管理与运行机制有待优化

目前，广东在相关政策法规上还未设立与联盟组织完全相适应的条款及内容，正因为如此，广东产学研技术创新联盟往往会选择采取公司化实体形式或者非实体化联盟运营。一些联盟由于法人资格无法确定，因而不能得到相关管理部门的法律许可，造成难以收取联盟成员的会费，致使联盟只能依靠实体运作单位自身业务收益来维持运营，长此以往很容易导致联盟组织形式松散或形同虚构；另外，当前联盟运行主要以项目合作实施为主，但在项目运行管理中诸如风险投资、成果转化、科技投入等方面由于相应的制度办法不完善，未建立起冲突协调和危机处理机制，在实际合作中可操作性尚不强，不便于具体行为发生时的有效管理、检查和监督，联盟成员的切身利益难以得到保证，致使联盟在实质性的合作上缺乏效率。因此，联盟内部管理和运行机制的不畅会对联盟组织造成一定程度的影响，长效机制的建立和优化将成为联盟健康发展的关键。

（二）体系功能定位不明确

以首批成立的35个联盟为例，大部分联盟目前还主要停留在合作开发、委托开发和技术转让等较低层次的非实体型合作上，而以高校、科研机构和企业入股、合资共建企业或民办非机构的这类较高层次的实体型合作形式则较少。据统计，以实体运作的联盟共7个，仅占第一批成立的联盟总数的20%。在联盟的组织形式上显得较为松散，尚未形成长期、稳定的产学研合作机制，联盟往往临时组合，缺乏长期合作的功能定位。企业参与产学研联盟的目的简单而明确，就是通过产业技术创新联盟提高对外部资源的有效利用能力，在降低技术研发成本和风险的同时提高企业的创新能力，维持其在市场中的技术优势，获得可持续的市场份额与经济利益；而高校和科研机构参与产学研联盟的动力最主要是提升强势学科的优势，并获得以联盟名义申报国家、省、市级科研项目的先发优势，获得更多科研经费，培养出更加符合社会需求的复合型人才为社会和企业服务。因此，在产学研合作框架体系下建构的联盟，各成员的目标不尽一致，导致联盟在产学研合作创新发展中的功能定位有些不是很清晰，缺乏有效的动力机制和共同的合作目标，于是造成难以调动各方积极性。（刘启强，何静，罗秀豪，2014）

（三）创新作用有待强化，成果转换不足

广东产学研技术创新联盟的产业重大技术开发已取得一定成果，但从联盟现有的一些统计数据来看，各类型联盟之间的差异较大，在国际上真正具有突破的技术创新发明专利还较少。据不完全统计，广东产学研技术创新联盟至2013年初已攻克产业核心技术307项、产业关键技术453项、产业共性技术491项，成绩有目共睹，但是，其在攻克重大技术的创新程度方面，于国际首创的重大技术突破数量只有18项，创新能力和创新成效特别突出的创新联盟尚属少数，联盟在对具有产业前瞻性和战略性的技术以及具有国际领先水平的重大技术的合作研发上还需继续加强。目前，广东省产学研技术创新联盟共承担国家重大科研项目104项，成功完成73项，表现出较强的创新能力，但大多数创新联盟尚未曾完成过国家级的重大科研项目，在今后很长一段时间里创新联盟还要不断加强行业技术创新合作研究能力的提升。同时，联盟内促进创新资源集聚的机制也尚未完善，联盟成员中的高校、科研机构由于和企业在目标、任务及市场方向上存在一定的差异，其优秀科研成果往往难以投入行业实际发展中转化应用，造成研发与应用脱节。这都需要联盟参与各方在实践过程中慢慢找寻令各方都能平衡的利益点，让合作能够长久和持续。

第四节　广东实施创新驱动发展战略的对策

上一节我们分别从宏观角度，即政府政策、产业转型、区域发展等，以及微观角度，即从企业自身的角度分别对广东省创新驱动发展中存在的问题进行了分析，下面我们将针对这些问题提出一些具体的解决方案。

一、政府层面：强化政策，助力创新驱动

党的十八大强调必须把创新驱动发展战略摆在国家发展全局的核心位置。十八届三中全会把深化科技体制改革作为全面深化，习近平总书记多次强调，要把创新驱动发展作为面向未来的一项重大战略实施好，要加快引进提出创新驱动发展顶层设计，抓紧出台实施创新驱动发展的政策和部署。2014 年 6 月，中共广东省委、省政府出台《关于全面深化科技体制改革　加快创新驱动发展的决定》（粤发〔2014〕1 号）（以下简称“粤府 1 号文”），成为广东省深化科技体制改革、实施创新驱动发展战略的纲领性文件。加快实施创新驱动发展战略，“粤府 1 号文”的出台正是贯彻落实中央提出制定创新驱动发展政策新要求的切实举措，是广东省加快推进创新驱动发展的有效保障。

（一）“普惠性、引导性、松绑性”三特色

1. 普惠性：“粤府 1 号文”以 3 条政策内容，突出了激励企业创新投入的“普惠性”特色。一是运用财政补助机制激励引导企业普遍建立研发准备金制度；二是改革财政科技投入方式，鼓励各地开展创新券后补助政策试点；三是应用政府购买制度激励科技创新，探索试行创新产品与服务远期约定政府购买制度。

2. 引导性：“粤府 1 号文”突出了科技企业孵化器和新型研发机构建设发展的“引导性”特色。一是科技企业孵化器建设用地保障与允许房屋分割转让；二是补助科技企业孵化器建设发展，省财政对符合条件的孵化器给予不高于各市补助一半比例的后补助；三是建立科技企业孵化器风险补偿金、天使投资引导基金等支持科技企业孵化器建设；四是扶持新型研发机构建设发展的财税等系列政策。

3. 松绑性：“粤府 1 号文”同时突出了激励科技人员创新积极性的“松绑性”特色。一是赋予高等学校、科研机构科技成果自主处置权；二是深化

科技成果收益权改革，所获收益全部归单位自主分配；三是对科技成果转化的股权奖励可进行股权确认；四是完善科技人员职称评审政策，发明专利转化应用情况与论文指标要求同等对待，技术转让成交额与纵向课题指标要求同等对待；五是以多种途径解决高层次人才安居问题。

（二）解决企业创新难、怕创新等问题

1. 国内率先提出运用财政补助等机制激励企业普遍建立研发准备金制度。建立广东省研发准备金制度，对于加大企业研发投入，提高企业自主创新能力，强化企业创新主体地位具有重要意义。一是有利于激发企业加大研发投入。企业建立研发准备金制度，实际就是要求企业根据研发计划及资金需求，提前安排资金，确保研发资金的需要，从而促进企业研发投入的持续稳定增长。二是有利于企业加强省市各类财政科研资金的规范使用。企业建立研发准备金制度，并对研发准备金实行专账管理，加强财务制度等，也有利于企业规范使用和管理各类财政科研资金，进一步提高广东省财政科研资金使用绩效。

2. 国内省级层面首次部署创新券补助政策，发挥市场对资源配置的决定性作用。科技创新券是一种由政府部门发行的，主要用于鼓励中小企业向研发机构购买科技服务的“有价证券”，是一项普惠性的创新投入政策。该政策已在荷兰、爱尔兰、意大利等发达国家普遍实施，我国江苏宿迁等10个地级市已开展了创新券试点政策。“粤府1号文”在借鉴国内外经验基础上，首次以省市联动的方式部署实施创新券补助政策，鼓励各地开展创新券补助政策试点，省财政按地市补助额度给予一定比例的补助。本条政策的核心是通过科技投入方式的改革，以后补助的方式确保政府对企业的科技投入资金用到实处，发挥市场在创新资源配置中的决定性作用；与此同时，该政策有利于帮助有急迫创新需求而又有短期资金周转困难的企业完成研发活动，充分利用高校、科研院所、科技中介服务机构及大型科学仪器设施共享服务平台的科技资源优势。

3. 率先试行创新产品与服务远期约定政府购买制度，运用需求创新政策工具激励创新。发达国家的实践表明，仅靠税收减免或研发补助等供给方式不一定能有效促进科研成果的市场转化，还应配合运用需求政策工具拉动创新。2008年，英国商业、创新和技能部针对公共部门设计推出了一种“远期约定采购”的政府创新采购方法。实践中，远期约定采购政策激发出了新的活力：一是减少财政资金风险，二是减少企业创新风险，三是为中小企业提供创新机会。在充分借鉴英国政府远期约定采购经验的基础上，“粤府1号文”率先在国内提出要探索试行创新产品与服务远期约定政府购买制

度，以此发挥政府购买和公共财政的引导功能，加大全社会对新技术、新产品的研发投入力度，降低创新风险，激发创新活力。

（三）强化企业创新配套措施

1．探索实施孵化器房屋产权分割政策，突破科技企业孵化器建设用地限制。科技企业孵化器建设用地是长期制约孵化器建设和发展的一个关键问题。为有效突破科技型企业孵化器在建设用地指标、用地性质等方面的制约，“粤府1号文”明确鼓励各地级以上市根据自身发展实际需求，在符合城市规划和产业发展规划的前提下，每年安排一定比例全市计划用地作为科技企业孵化器建设用地，利用新增工业用地开发建设科技型企业孵化器。可按一类工业用地供给和确定土地价格，有利于保障科技型企业孵化器建设用地，让在孵企业享受更多优惠政策。借鉴青岛等地的经验做法，在坚持依法行政的原则的基础上，“粤府1号文”明确允许对科技型企业孵化器载体房屋进行分割转让，有利于调动和激发最广泛的社会资本投入科技型企业孵化器开发建设中，也有利于孵化器在孵企业的贷款融资、到资本市场上市等。

2．省市联动共同资助，推动科技企业孵化器质量提升。近年来，广东省科技企业孵化器和大学科技园建设取得了一定的成效，但是广东省科技企业孵化器和大学科技园数量、孵化场地面积、孵化服务能力与北京、上海、江苏、山东、浙江等地差距甚远。截至2013年底，广东省国家级孵化企业数量、孵化场地仅相当于江苏的1/4；而且相对北京、上海等地，广东省在孵化业态创新上表现不足，新业态活跃程度较低。为了促进企业孵化器建设，国内各省市普遍通过财政补助方式进行激励。针对广东省对企业孵化器的扶持政策存在缺位问题，“粤府1号文”明确提出以后补助方式支持科技企业孵化器发展，在对新建或改扩建的孵化器，获得地市补助资金后，省财政采取再按照不高于各市补助一半比例给予后补助；运营成效优良的孵化器，获得地市补助资金后，省财政采取再按照一定比例给予后补助。

3．建立科技企业孵化器风险补偿金，鼓励天使投资发展。在信贷风险补偿、风险共担等政策制定上，江苏省、北京市中关村、青岛市、武汉市等都出台了相应的规定，比如江苏省设立的省天使投资引导资金首期2亿元，用于引导和支持在江苏省设立的天使投资机构面向科技企业孵化器内种子期或初创期的科技型小微企业进行投资。“粤府1号文”借鉴以色列以及江苏等地经验，明确提出省市层面要共建面向科技企业孵化器的风险补偿金，对天使投资失败项目，由省市财政按损失额的一定比例给予补偿。对在孵企业首贷出现的坏账项目，省市财政按一定比例分担本金损失。省财政对单个项目的本金风险补偿金额不超过200万元。

（四）突破科技成果的转化瓶颈

1. 有效破解科技成果转化瓶颈，赋予高校、科研机构科技成果转化自主处置权。目前，我国高校、科研机构进行知识产权转移和转化面临的最大瓶颈是科技成果转化与国有资产处置相冲突的问题。现行国有资产管理中对于无形资产笼统按照固定资产的管理方式进行管理，导致创新成果等无形资产转化审批复杂、流程长。国有无形资产处置难成为制约创新成果转化的主要制度性障碍。目前，从国家到地方都在积极解决和突破这一难题，国家层面由科技部牵头修订《中华人民共和国促进科技成果转化法》；南京、北京、湖北等地相继出台的科技成果转化政策中多数都提出赋予高校、科研机构自主处置权。在充分借鉴国家及各省市先进做法的基础上，“粤府 1 号文”明确赋予高校、科研机构科技成果自主处置权，解除国有资产处置管理障碍，有效提高广东省科技成果转化能力。

2. 大胆破除科技成果转化国有资产管理障碍，赋予高校、科研机构科技成果转化收益分配权。在高校、科研机构进行科技成果转化后，赋予高校、科研机构完全的收益权是激发其开展科技成果转化积极性最为有效的方式之一。在国有资产管理的背景下，高校、科研机构科技成果以及处置所得收益都被界定为国有资产并归国家统一所有，按照国有资产管理实行“收支两条线”。高校、科研机构无法真正获得科技成果转化收益分配权，成为阻碍成果转化主动性和积极性的痼疾。“粤府 1 号文”坚持在不违反现行法律法规的原则下，在广东省范围内率先开展收益权改革事项，赋予高等学校、科研机构科技成果转化收益权，其转化所获收益全部留归单位自主分配，纳入单位预算，实行统一管理，处置收入不上缴国库。同时，为了切实解决高校、科研机构在落实科技成果转化奖励科技人员过程中遇到工资总额的限制，“粤府 1 号文”大胆提出科技成果转化所获收益用于人员激励支出的部分，按国家和省有关规定执行，暂不纳入绩效工资管理，彻底解决高校、科研机构奖励科研人员受工资管理制度制约的难题。

（五）保障科技研发人才权益

1. 切实解决科技人员获得股权奖励落实难的问题，探索实施股权确认制度。高校、科研机构转化科技成果以股份或出资比例等股权形式创办企业或者投资企业，并给予科研人员一定比例的股权奖励是促进科技成果转化最为有效的方式之一。目前从国家到地方，都规定了高校、科研机构以作价入股方式转化科技成果应当给予成果完成人一定比例的奖励，从 20% 到 60%，甚至到 70%，最高可达 99% 等不同的比例。但是这一看似普适性的股权奖

励措施，在实际落实过程中却面临产权登记审批、产权变更审批、工商注册登记审批等一系列审批审核手续，导致科研人员的奖励政策落实困难重重，最终“落实成空”。为了破解这一难题，“粤府1号文”在赋予高校、科研机构转化科技成果自主处置权和转化收益自主分配权的基础上，更进一步地提出高校、科研机构转化科技成果以股份或出资比例等股权形式给予个人奖励的约定，可以进行股权分割确认。

2. 赋予各类科技人员职称评审平等地位，改革创新科技人员职称评审政策。面对全面提高质量和创新驱动发展的新形势和新要求，科技评价中重数量轻质量、重形式轻内容、重短期轻长远的现象越发突出。建立有利于促进科技成果转化与产业化的科技人员评价考核制度，从根本上改变科技人员评价的制度、改变高校和科研机构转化难的局面，成为调动科技人员实施科技成果转化与产业化积极性的关键问题。“粤府1号文”在借鉴国家及兄弟省份有关规定的基础上，细化了职称评审改革的核心和重点，提出了明确可操作性的评价指标，科技人员参与职称评审与岗位考核时，发明专利转化应用情况与论文指标要求同等对待，技术转让成交额与纵向课题指标要求同等对待，这两项明确具体的考核指标真正意义上赋予了从事科技成果转化的科技人员在职称评审和考核评价中的平等地位。

3. 突破高层次人才住房难障碍，推动建设高层次人才周转公寓。为高层次人才提供保障住房是政府吸引、留住人才的重要措施，是吸引高层次人才来粤创新创业的重要动力，以往许多国内外博士、博士后和中青年专家到广东工作后没有办法解决住房问题，导致广东省引进人才比很多省难度大，甚至广东省不少人才流向了江苏、浙江、上海。高层次人才住房难的问题成为广东省引才、留才、用才的“瓶颈”。近年来，无论是发达地区还是欠发达地区，如深圳、青岛、天津滨海新区、扬州、苏州以及贵州省等地，都加大了人才公寓建设，把解决人才住房问题作为吸引人才的重要动力。“粤府1号文”借鉴深圳市、青岛市、贵阳市以及广东省已有政策，按照充分发挥市场决定性作用和更好发挥政府作用的原则，明确高层次人才安居可以采取货币补贴或实物出租等方式解决，如支持各级政府在引进人才相对集中的地区统一建设人才周转公寓或购买商品房出租给高层次人才；明确高校、科研机构可参照所在地规定，利用自有存量国有建设用地建设租赁型人才周转公寓等，破解广东省高层次人才住房难的体制机制障碍。

“粤府1号文”赋予各类科技人员职称评审平等地位，改革创新科技人员职称评审政策，并针对政策缺位问题，提出新型研发机构建设发展的财税等系列政策。

（六）支持第三方研发机构

针对政策缺位问题，“粤府 1 号文”提出新型研发机构建设发展的财税等系列政策。近年来，在广东省如雨后春笋般涌现了一批建设模式新、体制机制新的新型研发机构，深圳光启、华大基因、华科大东莞工研院等成为这些机构的典型代表。面对异军突起、快速发展的新型研发机构，广东省也面临相关扶持政策缺位的问题。2014 年 9 月 28 日，中共广东省委、省政府在东莞召开了广东省新型研发机构建设现场会，强调要大力推进新型研发机构建设和发展，作为推动产业转型升级的生力军和深化科技体制改革的新动力。“粤府 1 号文”参考了近年来国内外有关扶持新型研发机构发展的政策举措，结合广东省新型研发机构存在的核心问题，提出了“属于省政府重点扶持且纳税确有困难的新型研发机构，经批准，可酌情给予减税或免税照顾”，“对符合条件的新型研发机构进口科研用品免征进口关税和进口环节增值税、消费税”等系列政策。（广东省科技厅文件起草小组，2014）

二、产业层面：减轻产业转移副作用

（一）明确产业转移承接地的主导产业

按照波特的产业集群形成机理观点，一个有竞争力的产业能带动下游产业的发展并创造出另外一个新的相关产业的竞争力是产业集群形成的关键，因此，主导产业是产业集群形成的首要条件。应该充分考虑转入地的资源条件和现有产业基础，在此基础上考虑转入地和转出地之间的产业联系和地理距离，从而确定产业转移工业园的主导产业，在确定了产业转移工业园的主导产业后，产业转移工业园在承接产业时要选择承接产业转移工业园确定的主导产业或者与主导产业有产业关联的上下游产业，进而在产业转移工业园形成产业集聚，增加产业转移工业园的竞争力，发挥产业转移工业园作为增长极的带动作用。

（二）省政府需继续做好产业转移区域布局

一方面制定出珠三角各市转移产业规划，另一方面规划好粤东、粤西、粤北地区各市产业承接布局，从而引导珠三角的产业有序、合理地转移到产业转移工业园，形成珠三角地区与粤东、粤西、粤北地区间的合理产业分工，避免粤东、粤西、粤北地区承接产业同构化，造成恶性竞争。

（三）改善承接园区的软、硬环境

产业转移工业园软、硬环境的改善有利于主导产业的发展和吸引配套产

业入园。园区的硬环境是指园区的基础设施，如道路交通、电力、通信、供水、城建、互联网等。需要注意的是，产业转移工业园的发展并不是因为基础设施的便利就会自动促进，而是要强调对基础设施的高效运作和服务。因此，需要相关的支持性机构，如专利服务机构、出口控制和担保、产业检验检测、政策咨询等机构，以促进产业转移工业园发展为具有功能联系的产业集群。为改善园区的硬环境，应加大对产业转移工业园基础设施建设的投入，鼓励园区共建双方政府出资，并做到专款专用。当然，专靠政府拨款来进行基础设施建设是不够的，同时鼓励社会资金入股，可以推动产业转出地和转入地企业组建股份制公司，引入民间资本，来解决产业转移工业园基础设施建设资金缺口的问题。产业转移工业园的软环境主要是指产业转移工业园的政策、文化、法制、服务等，也就是要求政府提高服务意识和服务水平，创造一个良好的法制环境，为产业转移工业园中的企业营造一个安全、宽松的发展环境，以大大提高企业的生产效率，促进产业集群的发展。

（四）创新产业转移园区的合作共建机制

产业转移工业园的合作共建双方可以结合共建园区的产业基础、区位优势等要素，大胆创新产业转移工业园的合作共建机制，可以学习顺德（英德）产业转移工业园的合作共建模式，在产业转移工业园划出一定区域，约定开发年限，由珠三角政府负责开发、招商、运营和管理，并享受相关利益，充分调动珠三角政府和企业进行产业转移的积极性。

（五）加强园区环境保护

产业转移工业园在引进企业入园时，不能以牺牲本地的环境为代价来发展本地的经济，产业转移工业园要按照建设生态园区的发展要求，发展循环经济，推行清洁生产。（陈晨，2012）

三、企业层面：内部改造，驱动创新发展

（一）从“传统制造”向“智能制造”转变

发达经济体实施“再工业化”战略的显著趋势：一是传统制造加速向以人工智能、机器人和数字制造为核心的智能制造转变。例如作为智能制造核心领域的机器人，近年来美国风投公司对其投资力度急剧攀升，2013 年达到 1.72 亿美元，比 2011 年增长近 2 倍。据麦肯锡咨询公司预测，到 2025 年，发达经济体中 15% ~25% 的企业制造将实现智能化和自动化，而新兴经济体中该比重也将达到 5% ~15%。二是从“大批量生产”向“数字个性化定制”转变。发达国家的“再工业化”战略几乎都加大了对 3D 打印等尖端技

术的财政投入。例如2014年，日本经济产业省继续把3D打印机列为优先政策扶持对象，计划当年投资45亿日元，实施名为“以3D造型技术为核心的产品制造革命”的大规模研究开发项目，开发出世界最高水平的金属粉末造型用3D打印机。数字化制造、3D打印技术的迅速发展，使众多行业（特别是生产生活资料行业）大规模生产的优势变得不明显，而个性化定制、多样化和分散生产将成为新特点。3D打印技术的优势在于能够简化制造工艺，提高设计效率；无须模具，增量生产，降低制造成本；及时反馈，快速加快市场响应。据预测，到2020年3D打印技术将在全球范围内创造52亿美元的产值。未来从图纸到实物的制造可能只需要画图、建模、3D打印这三步即可完成。当然，这个过程不会一蹴而就，需要渐进式的技术演变。三是从“单打独斗”向“协作创新”转变。制造业正在进入一个“超创新”时代，“再工业化”战略和科技创新使得一些不可能的任务逐渐变为可能，一些新的商机正在出现。一方面，中小企业快速兴起。随着制造业的进入门槛不断降低，一批中小企业和企业家正在快速崛起，在全球范围内充分利用互联网、电子商务、数字制造等参与研发设计、个性化生产和跨境贸易，从而在“微金融”“微生产”“微支付”等微观领域创造独特优势。另一方面，越来越多的制造业企业正在加大协同创新的力度。从某种程度而言，合作的深度决定了创新的高度。

企业之间的合作方式开始从纵向供应链合作转向横向价值链合作，现在又演化到网络生态链合作，从而形成竞争合作、协同共生的关系。一要加快对传统制造业的改造和提升。进一步贯彻落实创新驱动发展战略，加快建设企业技术中心、工程实验室、科技重大基础设施等创新载体，引导创新要素在市场需求吸引下向企业聚集，增强企业创新能力。鼓励引导企业采用新技术、新工艺、新设备、新材料对现有设施和工艺条件进行改造提升，提高生产效率及产品附加值。二要加大对新兴产业的培育力度。广东要力争在重大关键技术、战略性技术、前沿技术、共性高端技术的原始创新和集成创新等方面实现重大突破，尤其要推动节能环保、新一代信息技术、生物技术、高端装备制造等战略性新兴产业进入世界先进行列。同时适应制造业智能化、绿色化发展趋势，推动研发设计、生产制造、组织管理、营销服务等环节变革，探索和发展新型制造方式。三要加快信息化、网络技术与制造业的融合发展。未来基于互联网技术的产品创新、精益制造、柔性生产以及供应链集成将成为制造业发展的主基调。为此，应当积极促进新一代信息技术与制造业深度融合，实施“互联网+”行动计划，深化信息技术集成应用和融合创新，提高制造业企业全产业链的信息化水平，积极推动智能制造生产模式的集成应用。

（二）建立完善的区域科技自主创新体系

加速建立以企业为主体、产学研紧密结合的技术创新体系。在市场经济条件下，几乎所有发达国家的企业都是科技创新的主体。广东省要不断巩固企业在自主创新中的主体地位，加强工程中心的建设，鼓励大中型企业，尤其是高新企业、民营科技企业建立研究中心，鼓励具有较强创新实力的企业集团建设研发院。完善产学研合作机制是广东省企业求生存图发展的迫切要求，中小型民营企业数量巨大是广东产业发展的一个特点。这些企业规模小、实力弱，缺乏技术创新机构和队伍，企业单靠内部力量生成自主创新能力的难度大。因此，产学研结合是增强企业自主创新能力的重要途径。企业除了要加大对研发力度的投资，有必要的话设立自身研究院，还要积极主动参与到产学结合的活动中，甚至可以主动联合高校，通过利用高校创新成果，节省创新成本，同时拓宽创新途径，将创新思想转化成实际的产品。

（三）加强科技创新投入

建立健全的创新投入体系提高企业的创新能力，科技投入是关键，但单靠政府是不够的，必须面向市场，采取多途径筹集科技资金，形成以财政投入为引导、企业投入为主体、社会集资和引进外资为补充的科技投入体系。

从多源头吸纳社会资本。社会资本主要有个人资本、非银行金融机构资本和公司资本。对个人资本，可以通过风险投资基金的个人风险组织形式，建立有保障的个人投资收益机制吸纳这部分资本。对非银行金融机构资本的吸纳，可以在区域的范围内，适当放松保险公司资金、养老资金和捐献基金使用的限制，允许部分保险资金以直接产业投资的形式进入。

（四）培养和引进自主创新人才，完善人才评价激励机制

培养和引进相结合，扩大创新型人才队伍。可以做强一批高等学校和科研机构，使之与广东科技和经济相适应，培养一批高素质的创新人才。同时积极实施专家引进战略，重点引进一批基础研究和集成研究领域的学科带头人、在科技界有影响力的国内外专家学者。建立健全激励创新人才的新型机制。完善创新人才动态考核评价机制，建立以能力和业绩为导向的人才选拔机制与评价体系。鼓励创新型人才以专利、发明、技术等要素投资入股并参与分配，完善重实绩、重贡献的薪酬激励机制。实现关键技术、高新技术的突破和引进，提升广东企业的创新能力。

（五）实现关键技术突破

要提高企业的自主创新能力，关键在于高新技术、核心技术的突破。因此须加大对共性关键技术研发及产业化的支持力度，认清制约区域产业发展

的重大技术瓶颈，组织各方资源，制订重点产业发展技术路线图，带动一批具有自主知识产权的核心技术和关键技术的突破，形成以自主知识产权为基础的核心技术体系，大幅增强广东企业的全球竞争力。

（六）重视组织创新

组织创新、观念创新先行，培育鼓励创新、勇于创新的组织文化与组织气氛。思想观念的创新是企业创新的先决条件，只有在企业中树立创新的理念，培育出鼓励创新、勇于创新的组织文化与组织气氛，才能够最大限度地克服组织创新的阻力，为组织创新创造最佳的环境。组织创新的过程中，要重视各项活动的配套推进与整合。

组织创新活动必须要符合企业的目标和战略，同时，组织创新活动是一个复杂的系统活动，组织创新的各项内容之间也相互影响和相互作用。在组织创新活动中，既要选准突破口，也要特别重视各项活动的协同配套推进，软硬结合，技术创新和组织创新结合，结构、文化和战略结合，重视组织创新的各项活动之间的整合。选择正确的参照企业作为创新活动的标杆，标杆企业的选择是影响企业组织创新活动成败的关键因素之一。

在组织创新活动中，标杆企业的选择既要考虑其先进性，也要考虑所选择的标杆企业与企业所处的成长阶段是否接近，是否具有可比性。真正明确组织创新活动中的“人本”观念。人的因素是企业成长中的决定因素。一支优秀的企业家队伍是企业可持续成长和的组织创新成功的必要条件，同样地，一支优秀的职工队伍也是企业实现可持续成长和组织创新成功的必要条件。加强横向合作，充分利用企业的外部资源。企业在组织创新的过程中，为了弥补自身资源的不足，可以考虑借助外部资源推动组织创新的进程。

参考文献

[1] 王展祥，王秋石，李国民. 发达国家去工业化与再工业化问题探析［J］. 现代经济探讨，2010（10）.

[2] 常少观，李钢. 发达国家“再工业化”的动因与趋势［J］. 徐州工程学院学报（社会科学版），2014，29（3）.

[3] 周权雄. 广东构建现代产业新体系的困境与路径突破［J］. 探求，2016（4）.

[4] 赵儒煜，阎国来，关越佳. 去工业化与再工业化：欧洲主要国家的经验与教训［J］. 当代经济研究，2015（4）.

[5] 齐荣坤. 发达国家科技成果转化的主要途径［J］. 中外科技信息，2003（8）.

[6] 杨书群，汪跃平. “再工业化”的动因和实质［J］. 福建理论学习，2015（10）.

[7] 常少观，李钢. 发达国家“再工业化”的目标［J］. 福建理论学习，2015（10）.

[8] 芮明杰. 发达国家“再工业化”及其启示［J］. 时事报告，2013（6）.

[9] 金碚，刘戒骄. 美国“再工业化”的动向［J］. 中国经贸导刊，2009（22）.

[10] 孙海泳. 美国“再工业化”的动力、影响与启示［J］. 国际融资，2013（6）.

[11] 姚海琳. 西方国家“再工业化”浪潮：解读与启示［J］. 经济问题探索，2012（8）.

[12] 郗畅. 国外主导产业评价理论研究综述［J］. 中小企业管理与科技旬刊，2014（4）.

[13] 刘颖琦，李学伟，李雪梅. 基于钻石理论的主导产业选择模型的研究［J］. 中国软科学，2006（1）.

[14] 魏然. 产业链的理论渊源与研究现状综述［J］. 技术经济与管理

研究，2010（6）.

［15］邹春燕. 国内外产业链理论研究概述［J］. 长江论坛，2011（3）.

［16］肖小虹. 产业链理论研究综述［J］. 贵州商业高等专科学校学报，2012，25（4）.

［17］牟文富. 国家竞争力理论综述［J］. 国际商务研究，2000（1）.

［18］胡列曲，丁文丽. 国家竞争力理论及评价体系综述［J］. 云南财贸学院学报，2001，17（3）.

［19］张婷玉，崔日明. 美国“再工业化”战略实施效果评析与启示［J］. 世界贸易组织动态与研究，2013（6）.

［20］孟辰，卢季诺. 对美国制造业振兴计划的初步分析［J］. 国际贸易问题，2013（4）.

［21］沈坤荣，徐礼伯. 美国“再工业化”与江苏产业结构转型升级［J］. 江海学刊，2013（1）.

［22］丁平. 美国再工业化的动因、成效及对中国的影响［J］. 国际经济合作，2014（4）.

［23］李健旋. 美德中制造业创新发展战略重点及政策分析［J］. 中国软科学，2016（9）.

［24］苏星海，赵藜炯，张国华. 美国“再工业化”战略对中国工业化实现的启示［J］. 山西高等学校社会科学学报，2016，28（3）.

［25］张越男. 英国再工业化开启？［N］. 经济参考报，2013－03－15（6）.

［26］丁纯，瞿黔超. 金融危机对德国经济与社会的影响以及德国的对策［J］. 德国研究，2009，24（2）.

［27］贺正楚，潘红玉. 德国“工业 4.0”与“中国制造 2025”［J］. 长沙理工大学学报（社会科学版），2015，30（3）.

［28］安德列·托贝尔. 德国工业 4.0 现状令人堪忧［J］. 惠敦炎，译. 仪器仪表标准化与计量，2014（6）.

［29］娄峰，张寒. 德国经济从金融危机中快速复苏原因及启示［J］. 现代经济探讨，2015（5）.

［30］李毅中. 英国：得益于再工业化政策　制造业订单猛增［J］. 工程机械，2015.

［31］史世伟. 实施工业 4.0 对于德国经济的意义及其对中国制造业转型的启示［J］. 当代世界，2016（1）.

［32］王涛．英国制定战略提振制造业［N］．经济日报，2009－07－30（15）．

［33］王喜文．《数字英国》：力图打造世界“数字之都”［J］．信息化建设，2010（11）．

［34］郭昊．英国采取哪些措施推动“再工业化”［N］．中国财经报，2015－10（6）．

［35］王丹黎．英国创意产业发展评述及启示［J］．中国外资，2013（6）．

［36］王艺潼．英国经济持续发展的原因及其走势［J］．金融经济，2016（2）．

［37］刘媛媛．英国产业结构调整动因及成效研究［J］．现代管理科学，2017（3）．

［38］王传宝．英国探寻“再工业化”道路［N］．经济日报，2013－04（9）．

［39］张蓓．英国工业2050战略重点［N］．学习时报，2016－02－15（2）．

［40］程晖．日本面临经济危机和政坛大选交错的局面［N］．中国经济导报，2009－08－25（A04）．

［41］于卫红．试析美国金融危机对日本的影响［J］．北方经济，2009（10）．

［42］孙婧．日本再工业化战略对我国船舶制造业贸易竞争力影响研究［D］．青岛：中国海洋大学，2015．

［43］张焕波．全球制造业发展形势分析与展望［J］．国际经济分析与展望，2016（11）．

［44］方晓霞，杨丹辉，李晓华．日本应对工业4.0：竞争优势重构与产业政策的角色［J］．经济管理，2015（11）．

［45］王玲．日本出台创新25战略［J］．全球科技经济瞭望，2007，22（11）．

［46］唐丁丁．日本发展低碳经济的启示［J］．世界环境，2009（5）．

［47］张丽虹．重视质量　鼓励创新　提高制造业国际竞争力：美国“再工业化”及德国、日本发展制造业对我国的启示［J］．质量与标准化，2014（2）．

［48］刘焱．日本发展战略性新兴产业的经验与启示［J］．城市，2010（7）．

［49］王慧艳. 近年来广东民营工业发展情况分析［J］. 广东经济，2016（7）.

［50］居占杰. 当前国际贸易保护主义对我国的影响及应对策略［J］. 东南大学学报（哲学社会科学版），2010，12（6）.

［51］李丹. 美国再工业化战略对我国制造业的多层级影响及对策［J］. 国际经贸探索，2013（6）.

［52］刘伟. 当前金融危机下新贸易保护主义的演变特点与我国应对策略［D］. 成都：西南财经大学，2010.

［53］左跃荣. 在华美国制造业跨国公司投资回流研究［D］. 石家庄：河北师范大学，2013.

［54］彭红斌. 国际贸易保护主义理论与政策演变［J］. 延安大学学报（社会科学版），2012（1）.

［55］周海荣. 发达国家“再工业化”战略的主要举措及对上海启示［J］. 科学发展，2016（8）.

［56］杨琳桦. “中国制造”潜危机：生产外包回流美国［N］. 21 世纪经济报道，2013－01－07（25）.

［57］翟伟峰，张文秀，张增臣，等. 在华美国制造业跨国公司投资回流的原因分析［J］. 对外经贸，2016（2）.

［58］许爱瑜. 广东制造业转型内外因分析［J］. 牡丹江大学学报，2012，21（12）.

［59］万欣荣，史卫，方小军. 外国直接投资的就业效应实证分析：以广东省就业市场为例［J］. 南开管理评论，2005（2）.

［60］杨宝盈. 广东发展高端装备制造业的策略探析［J］. 经济师，2013（3）.

［61］胡峰，王芳. 美国制造业回流的原因、影响及对策［J］. 科技进步与对策，2014，31（9）.

［62］华广敏. 后危机时代新贸易保护主义的特征和我国的应对策略［J］. 商业时代，2011（7）.

［63］周海荣. 发达国家“再工业化”战略的主要举措及对上海启示［J］. 科学发展，2016（8）.

［64］雷仲敏. 技术变革与经济学研究的理论创新［J］. 上海市经济管理干部学院学报，2006（3）.

［65］佚名. 发达国家再工业化对中国制造业的影响［J］. 工具技术，2012（11）.

［66］贺靖媛．美国在华制造业撤资回流动因及影响研究：以上海地区为例［D］．上海：上海外贸大学，2012.

［67］李萍．发展高新技术产业促进广东经济增长［J］．特区经济，2006（12）.

［68］陈军，梁振锋．学会在引进重大技术装备消化吸收再创新中的作用［J］．学会，2010（4）.

［69］许爱瑜．广东制造业产业转型问题研究［D］．广州：暨南大学，2011.

［70］余洹．国际科技新趋势下的广东制造业优势产业选择研究［D］．广州：广东外语外贸大学，2016.

［71］董碧娟．技术市场交易额千倍增长的背后［EB/OL］．［2016－11－01］．http://www.ce.cn/xwzx/gnsz/gdxw/201412/24/t20141224_4187435.shtml

［72］赵培华．外商直接投资对广东对外贸易影响的实证研究［D］．广州：暨南大学，2006.

［73］周训清．广东当前产业结构存在的问题及调整对策［J］．科技经济导刊，2016（19）

［74］罗百辉．金融危机下的 IT 电子信息产业影响与机遇［J］．2015（5）.

［75］洪凯．增强广东自主创新能力的对策研究［J］．科技管理研究，2012（6）.

［76］赵云峰．我国发达地区先进制造业发展现状研究［J］．中国商论，2015（25）.

［77］刘佳．广东先进制造业与现代服务业融合研究［D］．广州：暨南大学，2012.

［78］陈鸿宇．广东加快转变经济发展方式读本［M］．广州：羊城晚报出版社，2010.

［79］林先扬．广东先进制造业发展历程、问题与策略探究［J］．广东行政学院学报，2011（5）.

［80］梁萍珍．外商直接投资对广东省产业结构升级的影响分析［J］．现代经济信息，2016（6）.

［81］李妍．全球“工业 4.0”最新进展及其对广东制造业转型升级的启示［J］．广东科技，2017（3）.

［82］张海梅．广东传统产业转型升级的困境与出路［J］．经济与经济管理，2009（5）.

［83］苏植权．广东应用高新技术改造传统产业的途径和模式研究［J］．广东科技，2007（7）．

［84］刘毅，周春山．发达国家的再工业化及对我国的影响［J］．世界地理，2013（3）．

［85］丁冰．略论我国“走出去”的发展战略［J］．当代经济研究，2006（12）．

［86］何哲，孙林岩，朱春燕．服务型制造的概念、问题和前瞻［J］．科学学研究，2010（1）．

［87］洪银兴．关于创新驱动和协同创新的若干重要概念［J］．经济理论与经济管理，2013（5）．

［88］张来武．论创新驱动发展［J］．中国软科学，2013（1）．

［89］刘刚．中国经济发展新动力［J］．华东经济管理，2014（7）．

［90］钟荣丙，欧阳一漪．创新驱动发展战略：研究综述与历史演进［J］．科技和产业，2016（7）．

［91］张来武．论创新驱动发展［J］．中国软科学，2013（1）．

［92］戴艳燕．产业技术进步是广东产业结构升级的突破口［J］．产业研究，2000（12）．

［93］林燕．促进创新发展与企业需求相结合：广东创新发展座谈纪要（之二）［J］．南方经济，2016（9）．

［94］廖晓东，郑秋生．广东省实施创新驱动发展战略的路径选择与对策研究［J］．决策咨询，2015（3）．

［95］陈晨．广东产业转移工业园发展研究［D］．广州：暨南大学，2012．

［96］方秀文，龚建文，龙云凤，等．广东创新政策存在的主要问题及对策研究［J］．科技管理研究，2008（12）．

［97］林如海，彭维湘．广东企业创新存在的问题及对策研究［J］．科技管理研究，2010（4）．

［98］刘启强，何静，罗秀豪．广东产学研技术创新联盟建设现状及存在问题研究［J］．科技管理研究，2014（9）．

［99］广东省科技厅文件起草小组．广东创新驱动发展路线图：《中共广东省委广东省人民政府关于全面深化科技体制改革加快创新驱动发展的决定》解读［J］．广东科技，2014（17）．

后　记

多年来，我一直关注发达国家再工业化的进程并忧心忡忡，其原因主要有：一是我国工业化进程虽然取得了举世瞩目的成绩，但其核心竞争力还有待提高，特别是其“高、精、尖”的关键核心技术的创新任重道远；二是广东是中国制造业的大省，同时又是中国对外开放的前沿，受发达国家再工业化的影响，广东无疑首当其冲。也许正是一个学者的社会责任，让我一直在思考应该把发达国家再工业化的背景、起源、现状、趋势、影响及应对策略等，尽可能地用相关数据资料系统且全面地描述下来，让更多的人了解它，居安思危预则立。今天，这本书经多次修改终于定稿，似乎心中一块沉甸甸的石头终于放下了，不禁有一种前所未有的轻松和愉悦。

其实，再工业化的相关论著已经不少，但本书的显著特点主要有：一是广东视角，从其对广东的影响来看发达国家的再工业化；二是从投资回流、贸易保护、技术变革这三条路径分析发达国家再工业化究竟是怎样影响广东的；三是从广东经济的宏观、中观和微观三个层面来分析发达国家再工业化对其的影响大小；四是从政府、行业协会和企业三个方面提出相应的对策建议。本书既具有全球视野，同时又是为广东量身打造的。

今天，书稿即将付梓，伏案回首，感慨良多。衷心感谢广东省高校优秀青年教师计划，是该计划的资助本书才得以出版；感谢广东工业大学经济与贸易学院刘艳老师和邓晓峰老师在我成长过程中给予的指导和帮助，本书也学习和融入了他们的相关研究成果；感谢本书所参阅的所有文献资料的作者，在参考文献中我已尽可能列出，但难免挂一漏万，可以说本书凝聚了他们的成果精华；感谢学校、学院领导的关心和支持，让我潜心治学；感谢我的学生聂志星、廖志杏等，他们为本书查阅整理了很多的文献资料；最后，还要感谢广东高等教育出版社的领导和编辑为本书出版所付出的辛劳。

想说的话很多，但更多的是诚惶诚恐，只为书中难免有错漏之处。但无论怎样，但愿抛砖之作能引玉，足矣！

廖丽平

2017 年 9 月于广州